普通高等教育经管类专业"十三五"规划教材

现代连锁经营与管理

(第3版)

主 编 汤伟伟
副主编 吕添厦 董晓云

清华大学出版社
北京

内容简介

本书系统、全面地介绍了连锁经营的一般原理和基本方法。本书共分 12 章：第 1 章介绍连锁经营的历史沿革与发展现状；第 2 章介绍连锁经营的基本理论；第 3 章介绍连锁经营开店管理；第 4 章介绍连锁企业营销管理；第 5 章介绍连锁企业商品采购与管理；第 6 章介绍连锁企业配送管理；第 7 章介绍连锁企业财务管理；第 8 章介绍连锁企业信息管理；第 9 章介绍现代连锁企业文化建设与管理；第 10 章介绍现代连锁企业培训管理；第 11 章介绍现代连锁企业满意度管理；第 12 章介绍现代连锁企业发展趋势与管理手段探索。本书内容新颖、图文并茂、简明通俗、实用性强，并附有大量实例。此外，章节最后安排了小结、思考题以及案例分析供读者在学习过程中进行自我检验和提高，帮助读者更好地掌握本章理论知识和经营管理技巧。为使读者了解国家相关法规，书尾附有国家有关连锁经营管理的意见。

本书既可作为高等院校经济管理类及相关专业的教材，也可供相关从业人员参考使用。

本书封面贴有清华大学出版社防伪标签，无标签者不得销售。
版权所有，侵权必究。举报：010-62782989，beiqinquan@tup.tsinghua.edu.cn。

图书在版编目(CIP)数据

现代连锁经营与管理 / 汤伟伟 主编. —3 版. —北京：清华大学出版社，2020.1(2024.2重印)
普通高等教育经管类专业"十三五"规划教材
ISBN 978-7-302-53937-7

Ⅰ.①现… Ⅱ.①汤… Ⅲ.①连锁经营—经营管理—高等学校—教材 Ⅳ.①F717.6

中国版本图书馆 CIP 数据核字(2019)第 224395 号

责任编辑：王　定
封面设计：周晓亮
版式设计：孔祥峰
责任校对：牛艳敏
责任印制：宋　林

出版发行：清华大学出版社
网　　址：https://www.tup.com.cn，https://www.wqxuetang.com
地　　址：北京清华大学学研大厦 A 座　　邮　编：100084
社 总 机：010-83470000　　邮　购：010-62786544
投稿与读者服务：010-62776969，c-service@tup.tsinghua.edu.cn
质 量 反 馈：010-62772015，zhiliang@tup.tsinghua.edu.cn
印 装 者：三河市君旺印务有限公司
经　　销：全国新华书店
开　　本：185mm×260mm　　印　张：22.5　　字　数：547 千字
版　　次：2010 年 3 月第 1 版　2020 年 1 月第 3 版　印　次：2024 年 2 月第 6 次印刷
定　　价：79.80 元

产品编号：082513-02

序

从事连锁经营行业实践和研究,屈指一算,已经整整二十二个年头了。其间连锁企业的各种业态、各种品牌、各种理念纷繁复杂,尤其是在大数据时代下,日益完善的 AI 技术、无人超市以及线上商业模式的不断创新等,更是让人眼花缭乱。其实,不管其现象呈现多少变化,连锁经营的内在核心和规律仍然没有变化。

首先,连锁经营的核心功能和目的没有变化,仍然是组织者按照一定的规则和流程,将产品和服务以更优的性价比和更快捷的方式传送到顾客手中。诸如大数据指导下的仓储、无人机配送和更加精准的物流服务等,只是技术手段的变化,核心模式没有变化。就像飞机、高铁等现代化机器取代了马车等古老的运输方式,但其核心功能仍然是人和物的目的地传输。

其次,优秀、成功且长期存活的连锁经营企业,无论其业态如何发展,都有如下三个共同的特征,而且至今也没有变化。

第一,专注于一个领域,并且坚持方向不变,同时在既定的领域内持续地进行流程再造和精细化、集约化改进。如同世界上大多数优秀的企业一样,其基本业务结构都是简明概述的,有其明确不变的价值主张。

第二,品质取胜。优秀连锁企业往往是品牌企业,品牌的核心是品位和品质,优胜的连锁企业无论其提供的是有形产品还是无形服务甚至是体验,都是把品质放在第一位的。品质不仅仅是质量,其更深层次的内涵是连锁企业优秀的企业文化和经营理念,而这才是品质的核心。有些连锁企业把标准化作为连锁经营的核心内涵,其实是一种无奈之举,标准化只是连锁经营的管理手段,而非其内在品质,与标准化相背的个性化和人性化,才是优秀企业取胜的法宝。比如说无人超市,一方面是现代技术进步的结果,另一方面其高效快捷,童叟无欺,形式是更加的标准化,但其核心是满足那些无暇顾及价格且需要便捷的顾客的心理和行为需求,是人性化的体现。

第三,规模化。这是由连锁经营的特性决定的,没有规模就称不上真正意义上的连锁。而规模化发展最大的瓶颈是人才稀缺和管理难度的增加。借助于信息技术和人工智能的发展,貌似可以解决人才和管理的问题。但为什么有很多连锁企业仍然险象环生,甚至于轰然倒塌呢?其实质是没有在专注和品质上坚持住,以形成一个优秀的企业文化;没有在一个共同信仰下,建立一批忠诚而且源源不断壮大的员工队伍。

连锁企业之所以兴盛不衰,主要是因为企业家和股东的内在驱动力:首先,连锁企业的规模以及其跨文化和超国界的体量和实力,使之成为国家、宗教和金融以外的第四种力量,这种力量满足了企业家和股东们的成就感,同时也满足了资本的渴望;其次,优秀连锁企业提供的产品和服务,深刻地影响着当今社会和人们的生活,实实在在地为社会提供其价值,为顾客、供应商以及就业提供了更多的机会,满足了企业家和股东的普世价值和社会责任感。因此,我们有理由相信,连锁经营企业的研究将是一个长期和动态的过程,我愿意为此努力终生。

汤伟伟
2019 年 10 月 12 日

第3版前言

据统计,美国70%的零售额都是连锁经营企业产生的,而目前我国连锁经营企业在零售业中的比例仅占30%左右。但是自20世纪90年代初连锁经营在我国出现以来,经过二十多年的发展,已经显示出其强大的生命力和蓬勃的发展潜力。连锁经营在拓展市场、扩大销售、规范流通秩序、满足人民需求、提高人民生活质量、扩大就业等方面发挥着重要的作用。作为现代主流商业模式,连锁经营使我国商业的发展出现了质的飞跃,取得了突破性进展,改变和加快了我国商业的发展进程。但是,连锁经营的发展在面临机遇的同时也面临着严峻的挑战:首先,市场竞争加剧,对企业销售额和毛利率带来直接影响。其次,经营成本持续提高。逐年增加的房租成本,已成为企业开店的最大难题,同时,人工成本的不断提高使得整个经营成本的增加,已经在不断地蚕食连锁企业微薄的利润。最后,消费者不断分流、分化。一是门店增多,顾客在同类店铺中分流;二是顾客阶层细分,低价已不是万能的竞争良药。面对挑战,我们只有积极应对,才能化解危机。解决问题的关键是提升连锁经营的管理能力,而管理能力的提升离不开人才。因此,本书读者定位于高等院校连锁经营管理专业人才以及连锁经营管理者,相信我们的良苦用心会让它成为一本连锁经营管理实践的指导手册。

本书共分12章:第1章介绍连锁经营的历史沿革与发展现状;第2章介绍连锁经营的基本理论;第3章介绍连锁经营开店管理;第4章介绍连锁企业营销管理;第5章介绍连锁企业商品采购与管理;第6章介绍连锁企业配送管理;第7章介绍连锁企业财务管理;第8章介绍连锁企业信息管理;第9章介绍现代连锁企业文化建设与管理;第10章介绍现代连锁企业培训管理;第11章介绍现代连锁企业满意度管理;第12章介绍现代连锁企业发展趋势与管理手段探索。对比上一版内容,本书紧紧围绕连锁经营的本质和核心,更新升级了数据、图表和案例,补充连锁企业经营战略管理方面的理论成果与总结。其中,第4章由吕添厦编辑,第6章由杨子江修改编写,第8章由郭林博修改编写,第11章由董晓云编辑,第12章由吕添厦、董晓云共同编辑,其余章节由吕添厦、王思璐负责校对,谢国平做了全书的通稿工作,在此一并表示感谢。

本书特点如下。

一是系统性。通过对连锁经营的历史沿革与发展现状、开店管理、商品采购与管理、配送管理、财务管理、信息管理、文化建设与管理、培训管理等方面的阐述,循序渐进,层层深入,提高了本书的整体联系,便于教学和学习。

二是借鉴性。在编写过程中,所举案例主要来自国外著名连锁经营企业,比如沃尔玛、麦当劳、欧尚超市,其连锁经营管理实践对我国连锁企业的发展有很好的借鉴作用。同时,紧贴中国市场经济的实际与当前连锁经营的发展现状,指出我国连锁经营发展存在的问题并给出了合理化建议与改进措施。作者在编写过程中查阅了大量的资料,并到一些连锁企业进行调研,了解和掌握了大量第一手资料,然后从实用角度把这些信息编入书中。

三是实用性。针对我国连锁经营的特点,首先注重技能操作方法的改进;其次注重在培养读者能力的同时,通过穿插"阅读材料"的方式,引导、提高读者对相关连锁经营理论的兴趣及研究与探讨的能力。

四是规范性。每章结尾通过本章小结概括要点,设置思考题帮助读者回顾、吸收和拓展本章内容,同时还有助于提高其实际操作能力。

本书在写作过程中,参考了众多专家学者的研究文献及成果,在此谨向所有参考文献原作者以及在写作过程中给予大力支持的中国连锁经营协会、有关企业和权威人士表示衷心的感谢!由于作者水平有限,书中难免存在疏漏与不足之处,特此就请诸方,以匡不逮。

本书提供配套资源,可扫描下方二维码获取。

教学课件　　　　教学大纲　　　　电子教案　　　　习题参考答案

汤伟伟
2019 年 10 月

目 录

第1章 连锁经营的历史沿革与发展现状 ... 1
1.1 连锁经营的起源及背景 ... 1
- 1.1.1 连锁经营的起源 ... 1
- 1.1.2 连锁经营的背景 ... 2

1.2 发达国家和地区连锁经营的发展与现状 ... 2
- 1.2.1 美国的连锁业 ... 2
- 1.2.2 欧洲的连锁业 ... 4
- 1.2.3 日本的连锁业 ... 5

1.3 连锁经营在中国的发展 ... 6
- 1.3.1 我国连锁经营的发展历程 ... 6
- 1.3.2 中国连锁百强的发展现状 ... 7
- 1.3.3 我国连锁经营存在的问题 ... 12

本章小结 ... 14
思考题 ... 14

第2章 连锁经营的基本理论 ... 15
2.1 连锁经营概述 ... 15
- 2.1.1 连锁经营的定义 ... 15
- 2.1.2 连锁经营的基本特征 ... 16

2.2 连锁经营的基本模式 ... 16
- 2.2.1 直营连锁 ... 17
- 2.2.2 特许连锁 ... 17
- 2.2.3 自由连锁 ... 21
- 2.2.4 三种连锁经营模式的比较和分析 ... 23

2.3 连锁经营的优势和风险分析 ... 24
- 2.3.1 连锁经营的优势分析 ... 25
- 2.3.2 连锁经营的风险分析与规避 ... 28

2.4 连锁经营的基本原则 ... 29
- 2.4.1 企业经营的通用原则 ... 29
- 2.4.2 连锁经营的行业原则 ... 30

本章小结 ... 32
思考题 ... 33

第3章 连锁经营开店管理 ... 34
3.1 连锁经营开店模式的构成 ... 34
- 3.1.1 网点空间布局战略 ... 34
- 3.1.2 门店 S&B 战略 ... 37
- 3.1.3 连锁经营开店的路径 ... 38
- 3.1.4 连锁经营开店的基本原则 ... 40
- 3.1.5 连锁经营分店开发的流程 ... 42

3.2 连锁经营分店的选址 ... 42
- 3.2.1 选址重要性分析 ... 43
- 3.2.2 连锁经营选址的商圈分析 ... 44
- 3.2.3 连锁经营选址的地点分析 ... 50
- 3.2.4 连锁经营分店选址的决策流程 ... 52

3.3 连锁经营分店的设计与布局 ... 59
- 3.3.1 连锁经营分店设计与布局的基本原则 ... 59
- 3.3.2 连锁经营分店的外观设计与布局 ... 61
- 3.3.3 连锁经营分店的店内设计与布局 ... 64

3.4 连锁经营分店的组织结构及管理职责设计 ... 66
- 3.4.1 连锁经营组织结构概述 ... 66

3.4.2 连锁经营分店的职能与岗位设计 …… 72

本章小结 …… 74

思考题 …… 74

第4章 连锁企业营销管理 …… 75

4.1 连锁企业营销管理概述 …… 75
    4.1.1 连锁企业营销管理的意义 …… 75
    4.1.2 连锁企业营销管理存在的问题 …… 76
    4.1.3 连锁企业营销管理的优化策略 …… 76

4.2 目标市场营销管理 …… 77
    4.2.1 市场细分概述 …… 77
    4.2.2 目标市场选择 …… 79
    4.2.3 市场定位概述 …… 81

4.3 连锁企业市场营销策略 …… 83
    4.3.1 产品营销策略 …… 83
    4.3.2 价格营销策略 …… 86
    4.3.3 渠道营销策略 …… 88
    4.3.4 促销营销策略 …… 89

本章小结 …… 91

思考题 …… 91

第5章 连锁企业商品采购与管理 …… 95

5.1 连锁企业商品采购概述 …… 95
    5.1.1 商品采购的定义 …… 95
    5.1.2 连锁企业的商品采购制度 …… 96
    5.1.3 连锁企业商品采购的方式 …… 97
    5.1.4 连锁企业商品采购应注意的问题 …… 97

5.2 连锁企业商品采购的组织管理 …… 99
    5.2.1 连锁企业商品采购的组织形式 …… 99
    5.2.2 连锁企业商品采购的组织管理规定 …… 100

5.3 连锁企业商品采购的业务流程管理 …… 102
    5.3.1 连锁企业商品采购的业务流程 …… 102
    5.3.2 连锁企业商品采购谈判与采购合同 …… 104
    5.3.3 连锁企业供应商管理 …… 105

5.4 连锁企业商品管理 …… 106
    5.4.1 商品定位与分类 …… 106
    5.4.2 单品管理 …… 108
    5.4.3 滞销品淘汰管理 …… 109
    5.4.4 商品群管理 …… 110

5.5 商品陈列 …… 113
    5.5.1 商品陈列的基本原则 …… 113
    5.5.2 商品陈列的操作程序 …… 114

本章小结 …… 120

思考题 …… 121

第6章 连锁企业配送管理 …… 124

6.1 连锁企业配送概述 …… 124
    6.1.1 配送的概念 …… 124
    6.1.2 配送与一般送货的区别 …… 125
    6.1.3 配送与物流的关系 …… 125
    6.1.4 配送的目标 …… 126
    6.1.5 连锁企业配送的含义与特点 …… 127

6.2 连锁企业配送的现状 …… 127
    6.2.1 发达国家连锁企业的配送现状 …… 128
    6.2.2 我国连锁企业的配送现状 …… 129
    6.2.3 连锁企业配送的发展趋势 …… 130

6.3 连锁企业的配送模式 …… 131
    6.3.1 配送模式的类型 …… 131
    6.3.2 配送模式的比较分析 …… 135
    6.3.3 配送模式的选择 …… 138

6.4 连锁企业配送中心的规划与管理 …… 141
    6.4.1 配送中心概述 …… 141
    6.4.2 连锁企业配送中心的建设途径 …… 145
    6.4.3 连锁企业配送中心的规划 …… 145

  6.4.4 连锁企业配送中心的
    经营管理 ·············· 150
 本章小结 ······················ 154
 思考题 ························ 155

第 7 章 连锁企业财务管理 ········ 159
 7.1 连锁企业财务管理概述 ······ 159
  7.1.1 连锁企业财务管理的概念 ··· 159
  7.1.2 连锁企业财务管理的
    意义与特点 ············ 160
  7.1.3 不同连锁经营形态财务
    管理的区别 ············ 161
 7.2 连锁企业财务管理的主要
  内容 ······················ 161
  7.2.1 资金管理 ·············· 162
  7.2.2 资产管理 ·············· 162
  7.2.3 成本费用管理 ·········· 163
  7.2.4 融资决策 ·············· 165
  7.2.5 投资决策 ·············· 168
 7.3 连锁企业财务经营分析 ······ 170
  7.3.1 财务报告 ·············· 171
  7.3.2 经营分析方法 ·········· 179
  7.3.3 经营绩效评估指标 ······ 184
 7.4 连锁企业资产管理的
  风险防范 ·················· 186
 本章小结 ······················ 188
 思考题 ························ 188

第 8 章 连锁企业信息管理 ········ 191
 8.1 连锁经营信息管理概述 ······ 191
  8.1.1 信息科学基础 ·········· 191
  8.1.2 信息与管理的关系 ······ 192
  8.1.3 连锁经营信息管理 ······ 192
 8.2 连锁企业信息管理系统 ······ 195
  8.2.1 连锁企业信息管理系统
    概述 ·················· 195
  8.2.2 连锁企业信息管理系统的
    建设 ·················· 196

  8.2.3 连锁企业信息管理系统的
    主要内容 ·············· 196
  8.2.4 连锁企业信息管理系统的
    功能与作用 ············ 198
 8.3 连锁企业信息管理系统的
  应用 ······················ 199
  8.3.1 前台销售系统 ·········· 199
  8.3.2 后台管理系统 ·········· 201
  8.3.3 电子订货系统 ·········· 204
 本章小结 ······················ 208
 思考题 ························ 208

第 9 章 现代连锁企业文化建设与
　　　 管理 ···················· 214
 9.1 连锁企业文化的基本理论 ···· 214
  9.1.1 企业文化的定义 ········ 214
  9.1.2 企业文化的结构体系 ···· 216
  9.1.3 连锁企业文化的功能 ···· 218
  9.1.4 连锁企业文化的特征 ···· 220
 9.2 企业文化与现代连锁企业
  核心竞争力 ················ 221
  9.2.1 连锁企业核心竞争力概述 ··· 221
  9.2.2 企业文化与现代连锁企业
    核心竞争力的关系 ······ 224
 9.3 现代连锁企业的文化建设 ···· 227
  9.3.1 现代连锁企业文化建设的
    一般原则 ·············· 227
  9.3.2 现代连锁企业文化建设的
    基本策略 ·············· 228
  9.3.3 学习型的现代连锁企业
    文化 ·················· 231
  9.3.4 现代连锁企业识别
    系统(CIS) ············ 234
 9.4 现代连锁企业的跨文化管理 ··· 240
 本章小结 ······················ 241
 思考题 ························ 241

第 10 章 现代连锁企业培训管理 ········ 244
 10.1 连锁企业培训的基本概念 ····· 244

10.1.1 企业培训的内涵……244
10.1.2 培训与现代企业的关系……245
10.1.3 连锁企业培训的特征……247
10.1.4 连锁企业培训管理的基本过程……248
10.2 连锁企业培训的需求分析……250
10.2.1 连锁企业培训需求分析概述……250
10.2.2 连锁企业培训需求分析模型……252
10.2.3 连锁企业培训需求分析步骤……256
10.2.4 连锁企业培训需求分析方法……259
10.3 连锁企业培训计划的编制……264
10.3.1 培训目标的确定……264
10.3.2 培训计划的定义及作用……265
10.3.3 培训计划的结构……266
10.3.4 影响培训计划的因素……268
10.3.5 制订培训计划的步骤与方法……270
10.3.6 制订培训计划应注意的事项……271
10.3.7 连锁企业培训课程设计……272
10.4 连锁企业培训实施……277
10.4.1 培训组织体系的建立……277
10.4.2 培训实施流程……279
10.4.3 连锁企业培训外包……280
10.4.4 培训方法与技术……283
10.4.5 培训师的选择……286
10.5 连锁企业培训评估与反馈……288
10.5.1 连锁企业培训评估概述……288
10.5.2 连锁企业培训评估模型与方法……289
10.5.3 连锁企业培训评估内容……292
10.5.4 连锁企业培训评估流程……293
10.5.5 连锁企业培训效果转化……295
本章小结……297

思考题……298

第 11 章 现代连锁企业满意度管理……299

11.1 员工满意度管理……299
11.1.1 员工满意度概述……299
11.1.2 员工满意度内容……300
11.1.3 员工满意度调查目的与意义……305
11.1.4 员工满意度调查方法与步骤……306
11.1.5 员工满意度提升方法……308
11.2 顾客满意度管理……310
11.2.1 顾客满意度概述……310
11.2.2 顾客满意度内容……311
11.2.3 顾客满意度调查目标与意义……317
11.2.4 顾客满意度调查方法与步骤……318
11.2.5 顾客满意度提升方式……321
11.3 社区满意度管理……322
11.3.1 社区满意度概述……322
11.3.2 社区满意度内容……323
11.3.3 社区满意度调查方法与步骤……325
11.4 股东满意度管理……326
11.4.1 股东满意度概述……326
11.4.2 股东满意度内容……326
11.4.3 股东满意度提升方法……327
本章小结……328
思考题……328

第 12 章 现代连锁企业发展趋势……333

12.1 现代连锁企业现状与发展趋势……333
12.1.1 连锁企业现状概述……333
12.1.2 连锁企业变革与转型……336
12.1.3 连锁企业新形态发展研究……337

12.2 现代连锁企业管理手段
　　　探索 ·················· 339
　　12.2.1 连锁企业新型管理手段
　　　　　概述 ·············· 339
　　12.2.2 技术创新与数据运用 ······· 340
　　12.2.3 全渠道营销 ············ 342
　　12.2.4 重塑供应链 ············ 342
12.3 新零售时代的多方跨界
　　　融合 ·················· 343
本章小结 ······················ 344
思考题 ······················· 344

参考文献 ····················· 347

附录 ························ 348
　　附录A 连锁经营术语 ········· 348
　　附录B 采购业务表格 ········· 348
　　附录C 连锁超级市场、便利店
　　　　　管理通用要求——总部
　　　　　管理规范 ············ 348

附录D 连锁超级市场、便利店
　　　管理通用要求——门店
　　　管理规范 ············ 348
附录E 企业连锁经营有关财务
　　　管理问题的暂行规定 ····· 348
附录F 连锁店经营管理规范
　　　意见 ··············· 348
附录G 商业特许经营管理
　　　条例 ··············· 348
附录H 无人值守商店运营
　　　指引 ··············· 348
附录I 零售业品类管理指南 ····· 348
附录J 零售业特许经营技术
　　　指南 ··············· 348
附录K 零售业自有品牌开发与
　　　经营管理规范 ········· 348

第 1 章
连锁经营的历史沿革与发展现状

本章从连锁经营的起源及背景讲起,重点介绍了发达国家连锁经营的发展与现状,连锁经营在中国的发展状况以及存在的问题。

学习目标
- 了解连锁经营的起源与发展阶段
- 了解连锁经营的发展历程
- 熟悉连锁经营的发展现状
- 连锁经营企业发展现状探索

1.1 连锁经营的起源及背景

19 世纪中后期,快速发展的国内经济和逐渐升级的消费方式,为美国的商业发展提供了市场空间和机遇。另外,在工业化和城市化的进程中,美国有关商业的法律、法规逐步完善,为连锁经营萌芽和发展奠定了坚实基础。

1.1.1 连锁经营的起源

1859 年,世界上第一家颇具规模的连锁商店出现在杂货行业,即乔治•吉尔曼和乔治•亨廷顿•哈特福特在纽约创办的大美国茶叶公司。该公司到 1865 年已经营了 25 家分店,全部在百老汇大街和华尔街一带,只经销茶叶。1869 年,该公司改名为大西洋和太平洋茶叶公司[1],并开始把它的连锁商店延伸到东北部,越过了阿巴拉契亚山脉。这是当时世界上最初的正规连锁公司。因此,连锁经营通常被认为起源于美国。

据史料记载,早在春秋时期,当时的统治者只准许特定人员,在某些领域如盐业,异地开设多家店铺,统一经营与管理,这称得上是中国连锁经营最早的萌芽[2]。之后 1862 年(清同治元年),孟传珊在济南创建瑞蚨祥,起初以经营土布开始,后经营规模逐渐扩大,经营品

---
[1] Great Atlantic Pacific Tea Co,简称 A&P,全美最大的食品与药品零售商之一。后因销量不佳,资不抵债,申请破产。
[2] 从史料推断该店铺是以资产关系为纽带。

种也日益增多，先后在上海、青岛、天津等地设立分店，成为当时国内最大的绸布店。美国零售业巨头沃尔玛公司创始人山姆·沃尔顿生前曾说："我创立沃尔玛的最初灵感来自中国的一家古老的商号（'八大祥'商号之一的'瑞蚨祥'老店），它的名字来源于传说中一种可以带来金钱的昆虫。我想，它大约是世界上最早的连锁企业，它做得很好，好极了！"

1.1.2 连锁经营的背景

任何一种经济现象的产生和发展与各种经营管理形态的演变和发展都可以从当时变化发展着的社会经济环境中找到依据，连锁经营的发展也与社会经济环境息息相关。19世纪20到60年代，美国的资本主义工业化走上快速发展的道路。这期间，生铁产量达到84万吨，钢产量达到1.2万吨，煤的开采量达到1818万吨，仅加工工业中工人人数就达到了130万，工业总产值增长了近9倍，仅次于英、法而居世界第3位。美国的城市化水平也迅速提高，1881年，纽约人口已达120万，商品化、货币化的消费方式也已全面进入各个城市，快速发展的资本主义经济，以及城市化和完全商品化、货币化的城市居民的消费方式，客观上给美国商业企业的发展提供了广阔的市场空间和机会。

广阔的市场空间和商业机会在客观上诱导了美国当时的商业企业以不断发展分店的途径来达到不断扩大市场占有率和实现商业扩张的目的，而不断增强的品牌意识启发了某些商业企业家发展分店时，按照不断"克隆"同一种商号、同一种经营模式的方式来快速发展分店，达到降低市场投资风险、提高扩张分店成功率的目的。这样，连锁经营方式就从偶然到必然、从不成熟到逐渐成熟、从小规模到大规模逐步发展起来了。

综上所述，促使美国连锁经营方式产生的是两个相互关联的因素：其一，当时美国资本主义工业化和市场化经济的初期繁荣发展，城市化水平的快速提高和完全商品化的城市居民消费方式，造就了比较宽松的商业发展与扩张的市场环境；其二，美国的商标保护法规的初步建立与消费者品牌意识的形成，为扩大消费者认知和接受以商号为代表的某些规范化、模式化的商业经营方式和服务质量奠定了基础。

1.2 发达国家和地区连锁经营的发展与现状

发展至今，连锁经营已成为较常见的经营方式，被广泛应用于制造业、零售业、服务业等众多行业和领域。随着经济全球化和信息化时代的到来，发达国家和地区的连锁经营企业繁荣发展，并不断向海外扩展，出现了国际化连锁经营的趋势和热潮。

1.2.1 美国的连锁业

从全球范围来看，美国连锁经营的发展始终充当着"领头羊"的角色。迄今为止，美国仍是世界上最发达的连锁经营大国。连锁经营在美国的发展过程，大致经历传统连锁经营创立期、超级市场导入期、现代连锁期、连锁加盟店全球化时代和连锁经营信息化时代五个阶段。

1. 传统连锁经营创立期(19世纪中—20世纪30年代)

这一时期，表现为直营连锁、特许连锁和自由连锁的出现以及迅速发展。

连锁经营模式的运用使得大西洋与太平洋茶叶公司赢得了对单个零售点的竞争优势。1865年，该公司已拥有25家门店，全部设在百老汇大街和华尔街一带，且经营种类只有茶叶。到1880年，发展到100家连锁店，经营地区扩展到圣保罗、明尼苏达、诺福克、弗吉尼亚州。1900年猛增到200家，经营区域横跨太平洋和大西洋之间的整个大陆，经营品种扩大到咖啡、可可茶、糖和各种浓缩果汁等，年销售额达560万美元。这家茶叶公司由于是以同一资本开办的门店，进行连锁经营，其形式后来被称为直营连锁。

1865年，美国南北战争结束，国内统一市场基本形成，美国胜家缝纫机公司为了在全国进一步扩大市场，在全美各地设立了有销售权的特约经销店，公司凭借产品特许经营权，把一批店铺组织起来，实行连锁经营，这就是世界上第一家特许连锁店。

1887年，美国又有130多家独立的食品零售商自愿联合，共同投资开办了一个共同进货的食品批发公司，对参加者实行联购分销，成为美国的第一家自由连锁店。

在随后的时间里，美国相继开办的连锁店有：1879年伍尔沃兹兄弟开办了廉价杂货连锁店；1887年开办了巴尔的摩杂货批发公司和纽约曼哈顿药品联合公司的连锁店；1898年开办了辛辛那提杂货批发公司等一批连锁店。到1900年，全美连锁企业发展到58家，美国传统连锁初步形成。之后的30年里，美国的连锁业得到了突飞猛进的发展，连锁商店开始成为美国零售业中重要的组织形式。连锁商店的销售额占整个零售业销售额的比重从1919年的4%上升到1929年的25%，连锁店的数量在1929年已达到16万家，占当时零售店总数的10.8%，其中食品零售额的32%是由连锁商店经营的。但是这一时期，连锁经营主要以"商标商品连锁"为主，连锁店借用总公司的商标名称和商品，而在经营管理制度上统一性较小。

2. 超级市场导入期(20世纪30—50年代)

20世纪30—50年代后期，由于世界经济大萧条和第二次世界大战(以下简称二战)的阻碍，连锁商业的发展有所放缓。在此期间，连锁经营与超级市场的结合使两者达到双赢局面。从1930年8月迈克尔·库仑在牙买加开设第一家超级市场，到1939年美国超级市场迅速发展到5000多家，销售额占到食品杂货类销售额的20%以上，并发展到一般商店和大型商场。新模式的运用，减少了经济萧条与世界大战对连锁经营发展的影响。

3. 现代连锁期(20世纪50—80年代)

"二战"以后，美国高速公路网的建成，计算机技术的普及，自我服务的销售方式以及多种营销策略的兼容并蓄，促进了美国连锁商业的高速发展，称为连锁商业黄金时代。其特点是由传统的商品商标连锁发展成为全套盈利方式连锁，各连锁店已不仅限于使用公司各种商标的名称，还承袭了公司总部的全套管理制度，包括统一进货、地点选择、店铺设计、广告促销、资金调剂等。

4. 连锁加盟店全球化时代(20世纪80年代—21世纪初)

20世纪80年代以来，美国连锁业进入一个全面开拓时期，不仅在数量上发展很快，而且从零售、餐饮等传统行业渗透到旅馆业、不动产业、租赁业、健身美容业、清洁维护业、旅游休闲业、教育进修业、咨询服务业等。据美国《连锁店时代》杂志1994年8月的资料显示，1993年全美最大的100家零售企业共有连锁网点10万个，平均每家企业有连锁网点1000个，共创销售额5830亿美元。

同时，随着科技进步、信息高速公路的建设、国家政策企业化、市场饱和等条件的出现，经济出现了全球一体化趋势。这时美国连锁巨头凭借雄厚的资金、成熟的技术、现代的经营管理理念纷纷抢占海外市场，连锁经营进入了全球时代。美国的连锁企业在雄心勃勃地开拓海外市场的同时，也注意协调国际化与本土化的关系，使美国的连锁企业在国际化发展中逐步走向成熟。美国连锁企业的国际化不仅为世界各国带去商品，推动了商业经营的技术进步，而且在全世界范围内传播消费文化，推动了世界文明的发展。

5. 连锁经营信息化时代(21世纪初至今)

21世纪以来，在全球范围内展开的信息和信息技术革命，正以前所未有的方式对社会发展和社会变革起着推动作用。大数据的分析和利用、计算机技术的开发和应用、终端设备的发展和普及，加之物流配送的逐步完善，使得智能化生产与生活成为可能。信息化时代下，全球采购已成为常态。连锁企业经营新业态不断出现，无人超市的出现为重构人货市场践行了实体尝试。连锁企业利用信息化与数据化，线上线下齐头并进，不断融合。线上做信息整合和产品推广，线下做产品体验和渠道拓展，使顾客营销与服务更加精准，满足顾客更加个性化的需求。

沃尔玛全球概况

1.2.2 欧洲的连锁业

欧洲的市场经济在发展模式、发展进程等方面与美国有比较显著的差别，所以，连锁经营在欧洲的发展必然带有欧洲浓厚的文化与经济色彩。英国、法国、德国代表了欧洲连锁经营的情况。

1. 英国连锁经营发展概况

英国的连锁经营在20世纪四五十年代开始萌芽，六七十年代快速发展，逐步形成了巨大的垄断销售网，营业额、就业人员等在英国整个零售业中有着举足轻重的地位。1987年英国连锁商业员工总人数为149.7万人，占整个零售业员工总数的64.1%，营业额为684.9亿英镑，占整个零售业总额的51%。进入20世纪90年代后，英国的连锁经营日渐成熟，80%的食品市场已由连锁商店控制，其中有5家最大的食品连锁经营企业的市场占有率已达50%以上。近年来，英国经济稳定增长，连锁行业也成为国民经济的中流砥柱，朝着多元化和大型化方向发展。截至2018年底，英国连锁企业占据的市场份额超过整个零售行业的三分之一，其中House of Fraser(福来德)、TESCO(乐购)、Marks & Spencer(玛莎百货)等企业属于个中翘楚。从业态上看，英国的超级市场连锁、方便商店连锁已成为连锁发展的主流，连锁商店从地区性发展为国内连锁，有些连锁店已经成为国际性连锁经营企业。

House of Fraser
——英国百货公司

2. 法国连锁经营发展概况

在欧洲，法国的连锁经营发展仅次于英国。1860年，卡西诺超市开始创立，发展至今，在数十个国家和地区拥有数以千万的大中小型超市和饭店。法国中小型连锁店数目占多数，零售商业网点密度大、规模小。法国家乐福股份有限公司是法国最大的国际性连锁公司，家乐福超市定位于广大中等收入的消费者，以经营日常生活用品为主，该消费层次的特点是人员多，对商品价格敏感度高，因此保证商品在市场中的较低价格，就成为迅速开拓市场并稳固地占有市场的重要竞争手段。家乐福超市保持商品低价的经营策略：一是从厂家统一大宗进货，采取买断式经营，做到购货付现金或按合同要求到期付款，不做代销，不再退货；二是家乐福利用自身宽阔的商场面积和丰富的营销经验，帮助生产厂家进行促销活动，得到供货商提供的各种优质和低于出厂价的商品；三是精打细算，严格管理，多方面减少经营费用。

【案例 1-3】
家乐福在中国的发展

3. 德国连锁经营发展概况

德国连锁系统风格独特，已成为德国普遍的商业企业组织形式，规模也越来越大。19世纪80年代，德国陆续有小型连锁商店发展萌芽，总部位于德国科隆的 Galeria Kaufhof(古洛迷亚)百货公司，就是此阶段的典型代表企业。成立于1964年的麦德龙是德国大型连锁超市，经营从食品、生活用品到建筑材料、电器等多种多样的商品，是世界上第四大贸易集团，2017—2018财年，麦德龙现购自运销售额约达295亿欧元。阿尔迪是德国最大的以经营食品为主的连锁折扣商店，这个商场自1948年开设于埃森以来，一直以薄利多销而驰名国内外，至今已在全球10余个国家拥有超过1万家店铺，并成为国际市场上享有盛誉和备受肯定的零售品牌。此外，德国著名的连锁企业还有卡尔斯塔特百货公司等。

【案例 1-4】
麦德龙连锁超市

1.2.3 日本的连锁业

日本是亚洲从美国最先引入超级市场这一零售业态，进而发展连锁经营的国家。1953年12月，日本东京开设了第一家超级市场——纪国屋，到1957年日本已有144家超级市场。20世纪60年代，战后日本经济迅速发展，日本的连锁商业伴随着经济的迅猛发展而得以快速成长，大体可分为3个阶段。

1. 引入期(1970年以前)

1970年以前是日本连锁业引进、摸索、尝试阶段。特别是20世纪60—70年代，日本经济经历了第二个高速发展期，为连锁业的引入和发展提供了有利时机。大荣、伊藤洋华堂都是在当时成立的，到现在已发展成世界上鼎鼎有名的商业连锁公司。

2. 成长期(1970—1980年)

1970—1980年是日本连锁经营期，1970年日本大阪举行万国博览会，许多海外公司特别是美国的连锁经营企业，开始积极投入日本的餐饮、服务连锁业，如麦当劳、肯德基等，健全并巩固了日本的连锁体系。

3. 成熟期(1980 年至今)

20 世纪 80 年代至今,日本的连锁业飞速发展,销售信息管理系统(POS)和企业内部信息通讯网(LAN)在连锁业得到了广泛应用。相比于欧美企业,近几年,日本连锁企业总体呈现下滑趋势,其中便利店、药妆店、车站商店状况较好。此外,日本电子商务有所发展,近 5 年里基本保持每年 2.5% 左右的增长。

【案例 1-5】

日本 7-11 便利店创办经历

1.3 连锁经营在中国的发展

20 世纪 90 年代,连锁经营初探中国。历经探索期和成长期,国内连锁经营成长迅速,繁荣发展,不断为国内经济做出贡献。然而在蓬勃发展的同时,国内连锁经营也出现了一些问题。

1.3.1 我国连锁经营的发展历程

现代连锁经营在我国的发展历程大体可分为初始期、探索期和成长期三个时期。

1. 初始期(20 世纪 90 年代初期至中期)

我国出现最早的连锁企业是 1986 年由天津立达集团公司创办的天津立达国际商场,但由于百货店是当时零售商业的主导形式,其利润和成长性都非常好,因此,连锁还只是个别现象,没有普遍意义。连锁经营在我国的真正发展是在 20 世纪 90 年代。1990 年,广东省东莞市烟酒公司创办了"佳美"连锁超级商场;1991 年,上海市出现了第一家连锁企业——联华超市商业公司;两年后,上海另一家大型连锁公司华联超市公司的 6 家分店同时开业;1992 年 1 月,北京西城区副食品公司创办了"希福"连锁店,到 1994 年,分店发展到 30 家以上,年销售额达 1.25 亿元。随后,"希福"连锁店加盟"好邻居",开创了我国连锁企业间的兼并先河。

1993 年初,粮食企业加快改革步伐,也开始了连锁经营的试点。到 1995 年 6 月,粮食部门在国内 12 个大中城市开办的各种形式连锁店 1166 个,为粮食系统全面推广连锁经营做好了前期准备。在餐饮行业,我国第一家快餐连锁企业是 1991 年由上海新亚集团创办的上海新亚快餐食品股份有限公司,该企业是我国第一家上市的连锁公司。同期,一些名牌老店也加入连锁行列,如"全聚德"烤鸭店、"狗不理"包子店、"荣华鸡"快餐店等,国际上知名的连锁集团也大举进入中国市场,在北京、上海、广州等大城市相继出现了"麦当劳""肯德基""马克西姆""加州牛肉面"等洋快餐的连锁店,这些连锁店的出现及初期运作的极大成功,带动了我国各地特别是沿海开放城市的商业、服务业连锁经营的全面推广。

2. 探索期(20世纪90年代中期至21世纪初期)

1995年3月,国务院在上海召开了全国部分省市连锁商业座谈会,李岚清到会并作了重要讲话,指出:连锁经营是我国流通领域的一场革命,发展连锁经营在我国社会主义市场经济体制下具有重要意义和广阔前景。同年6月,原国内贸易部在成立了全国连锁店指导小组的基础上,颁布了全国连锁经营发展规划,加大政府扶持力度和宏观指导,这标志着我国连锁经营的发展进入了一个新的阶段。这一时期,连锁经营的发展具有以下特点。

(1) 在与百姓日常消费密切相关的零售业态,如超级市场、便民店,连锁已成为主导形式。1998年,我国超市、便利店、仓储商场的销售额为600亿元,占连锁企业交易额的60%以上,全国上千家连锁公司、数万个连锁网点,多数为超市和便民店这类连锁企业。

(2) 作为零售企业机制转换的重要形式,全国粮食系统全面推广连锁经营,并取得了显著成效。以上海为例,1990—1992年,全市粮油销售亏损2500多万元,国有粮食商业市场占有率仅为35%,到1995年6月,上海市800家粮食零售网点已全部转为便民连锁店,商品销售额平均增长50%以上,为1992年的26倍,国有商业市场占有率平均上升到90%。

3. 成长期(21世纪初期至今)

在成长期,连锁经营的发展具有以下特点。

(1) 连锁业态规模扩大,连锁业种增多。连锁经营不仅出现在传统的餐饮、零售店,还发展到许多新兴的业态形式上,如折扣店、货仓销售、邮购、专卖店等,有些很有声势,如连邦软件专卖店,5年间在全国145座城市建有256家专卖店,1998年销售额为3.5亿元。连锁业种扩大表现为由零售业、餐饮业扩大到服务业、修理业、咨询业、旅店业,并显示出方兴未艾的发展势头。美国在连锁经营发展的成熟期,连锁的范围已扩大到19个业种。

(2) 连锁企业成长迅速,已由企业规模优势向产业规模优势转化。如上海的"联华"超市连锁公司已发展为分店在600个以上、年销售额70亿元的大型连锁集团;"华联"的店铺规模也在500家以上、销售额达40亿元。1999年,在我国零售业十强的企业排名中,第一、三、五、八、九名都是连锁超市。

(3) 连锁经营本身也向多样化发展。连锁经营有3种形式,即正规连锁、特许连锁和自由连锁。在我国连锁经营的发展初期,90%以上是正规连锁,但随着这种经营方式的日益推广,特许连锁发展迅速,显现出更大的灵活性和优越性。根据发达国家连锁经营发展的经验,特许连锁是最有发展潜力的形式,一般要占到全部连锁企业的2/3以上。

(4) 连锁企业经过多年来的发展与创新,各种新型业态、经营模式和经营理念不断涌现,学术界对未来零售业的创新发展提出了许多新的看法,认为第四次零售革命已经发生。在企业界,马云提出"新零售"概念,张近东认为未来的零售是智慧零售,刘强东则主张未来的零售将成为"无界零售"。零售业的创新发展始终是企业界和学术界的热门话题。

1.3.2 中国连锁百强的发展现状

根据国家统计局和中国连锁经营协会的统计数据,2017年"中国连锁百强"销售规模达到2.18万亿元,较2016年增长8.00%,门店总数超过10万个。2017年,"连锁百强"销售规模占社会消费品零售总额的比重为5.96%，如图1-1所示。

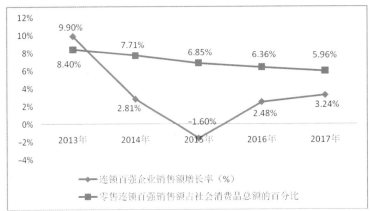

图1-1 2013—2017年连锁百强销售额增长情况及在社会消费品零售总额中的占比情况

注：资料来源于国家统计局、中国连锁经营协会。

在2017年度的"连锁百强"中，苏宁易购集团股份有限公司以2433.4亿元销售规模位居第一，国美零售控股有限公司、华润万家有限公司、康成投资(中国)有限公司(大润发)、沃尔玛(中国)投资有限公司分别以1536.9亿元、1036.5亿元、954.0亿元、802.8亿元的业绩排名第二至五位。2017年中国连锁百强前十强如表1-1所示。

表1-1 2017年中国连锁百强前十强

序号	企业名称	2017销售(含税亿元)	销售增长率(%)	2017门店总数(个)	门店增长率(%)
1	苏宁易购集团股份有限公司	2433.4	29.2	3799	10.9
2	国美零售控股有限公司	1536.9	-6.7	1604	-1.5
3	华润万家有限公司	1036.5	0.1	3162	-1.9
4	康成投资(中国)有限公司(大润发)	954.0	2.3	383	4.6
5	沃尔玛(中国)投资有限公司	802.8	4.7	441	0.5
6	永辉超市股份有限公司	654.0	20.2	806	65.5
7	重庆商社(集团)有限公司	582.8	3.9	322	-0.6
8	联华超市股份有限公司	564.6	-5.6	4551	-5.4
9	中石化易捷销售有限公司	519.5	48	25775	0.7
10	家乐福(中国)管理咨询服务有限公司	498.0	-1.3	321	0.6

注：1. 百强统计采用销售规模的口径，包括含税的直营店、加盟店、输出管理等以公司品牌经营的所有连锁店的销售总额，以及对外批发的销售额，除此以外的销售额不计入内。

2. 销售规模或门店数量以特许加盟为主的企业不列入本表，将纳入"2017年特许百强"榜。

3. 部分企业数据说明：①由华润万家有限公司控股的苏果超市有限公司2017年销售额为280亿元。②康成投资(中国)有限公司(大润发)销售中不包含飞牛网的数据。③家乐福(中国)管理咨询服务有限公司统计口径为大中华区销售额及门店数。

通过对"连锁百强"2013—2017年五年发展的分析发现,"连锁百强"有以下特点。

1. 行业保持快速发展的势头,转型期到来

2013—2017年的五年中,"连锁百强"销售规模增幅分别为9.90%、2.81%、-1.60%、2.48%、3.24%。从增幅数据看,虽然增速放缓,但一直保持发展的势头。

从整体经济环境看,随着城市化进程的不断推进与消费市场的持续增长,特别是"80后"和"90后"逐渐成为消费主力军,中产阶层数量持续扩大,三四线市场发展加速,必将有力推动连锁经营的发展。

从业态发展情况看,各个业态尤其是百货和超市,都在寻求差异化发展。高端超市、便利店、专卖店、网络销售、购物中心等成为发展热点。2017年"连锁百强"榜单中的家电专业店表现突出,有两家企业销售规模超过千亿,即苏宁、国美。百货店通过连锁经营,绩效得到提升。2017年"连锁百强"中过半以百货业为主的连锁企业,销售额和店铺数量都有不同程度的增长。

从店面数量上看,2017年连锁百强企业拥有的门店总数下降,业内解释是与大幅度的并购有关,如图1-2所示。虽然门店数量大幅减少,但连锁百强企业的销售额在2015年出现回落之后稳步上升,如图1-3所示。

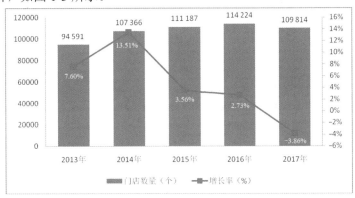

图1-2 2013—2017年中国连锁百强企业拥有的店面数量与增长率

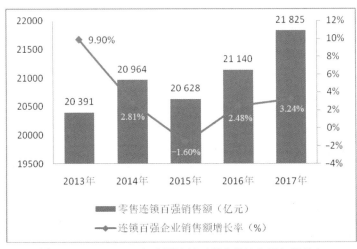

图1-3 2013—2017年中国连锁百强企业销售额与增长率

2. 行业集中度进一步提高

从 2017 年"连锁百强"的数据来看，连锁百强企业仍然以百货连锁和大型超市/超市连锁为主，分别占比 51% 和 30%，如图 1-4 所示。销售规模也相对集中在百亿左右，超过千亿的仅 3%，低于 50 亿的占 15%，百亿规模的占到 50%，如图 1-5 所示。结合销售规模和业态分布会发现，千亿以上的主要分布在百货和家电，分别是百联集团、苏宁、国美；百亿规模的企业主要分布在百货、大型超市/超市，如图 1-6 所示。

图 1-4　2017 年"连锁百强"企业中业态分布　　图 1-5　2017 年"连锁百强"企业销售规模分布

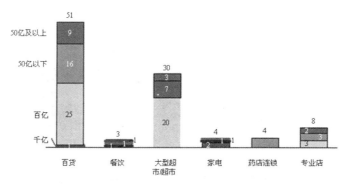

图 1-6　2017 年"连锁百强"企业中各业态销售规模分布

3. 外资零售商发展迅速

连锁百强中的外资企业近五年来发展迅猛。2017 年，主要 11 家海外品牌企业(见表 1-2)的销售额占"连锁百强"销售总额的 15.84%，达到 3457.8 亿元，店铺数 1864 家。以大型超市为主要发展业态的外资企业在该领域逐渐占据主导地位。

表 1-2　2017 年连锁百强企业主要海外企业

序号	企业名称	2017 销售(含税亿元)	销售增长率(%)	2017 门店总数(个)	门店增长率(%)
1	康成投资(中国)有限公司(大润发)	954.0	2.3	383	4.6
2	沃尔玛(中国)投资有限公司	802.8	4.7	441	0.5
3	家乐福(中国)管理咨询服务有限公司	498.0	-1.3	321	0.6
4	锦江麦德龙现购自运有限公司	213.0	10.4	92	5.7
5	宜家(中国)投资有限公司	176.8	16.8	24	14.3
6	百盛商业集团有限公司	159.5	-3.9	47	-11.3

(续表)

序号	企业名称	2017销售(含税亿元)	销售增长率(%)	2017门店总数(个)	门店增长率(%)
7	欧尚(中国)投资有限公司	157.0	−13.1	77	−1.3
8	永旺(中国)投资有限公司	140.9	20	91	16.7
9	卜蜂莲花	127.0	−2.3	95	18.8
10	新世界百货中国有限公司	123.4	7.3	38	−9.5
11	迪卡侬(中国)	105.4	14.6	255	24.4

4. 经营成本大幅上涨，行业并购与整合力度加大

从2017年开始，连锁企业在直接开店的同时，并购与合作也成为其扩张的重要手段。2017年"连锁百强"中发生的主要并购、合作案例包括：阿里巴巴入股高鑫零售(旗下有大润发、欧尚等品牌)，家乐福和腾讯、永辉签订了中国潜在投资意向书，沃尔玛与京东达成战略合作等。

近年来，连锁百强企业面临的最大困难就是经营成本的不断提高，包括店面租金和人工工资。据不完全统计，2012年以来，连锁企业续约房租成本平均上涨30%，人工成本平均上涨15%。为此，企业为降低成本，在多个地区实施整合重组战略。连锁百强门店数增速变缓甚至呈现负增长，这也和企业整合有很大关联。

5. 超市发展态势良好

近年来，合作、并购成为超市型业态扩张的重要方式。商超高端化、精细化趋势吸引更多消费者购物与体验，加之互联网流量的资源整合与重组，带来线上与线下的双重经济红利，在行业改革与新业态探索中，交出良好的答卷。

6. 网上零售初具规模

随着"80后""90后"成为消费的重要力量，连锁百强开始发展网上销售，绝大多数的连锁百强企业均开展了线上网络零售业务，实现销售规模逐渐扩大至亿元。访问量和销售额较大的网店主要集中在家电和百货业。

7. 注重综合能力的提升

从近五年的数据看，"连锁百强"发展速度放缓，企业更加关注内部管理能力的提升，打造核心竞争优势。一方面，企业为适应消费者变化，不断创新经营，出现高端超市、区域性购物中心、生鲜与基地对接等模式。另一方面，强化供应链基础设施建设，如：家家悦开设生鲜批发和配送中心，沃尔玛天津物流配送中心投入使用，苏宁ERP系统在供应链管理方面效果显现，物美与日资企业合建华北配送中心等。

企业在努力做好经营管理的同时，也在发挥着重要的社会责任，如在保护消费者权益、保障食品安全、抗灾供应、社会慈善事业等方面。企业的社会形象和地位明显提升。

根据调查分析发现，今后连锁经营将有以下特点：行业仍将保持增长，但增速放缓；网上零售将成为重要销售途径；行业竞争将更加激烈；追求行业创新和新突破；企业更加关注社会责任；企业期望更多政策支持。

1.3.3 我国连锁经营存在的问题

经历三十多年的发展，我国连锁经营虽然取得了一定的成绩，但是仍存在着许多不足，主要表现在以下几个方面。

1. 认识上的误区

认识上的误区主要表现在两个方面：一方面是理论界一些学者及新闻媒体认为我国连锁经营的效益上不去，主要原因是规模小、速度慢，所以一味地强调追求连锁经营的规模，而忽视了连锁经营的内在要求；另一方面，一些连锁企业对连锁经营的本质不甚了解，重数量轻质量，不顾条件盲目发展，以为连锁经营靠多发展店铺就能见效益，所以一味开店，一开就是四五家甚至数十家。其结果是，由于人才、资金、技术、管理等各方面的问题没有得到很好解决，最终难逃失败的厄运。

2. 体制的制约

连锁企业为实现规模效益，必须发展分店，按市场规律优化设置。但受现行体制的制约，连锁企业难以跨区域发展，以纳税为例，按照连锁经营统一核算的要求，连锁企业的所得税都在总部统一缴纳。但统一在总部纳税，就意味着地方政府无法从外地企业在当地开办的连锁店获得所得税收入。因此，对外来连锁企业采取抵制或不支持的态度，给连锁企业跨地区发展构成障碍。

3. 企业利润低，获取利润手段单一，运营成本较高，难以与国际商业巨头同台竞争

根据国家信息中心的数据，2014年连锁零售企业平均利润率仅为1.47%，"连锁百强"的净利润率为2.56%，而国外连锁零售企业平均利润率为10%。目前，连锁零售企业的盈利模式主要有3种：一是靠进销差价盈利；二是向供应商要钱，拼命讨好消费者，而不管厂家的死活；三是优化供应链，通过降低物流成本来盈利。国内众多连锁零售企业学到了如何向供应商要价，但似乎没有学到太多管理核心方面的内容。自身的管理水平无法带来更高的效率和利润空间，让国内企业只能把向供应商要钱作为利润的主要来源。同时国内企业对银行贷款的依赖度过高，自身利润率又过低，企业利润几乎不足以支付银行贷款本息，其高负债、低利润的经营方式已成未来发展之掣肘。

过高的运营成本归因于两个方面：①外部因素，我国物流费用偏高，占GDP比重的16.7%，而发达国家仅为这个数字的一半；②内部因素，我国销售成本和管理成本偏高，国内这方面的成本平均达30%，而沃尔玛为16%。商品周转速度慢、采购配送水平低造成高库存和断货共存等问题。外商的这种规模化优势和低价销售策略大大提高其市场占有率，使国内零售企业市场份额不断缩小，直接影响国内连锁零售企业的市场地位。

4. 配送中心发展良莠不齐

配送中心在连锁经营中具有核心地位的作用,承担着连锁企业各个分店所需商品的进货、库存、分工、集配、运输、送货信息处理等业务。发展连锁经营离不开配送中心。由于我国的连锁经营处于起步成长阶段,配送中心的发展依然良莠不齐,制约了连锁经营的进一步发展。其原因主要有以下几个方面。

(1) 配送中心规模效应不明显,盈利能力有待提升。连锁经营的优势在于统一进货,以降低成本,获取规模效益,而配送规模的大小对规模效益的取得起着关键作用。目前,国内连锁企业配送规模大小不一,尚未形成规模优势,最后3公里仍然是配送过程中需要关注和解决的问题。

(2) 目前国内的配送中心设施基础薄弱,机械化水平整体较低,计算机应用不全面,只限于配送中心业务。到目前为止,大部分配送中心依靠人力打码、拣货、配货。连锁企业经常出现商品断档或库存积压等现象,降低了要货、送货的准确度,也降低客户体验和满意度。

5. 资金和技术的制约

在网络时代发展连锁经营,是实现企业从劳动密集型向技术密集型转变的过程,即企业不仅要按照传统经营过程中的硬件条件进行改造,还必须按照网络要求进行资源配置,如条形码管理、销售信息系统、电子订货系统、通信网络技术的应用等,这都需要较大的经济投入。

6. 管理基础薄弱

管理基础薄弱主要表现在以下几个方面。

(1) 人才缺乏。连锁经营企业缺少真正懂得连锁经营现代化管理知识的中高级经营管理人才。一些经营管理人员的素质偏低,缺乏竞争的危机感,采取过去的传统商业管理方法,使得公司的政策无法执行,制度无法正确实施,公司的经营方法和战略缺乏内部交流,员工的思想跟不上连锁经营的发展。管理人才的制约是许多连锁经营企业败走麦城的主要原因。例如,曾经在全国轰动一时的郑州亚细亚商业集团,在短短的两三年内就开设了十几家大型商场,但人才的培养没有跟上企业发展的步伐。在北京开分店时,甚至连从来没有实际经营管理经验的迎宾小姐也委以高层管理人员的重任;广州仟佰村开业时,从郑州临时"空降"了几十名服务员任中高层管理人员,其失败的结局当然在所难免。

(2) 管理不规范。连锁经营缺乏知识化管理,运作不规范。新经济要求规范化的高水平管理模式,而目前我国大多数连锁经营体系都缺乏一套完整的管理运作手册,使得总店对各连锁分店监管不力。有的分店在各种不正当利益的驱动下自行进货,使产品无论在价格还是在质量上都无法得到保障,从而使企业的名誉受损,又由于连锁经营的强连锁效应,严重时会导致整个连锁体系的崩溃。

(3) 品牌意识淡薄。品牌是连锁经营企业的生命,特别是特许经营的企业,必须在广泛的消费者市场上靠服务和商品质量树立良好的形象,但国内连锁经营企业在企业形象识别系统上缺乏深刻的认识和规范的操作,品牌形象不突出。商业定牌生产是欧美国家大型零售商在商品经营上的一大特色,自有品牌商品是连锁经营企业的差异化商品,由于零售商在供应链中的地位日益加强,开始打造自己的零售商品牌,如美国的"西尔斯"、法国的"玛莎"、瑞典的"宜家家居"和英国马狮百货销售的"圣米高"品牌商品,都是成功的典范。而我国连锁经营企业还很少有定牌生产的商品,或者在所销售商品中比例太小,绝大多数仍是千店一面,缺乏特色商品。但有的连锁经营企业为了赶时髦,定牌加工的商品粗制滥造,结果反而损坏了企业的品牌形象。

本 章 小 结

本章主要介绍了连锁企业的历史沿革与发展现状,具体包括以下几方面内容:

连锁经营的起源及背景,美国、欧洲、日本等发达国家和地区的连锁经营的发展与现状,中国连锁企业的现状与问题。

思 考 题

(1) 欧美连锁经营发展经历了哪些阶段及各阶段特征?
(2) 日本连锁经营的发展有哪些特征,与欧美相比,有何差异?
(3) 目前我国连锁百强的发展特点有哪些?
(4) 简述我国连锁经营存在的问题及对策。
(5) 比较国内外连锁经营的发展历程,给你带来哪些启示?

第 2 章

连锁经营的基本理论

本章介绍了连锁经营的管理理念和管理方法。连锁经营作为一种先进的现代商业模式，被誉为商业界的又一次革命性的创新，在世界范围内影响着商业的发展。

学习目标
- 掌握连锁经营和连锁经营基本理论的内涵
- 掌握连锁经营的基本特征和基本模式
- 熟悉连锁经营的几种主要业态
- 了解连锁经营的优势和风险

2.1 连锁经营概述

2.1.1 连锁经营的定义

经过一百多年的发展，连锁经营形成了多种多样的类型和形式。有关连锁组织或研究学者基于不同的需求和认知角度，对连锁经营下过多种定义。典型的定义如下。

国际连锁协会对连锁经营的定义是：连锁经营就是通过企业内部分工协作或企业与企业之间的分工协作，以提高零售业的组织化水平，获取竞争优势的经营方式。

德国将连锁经营定义为：由核心企业和分散经营的企业结成的紧密型的联合独立经营形式。

另外，《简明不列颠百科全书》也对连锁经营进行了定义，它认为连锁经营为：具有统一管理和储存中心的两个以上的零售单位的联合。满足单一所有、实行集中领导和统一管理、设立 10 个以上相同的商店等条件的企业才是连锁经营企业。

综合上述连锁经营的定义可以看出：连锁经营是一种商业组织形式和经营制度，是指经营同类商品或服务的若干个企业，以一定的形式组成一个联合体，在整体规划下进行专业化分工，并在分工基础上实施集中化管理，把独立的经营活动组合成整体的规模经营，从而实现规模效益。

本书把专门研究连锁经营的管理理念和管理方法叫做连锁经营理论。

2.1.2 连锁经营的基本特征

连锁经营的本质是把独立的、分散的商店联合起来，形成覆盖面很广的大规模销售体系。它是现代工业发展到一定阶段的产物，其实质是把社会大生产的分工理论运用到商业领域里，它们分工明确，相互协调，形成规模效应，共同提升企业的竞争力。

作为一种现代化的经营模式，连锁经营具有经营规模化、经营统一化、经营专一化的基本特征。

1. 经营规模化

规模化是连锁经营企业的显著特征之一。连锁经营企业首先表现为多店铺体系，是一种规模化、集团化的商业经营形式，它由核心企业以及多个在总店控制之下、经营相同业态的分店构成，采用群体门市。由于连锁经营企业实行联购分销，总部负责采购进货，各分店负责商品的销售，庞大的经营规模可以最大限度地降低进货成本，占据销售市场，创造巨大的经济效益。连锁经营的规模化具体表现为：采购规模化，物流规模化，市场营销规模化，研究、开发、培训规模化。

2. 经营统一化

连锁经营在我国的商业模式中越来越显示出它强劲的生命力，这与它独特的内涵是分不开的。与其他零售模式相比，连锁经营模式具有 5 个鲜明的特征：统一的 CIS(Corporate Identity System，企业识别系统)、统一的商品大类、统一的运营手册、统一的营销运作、统一的采购和配送。连锁经营拥有这 5 项特征，才能真正体现连锁经营的特点，充分发挥连锁店的魅力。

3. 经营专一化

现代连锁经营专注于一个领域，并且坚持方向不变，同时在既定的领域内持续地进行流程再造和精细化、集约化改进。如同世界上大多数优秀的企业一样，其基本业务结构都是一句话可以说清楚自己是做什么的，有其明确不变的价值主张。

【案例 2-1】

麦当劳的 CI

2.2 连锁经营的基本模式

连锁经营模式以资产、合同为纽带，可划分为 3 种基本形式：直营连锁、特许连锁、自由连锁。这几种模式之间具有很多共同点，也存在着很大的差异。目前这 3 种经营模式已成为全球绝大多数连锁业的主流。

2.2.1 直营连锁

1. 直营连锁的含义

直营连锁又称正规连锁(Regular Chain，RC)，是连锁企业的总部通过独资、控股或吞并、兼并等途径开设门店，发展壮大自身实力和规模的一种形式。连锁企业的所有门店在总部的直接领导下统一经营，总部对各门店实施人、财、物及商流、物流、信息流等方面的统一管理。

国际连锁加盟协会(International Franchise Association，IFA)对直营连锁的定义是：以单一资本直接经营 11 个商店以上的零售业或饮食业组织。

美国商务部对直营连锁的定义是：由总公司管辖下的许多门店组成，它往往具有行业垄断性质，利用资本雄厚的特点大量进货和大量销售，具有很强的竞争力。

2. 直营连锁的特征

(1) 所有权的集中统一。直营连锁企业由同一经营资本构成，其各个成员店之间以资本为主要联结纽带，所有门店属于一个公司、一个联合组织或一个人，由同一个投资主体投资开办，各分店不具有法人资格。这是直营连锁与特许连锁和自由连锁的最大区别。

(2) 管理权的高度集中统一。直营连锁的所有权、经营权、监督权完全集中在总部，由总部根据统一的事业规划方针，负责连锁企业的人事、财务、投资、分配、采购、促销、物流、商流、信息等方面的统一管理与经营，门店的业务必须按总部的指令行事。因此，直营连锁企业必须顺利地推进合理的分工体制，即总部必须设置分工明确、专业精细的内部管理机构及与各门店的层级管理制度、各类责任制度、工效挂钩的分配制度和规范的门店管理制度，以保证总部与各职能部门和门店的统一运作。

(3) 财务制度的集中统一。在人事关系上，直营连锁各门店的店长是连锁企业的雇员而不是所有者，所有门店的店长均由总部委派，店长无权决定门店的利润分配，因为整个连锁企业实行统一的核算制度，各门店的工资和奖金由总部依据连锁企业制订的标准来决定。

【案例 2-2】

"真功夫"中式快餐企业

(4) 人力资源开发与管理的集中统一。直营连锁企业各门店的所有员工均由总部统一招募，各门店的经理人员也由总部委派，他们是公司的雇员而不是公司的所有者。

2.2.2 特许连锁

1. 特许连锁的含义

(1) 国际连锁加盟协会的定义。国际连锁加盟协会将特许连锁定义为：总公司授权加盟者经营生意，并且在组织结构、人员训练、采购及管理上协助加盟者，相应地，加盟者也必须付出相当代价给总公司的一种持续性关系。

一般将主导企业视为总部，而将加盟者视为加盟店。根据特许合同，总部必须提供一项独特的商业特权，如商标、产品、公司象征等让加盟店使用，并给予员工训练、商品供销、组织结构、经营、管理等方面的指导和协助，加盟店除了享有总部赋予的权利外，也要付出相应的回报并遵守总部的规定。这种经营的关键在于总部的特许权的授予，所以称为特许连锁。

(2) 特许连锁在美国的定义。在美国，传统上只有两种划分连锁企业的方法，即正规连锁与特许连锁。

① 美国商务部对特许连锁的定义是：主导企业把自己开发的商品、服务和营业系统(包括商标、商号等企业象征的使用、经营技术、营业场所和区域)，以契约形式授予加盟店的规定区域内的经销权或营业权。加盟店则要交纳一定的营业权使用费，并承担规定的义务。

② 美国特许连锁协会对特许连锁的定义是：特许经营是由一方(特许权所有方)给予另一方(特许权接受方)的合同性特许。它包括以下5个方面。

- 在特许经营时期，要求特许权接受方按期向特许权所有方交纳钱款，其数量按特许性质或按特许所有方提供的商品或服务量计算。
- 在特许经营时期，特许权所有方同意或要求特许权接受方在其名义下或在与其有关的名义下，使用其名义从事某一商业活动。
- 要求特许权所有方对特许权接受方的商业活动提供帮助(关于特许接受方在商业活动组织方面的帮助有人员培训、推销、管理等)。
- 授予特许权所有方在特许经营时期内连续行使管理控制的权利，在该时期内，特许权接受方在其商业活动中必须服从于特许权所有方。
- 双方之间的关系不是持股公司与其子公司或同一持股公司下属的子公司的关系，也不是个人与特许权接受方控制的公司之间的关系。

(3) 特许连锁在日本的定义。日本特许连锁协会对特许连锁的定义是：特许经营权是指特许者与其他事业者之间缔结合同，特许者特别授权特许加盟者使用自己的商标、服务标记、商号和其他作为营业象征的标志和经营技巧，在同样的形象下进行商品销售。此外，加盟者要按销售额或毛利的一定比例，向特许者支付报偿金，并对事业投入必要的资金，在特许者的指导及支持下开展事业。双方保持着持续性的关系。

(4) 特许连锁在我国的定义。《商业特许经营管理条例》(国务院令第485号)中规定："特许经营，是指拥有注册商标、企业标志、专利、专有技术等经营资源的企业(以下称特许人)，以合同形式将其拥有的经营资源许可其他经营者(以下称被特许人)使用，被特许人按照合同约定在统一的经营模式下开展经营，并向特许人支付特许经营费用的经营活动。企业以外的其他单位和个人不得作为特许人从事特许经营活动。"

从以上定义可以看出，特许连锁(Franchise Chain，FC)，又被称为合同连锁、加盟连锁或契约连锁，是一种以契约为基础的连锁企业经营形式。一般而言，连锁企业总部与加盟店签订合同，特别授权其使用自己的商标、服务标记、商号和其他为总部所独有的经营技术，在同样的形象下进行商品销售及劳务服务，各加盟店对自己的店铺拥有所有权，但经营权集中于总部，并按销售额或毛利的一定比例向总部支付报酬。

百胜中国特许加盟商要求

2. 特许连锁的特征

(1) 所有权的分散与经营权的集中。各加盟者对其各自的门店拥有所有权，而经营权则高度集中于总部。各门店店长是加盟者，不受聘于总部，加盟店甚至还有部分用工权和进货权。加盟店仍然具有独立的企业法人资格和企业的人事、财务权，但是加盟者必须按特许合同的规定严格执行生产经营任务，没有独立的生产经营权。

(2) 特许连锁的核心是特许权的转让。总部作为转让方，必须具有自己的产品、服务、营业技术，或有名的商标、商号等独有的物质技术或知识产权，这些特许权能给企业带来经济效益。总部除了向加盟者提供完成事业所必需的信息、知识、技术等一整套经营系统之外，还要授予加盟者店名、商标、商号、服务标记等在一定地区的垄断使用权，并在开店过程中不断给予经营指导。

(3) 特许授权经济合同是维系特许连锁经营的纽带。这种特许授权经济合同通常不是由双方协商确定的，而是由连锁企业总部制定的。加盟者只有接受既定的合同内容才能加盟连锁系统。例如，必须按总部提供的各项标准进行生产经营；必须按总部提出的经营管理方法办事；必须按合同规定的数量和方法向总部交纳一定的特许金额等。特许金额包括首次加盟费、特许商品销售额款项或所得利润的提成费等。总部也在合同中承诺相应的授权责任与义务。例如，提供必要的技术指导，提供独有商品、原材料，允许使用商标，进行必要的员工技术培训等。

(4) 总部与加盟店的关系是纵向关系。因为特许经营是通过总部与加盟店签订一对一特许合同而形成的经营关系，所以总部与加盟店的关系是纵向关系，而各加盟店之间不存在横向联系。

3. 特许连锁的类型

特许连锁自产生发展至今已派生出许多具体的形式。根据不同的分类方法，特许连锁具有不同的类型。

(1) 按特许权接受方经营加盟店的不同方式，可以划分为以下 5 种类型。

① 投资性特许经营方式。这种经营方式主要表现为，特许权接受方以大量资金的投入来获得特许经营权，特许权接受方控制企业整体运营策略，雇用他人经营分店。

② 职业性特许经营方式。这种经营方式表现为，特许权接受方只进行较少的资金投入，获得特许权后自己以职业者的身份亲自从事部分业务。

③ 零售式特许经营方式。这种经营方式表现为，特许权接受方将大量资金投入到商业产业设施的建设方面，利用所获特许权亲自经营零售业，在自己经营不便时有权转让所获特许权和投资产业。

④ 管理式特许经营方式。这种经营方式表现为，特许权接受方利用所获特许权亲自经营管理业务。

⑤ 销售与分销式特许经营方式。这种经营方式表现为，在获得授权的地区从事授权产品的分销业务。

(2) 按特许连锁的特许权内容进行划分时，特许连锁可分为商品、商标型特许连锁和经营模式特许连锁两种基本模式。

① 商品、商标型特许连锁。这种模式是指盟主将其拥有的某一专门商品或商标的经销权和使用权授予加盟者。这种模式最早是一种供货厂商和代销商的契约关系，代销商为供货厂商代销某种产品，供销双方签订契约协议，代销商专门为一个供货厂商代销商品，或者直接

使用供货商的字号、商标，从而成为供货厂商的销售部门，与供货厂商形成纵向的子公司与母公司的关系，特许连锁也由此产生。这种模式是初期特许连锁普遍采用的形式，因此又被称为"第一代特许经营"。

② 经营模式特许连锁。这种模式是现代特许连锁广泛采用的形式，又被称为"第二代特许经营"，是指盟主将其拥有的可获利的经营诀窍等内容授予加盟者的一种特许连锁形式。它要求加盟店经营总店的产品或提供与总店相同的服务，而且加盟店的店名、标志、经营方式、质量标准等所有经营管理模式都要按总店的规定进行。

(3) 按特许连锁授予特许权的方式进行划分时，特许连锁可分为以下4种类型。

① 一般特许连锁。一般特许连锁是最常见的特许连锁形式。这种形式主要表现为总店向加盟店授予产品、商标、店名、经营模式等特许权，加盟店为此支付一定费用并使用这些特许权进行经营。

② 委托特许连锁。委托特许连锁是指总店把自己的产品、商标、店名等特许权出售给一个代理人，授予该代理人特许权，允许该代理人负责某个地区的特许权授予。

③ 发展特许连锁。发展特许连锁是指加盟店向总店购买了特许经营权，同时也购买了在一个区域内再建若干家分店特许权的经营形式。

④ 复合特许连锁。复合特许连锁是指总店将一定地区的独占特许权授予加盟者，加盟者在该区域内可以独立经营，也可以再次授权给下一个加盟者经营特许业务，由此该加盟者既是特许权接受方，同时又是这一区域的特许权所有方。

【案例2-4】

肯德基的特许加盟方式

4. 特许连锁的优点和缺点

(1) 特许连锁的优点。主要表现为对盟主(特许者)和加盟者(被特许者)均有好处。特许连锁经营对盟主的好处主要体现在以下5个方面。

① 既节省了资金，又能获得扩大市场的机会，提高知名度，加速连锁事业的发展。

② 开展新业务时，有合伙人为其共同分担商业风险，能够大大降低经营风险。

③ 加盟店成为稳定的商品流通渠道，有利于巩固和扩大商品销售网络。

④ 盟主可根据加盟店的营业状况、总部体制和环境条件的变化调整加盟店，掌握连锁经营主动权。

⑤ 统一加盟店的店面设计、店员服装、商品陈列等，能对消费者和企业界形成强大而有魅力的统一形象，有助于企业形象和品牌的塑造。

总之，特许经营对于特许者来说是一本万利的事情，即一个本钱(模范店或模范产品、服务、品牌)多次被利用，利用一次，就赚一次钱、扩大一次规模，实现低成本扩张，就像复印机复印一样，有人将其比喻为扩印底版。

特许连锁经营对加盟店(被特许者)的好处主要体现在以下6个方面。

① 用较少的资本就能开展创业活动。

② 没有经验的创业者也能经营商店，可以减少失败的危险。对于加盟店来说，购买一个成功的特许经营模式大大降低了创业风险。

③ 能借用连锁总部的促销策略。

④ 能进行高知名度和高效率的经营，能够接受总店参谋的指导，以持续地扩大和发展

事业。

⑤ 稳定地销售物美价廉的商品，并能够专心致力于销售活动。

⑥ 能够迅速适应市场变化。

总之，特许经营对于加盟者来说是一本万利的事，即源源不断的利润皆来自于投资一个本钱：购买一个成功的特许经营模式。他不必"摸着石头过河"，也不必品尝"失败是成功之母"的酸果，花钱直接享受他人成功的经营模式即可，大大降低了创业风险。例如，美国有80%的店铺开业5年就关闭了，但是采取特许方式而关掉的店铺仅为30%~40%，因此，在美国每隔16分钟就有一家特许店开张。

【案例2-5】

美国国家公园
特许经营制度
的借鉴意义

(2) 特许连锁的缺点。特许经营虽然有许多优点，但同时也有一些缺点。对于特许者来说，特许连锁的缺点主要表现为：在其所选择的加盟店经营不善的情况下，会直接影响到特许者自身的名誉、地位；而加盟店发展态势极好却要求与其脱离关系时，又会变成特许者的强劲竞争对手，也会影响到特许者的发展。

对于加盟者来讲，特许连锁强调标准化的经营要求，加盟者必须与总部保持高度一致；加盟者在经营管理方面没有自主性，经营的灵活性受到限制，这会妨碍加盟者积极性和创造性的发挥，在一定程度上制约着特许连锁企业的发展。

2.2.3 自由连锁

1. 自由连锁的含义

(1) 自由连锁在美国的定义。美国商务部将自由连锁定义为：由批发企业组织的独立零售集团，即所谓批发企业主导型随意连锁店集团。成员零售店经营的商品全部或大部分从该批发企业进货。作为对等条件，该批发企业必须向零售企业提供规定的服务。

(2) 自由连锁在日本的定义。日本经济界对自由连锁店的定义是：所谓自由连锁店是许多零售企业自己组织起来的，在保持各自经营独立性的前提下，联合一个或几个批发企业，并以此为主导建立强有力的总部组织，在总部的指导下实行共同经营。通过集中进行大量采购，统一经销，获得低成本、合理化经营的利益，进而不断提高流通效率的零售商业组织。在相关法律中还规定：自由连锁主要是指对中小零售业，依照一定的合同条款持续地销售商品，并开展有关经营方面的指导事业。

总之，自由连锁是指通过签订连锁经营合同，总部与具有独立法人资格的门店合作，各门店在总部的指导下集中采购、统一经销的经营模式。根据自由原则，自由连锁体系中的各门店可以自由地加入或退出连锁体系。

2. 自由连锁的特征

自由连锁的最大特点是各门店的所有权和财务权相对独立，与总部没有从属关系，只是保持在经营活动上的协商和服务关系，如统一订货和送货、统一使用信息及广告宣传、统一制定销售战略等。自由连锁的特征具体表现为以下4个方面。

(1) 加盟店拥有独立的所有权、经营权和财务核算权。自由连锁拥有众多分散的零售商加盟成员，这些零售商一般是小型的，但它们是独立的，门店的资产归门店经营者所有。各门店不仅独立核算、自负盈亏、人事安排自主，而且在经营品种、经营方式、经营策略上也有很大的自主权，每年只需要按销售额或毛利额的一定比例向总部上交加盟金、管理费等。

(2) 拥有一个或几个核心企业作为总部组织。自由连锁的总部拥有一个或几个核心企业作为强有力的总部组织，该总部组织通常是已经存在的企业，有的是单独设置的，有的是由核心主导企业兼行总部职能，因而可以是批发企业，也可以是大型零售企业。

(3) 协商制订的合同是维系各方经济关系的纽带。总部与各加盟的成员店通过合同作为纽带联结在一起，合同由各成员通过民主协商制订，而不是特许连锁那样的定式合同。其合同的约束力比较弱，合同规定的加盟时间一般以一年为单位，加盟店可以随意退出自由连锁组织，在自由连锁的合同上并未规定对随时退出自由连锁组织的成员店的具体惩罚细则。

(4) 自由连锁的核心是共同进货。共同进货是中小企业成为自由连锁店的最大诱因，这样可以使中小型商业企业和大型超级市场、百货商店一样，获得低廉的商品进货价格。但对总部而言，自由连锁门店是总部强有力的分销渠道，因而形成了自由连锁重要的"联购分销"机制。

3. 自由连锁的类型

自由连锁在其发展过程中，形成了包括批发企业和若干零售企业在内的结构形式，批发企业成为各个连锁组织的龙头，它们向零售企业提供食品、设备、服饰用品和药品等领域相同的商品、服务和建议。在实践操作中，自由连锁具体形成了以下3种主要的发展模式。

(1) 大型零售企业主导型自由连锁。这种连锁经营模式在日本较为普遍，是某个大型零售企业利用其在进货渠道、运输条件以及仓储设施等方面的优势开设总店，再以自由连锁的形式吸收中小型零售企业加盟而形成的自由连锁经营形式。

(2) 中小型零售企业联合主导型自由连锁。由几家中小型零售企业联合起来，共同投资建立、开办自由连锁的总店，然后吸引其他中小企业加盟，建立连锁企业集团。这种自由连锁经营企业的总部由股东组成，共同执行经营管理业务，具有服务性质，不以盈利为目的；它们以集资的形式解决企业运营过程中的资金问题，也像其他连锁经营形式一样共同建立统一的配送中心，进行货品的加工处理和配送。

(3) 批发企业主导型自由连锁。这种连锁经营模式是欧美国家自由连锁的主要形式，由聚集在批发商周围的独立零售商构成，通常由批发商发起。它可能由一个批发企业发起并行使总部职能，也可能由两个以上的批发企业发起，在核心企业建立总部，承担配送中心的职责和服务指导的功能；然后按照自愿的原则与那些和批发企业具有长期、稳定交易关系的零售企业结成连锁企业集团，形成自由连锁的经营模式。

4. 自由连锁的经营原则

自由连锁经营具有以下4个基本原则。

(1) 共同原则。自由连锁经营更加注重总部与加盟店的互相配合和互相协调，在总部倾全力支援加盟店，对其进行全方位指导的同时，加盟店也应积极配合，两者是利益共同体。

(2) 利益原则。自由连锁总部的经费由各加盟店共同缴纳，总部的责任在于确保连锁组织成员的利益。总部以组织形式获得的利益，要以培养人才，加强物流系统、信息系统的更新等进行战略性再投资的形式向加盟店偿还，以繁荣加盟店、强化连锁经营系统。

(3) 调整原则。在自由连锁系统中，并不否认营业范围内的加盟店之间的有效竞争。有效竞争会给加盟店带来活力，增强连锁的竞争力。但是，应尽可能调整加盟店彼此之间的过分竞争。

(4) 为社区作贡献的原则。加盟店要有"商店是为顾客而存在"的"店客共荣"的经营原则。加盟店要有为其商店所在社区居民服务的思想，并不断得到当地居民的信赖，使自己的商店成为社区不可缺少的设施，进而确保自己商店的发展和繁荣。

5. 自由连锁的优点和缺点

(1) 自由连锁的优点。对于自由连锁经营模式，各连锁企业自愿联合且所有权独立的特点决定了这种连锁企业集团各分店的利益与总店的利益直接相关，这有利于整个企业集团协调一致，促进共同事业的发展。加盟企业拥有较独立的经营权，又使它们在经营过程中拥有较大的自主权，可以自主地选择经营策略、经营范围和经营方式；自主管理、独立核算、自负盈亏，有利于充分调动各分店的积极性和创造性，促进组织的发展。这种连锁经营模式在管理方式上的民主与集中相结合的特点，也使其经营管理活动既相对统一又具有较大的灵活性，既降低了管理成本又实现了规模效益。

(2) 自由连锁的缺点。自由连锁由于没有一个牢固的联结纽带将各加盟企业紧密地联结在一起，因而导致自由连锁企业集团存在着结构松散、凝聚力较差的问题；自由连锁企业各成员企业的独立性、自主性较大，也使组织体系不够稳定，总部的命令得不到及时、彻底地执行，难以集中、统一运作；在管理方式方面过于民主也会导致决策迟缓，效率低下；各成员企业相互之间存在的竞争，也制约了企业集团的协调发展。

奥地利 SPAR 的自由连锁

2.2.4 三种连锁经营模式的比较和分析

直营连锁、特许连锁与自由连锁经营模式的共同点和不同点如下。

1. 共同点

(1) 总部和门店：不同的连锁经营模式都由总部(中心)和门店构成，总部统一对各个组织机构进行管理。总部与分店之间分工明确，相互配合。其中，总部作为统一组织机构，其功能在于盈利模式的维护和推广、品牌的建立和管理、人员的招聘和培训、商品的采购和调配、商品的定价和促销；而各个连锁门店的功能在于具体实施总部的政策和完成销售目标。

(2) 运营手册：为了保证总部的各项规定在不同连锁企业中高效运行，不同连锁经营模式均要制作标准化实施手册。

(3) 盈利模式：无论是哪种连锁模式，只有具备成熟的盈利模式才能发展，才能吸引加盟者。

2. 不同点

(1) 所有权不同。对于直营连锁来说，不管分店有多少，都属于同一所有者，各门店不具有企业法人的资格,各门店店长也是由总部直接委派的管理人员。而自由连锁和特许连锁的每一个成员店都是独立的法人,具有企业自主管理的人事权、财务权。

(2) 内部关系不同。直营连锁中的各个连锁店是总公司的一部分,与总部关系最为密切,但自主性小。自由连锁没有总公司与分公司的划分,内部关系比较松散,各个连锁店的自主权较大,不同企业间是一种互利互助形式,目的在于创造共同的竞争优势。特许连锁是不同零售企业之间的一种特许权的买卖、契约关系,这种契约关系有一定的时期限制,期间总部与门店之间联系相对密切,但一旦契约解除,则内部关系也就宣告终结。

(3) 产生的原因不同。直营连锁经营模式往往是一些大企业或中小企业为了进一步扩张和发展而采用的一种渠道策略,旨在减少商品流通的中间环节,从而降低成本形成自己的竞争力,以更快、更大范围地占领市场。特许连锁产生的原因首先是特许人拥有了独特的知识产权,具备了很好的盈利模式;同时加盟者也可以通过这种盈利模式赚钱。自由连锁的产生是若干中小商店为了与大型连锁店竞争抗衡而采取的措施,其本质是小商店与大型商业集团的较量。

表2-1为直营连锁、特许连锁与自由连锁的比较与分析。

表2-1 直营连锁、特许连锁与自由连锁比较表

项目	连锁经营基本形式		
	直营连锁	特许连锁	自由连锁
总部与加盟店的资本所属	同一资本	不同资本	不同资本
总部资金构成	企业总部自身所有	加盟店持有一定的股份	全部由加盟店出资
加盟店与总部的关系	属企业内部管理上下级	总部对加盟店具有较大的影响	加盟店对总部具有较大的影响
总部对加盟店的人事权和直接经营权	有	无	无
加盟店自主性	小	小	大
加盟店上交总部指导费	5%以下	5%以上	无
分店间联系	同隶属于企业总部	无横向联系	有横向联系
总部与加盟店的合同约束力	视公司规章而定	强硬	松散
合同规定的加盟时间	无	多为5年以上	以一年为单位
总部机构人员	企业职工	专业人士	加盟店参与或委托代理

2.3 连锁经营的优势和风险分析

连锁经营有连锁超市、连锁便利店、连锁专营店、连锁百货商店等主要业态。连锁经营模式与传统的商业模式相比具有不可比拟的优势,主要体现在规模优势、效益优势和竞争优势3个方面。此外,它还存在着很大的风险,主要是由经营者、市场和总部带来的风险。

2.3.1 连锁经营的优势分析

在西方经济发达国家，连锁经营已经成为流通产业中的一种重要形式。如果股份制现代企业制度是资本市场上的一个典范的话，那么连锁经营则是流通领域的一个范例。世界最大的商业零售企业美国沃尔玛公司 2005 年的销售额达到 3100 亿美元，超过了通用汽车公司。一家属于传统产业的零售企业，能够在销售收入上超过"制造业之王"的汽车公司，超过一些大银行、保险公司等金融机构，超过引领"新经济"的信息企业，其奥妙就在于发展连锁经营。连锁经营的经营范围已经迅速普及整个零售业、饮食业和服务业的各个领域，并为世界上许多国家所采用，在全世界范围内取得了巨大的成功。这充分说明连锁经营模式与传统的商业模式相比具有不可比拟的优势，主要体现在规模优势、效益优势和竞争优势这三方面。

1. 连锁经营的规模优势

现代化工业生产的基本规律表明，当生产和经营活动都达到一定规模时，企业可以降低成本，提高效益。而连锁经营的实质就把社会大生产和专业分工的原理应用于流通领域，通过"规模化、标准化、统一化、单纯化"达到提高经济效益、降低流通成本的目的。连锁经营是一种现代经营方式和组织方式，它通过服务标准化、经营专业化、管理现代化来实现规模效益。连锁经营之所以能够迅速发展，正是由于它所创造的规模优势，这是单个商店无法企及的。其规模优势主要体现在以下 5 个方面。

(1) 有助于塑造企业形象。在塑造企业形象方面，连锁经营企业大规模的分店体系有助于在消费者心目中塑造鲜明的企业形象。这是因为连锁经营企业规模化的连锁门店无论设立在什么地方，都被要求采用与连锁总部一致的商店名称和标志，都要按照总部的风格进行统一的规划、设计和装修，店面的装饰、装潢、色彩以及店内的经营设备、货架布局、商品陈列、橱窗布置、货品标签、员工服饰等细节也都完全统一。这样，大量完全相同的店面和标志所形成的独特而统一的企业形象，在不同地方不断加强对消费者的刺激，因此，它在强化消费者对企业的认知方面具有传统经营形式中的单店经营所不可比拟的优势。消费者对连锁经营企业的印象会因为在不同地方多次看到相同的形象而不断深刻。

(2) 具有大批量、低价格购买优势。连锁经营统一设置其经营的商品以及固定设备、流动资产，巨大的购买规模使大型连锁企业可以从厂家直接进货，减少流通环节，使流通环节的部分利润转移到企业内部。大批量进货还能使连锁店从生产厂家获得广告费用折扣、优质商品、延期付款、及时送货等种种好处，这些都有利于降低企业的经营成本。因而，连锁店大批量进货的成本远远低于单个商店小批量多次进货的成本。

(3) 可以使企业大规模快速发展。连锁店可以不受限制地开设分店，把分散的经营主体组织起来形成群体，统一管理、统一营运，迅速发展企业规模，实行规模经营，增强企业竞争力。这种用开办分店的方法使企业的规模迅速发展的速度是单个商店根本无法实现的。如美国的彭尼连锁公司仅用了 20 年，就达到了单个百货商场的梅西公司花了 60 年才达到的规模。

(4) 可以节省大量的广告费用。连锁店的广告费用可由众多的分店分担，总销售额中的广告成本降低了不少，且分店分散在各地，当广告随着媒介传到各分店时，其广告效益就会辐射各地。如麦当劳的连锁分店遍布美国各地，不管走到哪里，都可以见到其著名的标志，如影随形，强烈地影响着顾客的消费。

(5) 可以节约大量的流通费用。连锁店利用了现代科学技术，完善了专业分工，通过配送中心科学、合理地组织商流，把批发和零售有机地融合在一起，从而使商品在流通过程中基本实现了"最少的环节、最短的距离、最低的费用、最高的效率"，节约了大量的流通费用。

2. 连锁经营的效益优势

连锁经营之所以能够取得良好的经济效益，与其实质、特征和运作形式密切相关。它运用了现代化工业大生产的原理，实现了商业活动的标准化、专业化、统一化，这些构成了产生规模效益的重要基础。一方面，先进的营销技术可以在众多的店铺大规模推广，从而获得技术共享效益；另一方面，投资的成本和风险又可以在众多的店铺得到均摊，从而可以降低商品的成本。连锁经营是一种兼收并蓄的形态，具有其他经营形态没有的优越性，具体表现在以下几个方面。

(1) 经营技术开发的专业化，有利于店铺经营水平的提高。在连锁体系内部都有总部和店铺两个层次。总部的重要职责之一就是研究企业的经营技巧，包括货架的摆放、商品的陈列、店容店貌的设计、经营品种的调整等，直接用于指导店铺的经营，这就使店铺摆脱了传统零售业那种靠经验操作的模式，转而向科学要效益。连锁总部统一开发的经营技巧可以广泛应用于各个店铺，使各店铺的经营水平普遍提高，从而获得技术共享效益(相对其他企业来说是一种超额利润)，同时分摊技术开发的成本，这是单个企业所无法做到的。

(2) 标准化的经营，有利于改善服务、扩大销售。在商业连锁经营方式中，商店的开发、设计及标准化的设备、陈列、产品、操作程序、技术管理、广告设计等，都集中在总部。总部负责连锁店的选址及开办前的培训工作，提供全套的商业服务方案，并始终不断地对各连锁店进行监督、指导、交流和培训工作，从而保证了各连锁店在产品、服务、店名店貌等方面的统一性，以满足消费者对标准化的产品和服务质量的要求，达到吸引顾客、扩大销售的目的。标准化的经营对树立店铺的形象更是意义重大。

(3) 物流中心承担了部分批发职能，使批发环节的部分利润由社会转到了企业内部。零售环节的利润很大程度上取决于商品所经过的流通环节数量。一般而言，流通环节越少，商业流通费用越低，零售环节所能获得的销售利润也就越多。连锁企业一般都设有物流中心，专门为店铺进行商品配送。这些商品一部分直接从工厂进货，减少了流通环节；同时还有一部分商品从供应商处取得时是原材料或半成品，需要物流中心进行加工、包装、分类等装配作业，增加了商品的附加值，从而将一部分利润转移过来。

(4) 集中化的经营与管理，有利于降低企业的经营成本。连锁经营的同业性使各个店铺的一些共同性活动，如采购、储运、广告宣传、会计核算等，可以集中起来由总部统一操作。这样，众多的店铺共享一套经营设施，共享一套管理机构，各个店铺无须设置烦琐的管理机构，无须配备相应的管理人员。这样做的好处有两个：其一，从总体上降低了企业的管理成本；其二，集中操作所带来的经营成本的降低也是显而易见的。如进货，由于有多个店铺而创造了大量销售的条件，所以总部可以通过大批量采购从厂家获得较低的价格，即批发价格。又如，由于有总部送货，各个店铺需要的库存面积及库存量都很小，从而可以扩大销售面积，减少资金占用。

(5) 连锁经营有利于减少商业投资风险。连锁企业经营多个店铺，即使个别店铺经营上失败也不会影响整体的经济效益，因为某一决策的失误所造成的损失可以由许多店铺共同分摊，这样大大降低了商业投资的风险。对于购买特许经营权的被特许人而言，加盟一个特许连锁店，可以利用一个已得到实践检验的成功的商业交易方式获得特许人的指导和帮忙，比起其单独开店，成功的概率大大提高了，大大减少了行业新人面临的各种风险。因此也有人说，特许经营是进入商界的"安全通道"。

(6) 连锁经营有利于提高零售商业的地位，指导生产、组织适销对路的商品。连锁经营店自产生和发展以来，对生产领域的促进作用日益增强。一是连锁店联合起来大批量购买，使生产过程的连续性得到保证，生产厂商减少了生产费用。二是连锁店一头连着消费者，另一头连着厂家，能及时地向厂家反馈消费者的信息，指导厂家生产适销对路的商品。同时，连锁店还给厂家提供了在广大地域内迅速、经济地试验新产品的零售实验室。这样，商业不再是单纯地把工厂生产的商品卖给消费者，而是根据消费者的需求让工厂生产商品；商业不再是隶属于生产厂家进行销售的商业，而成为反映消费者要求、指导厂家生产的商业。三是连锁店的形成增加了社会产品的总量。因为零售费用的降低相对扩大了消费者的购买力，购买力的增加反过来刺激了生产的发展，也增加了商店的销售额。

除此之外，连锁经营网点多、辐射范围广、市场占有率高，能够迅速、大规模地集中资金，实现投资的灵活转移，取得市场机会效益等，这些都是连锁经营取得良好经济效益的重要原因。

3. 连锁经营的竞争优势

连锁经营解决了大批量销售与消费者分散需求之间的矛盾，是零售组织的重大变革，被称为零售业的第三次革命。连锁经营通过标准化、简单化、专业化原则提高经营效率，实现规模效益，有着其他零售组织形式无法比拟的竞争优势，具体表现在以下几个方面。

(1) 容易快速聚集资本，有利于抓住稍纵即逝的市场机会。连锁经营方式，特别是加盟连锁方式，能把众多单个资本迅速集中起来，形成整体力量，在同样的竞争条件下，可以及时抓住市场机会，进行投资、进货、研发新产品，给企业带来良好的经济收益和发展机会。

(2) 组织化程度高，增强了市场竞争能力。连锁经营是商品流通中一种组织化程度较高的集生产、加工、零售、批发为一体的组织形式。它组织环节少，调节灵敏，反应迅速；它通过连锁体系的销售网络和销售渠道与消费者相联系，能快速、准确地了解和掌握市场信息，迅速将生产厂家的产品推向市场，扩大自身的市场占有率，增强自己的市场竞争能力。

(3) 经营费用低。连锁经营总部统一采购，进货量庞大，能够最大限度地获得较大程度的价格折扣和其他优惠。连锁经营一般不经过批发商而直接从供应商(厂家)进货，降低了购货成本和运输费用。由于采取总部统一存货管理、采用物流配送中心的组织形式，较之单店可以节约很多仓储费用。在广告宣传方面，由连锁总部统筹负责，既体现了整体的宣传效果，又节省了广告费用。此外，由于连锁经营标准化、模式化的操作和店铺形式，提高了连锁经营管理的效率，使管理成本降低。

(4) 产品销售能力强。由于连锁店中的商品或服务较其他商业模式所提供商品或服务更具价格优势，而且集中采购又使商品的品质有所保证，所以对顾客有很强的吸引力。连锁店铺位置分散、运输方便、配送快捷,而且多个分散的连锁单店构成一个有序的服务网络,能从售前、售中、售后全方位给消费者提供快捷、优质的服务,具有服务优势。这些都使连锁店具有强大的销售能力。

(5) 实现规模经济。连锁经营的出现解决了大规模销售与单个中小零售商要求维持其经营独立性之间的矛盾,使得连锁总部和连锁分店都能享有规模经济带来的经济利益,同时对连锁分店的独立经营又不构成威胁。

正因为连锁经营有上述优势存在,才使连锁经营具有较强的竞争能力,具有巨大的发展前景,才使连锁经营在全球经久不衰。

2.3.2 连锁经营的风险分析与规避

1. 连锁经营的风险分析

连锁经营虽然有巨大的优势,但也存在一定的风险。连锁经营在世界范围内发展很快,但是它也是把双刃剑。如果不将连锁经营这种组织方式与经营者的能力、资金以及市场环境等各方面因素相结合,它是发挥不出自身所具有的优势的。所以,必须对连锁经营存在的风险具有清醒的认识,而不能盲目地参与以致遭受巨大损失。

(1) 由经营者带来的风险。连锁经营作为一种现代化的经营形式和组织形式,要求经营者必须具备相应的素质和能力。连锁总部提供给各分店的经营诀窍和经营模式并不能保证成功,这只不过是提供了一个基本的业务工具,经营成功最主要的还是要靠各分店经营者的经营才能。而决策的失败意味着经营成果的丧失,由此带来一定的风险,这就是由经营者带来的风险。

(2) 由市场带来的风险。由于市场变化莫测,消费者的需求呈现多层次、多样化的趋势,连锁经营者面对的是不确定因素的增加和更加激烈的市场竞争,这些风险是由市场本身带来的。

【案例2-7】

"土掉渣儿烧饼"的流星命运

(3) 总部指导不力及信息传递、广告宣传出现偏差等带来的风险。连锁经营总部支援、指导不力,特别是信息传递、后勤支援、广告宣传等出现偏差或力度减弱,会给企业带来意外的风险,使整个连锁企业遭受重大损失。

2. 连锁经营的风险规避

对连锁经营中存在的风险进行风险规避的主要方法有自我评估、行业评估、连锁集团的评估、消费者评估等。

(1) 自我评估。自我评估主要评估以下两方面内容。

① 企业是否要开展连锁经营?要确定这一点,须评估品牌实力如何,是否有独特的技术、专利技术或管理技术,是否有开展连锁经营的人才储备,是否有足够的资金实力。

② 对于特许连锁经营,加盟者要参加一个加盟体系,须检验自己是否适合成为加盟者,一定要明确地认识自我的需求及发展方向,确认自己能否融入某个连锁体系,因为加盟是一种事业而非一份工作,加盟给予的是经营传承而非成功的保证。

(2) 行业评估。必须认真研究所选行业的发展前景：是属于流行性的行业、有发展后劲的潜力行业，还是如餐饮业和日常生活用品的零售业一样的平稳性行业。

(3) 连锁集团的评估。这里的连锁集团评估只能是针对特许连锁中的盟主，因为直营连锁决策完全由总部决定，分店只能去执行，只有特许加盟店才须考察集团总部。考察的内容包括盟主的经验、开店时间、店铺数量、专业化程度、企业文化、人才实力、资金实力、服务状况、社会口碑、经济效益、产品生命周期、费用情况、店铺存活率等。

(4) 消费者评估。做好消费者评估就等于做好市场评估，这里有两种评估形式：一是对当地消费者的评估，评估内容主要包括人数、年龄、收入水平、消费欲望、生活方式、家庭结构、文化层次、社会地位、消费结构、消费倾向等；二是进行消费者比较评估，目的是考察清楚样板店的繁荣是否就是自己开店的繁荣，就像是营销学里讲的市场有机会但不一定是自己的营销机会一样。进行比较研究，发现不同市场的差异，或扬长避短，或对症下药，采取相对应的目标策略，才能把握消费者的消费行为。连锁企业由于地域广、分布散，做好消费者评估显得尤为重要。

【案例2-8】
苏宁电器的优劣势分析

2.4 连锁经营的基本原则

企业的发展都需要遵循一定的原则，连锁经营企业亦不例外。连锁企业除了遵循一般企业所应遵循的原则外，还有着一套它自己的原则。连锁企业的原则主要包括两个方面：一是企业经营的通用原则；二是连锁经营的行业原则。

2.4.1 企业经营的通用原则

企业经营的通用原则是所有企业都必须遵循的原则，它是一切原则的奠基石，是一切原则的源泉。具体来说包括以下几个方面。

(1) 诚信原则。诚信是企业经营的基石，也是连锁经营的基石。一个企业诚信与否，关系到合作伙伴的风险大小，所以，没有诚信的企业在市场经济中是难以立足的。在企业内部，诚信体现为上下一心、同心同德，老板热爱员工，员工努力工作，有良好的企业文化和团队合作精神。在企业外部，诚信表现为企业领导人言行一致，严格遵守企业与相关单位签订的商业合同，货到付款或款到送货。诚信原则属于企业道德范畴。

(2) 效益原则。连锁经营的效益原则主要从经济效益、社会效益、环境效益3个方面考虑。

连锁经营的经济效益主要是指连锁企业经营的首要目标是获取利润、加速资金周转、减少库存、节约成本、提高效率，进而使企业不断扩大，同时带动相关合作企业互利互惠，共同发展。

连锁经营的社会效益主要包括3个方面：一是为广大居民和单位提供物美价廉的商品，满足群众日常文化生活的需要，方便群众生活；二是发展经济，促进社会向前发展，向国家缴纳税费等；三是提供大量就业机会，为政府分忧解忧，维护社会安定。

连锁经营的环境效益主要是指连锁企业在营运过程中尽量减少对环境的污染，使企业周围绿化美观、空气清新、无噪音、无异味、垃圾清运及时、快捷等，这些都是对环境做出的贡献。

(3) 效率原则。讲究效率，提高效率，是经济社会发展不可抗拒的普遍原则。美国著名经济学家、诺贝尔经济学奖获得者保罗·A.萨缪尔森在《经济学》中说："效率是经济学所要研究的一个中心问题(也许是唯一的中心问题)，效率意味着不存在浪费。"1906年，意大利经济学家V.帕累托提出了关于资源配置的著名的帕累托最优概念："如果社会资源的配置已达到这样一种状态，即在此状态中没有任何一个人能在至少不使另一个人处境不变得更坏的基础上让自己的处境变得更好，这就是资源配置效率最优状态。"这也被称为帕累托效率准则。根据效率原则，企业经营就是要使核心能力通过连锁机制和连锁单元得以充分发挥，尽量减少或避免浪费，成功地使某些外部交易内部化，使企业的经济运行效率达到可能的最优状态。也就是说，连锁经营由于效率提高增强了竞争力，因此，连锁经营是提高连锁企业资源配置效率的有效途径。

(4) 守法原则。作为企业公民，必须遵纪守法。合法经营才是正当经营，合法经营所得才是正当经营所得。这里的法，不仅是指我国的经济法，还包括民法、商法及大量的交易惯例等。连锁企业应摆正国家、企业、员工、消费者的关系。

2.4.2 连锁经营的行业原则

连锁经营的行业原则，是指连锁企业必须遵守的经营规范、要求、秘诀等。可以从下面的例子总结出连锁经营的行业原则。

(1) 日本7-11便利店的4项经营原则的内容如下。

① 鲜度管理。7-11便利店的鲜度管理原则是指24小时保持商品的新鲜度。新鲜的食品必须做到每天订货，以保证质量和销售。早餐和快餐类食品店铺经理每天可以程式化地进行订货和收货，收货时必须特别注意生产日期、保质期和包装完好性。因为这类商品的销售有规律可循，通常除周末的销售会下降外，平时的销售相对比较固定。

冷餐货品通常存放在冷冻房内，对它们的存放、存取及冷库作业都要严格规范，这类商品的存储最重要的是控制温度，根据冷餐和冷冻商品不同的保存条件，必须随时注意冷库的温度。同时，要辅以先进的设施和冷藏冷冻设备，避免升温变质。

② 商品结构满足顾客需求。7-11便利店在进行商品选择和更新时，严格遵循以下几个原则。

- 选择周转率高的商品。
- 选择毛利率高的商品。
- 选择价格合理的商品。
- 选择有品质保证的商品。
- 选择消费大众所喜爱的商品或热门商品。
- 以日常生活必需品为主。
- 符合轻、薄、短、小的特征。

- 能和消费者进行情感沟通。

……

③ 店面整洁、干净、明亮。24小时保持店内清洁，有污垢立即清扫，保持整洁、明亮的店铺，让顾客一进入店里就有种亲切感。

④ 亲切的服务和与顾客主动打招呼，记住常客的相貌和名字。零售业必须让顾客产生信任、满足的感觉才能获得成功。日本7-11公司在对待顾客方面做了如下要求。

- 在柜台时，看见顾客进店要大声喊"欢迎光临"。
- 与顾客擦肩而过时要说"欢迎您"。
- 清扫时要经常面对门口即顾客。
- 其他队员喊"欢迎光临，非常感谢"时，自己也要随声高喊。
- 面对顾客时，员工之间不能窃窃私语。
- 包装商品手提袋的扎口，要转移到顾客的手边。
- 加热后的商品必须手持交给对方，以保证商品是温的。

……

(2) 世界连锁巨头——麦当劳的经营原则。提到麦当劳的经营，我们就会想到"QSCV四原则"，其具体内容如下。

① 品质第一的Quality原则。Q(Quality)代表品质，即售出的汉堡包和薯条质优味美，营养俱全。为了保证产品的品质，麦当劳总部做了如下规定。

- 肉饼的原料不允许含任何动物的内脏。
- 羊肉的脂肪含量不允许超过19%。
- 肉饼的直径为98.5毫米，厚度为5.65毫米，重47.32克。
- 肉饼煎出后10分钟，如果还未出售，即不允许再出售。
- 薯条炸出后7分钟，如果还未售出，即不允许再出售。

……

② 服务至上的Service原则。S(Service)是指服务，包括店铺建筑的舒适感、营业时间的方便性和销售人员的服务态度等。微笑服务是麦当劳的特色，所有的员工都面露微笑、活泼开朗地和顾客交谈，让顾客感觉满意。麦当劳对此做了如下规定。

- 全体员工实行快捷、准确和友善的服务，顾客排队不超过两分钟。
- 在顾客点完所要食品后，服务员要在一分钟内将食品送到顾客手中。
- 餐厅还提供多种服务，如为小朋友过欢乐生日会，为团体提供订餐和免费送餐服务。

……

③ 清洁卫生的Cleanliness原则。C(Cleanliness)代表清洁，即店堂清洁整齐，环境怡人。麦当劳制定了严格的工作标准，这些标准近乎苛刻，如果发现有人违反，则毫不留情给予开除。麦当劳创始人克罗克经常这样大声对人说："照我的方法做，不然你只有离开麦当劳。"下面来看看几条他制定的规定，或许可以知道麦当劳保护良好用餐环境的奥秘。

- 工作人员不得留长发，上班时间必须着白色衬衫、制服、制裤，带白色纸帽，女职员要使用发网。
- 餐馆内不得出售香烟和报纸。

- 顾客一离位立即清洁桌面。
- 立即拾起顾客脚下的纸片、杂物。
- 玻璃窗必须每天擦拭干净。
- 每天刷洗垃圾桶。
- 随时保持不锈钢器皿的清洁。
- 每星期必须打扫天花板。

……

④ 麦当劳后来又追加了物超所值的 Value 原则。V(Value)代表价格,即价格经济、合理。尽管麦当劳的产品质量有保证,但也不抬高价格,而是信守物有所值的原则,使每一个进麦当劳的顾客只要花少量的钱,就能享受到优质的产品和服务以及舒适的环境。

以上 Q、S、C、V 四点是麦当劳快餐店的经营准则,也是麦当劳服务质量、商品质量和价格标准的象征和代表。凡不符合这四项要求的,服务员要解雇,经理要解除,分店要吊销营业执照。麦当劳还以其著名的 M 字金黄色招牌欢迎顾客光临,并监督检查麦当劳的一切服务质量标准。

现将日本 7-11 与美国麦当劳的经营原则进行比较,如表 2-2 所示。

表 2-2　日本 7-11 与美国麦当劳的经营原则

日本 7-11 的经营原则	麦当劳的经营原则
鲜度管理	Q(品质第一)
亲切的服务	S(服务至上)
店面整洁	C(清洁卫生)
商品结构满足顾客需求	V(物超所值)

通过以上比较可以看出,日本 7-11 和美国麦当劳的经营原则是相通的。这两个著名的国际连锁系统竟不约而同地道出了相类似的经营奥秘,同时印证了所有连锁经营的共同法则——QSCV 四项原则。

当然,有时也会因为行业的不同而使经营原则有一定的差异。例如,科技含量高的商品,其售后服务可能是重要的经营原则。又如,房地产中介的连锁,其经营的一条重要原则是合理、透明的收费,以及统一、规范化、标准化的服务,因为它经营的是不动产信息。

以上四项原则对一个合格的连锁企业来说是缺一不可的,只不过不同行业在这四项原则上有不同的体现而已。QSCV 原则是连锁企业制胜的首要条件,即使选址再好,价格再低,如果违背了这四项原则终究会走向失败。

本 章 小 结

本章主要介绍了连锁经营的基本理论,具体包括以下几方面内容:
连锁经营的定义和基本特征、基本模式、优势和风险,以及连锁经营的基本原则。

思 考 题

(1) 连锁经营的基本特征主要表现在哪几个方面？
(2) 连锁经营具有哪些基本模式，它们之间有什么区别？
(3) 连锁经营的主要业态有哪些？简要阐述它们的主要特征。
(4) 连锁经营的规模优势体现在哪几个方面？举例说明。
(5) 连锁经营存在哪些风险，如何防范？
(6) 连锁经营的基本原则有哪些？

第 3 章
连锁经营开店管理

连锁经营的优势在于规模，规模扩张的手段是店铺开发。对于连锁经营来说，开店模式和分店地址选择的重要性不可低估，它们是确保新店开发成功的重要保证。

学习目标
- 熟悉连锁经营开店的战略、路径、基本原则及开店流程
- 掌握连锁经营分店选址的理论与决策流程
- 熟悉连锁经营分店的布局与设计
- 了解连锁经营分店的组织结构及管理职责设计

3.1 连锁经营开店模式的构成

连锁经营从本质上说，是一种追求规模经营和规模效益的经营组织方式。所以，追求规模扩张是连锁经营的一种内在的、本能的力量。虽然有了规模并不代表一切，国内外大型连锁企业经营失败的例子并不鲜见，但没有规模的连锁企业很难有效提升自己的竞争力，这是一个有之未必然、无之必不然的问题。因此，人们经常会将规模与企业的成功联系在一起。连锁企业的规模扩张主要指网点扩张，这里不仅指网点数量的扩张，同时也指网点质量的提升。一个优秀的连锁企业在不断建新店的同时还会对原有的质量不满意的门店进行调整，以保证每一个"点"连接起来形成一张有效的"网"。在这里，将主要介绍网点空间布局战略、门店 S&B 战略、连锁经营开店的路径、连锁经营开店的基本原则及分店开发的流程。

3.1.1 网点空间布局战略

网点空间布局战略即区域扩张战略，许多连锁企业在初创时并没有一个明确的扩张思路，但随着规模的不断扩大，扩张思路也渐渐明晰。例如，第一家沃尔玛商店设在美国阿肯色州的罗杰斯，之所以设在这里，不是因为这里对沃尔玛这样的折扣商店来说最具吸引力，而是因为这里靠近山姆·沃尔顿的家，而且租金也能承受。随着沃尔玛的不断扩张，门店达到 20 多家后，一套较为成熟的企业扩张思路便形成了，成为该企业走向全美、挺进世界的

指导思想。

我国的一些连锁企业发展到一定阶段后，缺乏对目标市场的长远规划和远瞻考量，片面着重于分店的选址和经营情况，容易导致后续发展动力不足。因此，在分店开发时，连锁企业应具备长远的观点，从大局着想，方能形成一张有规模效益和竞争力的大"网"。

网点空间布局战略主要有两种模式：圈地模式和跳跃模式。

1. 圈地模式

圈地模式是指连锁企业在一个区域内集中资源开店，将可能开设的门店数量尽量开完，再寻找另外的开店区域，以便充分挖掘该区域的市场潜力，发挥资源整合优势，降低管理成本和后勤服务成本，增强宣传效果，以达到获取规模效益的目的。

圈地模式的具体操作方式有两种，一种是以一个城市作为目标，集中资源在该城市迅速铺开网点，形成压倒性阵势，以吸引消费者的注意。这种网点布局战略对消费相对分散且区域性竞争不明显的便利店、冷饮店尤为适用。日本7-11便利店通过特许经营方式来拓展分店，其中一个重要的策略是集中开店。当它在一个地区取得市场支配地位之后，再进入下一个地区，而不是追求全面开花，从而能降低经营成本，迅速实现盈利。与日本同行业比较，在销售额、毛利率、总资本周转率、单位面积销售额、人均销售额等诸多经营指标中，7-11便利店都居于日本便利店之首，而销售管理费用率、设备费用率、库存、工资占费用比率等指标却低于同行业平均水平，这也使得7-11便利店有更多的优势参与同行业竞争，并从中脱颖而出。

圈地模式的另一种操作方式是连锁企业在考虑网点布局时，先确定物流配送中心的地址，然后以配送中心的辐射范围为半径逐步扩张。这种方式更注重配送中心的服务能力，以求充分发挥配送潜力。配送中心的辐射范围一般以配送车辆60～80千米/小时的速度，在一个工作日(12小时/24小时)内可以往返配送中心的距离来测算。这种布局战略对要求商品配送快捷、高效的标准超市等尤为适用。根据我国一些运转较正常的连锁超市的情况来看，配送中心的成本一般要占整个连锁超市销售额的4%，所以对配送中心的成本控制是整个企业成本控制的重中之重，尽力挖掘配送中心的潜力、降低配送成本是连锁企业在网点布局时不得不考虑的重点。

(1) 圈地模式的优势如下。

① 可以降低连锁企业的广告费用。连锁企业广告宣传媒介主要是地区性的电视台、电台和报纸、海报等，无论宣传区域内拥有1家门店或者100家门店，其广告费用都是相同的。因此，在一个区域内开店越多，广告费用分摊到各门店越低。

② 可以提高形象上的相乘效果。在同一个地区开设多家门店，会很容易树立该连锁企业的形象，提高知名度。如果某一家门店缺少某种商品，可以在很短时间内从邻近门店调配，顾客也可以马上到邻近的门店去购买。

③ 节省人力、物力、财力，提高管理效率。企业总部管理人员可以在各个门店之间合理分配时间，不必担心由此所带来的不便和往来费用，在同样的时间内增加巡视次数，对每家门店的指导时间增加，便于对各门店的管理。同时，培训员工也变得更加容易。

④ 可以提高商品的配送效益，保证及时送货。为了使各门店的存货降至最低，通常要求配送中心必须采取多种类、小数量、多批量的配送方式。尤其是一些速食品和生鲜食品，如

面包、糕点、饮料、蔬菜、水果等，为保证食品新鲜可口，每天要送货2～3次，因此必须采取集中开店战略，方能缩短订货到送货的时间，防止缺货，提高商品的新鲜度，降低流通成本。

⑤ 可以充分发挥配送潜力，减少总部的投资压力。在目前我国缺乏社会化配送中心的情况下，连锁企业的商品配送不是依赖供应商低效率、高成本的配送，就是依靠自建的配送中心，而建一个配送中心，尤其是一个现代化程度较高的配送中心，企业的投资是巨大的。连锁企业在配送中心的辐射范围内不断开设新店，可以合理规划运输路线，统一采购，集中配送，在削减车辆数量的情况下，也能集中资源按时配送。这样就能尽量发挥配送潜力，收回投资，同时由于不需要建多家配送中心，从而减少了总部的投资压力。

(2) 圈地模式的风险如下。

① 采取这一扩张模式，必须等待在一个区域开完计划的门店数量才进入另一个区域，那么连锁企业要完成在全国的整体布点工作可能需要较长时间。

② 由于这一扩张模式是一个一个区域渐进开店，因此有可能其他一些当前值得进入的区域或城市在等待中丧失了最佳机会，让竞争对手抢占有利地址和先机。

2. 跳跃模式

跳跃模式是指连锁企业在当前值得进入的地区或竞争程度相对较低的地区分别开设店铺，即看准一个地方开一家，成熟一家开一家，可以同时不断跳跃式地在各区域开店。连锁企业采取这种方式扩张主要出于两种目的：一种是企业希望占领某个大区域市场，先不计成本，不考虑一城一池的得失，而是先考虑整体网络的建设，对有较大发展前途的地区和位置，先入为主，抑制竞争对手的进入。另一种是希望避开强大竞争对手，先求生存，再求发展。

(1) 跳跃模式的优势如下。

① 可以抢先占领有较高价值的地点，取得先发优势。这实际上是对未来行为的一种提前处置，该连锁企业以后一定会进入这些地区，而由于各种竞争关系，未来的进入成本远远高于目前，尤其是某些连锁企业的经营模式对地点有特殊要求，那么尽早在主要市场锁定理想地点将使连锁企业的扩张活动变得更为主动。

② 企业优先将门店开设在商业网点相对不足的地区或竞争程度较低的地区，可以避开强大竞争对手，迅速站稳脚跟。这对于刚刚起步的连锁企业尤为重要。较偏远的地区或城市郊区往往被大型连锁企业所忽略，那里租金低廉、开店成本低，商业网点相对不足，不能满足当地居民的需要，企业在该地区设店能有效地避开与强大竞争对手的正面冲突，从而形成自己的优势，取得规模效益，以便后来居上。

(2) 跳跃模式的风险如下。

① 对于那些对物流配送要求较高的连锁企业而言，在缺乏可供依赖的社会化配送中心的情况下，采取跳跃模式的连锁企业需要充分考虑自己的物流配送能力，如果门店之间跨度太大，企业物流配送跟不上，就难以满足各门店的配送需求。

② 由于不同地区的市场差异性太大，企业难以根据不同市场的要求选择适销对路的商品，无法满足消费者的需要，因而在发展初期难以有效整合企业资源，这些可能使连锁企业陷入战线过长、过宽带来的陷阱。

③ 如果连锁企业设店的区域跨度过大，必然要求更多的权力下放来适应不同市场的需要，

而如果连锁企业没有相应的管理控制系统,容易出现一盘散沙状况,不利于树立连锁企业统一形象。

④ 跳跃模式对门店的管理人员要求较高,在总部后勤服务不到位的地方设店,门店管理人员必须独立处理相关事务,必须具备较高的能力素质,否则会延长门店经营的摸索期或亏损期。

对于初创建的连锁企业,建议不采取此战略,以免战线拉得太长,顾此失彼,得不偿失。但上述两种区域扩张模式并不是相互排斥的,连锁企业可以根据自身的特点、战略愿景设计适当的区域扩张战略,甚至可以将两种模式有效地结合起来。

3.1.2 门店 S&B 战略

S&B(Scrap and Build)战略,即裁剪与重建,是关于撤除某一家、某一地区的门店或者对某个旧门店进行重新装修改造以使其更符合公司长远发展方向的战略。S&B 战略兴起于 20 世纪 70 年代末,尤其是石油危机之后,最初的作用是精简机构,进行合理化经营。经过 20 世纪 80 年代的发展,S&B 的作用已从单纯的成本控制转为积极的业态调整,从而成为发达国家连锁企业常用的战略之一。S&B 战略又被称为连锁企业的修枝战略,其目的在于去除冗店,重新调整连锁企业扩张中地区内部和地区之间的连锁门店分布状况,调整门店形象及经营策略,建立更为有效和紧凑的销售网络,以提高竞争力,获得长期的发展。

连锁企业实施 S&B 战略一般出于以下几种情况。

1. 店铺危机

在拼命抢开新店时,一些企业选址错误,选择了不合适的位置或者最好的位置已被竞争对手占据,导致经营不善,而且在未来几年情况也不会有太大的改善,需要进行裁剪。另外,由于城市建设,如修筑铁路、居民区,或出现新的闹市区,或其他政治、经济等原因,导致原先选定的店址需要放弃或搬迁,从而实施 S&B 战略,这种情况又被称为店铺地段危机。

2. 经营危机

门店本身经营不善,出于成本合理化的要求,为整顿亏损店而实施 S&B 战略。一方面,撤除缺乏竞争力的店铺,如缺少停车场的大型店,销售额难以提高的小型店或地段欠妥的店铺等;另一方面,由于投资成本增大,这些成本包括防火设施、防止环境污染设备的投资以及店租等。裁撤旧店或投资新店之后,企业能够获得更为合理的投资回报率。借着裁撤亏损店,还可以改装店铺,发展新的业态,如日本的 NICHYI 商店就在撤除旧式小型店之外,将业态变更为密集型的折扣商店。

3. 市场危机

由于市场差距(Market Gap)显著化,商店和楼面结构不合时宜而采取 S&B 战略。造成市场差距的原因有:消费者停止流动,结果形成具有不同特性和购买力的区域划分;居民或商圈的年龄人口结构呈现极端化的倾向;流动性强的消费者(如青年、新建家庭)集中到某一地区。这三种情形都会使门店的商品结构和楼面结构无法适应顾客的需要,结果形成市场差距。

这时的 S&B 战略，重点在于以变更业态的方式重建商店网络，如将超级市场改为集中专卖店型的百货商店。

4. 合作危机

由于连锁企业与合作伙伴之间的关系变化而引起实施 S&B 战略。这种现象容易出现在双方合作共同开发一个地区的市场，当合作方产生变故时迫使连锁企业不得不进行调整。如日本的和泉居，最初是作为一个超级市场部加在 NICHIYI 商店中的，但是当后者转为进行食品直营时，它就被迫撤出了大阪地区。

5. 管理危机

由于连锁企业过度扩张和盲目扩张后，发现自己没有足够的资源和管理能力支持或控制所有的门店，对于一些地域分布较远的门店进行裁剪。例如，有些连锁企业发现专注于地方性市场而不是全国性市场可能会干得更好，或现在尚无能力进军全国市场，于是对原来的盲目扩张予以修正。

上述五种情况通常会迫使连锁总部被动采取 S&B 战略。连锁总部应主动审视企业的发展情况，以便有选择地进行 S&B 战略，避免面临被动裁撤的危险。总部应定期(至少每年一次)审查各门店的业绩，以便确定每一家门店的发展趋势。连锁总部在做出改变门店的任何决定(如关闭、扩建或重新装修)时，都要从战略角度进行考虑。例如，某家门店目前的业绩可能很差，但该店所在的商圈内住宅建设的大量开发很可能为它在未来几年的发展提供更好的机会，于是这家门店得以保留，以期在未来改善业绩。此外，总部不仅要对每一家门店的经营进行审查，也要对整个连锁公司的经营业务是否合理、发展战略是否科学、经营策略是否得当重新做出评估，以便及早抓住机会进行更新。

实施 S&B 战略意味着连锁企业已经习惯了向消费者希望的方向转移，并对经营环境变化有了更深刻的认识。连锁企业的经营变得更为灵活，当其关闭不赚钱的门店时，也在开张新的、赚钱的门店，或者将现有的门店转变成赚钱的门店。正如伍尔沃思公司(Woolworth)的前总经理所言："(缩减规模)与我们重组、变革和复兴企业的长期战略是一致的，它能够在一个合理的时间跨度内实现我们的财务目标，并将资产从不能实现财务目标的企业中抽出来。我们期望该方案和最近的其他一些措施能够推动公司向目标靠拢，成为一个低成本、顾客导向的组织。"该公司在 1995 年间关闭了 700 多家商店和 3 个配送中心，同时在其富特·洛克连锁店(Foot Locker Chains)和北部集团服装店(Northern Group)名下开张了 300 家新店。

3.1.3 连锁经营开店的路径

连锁企业的网点扩张路径主要有四种：自建、并购、加盟、合作。如表 3-1 所示，由于这四种路径各有优势和风险，企业必须对即将进入的市场进行深入研究，结合自身具体情况选择最适合的路径。当然，企业也可以在一个时期同时运用四种路径加速扩张，这需要高超的资源整合能力和运作能力。

表 3-1　连锁企业四种扩张路径比较

项目	连锁企业扩张路径			
	自建	并购	加盟	合作
资金来源	总部	总部	加盟者	合作双方
管理统一性	高度统一	中度统一	高度统一	低度统一
扩张速度	慢	快	快	不定
稳定性	高稳定性	中稳定性	低稳定性	低稳定性
企业形象	一致	不太一致	一致	不一致
风险	高	高	低	低
操作难度	相对简单	难	较难	较难

1. 自建

自建路径是指连锁企业借助自己筹集的资金，通过对当地市场进行详细的商圈分析，对备选地址逐一分析优选，确立店址并开设新的连锁门店，通过自身力量逐步拓展市场。国内外大多数连锁企业的早期扩张均采取这一路径开设直营连锁门店。

优势：新的连锁门店一开始就能按企业统一经营模式运行，迅速走上正轨；有利于企业的一体化管理，公司原有的经营理念和经营模式能不折不扣地贯彻实施；有助于树立良好的企业形象；由于选址时对当地商圈进行了周密的调查与分析，前期的市场调查对新店开业后的经营策略调整有很大帮助。

风险：该方式前期需要投入大量资金，企业必须有雄厚资金支持，且对内部资源应用要求较高，发展相对较慢；企业需要对新区域市场有一个了解、认识、把握的过程，当地消费者需要时间了解、接受新的进入者，因而初建的门店需要一个过渡期才能站稳市场。

如果连锁企业开设的门店过多，而所有的商店建筑费、店面装修费和仓库基础设施费等全部由企业总部承担的话，将会对企业造成沉重的费用负担。此时，不妨可以考虑对物业进行租赁。有些连锁企业对物业的投资获得了较高的回报，如麦当劳对许多店址物业是拥有所有权的，但多数连锁企业尤其是零售商大都不拥有自己的物业，它们相信"零售商不应卷入房地产投机活动中"，这种看法有时也会使它们面临一些尴尬，如深圳万佳公司的第一家分店在物业租赁期满后，业主提出要大幅增加租金，最后双方无法达成协议而使万佳不得不另寻店址。

2. 并购

并购是指连锁企业采取资本运营的方式，将当地现有的企业收购、兼并过来，再进行整合，使兼并企业能与母体企业融为一体。并购是目前国内外比较流行的一种扩张方式，近年来我国零售业已发生了多起并购事件。但并购并不适用于所有企业，因为并购存在相当高的风险。

优势：通过收购与兼并，连锁企业可以共享市场资源，扩大顾客基础，提高讨价还价的实力；容易进入一个新市场，因为兼并过来的企业本就是当地已经存在的企业，熟悉当地情况，了解当地市场，或者已经积累了一定的无形资产，被当地消费者所接受，并购能使总部迅速占领新的市场；可以利用被并购企业的人力资源，如果运作较好，投资成本可以相对减少，而扩张速度也会加快。

风险：被兼并企业本身的组织结构、管理制度以及企业文化与母体企业相差较大，还需要对其按母体企业的标准进行改造，有一个磨合阵痛期，这同样需要成本；寻找合适的被并购企业需要机会，这可能会贻误进入一个新市场的时机；并购本身及整合被并购企业是一项复杂的工作，需要高超的管理技术和专业知识。

3. 加盟

加盟一般称为特许经营，是总部将自己所拥有的无形资产包括商标、商号、专利和经营管理模式等许可给投资者或加盟商，加盟商按合同规定在总部的统一指导下从事经营活动。加盟是连锁企业一种低成本、高速度的扩张方式，但它需要一定的条件，同样也存在一定的风险。

优势：可以节省大量资金投入和时间成本，迅速提高市场占有率；可以节省总部的人力资源和财力，风险小；充分利用加盟者在当地的人缘优势和经营积极性，可以提高成功率。

风险：加盟更适合一些门面较小的商店，不适合所有零售业态和服务行业，这使得该路径扩张范围受到限制；管理特许门店难度较大，加盟双方容易闹矛盾，总部不能随意更换店长和工作人员，不利于整体营销战略的实施和服务品质的整齐划一；个别加盟店的行为或经营失败会对总部品牌形象造成损害，不利于树立良好的企业形象。

4. 合作

合作是指连锁企业与有合作意向的伙伴进行多方面合作，既包括引入战略投资伙伴共同开发新市场，又包括与合作方结成联盟体采取复合连锁的方式进入新市场，还包括向合作方输出管理、输出人力资源等方式，共同开发某地区市场。如深圳万泽药店与万佳超市结成联盟共同开拓广州市场，万佳开到哪，卖场里面就有万泽的门店进驻。

优势：可以利用合作伙伴的人力、财力、物力等资源，减轻总部的投资压力；可以利用合作方的影响力占领市场，降低投资风险；双方可以共享顾客资源；相对于加盟的形式，合作形式更为灵活，店面招牌可以灵活处理，或打上连锁企业商号，或采用双商号；合作方式较加盟更容易被对方所接受，双方是在平等的位置上谋求双赢。

风险：合作伙伴有权利参与决策，连锁企业不能独立决策，这不利于统一管理；市场的开拓受到制约，不能按自己开店的一贯模式运作，时间和速度无法控制；合作方式不太稳定，由于其他事情变化，容易导致合作失败或合作终止。

3.1.4 连锁经营开店的基本原则

纵观连锁业的发展，可以看到多种分店开发道路，有的分店相对独立，周围没有辅助商店；有的则主要在大型购物中心内租赁店铺。但是总的来说，连锁经营分店的开设必须遵循以下原则。

1. 方便顾客购买

连锁经营可以通过分店开发来扩大经营网点，从而增加企业与顾客联系的窗口，以更好地满足消费者需要。"接近顾客就是赢家",要实现该目的,分店开发中必须满足方便顾客消费的原则,这主要体现在两个方面:一方面是所开分店能最大限度地节省顾客的购物时间。这里的关键是要求在分店开发时能争取直接面对目标顾客。另一方面,分店开发还应充分把握顾客的购物心理。例如,有的顾客在采购日用生活必需品时,常常希望一次购齐,因此如果拟开设的分店只能满足其中的一部分要求,则不妨将分店设在经营其他商品的商店附近,实现优势互补。总之,站在顾客的角度规划分店开发,是连锁超市经营的宗旨。

2. 有利于配送中心供货

在连锁经营中一般会设置配送中心,统一采购,集中供货。这样可以获取批量折扣,降低采购成本,能合理规划运输路线,降低运输成本,从而达到获取规模效益的目的。因此,在开发分店时,必须充分考虑分店与配送中心之间的相互关系。首先,配送中心一方面要保证周围各家分店的货源供应,另一方面还要在各分店间调剂商品余缺,任务十分繁重,每开一家分店都要增加配送中心的工作量。因此,应考虑以配送中心的供货能力范围为半径,做一圆圈,所开分店应均匀散布于圆圈之内。其次,要考虑配送中心向分店供货的运输路线是否合理,例如,分布在运输干线上的分店显然优于非干线沿线的分店,这不仅可以节约运输成本,还可以保证缺货的及时供应,甚至给相邻分店间余缺商品的调剂都带来方便。

3. 具有长期规划性

因为连锁经营企业要不断地发展壮大,扩大市场占有率,必然需要不断在新区域开拓新网点。如果新开分店布局杂乱无章,无统一规则,将不利于企业长期发展,甚至削弱企业竞争力。例如,同一连锁企业的成员在区域上不宜相距太近,否则易引起分店之间的商圈重叠;如果下属各分店在同一地区内分布过于紧密,分店之间就会形成竞争,最终会对整个企业的发展产生不利影响。因此,为确保本身的利益,应在连锁分店发展规划中附加"不得在方圆××公里以内开设第二家分店"的条文。但对非同一连锁企业的商店,尽管在新区域内已有同行业企业开设分店,同样也可以在该地区选择开店,开展竞争。只要自己的经营有特色,同样能占领市场。

4. 配合业态类型

不同经营业态的连锁店在开发分店时,各有不同的要求。连锁经营企业应该结合自己的业态类型特点谨慎开店。例如,快餐店需要设在流动人口密集的地方,而洗染店需要开在固定人口密集的地方。再如,出售大众日用品和副食品的超市连锁不宜设在闹市地区,而应设在缺少商业网点的新村居民区内。另外,各连锁分店在保证连锁专业化、统一化的前提下,应结合本身业态类型、区域特色有所变通。如上海联华超市的"联华超市就在您身边",将其目标顾客定位于市区工薪阶层,以日用消费品为主要经营特色,但它并没有机械地选择工人新村,而是考虑到了日用消费品的层次之分。位于商品房聚集地田林新村的田林分店,与田林宾馆对面而设,它适当开发较高层次的消费品,如精装饼干、礼品、饮料等以适应当地的高收入阶层。而在居民区新曲阳村,则以尽可能多品种、多规格的日用消费品来吸引周围居民一次购齐消费。同样的超市连锁,由于不同的特色,均做了大生意。

3.1.5 连锁经营分店开发的流程

分店开发是连锁经营企业取得规模经济的基础,分店开发的成功与否直接关系到连锁企业的成败。分店开发的流程如图 3-1 所示。

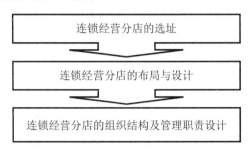

图 3-1　连锁经营企业分店开发的流程

1. 连锁经营分店的选址

分店开发是连锁经营中发展战略的核心部分。在分店开发的流程中,由于店址是关系到分店生意好坏的最关键因素,因此,选址尤为重要。为了选择合适的开店地址,一般要进行商圈分析与地址分析。

2. 连锁经营分店的布局与设计

连锁经营分店的布局与设计的实质是门店形象的问题。门店形象是门店外观、内部陈设及其口碑效应三者的有机结合,良好的门店形象有助于增强店铺的竞争力、吸引人才、创造有利的外部环境,是门店的无形资产。因此,塑造独树一帜的门店外观,精心设计其内部陈设,配合适当的广告宣传提高知名度,对于连锁门店经营至关重要。

3. 连锁经营分店的组织结构及管理职责设计

组织结构是指一个组织内各构成要素以及它们之间的相互关系,主要涉及企业部门构成、基本的岗位设置、权责关系、业务流程、管理流程及企业内部协调与控制机制等。可见,组织结构是企业围绕其核心业务建立强有力组织管理体系的基础。连锁经营的运作靠的是连锁经营的组织,组织结构是否合理、能否有效控制分店正常运营是连锁企业成败的关键。

3.2　连锁经营分店的选址

连锁经营分店店址的确定是综合考虑各种影响因素的结果,要使选择在各个方面都能令人满意,客观上往往不容易办到,因此,选择合适的区域及地点要平衡各种因素的利弊后才可确定。要十分注意所在行业的特点、同行业的竞争趋势、拟定位置的未来变化、分店的延伸以及连锁经营管理方面的要求。分店开发的店址择定要经过如下程序:确认前提条件、选择重心区域、寻找最佳结合点、选定具体地点。

3.2.1 选址重要性分析

对于连锁经营来说，分店地址选择的重要性不可低估。一方面，选址的决策过程复杂，成本高，一旦选定不易变动，同时位置特点对企业整体战略影响较大。一般来说，如果门店位置好，即使战略组合一般，也容易获得成功。医院附近的礼品店商品种类不多，价格偏高，也不主动宣传，其生意却往往很兴隆，原因就在于此。另一方面，如果选址不佳，经营者再有能力也往往难以弥补这一缺陷。一家小型日用杂品商店如果位于食品超市对面，即便引入个性化特色服务，延长营业时间，也无法与超市的商品种类与价格优势相比，经营势必艰难。如果另选店址，也许会获得成功。

商店位置的选择是一个综合决策问题，需要考虑许多因素，其中包括周边人群的规模和特点、竞争水平、运输的便利性、能否停车、附近商店的特点、房产成本、合同期限、人口变动趋势、法律条文等。

商店选址的资金投入大，且长期被占用，即便企业为追求投资最小化选择租赁的方式，而不是购买土地自己新建，投入仍然很大，除了在合同期内需要支付租金以外，零售商还需在照明、固定资产、门面等方面进行投入。

如果位置不太理想，租赁期通常短于 5 年。如果位于闹市区或商业中心，租赁期则往往为 5~10 年，甚至更长。一般来说，超级市场的租赁期为 15 年、20 年或 30 年。位于市中心的百货商店和大型专卖店通常的租赁期则长于 30 年。

由于位置固定，资金投入量大，合同期长，商店选址是连锁经营战略组合中灵活性最差的要素。一家连锁店不可能轻易搬迁，也不太可能轻易改变经营方式。相比之下，广告、价格、顾客服务、产品服务种类则能够随着环境(包括顾客、竞争及经济状况等)的变化较迅速地做出反应。此外，如果连锁企业违反合同，它将承担由此给房产主带来的一切损失。有些合同还明文禁止在合同期内转租。

连锁企业如果自己购买土地新建商店，则更难以变动。通常很难寻找合适的买主，需要花数月，甚至更长时间，同时往往还需要在资金上对买主提供帮助。假如在经济萧条时出售，则极易导致财务损失。

一家门店搬迁后，会面临许多潜在的问题。首先，会流失一部分忠诚顾客和员工，搬迁距离越远，损失越大；其次，新地点与老地点的市场状况不同；再次，商店的固定资产及装修往往不易搬迁，处理时如果估价不当，也会造成资产流失。

门店选址对连锁企业长期和短期规划均会产生较大影响。从长期来看，地点的选择将影响企业的整体战略。商店位置必须与企业任务、宗旨和目标市场长期保持一致。企业需要定期考察和测试周边环境，包括人口变动趋势、与顾客的距离及竞争对手的进入与退出情况等，以便相应调整长期计划。

从短期来看，门店的位置也影响着企业战略组合(如产品种类、价格和促销等)。例如，门店如果位于市中心，周围都是办公楼，其周末人流量必定很少。很明显，这样的商店不适宜销售家用电器(此类商品通常由夫妻共同购买)。对此商店而言，可行的策略或者是不经营此类产品，周末闭门不营业；或者是周末继续营业，通过扩张性低价及大力宣传等手段吸引客户前来购买。如果选择前者，其实是在调整战略组合以适应位置；如果选择后者，企业则必须在广告宣传上加大投入以尽力改变消费者的购买习惯。总的来说,改变位置特点比适应位置特点要冒更大风险。

3.2.2 连锁经营选址的商圈分析

1. 商圈的概念

商圈在经济学上的意义是"零售市场的空间领域"。而在店铺经营方面,商圈是指商店的有一定地理界限的销售范围,这个地理界限就是以商店所在地点为中心,沿一定距离形成的不同层次的吸引顾客的区域。如图 3-2 所示,当商圈在规模、形状、构造上逐渐明显化时,商圈可以分为核心商业圈、次级商业圈和边缘商业圈。核心商业圈的顾客占顾客总数的55%～70%,是离商店最近、顾客密度最高的区域;次级商业圈的顾客占到顾客总数的 15%～25%,位于核心商圈的外围,顾客较为分散;边缘商业圈包括所有余下来的顾客,顾客最为分散。

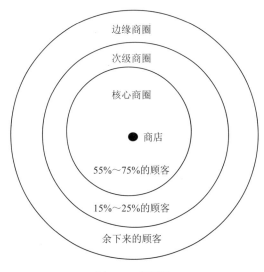

图 3-2 商圈图

商圈的形状指商圈所具有的地理性形状,它取决于交通枢纽、自然环境、社会人文环境、行政性环境、竞争店与互补效应等;而商圈的构造则指商圈所具有的地理性、空间性构造,包括 3 种构造形态。

(1) 全部商圈,指从最远处来的顾客的范围。

(2) 复合商圈,指根据商品类型而定的商圈范围。

(3) 相对商圈,根据利用该分店的相对顾客数(或销售额)而区分的商圈。

这里要注意一点,虽然每个商圈都有各自不同的具体形态、形状,并且相互排斥,受业种、业态的影响又具有重叠性,但各种划分标准服务于不同的分析目的,不能混为一谈。

商圈的范围和形状受许多因素的影响,诸如商店类型、商店规模、竞争对手的位置、居民居住模式、行程等。

2. 商圈分析的意义

(1) 详细了解顾客的人口特征和社会经济特征。具体来说，可以借用各种官方和非官方资料了解有关情况。考察新开商店未来的商圈，有利于挖掘市场机会，帮助零售商制定成功的经营战略。对于现有商店而言，则可以由此检验现行的经营战略是否适合顾客需求。

(2) 确定促销活动的重点。例如，如果95%的顾客都居住在距离商店3英里(约4.8千米)的小范围内，在一家全市性报纸上做广告便明显不合算。为避免过量发行，企业应尽量选择覆盖现有或潜在商圈的传媒方式。

(3) 对连锁店或特许联营店而言，商圈分析能够帮助确定新开分店能否扩大市场，其顾客是否仅从现有分店转移而来。假如一家连锁超市在某地区设有一家分店，该店贸易辐射区为2英里(约3.2千米)。目前，该企业打算在距该地区3英里的地方新设分店。图3-3描述了这两家商店的商圈及其重叠情况，阴影部分代表两家分店商圈的重叠，在此区域两家分店服务于同一客户群。连锁店需要考察的是新开分店后总销售额的净增长(新开分店总销售额的净增长=新开分店后原商店的总销售额+新店总销售额-开设分店前原商店的总销售额)。

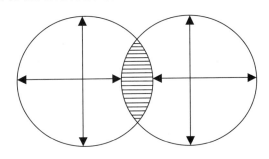

现有商店的商圈　建议商店店址估计的商圈

图 3-3　两家商店的商圈及其重叠情况

(4) 经营者可以通过商圈分析来判断如果自身不扩张，竞争对手是否会在附近开设分店。通过自身扩张这一战略能有效地限制竞争对手进入其市场领域。

(5) 可以帮助连锁企业计算出特定地理区域内的最佳网点数，如一家银行或旅行社在特定区域内应开设多少家营业机构，才能较好地为顾客服务(既不过多投入，也不重复设置)。

(6) 可更加突出位置上的缺陷。假如一家郊区购物中心进行商圈分析后发现城南相当一部分居民并未前来购买。经深入调查，主要原因在于城南郊区有一个危险的铁路道口，许多顾客不敢驾车经过。于是，购物中心便可与当地政府协商，进行安全改造，以便吸引更多居住在城南的顾客。

(7) 帮助了解许多其他因素，并进行评价。在商圈分析过程中，可以对竞争状况、资金市场、运输状况、劳动力市场、供应商、法律条文、经济增长等情况一一进行考察。

3. 商圈的测定

划分商圈非常复杂，受很多因素制约。用来划定商圈范围大小的基本要素如表3-2所示。

表 3-2　商圈测定的考虑因素

商圈测定的考虑因素			
外部因素	量的方面	• 人口数、人口密度、家庭数 • 流动人口数、客流规律 • 零售业销售额、营业面积 • 大型店状况 • 交通装备及交通量	
	质的方面	• 年龄、职业、家庭人口构成 • 收入水平、消费水平 • 就业状况、产业结构 • 城市规划、城市间关系 • 竞争店、互补店的地区分布 • 市政设施、商业街的规模	
内部因素	主体方面	• 店铺规模、业态 • 商品配置、楼层构成及配置 • 吸引顾客的设施状况,如停车场 • 销售促进、营销及其组织活动状况	
附加因素		文化、公共设施的有无	

在这些因素里面,究竟哪些因素是未来商圈的决定因素,未来商店商圈到底有多大,不可一概而论,须根据各个店铺的具体情况再行决定。而对于现有商店商圈的大小、形态和特征,则可以较为精确地确定。在国外,人们一般用信用证和支票购物,可由此查知顾客的地址、购物频率、购物数量等情况;在国内,可以通过售后服务登记、顾客意向征询、赠券等形式搜集有关顾客居住地点的资料,进而划定商圈。另外,可以通过其他商店发放的海报的范围来确定商圈,也可以通过一些大型超市开设免费班车的范围来确定。例如,南京金润发鼓楼店共开通了 6 条免费班车线路。西至黑龙江路小区、新门口干休所,东至樱铁村、化工一厂,北至五塘新村、紫竹林小区,东北至幕府山庄、化纤厂,这就是它的商圈。

新建商店的商圈相对难以确定,不过也可以根据当地零售市场的潜力,采用趋势分析法,即通过对城市规划、人口分布、住宅建设、公路建设、公共交通等方面资料的分析来划定商圈。

4. 商圈确定方法

确定商圈有多种不同的方法,根据行业与店铺形态等的不同,商圈会多少有些差异。因此,在分析调查时,通常结合几种方法综合加以判断。

(1) 利用电脑模型帮助分析、确定商圈。

在介绍商圈确定的方法中,首先看看美国零售业在评价新店位置时所采用的三种先进的电脑分析模型:类推模型、回归模型、引力模型。其中类推模型(Analog Model)最简单,应用也最广泛。这一模型根据类似地区现有商店的销售量、新店所在地区的竞争状况、新店可望达到的商场份额,以及该地区内主要商圈的范围与密度等预测新店未来的销售量。回归模型(Regression Model)则利用一系列数学方程式研究商店未来的销售额与所在地区各种独立变量之间的关系,这些变量包括人口规模、平均收入、家庭数量、附近的竞争者、运输与交通状况等。引力模型(Gravity Model)的假设前提是与竞争对手相比,商店离顾客越近,越有吸引力,顾客就越多。该模型主要考察顾客与竞争者之间的距离、商店位置与顾客之间的距离、商店形象等因素。

电脑分析模型的优越性体现在:目标性与系统性较强,详细考察了每个因素的重要性,因而在对大量地区进行分析时特别有效。同时,对比模型预测结果与实际情况还可进行业绩考核。百事可乐公司曾利用 GIS 技术帮助肯德基和必胜客寻找新网点的最佳位置。

美国零售企业在进行商圈分析时越来越多地使用地理信息系统(Geographic Information System,GIS)软件。地理信息系统能够提供绘图所需资料,从而形象地描绘商圈特点,包括人口特点、顾客购买情况以及当前和潜在竞争对手的位置等。因而,GIS 软件能帮助零售企业了解不同地区的特点,并将结果表述在地图构件中。在 GIS 软件得到广泛运用之前,零售企业不得不搬来一叠厚厚的地图,对考察区域以及竞争对手的位置进行手工资料收集和分析。有些美国企业在全球网上提供 GIS 绘图软件,其中包括环境研究所(ESRI)、办公自动化中心。这些软件较先进,客户须付费使用,但有些企业经常免费提供样品。

尽管不同的 GIS 软件价格各不相同(其中许多厂家不但出售软件,还提供商圈咨询服务),但总的来说,价格都不高。这些软件均可在个人计算机上使用,用户还能主动调整商圈数据。

GIS 软件的用途很广。例如,连锁企业可以利用 GIS 软件考察目前哪些分店的商圈内家庭年收入超过多少美元。企业可在开店前利用该软件预测新店的销售额及对原有商店销售额的潜在影响。零售企业还可通过 GIS 软件确定最佳位置上顾客的特点,据此设计模型,以便在全国范围内找到最好的店址。连锁企业甚至还可以利用 GIS 软件考察市场渗透率,明确其地理位置的优势和劣势。目前,许多美国公司利用 GIS 进行商圈分析和确定。

(2) 利用雷利法则分析、确定商圈。

雷利在 1929 年提出的商圈设定方法被称为零售引力的雷利法则(Reilly's Law of Retail Graviation),这是一种更具代表性的设定商圈方法。"零售引力法则"主要探讨大城市是如何吸引小城镇的顾客的,正如该法则名称所隐含的那样,它是以牛顿万有引力定律为依据的。该法则的目的在于确定两个城市或社区之间的无差异点,进而分别确定商圈。该法则认为,两城市从中间地带吸引顾客的数量比率,与两城市的人口数量成正比,与两城市距中间地带的距离的平方成反比。这里所说的距离指由中间地带到最具代表性的交通枢纽所需要的时间来测定的。公式如下:

$$\left(\frac{B_M}{B_N}\right)=\left(\frac{P_M}{P_N}\right)\left(\frac{D_N}{D_M}\right)^2$$

式中,B_M 表示城市 M 从中间地带吸引的交易量;

B_N 表示城市 N 从中间地带吸引的交易量;

P_M 表示城市 M 的人口;

P_N 表示城市 N 的人口;

D_M 表示城市 M 到中间地带的距离;

D_N 表示城市 N 到中间地带的距离。

例如,城市 M 的人口为 20 万人,城市 N 的人口为 5 万人,从 M 到中间地带的某小城

市的距离为 15 千米，从 N 到该小城市的距离为 5 千米，那么，

$$\left(\frac{B_M}{B_N}\right) = \frac{20}{5} \times \left(\frac{5}{15}\right)^2 = \frac{4}{9}$$

由上式可知，位于中间地带的某小城市被 M、N 两城市吸引的比率为 4:9。城市 M 因人口较多，所以可以弥补其距离上的不利。而城市 N 人口虽然比 M 少，但其与中间地带城市的距离却是 M 的三分之一，因此城市 N 反而比 M 更为有利。

上面所列出的公式，往往会让人以为该公式只不过是在表示两个城市的吸引比率，而并没有显示出所要求得的商圈的范围。不过，如果将公式变成 $\left(\frac{B_M}{B_N}\right) = 1$ 的形式，即找一个使两个城市的吸引力相等的地点(无差异点)，那么上述公式就能表示两个城市商圈的范围。当然，这也可以套用在分店的商圈范围确定上。

$$\left(\frac{B_M}{B_N}\right) = \left(\frac{P_M}{P_N}\right)\left(\frac{D_N}{D_M}\right)^2, \quad 令 \frac{B_M}{B_N} = 1，则有：1 = \left(\frac{P_M}{P_N}\right)\left(\frac{D_N}{D_M}\right)^2$$

$$\frac{P_N}{P_M} = \left(\frac{D_N}{D_M}\right)^2, \quad D_N = D_M\sqrt{\frac{P_N}{P_M}}$$

$$D_M + D_N = D_M + D_M\sqrt{\frac{P_N}{P_M}} = D_M\left(1+\sqrt{\frac{P_N}{P_M}}\right)$$

依前例可计算出商圈范围为

$$20 = D_M\left(1+\sqrt{\frac{5}{20}}\right)$$

$$D_M \approx 13.3$$

这就是说，从城市 M 算起约 13.3 千米的地点即是两城市商圈界线所在。

(3) 利用哈夫法则分析，确定商圈。

哈夫法则(Huff's Law of Shopper Attraction)，即哈夫的概率模型从消费者的立场出发，认为消费者利用某商业设施的概率，取决于表现商品丰富性的营业面积，以及为购物所消耗的必要时间和该商业设施的规模实力。这里有必要将各商品或各地区商业设备利用概率列入考虑范围。该模型的公式如下：

$$P_{ij} = \frac{U_{ij}}{\sum_{j=1}^{n} U_{ij}} = \frac{\frac{S_j}{T_{ij}^\lambda}}{\sum_{j=1}^{n} \frac{S_j}{T_{ij}^\lambda}}$$

$$E_{ij} = P_{ij}C_i = \frac{\frac{S_j}{T_{ij}^\lambda}}{\sum_{j=1}^{n} \frac{S_j}{T_{ij}^\lambda}} C_i$$

式中，j 表示某商业设施；

　　　P_{ij} 表示 i 地区消费者光顾 j 商业设施的概率；

　　　U_{ij} 表示 j 商业设施的效用；

　　　S_j 表示 j 商业设施的规模(营业面积)；

　　　T_{ij} 表示从 j 到 i 地区所需的时间；

　　　λ 表示随交通工具不同而变化的参数；

　　　E_{ij} 表示 i 地区消费者光顾 j 商业设施的期望值；

　　　C_i 表示 i 地区的消费者数量。

式中有一个 λ 指数，用来衡量顾客因购物类型不同而对路途时间的重视程度不同，n 为不同商业区的数量。此外从该公式还可以看出，采用该模式能够评价某商业设施规模的变化以及地区交通体系的变化对商圈所带来的影响。

该法则具体应用举例如下：假设一家超市在考虑 3 个选址位置，在这 3 个区域，日用品的总营业面积分别为 60 平方米、90 平方米和 150 平方米。潜在顾客群的住所距离这 3 个区域所需时间分别为 7 分钟、10 分钟和 5 分钟。通过调研，顾客对路途所需时间的重视程度为 2。因此，在区域 1，顾客购买的可能性为 43.9%；区域 2 为 32.2%；区域 3 为 23.9%，即

$$P_{i1} = \frac{60/7^2}{60/7^2 + 90/10^2 + 150/15^2} = 43.9\%$$

$$P_{i2} = \frac{90/10^2}{60/7^2 + 90/10^2 + 150/15^2} = 32.2\%$$

$$P_{i3} = \frac{150/15^2}{60/7^2 + 90/10^2 + 150/15^2} = 23.9\%$$

假如有 200 名顾客居住在离区域 1 有 7 分钟路程的地方，据研究调研所得，88%的人均会前往该区域购买商品。

应用哈夫法则时应注意：

① 为完整描述区域 1 的商圈，应分别对距离商店 5 分钟、10 分钟、15 分钟、20 分钟……的顾客进行同样的分析，并加以汇总。这样才能全面估计区域 1 内各商店的市场规模、商圈范围及各类商品的主要、次要和边缘商圈。如果在该地区内特定商品种类新增加了零售空间和设施，不同距离处都会有更多的顾客前来选购。

② 顾客前来选购的可能性很大程度上取决于商品种类。因为商品种类不同，顾客对路途时间的感觉也不同。在上例中，如果商品更加重要，那么顾客对路途时间的重视程度便有所下降。此时取值为 1，结果变为区域 1 为 31.1%，区域 2 为 32.6%，区域 3 为 36.3%。由于商品种类不同，区域 3 的吸引力大大提高。

③ 绝大多数变量都很难量化，为了制图方便，路途时间应转换为以千米为单位的距离。此外，路途时间也因交通方式的不同而不同。

④ 顾客每次光顾时购买的商品都不完全相同，这意味着商圈处于不断变化之中。

5. 商圈分析的基本流程

(1) 明确稳定的家庭(人口)数的具体位置。此步主要考虑影响人们光顾的稳定因素。

(2) 分析商业环境上的利弊。确认附近有无竞争店，能否在面积、停车场、商品构成、

经营手段等方面与竞争店形成差别。

(3) 分析是否为将来具有良好发展前景的地区，要研究人口增长率、城市规划政策等。

(4) 对销售额做出预测，粗略地确定商圈范围。

(5) 对拟选的几个具体的地址进行更详细的调查，做出优劣、适合性的具体评价，如进一步调查土地房产的适用性、周围环境状况尤其是公共配套设施的状况、将来发展余地、基础配套设施状况等。

根据土地房产的优劣顺序，对该房产的每个必要条件做出确认。经过对房产所有者、用途、面积的确认，经所有者的认可，制订开店计划书，经公司批准后，签订合同。

以上5个阶段即商圈调查的流程。

【案例3-1】

麦当劳的商圈调查

3.2.3 连锁经营选址的地点分析

地点分析是选址分析的第二项重要内容，是在确定值得进入的商圈内寻找一个最佳的位置，以吸引目标顾客前来采购。地点分析需要更深、更细致的调查，一般需要考虑的因素如下。

1. 业务类型与位置类型匹配

位置类型主要分三类：第一类是孤立店类型，第二类是经规划的购物中心，第三类是自然形成的商业中心。上述三种位置类型具有不同的优势和劣势，连锁企业管理者要确定适合自己门店的位置类型，关键是要分析自己的业务类型与哪种位置类型相匹配。

(1) 独特型连锁企业。独特型连锁企业通常拥有与产品或服务相联系的高质量形象。顾客从较远的社区被吸引而至，原因是产品或服务具有独特性和竞争者数量较少，如园艺中心、裱画店、机车喷漆公司或高档饭店。在一个社区内，这种产品或服务选择的余地通常较小，而且该类型的产品或服务常常具有较高声望。这种类型的门店位置不论设在哪里都能吸引顾客。

(2) 竞争型连锁企业。竞争型连锁企业提供与商圈内其他企业相同或相似的产品或服务，那么便利程度便成为决定企业选址的主要因素。便利食品店、冰淇淋店、快餐店、甜品店和药店，这些不同的商店均属于竞争型连锁企业。它们常常位于商圈内，集中于自然形成的商业中心、购物中心、一般商业区或办公区、工厂附近等交通繁忙和消费者集中的地区。这类企业通常是价格竞争和便利导向型的，应该尽量避免靠近直接竞争者。

(3) 比较型连锁企业。化妆品店、家具装修公司、鞋店、体育用品店、五金店、花店、电子产品店、计算机店、机车修理店、机车用油中心、印刷中心、旅行社、娱乐和休闲公司等是比较型连锁企业。对于这些公司来说，店址应接近竞争者，以便于潜在顾客对产品进行比较。比较型连锁企业常常沿商业区分布，位于购物中心或临街道的路口。因此，这种类型的商店选址有两个关键点：靠近竞争者，以便顾客进行比较；向顾客提供有效帮助，解释自己产品或服务的优点和价值。

2. 客流分析

人来人往的地方当然是设店的有利地方，但并非人多经过的地方就适于开店，还要分析一下是哪些人来往，客流规律如何。首先，要了解过往行人的年龄和性别，因为有些过路者是儿童，他们可能是快餐店的顾客，但不会是服装店的顾客；其次，要了解行人来往的目的及停留的时间。

在商业集中的繁华区，客流一般以购物为主流，特点是速度缓慢，停留时间长，流动时间相对分散。因此，可以把那些经营挑选性强的商品的商店设在这里，如服装店等。有些地区虽然有相当规模的客流量，却多属非商业因素，如车站、码头、学校、公共场所等，其客流主流的目的不是购买商品，而是以其他目的为主，购物只是顺便的事情。此地区的客流一般速度较快，停留时间短，流动时间比较集中，因此，可以把那些经营挑选性不强和携带方便的商品的商店设在这里，如烟酒副食品店、冷饮店、快餐店等。

交通便利也是选择地址要考虑的重要因素。方便的交通要道，如接近车站、码头以及公共汽车的停车站，由于行人来往较多，客流量大，具有设店的价值。交叉路口的街角，由于公路四通八达，能见度高，也是设店的好部位。但是，有些地区，其道路中间隔了一条很长的中央分向带或栏杆，限制行人、车辆穿越，则会影响设店的价值。

由于交通条件、公共场所设施、行走方向习惯、居住区范围及照明条件等影响，一条街道的两侧客流往往并不均衡，或者同一侧街道也可能因地段不同而客流量不同。因此，在选择店址时要分析街道客流的特点，选在客流较多的街道一侧或地段。

3. 分析竞争程度

如果商店是经营挑选性不强、购买频率较高的日常用品，在同一地区已有过多的同业在恶性竞争，互相争夺生意额，则势必影响商店的经济效益，除非新设的商店有特殊的经营风格、能力或不寻常的商品来源，否则难以成功。所以，商场上有句俗语：同行如敌人。但是，在某些环境中，上述情况并不完全如此。有些行业因同行都集中在一起，反而会形成一个别具特色的商业街，如广州的"女人街""电器城"等，由于竞争对手相对集中，相邻而设，商品品种繁多，有利于顾客广泛比较、挑选，能吸引更多远方来客，促进经营，这便是所谓的商业群体效应。此外，若附近的商店与新设商店在经营品种上有互相补充、连带的关系，则既便于顾客购买，又促进各自销售，宜于设店；若两家经营的商品无互补、连带关系，则会产生消极影响。

因此，加盟者在选择经营地点时，要详细了解在该地点附近有多少类似的商店，这些商店的规模、装修、商品品种、价格及待客态度如何，自己的加入将是增加竞争、分薄利润，还是互相有利，等等。

我们可以通过计算或测定某类商品销售的饱和指数来了解某个地区同行业是过多还是不足，以判断该地区的竞争程度。一般来说，在饱和程度低的地区设商店其成功的可能性比高度饱和地区要大，因而这种方法对于新商店选址有一定帮助。饱和指数的计算公式如下：

$$IRS = H \times \frac{R_E}{R_F}$$

式中，IRS 表示某地区某类商品零售饱和系数；

H 表示某地区购买某类商品的潜在顾客人数；

R_E 表示某地区每一顾客用于购买某类商品的费用支出；

R_F 表示某地区经营同类商品零售店的营业面积总数。

例如，为一家新设果品零售店测定零售商业市场饱和系数，根据调查资料分析得知，该地区购买果品的潜在顾客人数是 14 万人，每人每周平均在果品店购买 8 元，该地区现有果品店 10 家，营业面积 175 000 平方米，则根据上述公式，该地区零售商业中果品行业的市场饱和系数为

$$IRS=140\,000×8÷175\,000=6.40(元)$$

6.40 元表示每周该地区果品商店每平方米营业面积销售额的饱和系数。用这个数字与其他地区测算的数字比较，IRS 越大表明该市场尚未饱和，成功的可能性大。反之，IRS 越小，表明该市场已经饱和，成功的可能性越小。

运用 IRS 还可以帮助经营者用行业已知的毛利与业务经营费用的比率对商店利润进行预测，做出经营绩效评估。

3.2.4 连锁经营分店选址的决策流程

门店开发不是一个简单的寻找店址的工作，而是一系列周密调查、科学论证的严谨而程序化的过程。下面从选址的几大程序出发，分别介绍连锁企业的选址技术或方法。

1. 资料搜集与分析

选址的第一步就是搜集有关资料，这是进行商圈分析的前提，无论是区域的选择还是具体店址的选择，其决策都必须建立在掌握详细资料的基础上。事实上，选址分析的内容几乎人人皆知，但对企业管理者或专业选址员而言，更重要的是如何准确得到这些数据和资料，或者采取什么方式低成本地得到这些资料。

(1) 公开信息渠道。连锁企业可以从一些已经公开的文献中搜集有用的第二手信息。使用第二手信息可以节约大量时间和经费，而且对问题的研究可以提供一些有效的解释。许多专家建议："从二手数据开始，只有当二手数据用尽了再开始用原始数据。"有很多渠道可以搜集二手数据，如我国每 10 年进行一次的人口普查，普查结果以各种形式发行。人口普查除了对每个家庭进行基本的人口统计外，还对一定比例的家庭进行深入的问卷调查，这就意味着可以通过计算机统计有关区域家庭住房情况、家庭财产、就业情况和家庭收入等。但是，人口普查每 10 年才进行一次，而且不能及时公布，因而很难满足商圈分析的需要。连锁企业更多的是从各地的统计年报中得到一些相关信息，这类信息比较及时，并具有权威性，但信息量小。此外，一些学者的有关研究报告有时也会公开发表在各种媒体上，这类信息虽然并非针对本项目的研究，但由于其对某些问题的深入探讨，会给人更多的启示，因此也常常成为企业所搜集的对象。

(2) 市场调研公司。连锁企业可以请专门的市场调研公司帮助搜集相关信息，这是目前常用的一种方法。事实上，各种市场调研公司是基本数据信息的主要来源，其较高的专业性有助于获得本项目所需的准确资料。但问题是，中国本土的市场调研公司为数众多，其水平参差不齐。大型市场调研公司信誉高，组织能力也较强，拥有自己的信息库，但费用也较高；当地的小公司费用较低，但其信息搜集能力又值得怀疑。如何甄别这些公司的能力，这要求选址人员有相当丰富的经验。连锁企业对于市场调研公司的收费报价要非常小心，因为费用

项目的详细程度也是检验一家市场调研公司服务水平的标准之一，诸如调查问卷印刷费、数据录入费和协调人员费用等都应该出现在收费报价表中。为保证初期选址的保密性，连锁企业往往隐蔽某些委托调研的真实目的，这尤其会发生在与非伙伴关系调研公司的交往中，另一种方法是将调研内容拆成几部分，由不同市场调研公司完成。在待选择的市场调研公司中，还包括各个城市统计局下属的城市调查队，其对商圈的调查方法很普通，但很有效。城市调查队的有利之处是其可以得到本城市的长时段的基本面数据，而且可以具体到区、城乡接合部，甚至街道。如要获得对于本街区或社区居民状况的细致而生动的描述，可去街道办事处和社区服务中心进行付酬访谈。

(3) 政府部门和有关专家。政府部门也是信息的一大来源，如城市规划部门。事实证明，如果选址人员对该城市的5年或10年建设规划不熟悉的话，将导致灾难性的后果。选址人员最好能经常接触到政府有关部门的负责人，这样可以及时得到最新的有关规划或政策动向。一般在中国的大型跨国公司都设有与政府打交道的部门或负责人，例如，麦当劳在中国的各地分公司中专门设置了"政府公共关系部"。国内企业一般也设公关部，但与选址工作关系不大，因此，两者之间最好能密切合作。此外，选址人员在获取政府信息时最便捷的方式是去接触各行业的专家，他们与相应的政府部门总是保持着密切的关系，而且与专家的交流有时会达到意想不到的效果，他们对某些市场信息的分析可能给人一种茅塞顿开的感觉。有经验的选址员告诫说，规划专家对于城市商业中心转移等方面的冷静预测要比大部分业内人士的分析准确。

(4) 房地产等相关行业。选址人员也常常可以从房地产商、制造商、代理商等相关领域获得有价值的信息。连锁业与房地产业密切相关，有些连锁公司没有足够的选址人员，直接委托房地产中介人员代为选址。针对不同消费群体的连锁企业，应该将店址选在有相应租/售价格阶层的房屋集中区，这已是业界公认的秘密。许多人都不理解家乐福当初为什么会将两家店都开在北京南城，这里在人们印象中是较贫困的地区，但随着北京旧城区的危房改造工程拉开，这里却成为最后一块市区宝地，它原有的大部分居民被转至四环外的危改赔付低价楼区居住，而新来的居民阶层从新建物业的高价格上就可看出其身份。在对购房目的的调查中发现，在北京南城购房者中85%以上是买房自住，他们将成为稳定的日用品消费群体。另一项调查结果表明，到南城购房的人有60%希望居住在大社区内，因为大社区更容易得到政府的关注，进一步得到更完善的市政配套设施。上述信息于1999年就在极为有限的房地产商中间流传，在2001年达成业界共识。但家乐福迅速地捕捉到了这一趋势，抢在地价上涨之前进入了。

(5) 实地调查。实地调查也是连锁企业常用的信息搜集方法之一，尤其是在无法搜集到全面的二手信息，企业又无法找到可以信任、费用适宜的市场调研公司的情况下，进行实地调查是唯一可以采用的方法。

① 试买调查。为了了解当地竞争店的经营动向和消费者的购物习惯，选址人员要经常到竞争店进行考察。试买调查是作为实际的顾客在竞争店买东西，然后调查其店内的陈列状况、店铺布局、商品结构、顾客层、价格水平、接客态度和服务状况等。

② 观察访问。选址人员可以站在拟选店址前或站在竞争店的店前，观察或考虑拟选店址的特征、顾客人数、促销状况、商品陈列以及推算其主要商品的销售额。也可以访问前往竞争

店购买商品的顾客,了解顾客住址及所购商品,以此推断将来新店的商圈范围。这是唯一的面对面交谈的方法,成功访问的百分比很大,还可借此对商圈内的顾客情况进一步了解分析,但需耗费过多的人力与时间。

③ 小组座谈会。小组座谈会也称焦点小组法,是将有关人员如潜在目标顾客召集起来,以小组讨论形式听取参与人员意见以搜集信息。调查的结果受小组的规模、组成、参与人的个性和所担任的角色、会议的具体安排、访谈者与小组或个人的关系等的影响。由于这种调查方式需要一定的组织能力,因此往往由专门的调查员来进行。

④ 电话调查。电话调查即通过电话了解顾客住址和购买情况。这种方法获得资料速度快,调查成本低,但易打扰被调查者,可能会造成调查对象的反感而不易获得合作。因为电话调查时间不能太长,所以必须准备一个简明扼要的调查提纲。

⑤ 邮寄问卷。邮寄问卷即通过邮寄方式询问当地潜在顾客,由返回的资料分析拟开设商店的地理区域、顾客特征、顾客需求和对竞争店的态度等。这种方法花费不贵,可广泛了解受询者的分布情况,不受时间和地点的限制,缺点是回收率很低,且花费时间较长。为克服回收的数量及时间难以控制的问题,可随附赠品来诱导回音。

无论哪一种调查方法,都必须事先准备一份调查表,表3-3是一份了解店址特征的调查表,不同企业对店址的要求不同,该表仅供参考。

表3-3 店址特征调查表

店址特征	店址特征	店址特征
1. 名称认可度	13. 战略位置	25. 娱乐活动
2. 地点类型	14. 停车	26. 夜间生活
3. 城市/城镇的描述	15. 车流影响	27. 学生
4. 区域的描述	16. 旅行影响	28. 办公室
5. 视野	17. 潜在经常往来者	29. 商圈的范围
6. 典型外观	18. 公共交通	30. 周围零售店
7. 标志质量	19. 交通	31. 主要的打折商店
8. 到达方便程度	20. 竞争	32. 购物中心
9. 到达时间	21. 直接竞争	33. 商圈的历史
10. 办公室通道	22. 吞并	34. 商圈的年代
11. 居住区通道	23. 饭店活动	35. 店铺的集合
12. 到达经营区的方便程度	24. 零售活动	36. 关键因素

2. 确定被选店址

寻找合适的地址必须仔细分析一个以上的地点,除非该店址的价值显而易见,否则好的店址都应该在选择中诞生。因此,选址员要做的下一个工作就是确定几个符合标准的备选店址,以供决策者参考和决定。确定备选店址的方法主要是根据前期搜集的资料作初步判断,剔除不符标准的店址,从中选出一些可供考虑的地址。除此之外,还有一些具体方法可供参考。

(1) 图上作业。图上作业是连锁企业选址常用的方法,绘图技术也显示出一个选址员的专业水平,对人们达成共识很有帮助。好的图示应该将该地区或该商圈内的所有竞争者和可选位置标出来,并显示出这些位置的交通状况,这样有助于判断哪里的条件最具竞争力,发现未充分开发或被现有竞争者忽视的区域。

(2) 对手跟进。一些业内人士常常开玩笑说:"假如你实在不知道该怎样选址,那就学你对手的做法——它到哪儿,你就到哪儿。"这句话虽然是笑谈,但其中不无道理。在现实中,我们经常可以看到麦当劳附近总有一家肯德基,而国美的不远处常会发现苏宁的身影,这不是巧合,而是一种有效的选址方法。尤其是对那些缺乏选址经验的企业而言,跟着行业中领头人走,既简便易行,又可以节省自己的选址费用,并利用"扎堆效应"带来商气和客流。当然,这种选址方法有一定的风险:一是租金风险,后进入者比先入者往往要承受租金上涨的风险,因而对先入者可行的地址未必适合后进入者;二是任何对手的选址都不可能完美,盲目跟进也可能会犯先入者同样的错误。当然,有些企业会禁不住高利润的诱惑而冒险前往。有些企业如沃尔玛喜欢前往竞争对手较少的地区,肯德基的选址细则中有一条是必须预防顾客的主要路线会被后来的竞争者堵住,其潜在忧虑并非多余。不管"跟着对手走"是否科学,至少在确定备选店址上给我们提供了一条捷径,因为选址的一个信息来源就在竞争对手那里,何况任何数据在现实的成功者面前都显得苍白无力。

(3) 现场考察。与"跟着对手走"的另一个经验之谈就是"跟着感觉走",这反映了选址工作的一个特点,这项工作是一个艰苦的工作,绝不能关在房内"运筹帷幄",即使拥有再多的信息资料,也抵不上一次亲临实地的真实感受。即便是像肯德基这样拥有先进信息化选址软件的公司,它的选址员也并不比其他公司的选址员轻松多少,选址员总是开着车(在中国常常要骑着车)在初选地区绕了一圈又一圈。一些人要常常以各种交通工具检验交通状况,设身处地地想象将来顾客的购物经历及预期问题。一位曾为沃尔玛选址的人士说:"我每次都要在可能建店的地方徘徊很久,使劲想象将来顾客来此处购物的情景。"选址工作的特点给我们确定备选店址提供了一条捷径,即现场考察。当然,这种方式的运用并不是纯粹的一时冲动,而是建立在选址员长期的经验积累上的。

3. 评估备选店址

(1) 多因素分析法。这种方法首先确定影响门店位置的各种因素及其重要程度,然后对各个备选店址进行评分,最后确定最佳店址,这实际上是一个优化决策问题。如下例,影响门店位置的因素主要有14项,每个备选店址各因素的评分及计算结果见表3-4。从各种因素综合考虑,店址1计算出来的得分最高,因而可以看作最优店址。需要说明的是,不同业务类型和业态类型的门店,选址的影响因素及权重是不一样的,这需要根据过去的选址经验进行判断。

表3-4 商店选址的多因素分析

选址因素	权重	预选店址得分/分			权重×预选店址得分		
		店址1	店址2	店址3	店址1	店址2	店址3
商圈内人口多	0.1064	8	7	9	0.8512	0.7448	0.9576
商圈内收入高	0.1064	5	6	7	0.5320	0.6384	0.7448
接近目标顾客	0.1064	8	4	2	0.8512	0.4256	0.2128

(续表)

选址因素	权重	预选店址得分/分			权重×预选店址得分		
		店址1	店址2	店址3	店址1	店址2	店址3
机动车流量大	0.0638	2	6	5	0.1276	0.3828	0.3190
非机动车流量大	0.0638	7	4	3	0.4466	0.2552	0.1914
行人流量大	0.1064	8	3	5	0.8512	0.3192	0.5320
与邻店关系融洽	0.0426	2	6	9	0.0852	0.2556	0.3834
物业费低	0.0851	4	7	3	0.3404	0.5957	0.2553
广告费低	0.0426	5	4	4	0.2130	0.1704	0.1704
商店能见度高	0.0638	7	6	7	0.4466	0.3828	0.4466
营业面积合适	0.0638	6	2	3	0.3828	0.1276	0.1914
店面可扩充	0.0426	9	8	8	0.3834	0.3408	0.3408
停车位充足	0.0638	5	3	9	0.3190	0.1914	0.5742
与开发商融洽	0.0426	4	9	4	0.1704	0.3834	0.1704
合　　计	—	—	—	—	6.0006	5.2137	5.4901

注：每个地址各因素评分分布在1~10分区间内。

(2) 效益评估法。这是根据拟开门店的预计经济效益来评估备选店址。通常计算出拟开设门店的营业潜力和投资费用，再通过计算相关指标如投资利润率、投资回收期、销售利润率等确定店址的价值。

① 拟开门店营业潜力。拟开门店营业潜力可通过预测门店销售额来确定。这种预测可以根据过去在类似环境中的经验、同行业的一般水平，或者经过调查后采用统计分析方法计算出来。有一种测算方式比较简单易行，即根据已知的商店商圈内消费者的户数、离店的远近、每月购买商品支出比重及新商店在该区域内市场占有率四个因素来估算。现举例说明商店销售额估计值的计算。

例：新开超级市场的商圈有三个层次，第一层次核心商圈内的居民户数为2000户，第二层次即次级商圈内的居民户数为4000户，第三层次边缘商圈内的居民户数为6000户。若平均每户居民每月去商店购买食品和日用品的金额为500元，则：

核心商圈居民支出总额=500×2000=100(万元)

次级商圈居民支出总额=500×4000=200(万元)

边缘商圈居民支出总额=500×6000=300(万元)

据调查分析，新开超级市场的市场占有率在核心商圈为30%，在次级商圈为10%，在边缘商圈为5%，则：

核心商圈购买力= 100×30%=30(万元)

次级商圈购买力= 200×10%=20(万元)

边缘商圈购买力= 300×5%=15(万元)

该新店营业潜力估计额= 30 + 20 + 15 = 65(万元)

② 开店投资与经营费用测算。通过商圈调查可以估算新店的营业额,但该店址是否值得经营,还必须与其投资成本及日后的经营费用联系起来考虑。

- 开店前期投资预估。开店投资主要包括:第一,设备,如冷冻冷藏设备、空调设备、收银系统、水电设备、车辆、后场办公设备、内仓设备、卖场陈列设备等。第二,工程,如内外招牌、空调工程、水电工程、冷冻冷藏工程、保安工程等。连锁公司总部应事先指定设备及工程投资项目、供应厂商、数量及金额。第三,商业建筑和停车场费用,如果开店物业是自己投资建造,这笔建筑费用也要考虑在前期总投入中。
- 开店后经营费用预估。经营费用可分为固定费用和变动费用两类。固定费用是指与销售额的变动没有直接关系的费用支出,如工资、福利费、折旧费、水电费、管理费等;变动费用是指随销售额的变化而变化的费用,如运杂费、保管费、包装费、商品损耗、借款利息、保险费、营业税等。上述各项要控制在多少以内无一定标准,但最基本的前提是毛利率要大于费用率。

(3) 比较评估法。这种方法也称类比法,是将备选门店的各类因素与参考门店进行比较而得出相应结论的评估方法。采用这种方法时,先要确定一个参考标准,这个标准可以是一家或数家门店。参考门店必须与拟开设门店的商圈特征类似,因此,需要先将备选门店的资料与参考门店一一进行比较,看能否得出与参考门店类似的结论,再根据参考门店的实际数据估算拟开设门店的未来销售业绩和经营成本,从中得出投资回收期的长短。采用比较评估法的步骤如下。

① 在目前的已开设门店中选择在门店规模、商圈大小、人口统计特点、竞争状况、商品规划和价格水平等方面与拟开设门店比较接近的门店做参考标准。

② 把参考门店的商圈范围划分成几大区域。

③ 用商店内部数据或客户调查估算各区域的销售额。

④ 用各区域的估算销售额除以其人口数量,算出各区域的人均支出。

⑤ 用参考门店的人均支出估算值乘拟开设门店各区域的人口总数,估算拟开设门店的销售额。

⑥ 考虑拟开设门店的具体因素上调或下调估算销售额。

⑦ 用调整后的销售额与拟开设门店的投资费用和经营成本进行比较,计算投资回收期。

比较评估法的一个优势是基于实际的门店来估算拟开商店的经营效益,采用起来相对容易,数据是企业内部的,比较容易找到。但是,这种方法对参考门店的选择非常关键,它直接关系着预测数据的准确性,选择参考门店不可避免地会掺入一些主观因素,因而有些企业使用时往往选择不止一家的参考门店并取其平均估算值,虽然这会使工作量大大增加,但可以减少主观因素的影响。

(4) 关键指标评估法。关键指标评估法是指连锁企业采取几个关键性指标,通过计算拟开设商店的指标数据来评估该门店的价值。常用的关键性指标有选址比率和截流率等指标。下面介绍选址比率指标的运用。

选址比率是一个很特殊的指标,与其说该指标具有科学性,不如说该指标更具有经验性特征。其计算公式如下:

$$选址比率 = \frac{销售额}{成本}$$

一般情况下,选址比率必须大于或等于1,该门店才具有设店价值。举例来解释一下,如果开店花费的成本为500万元(包括租金、设备、装修、家具等初始投资费用),那么第一年的销售额应该达到500万元,即选址比率为500/500 =1。当然,理想的比率要大于1,最好能达到1.5。如果新店址的选址比率小于1,经验表明这个店址目前开店风险比较大,当然,这并不意味着未来几年它的发展前景不好,还需要从战略高度进一步分析。选址比率会因为连锁企业的业务性质不同而不同,且带有一定程度的经验性,其指导意义还是不容忽视的。

上述方法通常是综合并用而不是单独采用的,事实上,国外许多连锁企业通常采用多种方法,通过比较不同的预测数据来降低商店选址的风险。上述方法有些估算准确,但所需费用较高或时间较长,有些操作简易,但数据比较粗略。因此,评估备选店址没有最佳方法,采用什么方法取决于企业可获得的信息数量、花费的时间和资金以及企业人员的经验。

4. 选址报告的撰写

在撰写选址报告前,应做好如下工作:一是取得开店中心区域的全景照片作为附件,这样做有助于记录诸如街道的成熟度、地点的易见度、交通流量及未来都市计划的目标设施等信息。二是建立完善的电脑档案,以做到知己知彼,百战不殆,从而可以避免中间商和房地产公司混淆事实,有助于在协商谈判中公平市价标准的制订,并且对于未来再取得该地点的可行性有追踪的机会。三是店面诊断要实际进入现场进行。至少提前一年,进行不少于三次的软硬件诊断,以便在时间上掌握主动。

选址报告的内容非常详细和复杂,主要包括商圈调查报告、法律事务报告、财务预测报告等几个分报告。

(1) 商圈调查报告。商圈调查报告是连锁企业总部在企业店铺开发策略的指导下,对某一个预开店铺或已经开发的店铺的商圈进行调查所形成的、为经营决策提供依据的书面报告,是商圈分析结果的具体体现。商圈调查报告的具体内容包括以下几部分。

① 调查的背景。包括连锁企业的发展形势、连锁企业的扩张战略、连锁企业的开店策略、国家的政策背景、店铺所处行业的发展前景等。

② 调查的目的。主要是获得商圈范围的资料、商圈性质的资料、商圈结构的资料、商圈经济水平的资料,为开店决策、为经营操作提供依据。

③ 商圈调查的内容与因素。

④ 商圈调查的方法与资料处理方法。商圈调查的方法主要有观察法、经验法、直接询问法、间接调查法、对手分析法、专家判断法、雷利法则。数据处理方法包括资料的统计分组、频数分布与累计分布、绘制统计图等。

⑤ 报告的结果。由于报告篇幅较长,要按一定的逻辑顺序提出紧扣调研目的的一系列结论。主要包括数据结果(如消费水平)、现象结果(如汽车的档次、住宅类型)、政策结果(如导向问题)、趋势结果(如威胁与前景)等。

⑥ 结论与建议。主要是肯定与否定的意见;针对意见提出的下一步举措或思路。

⑦ 体现形式。完整的报告应包括封面、前言、摘要、目录、各种图表、报告正文、调查表、参考资料、被访问人员名单等。

(2) 法律事务报告。这主要是把开店业务中连锁企业与有关各方的法律事务问题考虑清楚并形成书面文字,以供操作中参考。例如,房产合约的事项。房地产合同是一项非常复杂的合同,双方应认真、负责地签订,并备有 4 份正本,双方各执 2 份备查。又如,房产所有权与使用权的过户和转移资料。假如开店所用房产以前有过转让,则连锁企业必须事先取得最后一份转让记录,以兹证明协谈对方确实为持有人,并在权利义务方面详阅转让记录中是否已载入优先承租、承购权的规定。

此外,还有营业执照的取得及合法性的问题;房产是否抵押、质押的问题;当地政府的政策是否支持开店行业的问题(如网吧所遇到的政策危机);当地的城市经营与建设的土地规划等问题。

(3) 财务预测报告。财务预测报告是指从资本运营的角度,分析新设店铺未来的投入与产出,从而获得近期和远期投资收益的分析报告,以作为开店时的参考。财务预测报告包括以下内容。

① 租金。即开店房产的以前租金及当地的平均租金,这可从当地的政府资料和房地产中介公司处了解到。

② 损益平衡分析。即根据商业区调研及租金试算,界定出合理的投资成本,进而决定营业额的预设标准及逐年成长目标,以保障盈利的稳定。损益平衡点的掌控也是事关该地点是否合理承租的必要条件。

③ 以前的房产税单或纳税证明。找出最后一期房屋税及地价税单,将有助于了解房产的价值,并可作为未来税额核定及交易谈判的参考。

④ 租税费政策。当地的租税费政策对于新开店的盈利有重要影响。

⑤ 新建店的投资情况。如果建设新店需进行施工,则需考虑土地成本、建安成本、装修成本、政府税费、行业供应成本(指煤、水、电、气、通风的成本等,有的叫大市政费)。

3.3 连锁经营分店的设计与布局

连锁店铺经营的特征之一是各连锁店铺的标准化、统一化、规范化,这就要求必须进行连锁店铺的统一形象塑造。而作为连锁店铺形象塑造重要内容的连锁店铺的设计与布局,必须做到更科学、更实用,才能吸引消费者,促进商品的销售,给消费者带来快乐。由于连锁经营本身具有的"一个店铺是连锁系统里其他店铺的活广告"作用,所以要对店铺的外观、内里设计加以重视,这也属于连锁企业识别系统范畴。

3.3.1 连锁经营分店设计与布局的基本原则

连锁店铺的设计与布局,关系到连锁店经营的成败。由于它是一种较微观的经营手段,所以对消费者的影响较大。店铺的外部布局具有方便顾客和广告促销的作用,它可以吸引消费者注意店铺,并进入店铺。而店铺的内部设计和布局,也叫店堂布局,它的本质是以入口为始点、以出口为终点的消费通道。科学的店堂布局,可以达成最佳的消费通道,使消费流合理流动，促进消费的连续实现。连锁店铺设计与布局应当遵循以下基本原则。

1. 充分体现自身特色的原则

正如每个企业都应带有其鲜明的个性色彩一样，连锁店铺设计与布局亦应该是企业个性色彩的集中表现，只有这样才能形成竞争优势。

连锁店铺的设计与布局必须符合本店经营的范围、档次，考虑光顾本店的顾客的类型和特点，充分体现本店的经营特色，使顾客一看企业的外观，就能产生较深刻的印象和进店的欲望；顾客一进商店，就能感觉到特有的气氛和产生购买欲望。因此，购物环境的设计必须着眼于增强对顾客的吸引力，突出本店特色，使自己与众多竞争对手有较大区别。

例如，在国内外都享有盛誉的"全聚德"烤鸭店，它以弘扬民族文化、振兴中国饮食、跨出国门、走向世界为企业宗旨。每一个"全聚德"分店都以其古都典雅的风貌、古朴的建筑外观，以其饱含历史风韵的"全聚德"金字牌匾，以其宽敞、明净、带有浓郁民族特色的厅内陈设和独具特色的服务等，使其"弘扬民族文化"这一理念得到鲜明、充分展示。

2. 刺激消费者的原则

连锁店铺经营的目的是通过让消费者消费而获取利润，而消费者消费的前提是进入店铺，进入店铺前必须先关注店铺，而关注店铺的前提是店铺给消费者以刺激。刺激消费者的手段很多，如朗朗上口的店名，醒目、新颖的店名字体，简洁明快的标志，有特色的大门，宽敞的店前广场，五颜六色的条幅等。

3. 方便消费者的原则

方便消费者是连锁店铺设计与布局的基本点之一，主要包括以下4项内容。

(1) 从交通往来的角度讲：方便消费者到达、离去和寻找店铺。

(2) 从交通工具停放的角度讲：停车场要宽敞、方便，进出要畅通无阻，收费要合理。

(3) 从进入店铺的角度讲：店门外不能有任何障碍物，以便消费者能顺利、方便地进入商店。

(4) 从消费者购买商品的角度讲：让消费者在店内能够方便地接触到所有商品，店内所有商品的摆放都能让消费者看得见、摸得着，不论高处、低处的商品，即使没有服务人员的帮助，消费者也可以自如地取放商品(仓储式商场例外)。

4. 促进消费的原则

促进消费原则即尽量延长消费者在店内的停留时间，使消费者尽可能地多消费。据统计，到超级市场、百货店、便利店购买商品的消费者，即时性购买的比例占70%～80%。因此，尽可能丰富、新鲜的商品，会大大刺激顾客的消费欲望。顾客在货架前停留的时间越长，购买商品的可能性就越大。

5. 创造良好的购物环境，使消费者快乐的原则

连锁店铺是一个取得消费者好感，让消费者留下美好回忆的空间，因此，要尽可能利用售卖空间，达到一举多用，做到照明(灯类)、音响(声音)、装潢布置(视觉)、气味(味觉)、温度(体觉)的有机配合，制造一个良好的、有独特个性的购物环境，带给消费者满意、满足和

快乐。

6. 艺术性原则

连锁店铺设计与布局作为顾客辨认门店的途径，在其布置上应有创意性，具有独特的面貌和出奇制胜的效果，宜于捕捉顾客的视觉，从而引起注意，产生强烈的感染力，这就要求必须遵守艺术的规律。

在设计中必须把握一个"美"字，美并不等于豪华。美首先应是一种和谐，不论是高档商场的豪华，还是廉价商场的简朴，只要设计合理，均体现着不同的美。新奇美好的寓意、新颖别致的构思，都要通过结构、造型、布局表现出来。

7. 经济性原则

连锁店铺设计与布局应尽可能降低单位面积投资，保持合理的投资比例，在进行可行性研究时应认真测算。

8. 安全性原则

连锁店铺是人口聚集的地方，也是货物、资金、设备集中的地方，一旦出现安全事故，损失是很严重的。连锁店铺设计应侧重于安全事故的防范和安全撤离，这里的安全事故主要包括倒塌、火灾、毒气、疾病、地震等。

3.3.2 连锁经营分店的外观设计与布局

连锁经营分店的外观设计与布局是分店建设的重要组成部分，是静止的街头广告，也是吸引顾客的一种促销手段。好的外观设计对消费者有效地识别连锁企业品牌以及美化分店的购物环境起着重要作用。

1. 连锁经营分店的外观设计与布局应注意的问题

(1) 连锁店的外貌风格必须与经营的商品内容相一致，要能突出自己行业和档次的特点。例如，经营便利商品的商店没有必要装饰得十分豪华，它更需要在总体上创造出使顾客感到亲切、简洁、明快的感觉。而以经营高档次商品为方针的连锁企业，就必须在外观上多下功夫。

(2) 连锁店的建筑是城市建筑的一部分，它应有利于城市景观和街道整齐，并与周围环境协调统一，取得整体和谐效果。此外，连锁商店建筑风格应与商店经营目标、经营方针一致，体现企业富有个性的独特形象。

(3) 连锁店的外观是指其能被行人清楚看见的部位。由于商店外观在连锁商店经营中起着宣传的功能，所以就要求外观装潢使消费者一看就知道这是一家什么性质的店，是一家卖什么商品的商店。为了达到这一要求，连锁店外观装潢上必须重点突出连锁店形象的识别标记。在过去，商店外观装潢就是如何设计和制作招牌。随着科技的进步，现在人们一般都利用建筑物本身从外观上来表现某家商店的特色。而招牌用来弥补外观装潢所无法表现的部分，这虽是一种大趋势，但是结合中国的实际情况来看，许多超市连锁和连锁便利店的建筑物是一般平房或某幢楼房底层、地下室的一部分，它本身很难以建筑物的造型变化来体现自己的特色，还必须首先或主要依靠招牌来体现自己的特色，因此，连锁店外观装潢的重点应突出招牌的作用。

2. 连锁经营分店外观设计与布局的内容

连锁经营分店外观设计与布局的内容主要包括招牌标志、橱窗、停车场、出入口设计等。下面以超市为例，具体谈谈分店外观的设计与布局。

(1) 外观设计。超市所售商品多为顾客日常的生活用品。顾客购买这些日用品，一般并不十分关心陈列橱窗，而希望直接见到商品和价格，所以将店面外观设计成开放型，即商店面向公路一边全开放，不必过多设置陈列橱窗，而多设开放入口，使顾客出入商店没有任何障碍，可以自由地出入。前面的陈列柜台也要做得低一些，使顾客从街上很容易能够看到商店内部和商品，以使顾客驻足。

(2) 店面名称。从一定程度上讲，好的店名能快速地把超级市场的经营理念传播给消费者，增强其感染力，进而带来的是更多的财源。超级市场的命名要体现其个性和独特性。任何名称都具有独特的个性，不能与其他任何店名重复。具有自己独特的个性、有自己的特色，才能给人留下深刻的印象，才能使人容易识别。命名要含有一定的寓意。超级市场的名称不但要与其经营理念、活动识别相统一，符合和反映超级市场理念的内容，而且要体现超级市场的服务宗旨、商品形象，使人看到或听到超级市场的名称就能感受到超级市场的经营理念，就能产生愉快的联想，对商店产生好感，这样有助于超级市场树立良好的形象。命名要简洁明快。名称简洁明快，消费者易读、易记，容易和其他消费者进行信息交流。这就要求在名称设计时，必须要响亮，易于上口，有节奏感，这样有利于消费者传播，使超级市场与消费者能够相互交流与沟通。超级市场命名还必须要做到规范，应尽量向国际惯例靠拢，力求规范、统一，应考虑到超市名称在不同国家的读音及翻译问题，使设在不同国家或地区的店铺有统一的名称及其译名，便于统一的服务与管理。同时，要及时对其名称进行注册，以获得法律的保护。

(3) 店面标志。店面标志是区别于其他店铺的一种独特设计，代表的是超级市场本身，是超级市场形象的说明。它的作用是将超级市场的经营理念、经营内容、经营作风等要素传递给广大消费者。超级市场的标志设计要有创新意识，做到构图新颖别致，富于个性化，与其他超级市场的标志区别开来，这样的标志图案才能感染人，产生深刻影响。但超市是一个公共场所，标志的图案及颜色不能太过特殊，应以多数顾客能接受为标准。标志的含义应该深刻，能够体现出超级市场的个性特点、精神风貌、独特品质、经营理念、经营范围等，使多数顾客能够认同。超级市场的标志一旦确定，在相当长的一个时期应该保持稳定，切不可多变，这样有助于在顾客的头脑中形成一个长久、深刻的印象。超级市场的标志设计应逐步国际化、统一化。连锁超市有可能开设在不同的国家和地区，国际化的标准能够满足不同国家不同层次顾客的需要。另外，超级市场的标志设计也必须符合有关法律法规的要求。

(4) 招牌的设计。招牌作为超级市场的象征，具有很强的指示与引导作用。顾客对于一个超级市场的认识，往往是从接触超级市场的招牌开始的。它是传播超级市场形象、扩大知名度、美化环境的一种有效手段和工具。招牌的色彩运用要温馨明亮、醒目突出。消费者对于招牌的识别往往是先从色彩开始再过渡到内容的，所以招牌的色彩在客观上起着吸引消费者的巨大作用。因此，要求色彩选择上应当首先能够吸引顾客，使其过目不忘，然后能够进一步关注招牌的内容。色彩一般应采用暖色或中色调颜色，如红、黄、橙、绿等色，同时还要注意各色彩之间的恰当搭配以及不同国家或地区的禁忌颜色。招牌的内容表达要做到简洁、突出，让消费者容易记住，这样才能达到良好交流的目的。同时，字的大小要考虑远近距离的传达效果，具有良好的可视度及传播效果。在材质的选择上，要注意充分展示全天候的、不同的气候环境中的视觉识别效果，使其发挥更大的效能。这就要求招牌必须使用持久、耐用、具有抗风功能等的坚固材料，因其是公共场所，也应尽量选择有环保功能的材料。招牌的使用不应泛滥，招牌的数量越多，每块相对被注意的可能性越小。

(5) 橱窗及货架的设计。橱窗作为商品陈列宣传的重要手段，对于超级市场展示其经营类别、推销商品、吸引消费者购买具有重大意义。橱窗要面向客流量大的方向，设计上以突出商品经营品种、经营特点、展示商品为原则。多采用封闭式，便于管理。高度要适中，便于顾客观看。灯光的使用则越隐蔽越好，应设置在顾客不易直接看到的地方。光线色彩要柔和，避免使用过于复杂、鲜艳的灯光。橱窗的背景形状一般要求大而完整、单纯，避免小而复杂的烦琐装饰，颜色要尽量用明度高、纯度低的统一色调，即明快的调和色。

对于商品的展示和货架的陈列规划应遵循"引导消费"的原则，尽量采用开放式，这既便于顾客挑选，又表示对顾客的信任和尊重。一些贵重且体积小的商品应摆放在封闭的柜台内，以便于管理。为了确保收到良好的宣传效果，在卖场中央的商品最好能低于成年人的视线高度，以便顾客能够同时看到更多的商品；儿童用品应选择更低一点的货架，以方便小顾客拿取。不同商品摆放高度上要考虑人们的生活习惯等因素，如帽子应放在成年人胸部以上的高度，鞋子一般不超过人的腰部高度，否则会让顾客感到不方便和不舒服。商品的陈列要整齐，且不要太过拥挤。要向顾客重点推荐的商品，一般应放在平行或稍低于人的视线的高度以及其他突出的位置。在超市的每个入口和内部每层楼的入口应设置不同商品的区域示意图或指示牌，因前来购物的多为女性，可以把食品、化妆品等摆放在入口处，以吸引妇女和儿童顾客。总之，要为顾客设计一条浏览全部商品的路线，把潜在需求变为现实的购买。

(6) 停车场设计。有一定容纳，且最好是免费的停车场，是超级市场店面设计的一项基本考虑，它有助于提升超级市场的竞争力，扩大销售额。但是，修建停车场需要投入相当大的资金，因此停车场规模必须坚持适当超前的原则。停车场设计要便于顾客停车后便利地进入超级市场，购物后又能轻松地将商品转移到车上，这是对停车场设计的总体要求。超级市场的停车场通常要邻近路边，易于进出，入口外的通路要与场内通路自然相接，场内主干和支干通路的宽度以能让技术不十分熟练的驾驶者安全地开动车辆为宜，步行道要朝向商店，场院内的地面上应有停车、行驶方向等指示性标志，主停车场与商店入口应在180度范围内，便于顾客下车就能看到商店。

(7) 出入口设计。超级市场出入口的设计要综合考虑商店的营业面积、地理环境、客流量、经营商品的特点及安全管理等因素，其数量多少应因地制宜、合理布局。大型超级市场的出入口最好分开，以便利顾客出入，顺畅客流。中小型超级市场的出入口，可根据建筑的规模在适当区域设置，总的原则是便于顾客出入，顺畅客流。具体要注意：门面要尽量保持清洁，否则会影响顾客的光顾；门窗尽量透明，让顾客在外面就能看见部分商品；入口处一定要通畅，一般不要设门，如果必须设门的话，最好设置自动伸缩门；空间设置要合理，屋顶要有适当的高度，使顾客不会产生压迫感，道路和店堂之间没有阶梯和坡度，由店门进入店内的通道要保持适当的宽度。此外，基于顾客的安全考虑，在建筑结构设计时必须预留安全通道，以便在发生火灾、地震等危险时及时疏散顾客，保证顾客的人身安全。大中型超市应有多处出入口，且出入口要比较宽敞，安全出口、安全通道的指示标志应十分醒目。

除以上介绍的 7 个部分外，超市还应具有方便顾客购物的各种配套设施，如电梯、休息区、服务台等；在室内外的环境、装饰、POP 广告、购物袋、购物车以及工作人员的服装设计上，也应充分考虑到顾客的需求，从各个方面着手，构建出一个人性化的购物环境。

3.3.3 连锁经营分店的店内设计与布局

本节以零售业营业现场的设计与布局为主进行介绍，而服务业的教育、旅游、房地产中介咨询等店铺的营业现场有其独特的行业特点，由于篇幅有限，这里不作叙述。

连锁经营分店店内的设计与布局直接影响着顾客的购买行为，影响着连锁店的销售业绩。好的店内设计与布局不仅体现了一定的艺术美，也反映了连锁店独特的经营理念与风格，不仅能够方便顾客购物消费，而且要求独特新颖，在众多的竞争者中能够脱颖而出，给消费者留下深刻的印象，使他们产生重复购买行为。

1. 连锁经营分店店内设计与布局的原则

在进行连锁经营分店店内设计与布局时，应遵循以下原则。

(1) 突显经营特色。连锁经营分店店内设计与布局应依照经营商品的范围和类别以及目标顾客的习惯和特点来确定，以别具一格的经营特色，将目标顾客吸引到连锁店来。

(2) 使顾客停留更久。据一项市场调查显示，有明确购买目标的顾客只占总顾客的 25%，而 75%的消费者属于随机购买和冲动型购买。因此，如何增强商品存在感，使店内商品最大限度地让顾客目之可及、伸手可得，进而吸引顾客更长时间停留，最终实现冲动购买，便成为一个关键性问题。

客观上商品丰富、店面宽敞会扩大消费者选择余地，加强对消费欲望的刺激，卖出更多的商品，但也会使企业为店面租金、进货成本而背上包袱。所以，通过科学设计购物主副通道，合理安排淡旺季商品，是留住顾客、扩大销售效果的关键。

(3) 明亮清洁，使顾客心旷神怡。顾客"逛商场"已经不是一种纯粹的购买活动，而是一种集购物、休闲、娱乐及社交为一体的综合性活动。因此，连锁店铺既要拥有充足的商品，还要创造出一种适宜的购物环境，使顾客享受到最完美的服务。

明亮清洁、优雅轻松的购物环境，往往使顾客对店内商品产生一种新鲜、优质的感觉。把握住整洁与优质之间的心理连接，合理运用和安排有效空间内的灯光、音响、摆设、色彩，使之相互配合，才能营造出一派令顾客心旷神怡的物质、精神双重消费场所氛围。

(4) 提高效率、增长效益。连锁店铺内部环境设计科学，则能够使进、存、运、销各个环节紧密配合，从而节约劳动时间，降低劳动成本，提高工作效率，增加企业的经济效益和社会效益。如果能够充分利用原来建筑的特点，在装修上本着既美化环境，又勤俭节约的原则，就更能增加企业的经济效益和社会效益。

2. 连锁经营分店店内设计与布局的内容

具体而言，店内布局主要包括以下内容：出入口设置，通道设置以及卖场与后场衔接等。

(1) 出入口设置须合理。店内布局第一关是出入口的设置。招牌漂亮只能吸引顾客的目光，而入口开阔才能吸引顾客进店。入口选择的好坏是决定连锁商店客流量的关键。

出入口选择应依据行人流动路线，车水马龙的大马路边不宜设口，行人川流的步行街是开口的好位置。所以，出入口设置务必以人流量、路线选取规律、目光辐射取向调查为基础，把门开在行人最多、路径最顺畅、最引人注目的地方。对于一些开设在楼上或地下室的连锁店，其入口要设立醒目而有特色的标志，并采取人员促销等方式克服出入口的不足。

另外，连锁店的入口与卖场内部布局也存在密切关系，布局时应以入口位置为先，优先设计入口。

(2) 通道设置要畅通。连锁商店内顾客流动的主线是主通道，顾客流动的副线是副通道。主副通道的区分不是依据畅通程度而设定的，也不是顾客实际涉足点的统计结果，而是根据连锁店营销目标和商品的布局及陈列设计安排的。

良好、高效的通道设计，要求能引导顾客按设计自然地走向步入卖场的每一个角落，能接触尽可能多的商品，消灭死角和盲点，使入店时间和卖场空间得到最高效的利用。连锁店通道的设置既要"长"得留住顾客，又要"短"得一目了然，还得考虑到顾客走动的舒适性和非拥挤性。以下是设计通道时要注意的问题。

① 主通道的设计中最具代表性的是"凹"型主通道，可以让顾客顺利并明显地看到陈列的各大类商品，并能走过店内主要的商品陈列区，较快找到目标商品。

② 大中型连锁商店主通道的宽度一般在2米以上，副通道为1.2~1.5米，最窄的通道也不能小于0.9米，因为这是两个人并行或逆向非侧身避让相遇时的最小宽度。结算台前的通道应适当宽一些，一般在2米以上。因为这里集中了大量购物袋和购物车，最容易形成排队拥挤的情况，因而也最容易成为使顾客产生厌购心理的区域。

③ 主副通道要错落有致，把不同商品的陈列在空间感受上加以显著区别。

④ 通道内尽量少摆放广告牌、品尝台等设施，更不能陈设与所售商品无关的器具、用品，以免阻碍客流，影响该区域销售。

总之，连锁店内通道的走向设计和宽度设置是根据商店规模、预计客流、商品品种、性质等来确定的，既不造成阻塞不畅的感觉，又不造成空间使用不经济，是通道设计不断探索的目标。

(3) 卖场与后场衔接要紧密。连锁店的后场包括仓库、作业工场、更衣室、办公区等，是连锁店的补给后方。它的设计与布局对卖场商品布局安排有重大影响，因此也属于连锁店内设计与布局的重要一环。

后场设计的重点在于如何最合理、最经济地解决后场与卖场连接的补给线路规划。在设计中遵循应以下原则。

① 从后场到卖场的商品补给线路要选择最短的距离。

② 从仓库到卖场的流通路线要采取单行道方式，减少各种商品补给线的交叉和共用。

③ 仓库、作业工场与卖场的地板要平整一致，落差要以缓坡连接，切忌出现台阶、门槛等，以保证商品补给的平稳、顺畅。

④ 前后场连接处既不能门户大开，也不能铁将军把门，建议使用推拉门，一可使出入口宽敞，消除对大件商品进出的限制；二可节约开门空间；三则美观实用，隔离感强，又容易与背景融合。

⑤ 对于实行正规配送货制的连锁店，按国外经验数据，后场与卖场的面积比约为2：8。仓库中的存货与上架商品之和是连锁店前一天销售量的1.5倍。

3.4 连锁经营分店的组织结构及管理职责设计

连锁企业的良性发展离不开良好的组织结构和管理职责，有了它们才可能完成既定的计划和实现预期的目标。连锁企业内部各部门的构成、岗位设置、权责关系、业务流程及企业内部协调和控制等，都对连锁企业的组织结构与管理职责有着直接影响，对连锁企业能否按照既定计划完成企业目标起着重要作用。

3.4.1 连锁经营组织结构概述

1. 组织结构及其类型

组织结构描述组织的框架体系，是组织各部分之间关系的一种模式，表现了组织各部分之间的排列顺序、空间位置、联系方式以及各要素之间的相互联系。

(1) 直线型组织结构。直线型组织结构符合工业时代的许多需求，它具有 4 大特征，大致如下：一条指挥的等级链；职能的专业化分工；权利和责任的一贯性政策；工作的标准化。直线型组织结构的形式如同一个金字塔，处于最顶端的是一名有绝对权威的老板，他将组织的总任务分成许多块，再分配给下一级负责，而这些下一级负责人员又将自己的任务进一步细分后分配给更下一级，这样沿着一根不间断的链条一直延伸到每一位员工。

这种组织结构的特点：每个主管人员对其直接下属有直接职权；每个人只能向一位直接上级报告；主管人员在其管辖的范围内有绝对的职权或完全的职权。

优点：结构比较简单；责任与职权明确；作决定可能比较容易和迅速。

缺点：在组织规模较大的情况下，业务比较复杂，所有的管理职能都集中由一个人来承担，这是比较困难的；而当该"全能"管理者离职时，难以找到替代者；部门间协调差。

(2) 职能型组织结构。在职能型组织结构中，组织从上至下按照相同职能将各种活动组织起来。职能型组织结构有时候也被称为职能部门化组织结构，因为其组织结构设计的基本依据就是组织内部业务活动的相似性。当企业组织的外部环境相对稳定，且组织内部不需要进行太多的跨越职能部门的协调时，这种组织结构模式对企业组织而言是最为有效的。

优点：具有适应管理工作、分工较细的特点，能充分发挥职能机构的专业管理作用；由于吸收专家参与管理，减轻了上层主管人员的负担，使他们有可能集中注意力以履行自己的职责。

缺点：由于实行多头领导，妨碍了组织的统一指挥，易造成管理混乱，不利于明确划分职责与职权；各职能机构往往不能很好地配合，横向联系差；在科技迅速发展、经济联系日益复杂的情况下，对环境发展变化的适应性差；强调专业化，使主管人员忽略了本专业以外的知识，不利于培养上层管理者。

(3) 直线职能型组织结构。直线职能型组织结构以直线为基础，在各级主管之下设置相应的职能部门从事专业管理。直线部门担负着实现组织目标的直接责任，并拥有对下属的指挥权，可以对下级发布命令、指令；职能部门只是上级直线管理人员的参谋与助手，不能对下级直线管理人员发号施令，除非上级管理人员授予他们某种职能权力。

优点：它既保持了直线型集中统一指挥的优点，又吸取了职能型发挥专业管理职能的长处。因而，这种组织结构能够做到集中领导，便于调配人力、物力和财力；职责清楚，有利于提高办事效率；秩序井然，分工清楚，使整个组织有较高的稳定性。

缺点：不同的直线部门和职能部门之间的目标不统一，相互之间容易产生不协调或矛盾，从而增加了高层管理人员的协调工作量；由于职能组织促使职能管理人员只重视与其有关的专业领域，因而不利于从组织内部培养熟悉全面情况的管理人才；由于分工细，规章多，信息传递路线长，使整个系统的适应性降低。

(4) 事业部制组织结构。以某个产品、地区或顾客为依据，将相关的研究开发、采购、生产、销售等部门结合成一个相对独立的组织结构形式。它表现为：在总公司领导下设立多个事业部，各事业部有各自独立的产品或市场，在经营管理上有很强的自主性，实行独立核算，是一种分权式管理结构。该结构具备 3 个要素：独立的利益，独立的市场，独立的自主权。

优点：有利于高层管理者摆脱日常事务，集中精力做好有关企业大政方针；可提高管理的灵活性、适应性；有利于培养和训练管理人才；各事业部之间有比较和竞争，可以克服组织的僵化和官僚化，提高对市场竞争环境的敏捷适应性。

缺点：每个事业部都有完备的职能部门，增加了管理层次，造成机构重叠，管理人员增加和管理成本提高；各部门独立经营，部门协调性差，各事业部往往从本位主义出发，相互之间的支持与协调比较困难，限制了组织资源的共享，因而可能影响到组织长期目标的实现。

(5) 矩阵制组织结构。矩阵制组织形式是在直线职能制垂直形态组织系统的基础上，再增加一种横向的领导系统。矩阵制组织也可以称为非长期固定性组织。矩阵制组织结构模式的独特之处在于事业部制与职能制组织结构特征的同时实现。

优点：加强了各职能部门的横向联系，有利于把组织的垂直联系与横向联系更好地结合起来，加强各职能部门之间的协作，具有较大的灵活性和适应性；它是按一定的任务要求，把具有各种专长的有关人员调集到一起，有利于发挥技术人员的潜力，有利于攻克复杂的技术难题；有利于资源在不同产品之间灵活分配，因而对市场上激烈竞争的适应性较强。

缺点：由于项目小组是临时性的，所以稳定性较差；组织中的信息和权力等资源一旦不能共享，项目经理与职能经理之间就有可能会发生矛盾，协调和处理这些矛盾不仅需要良好的人际沟通能力，也需要付出更多的组织成本；组织中成员实行双重领导，可能会出现多头指挥现象。

2. 连锁企业组织结构类型

(1) 中小型连锁经营组织。小型连锁企业一般可以采用直线型组织(如图 3-4 所示)。这种组织结构适用于门店数目不多(约 10～20 家)、门店面积不大、经营商品较少、经营区域集中的连锁企业,主要是初创期的连锁企业。由于连锁企业在初创期规模较小,管理并不复杂,可以由总经理一人负责所有总部业务,各分店经营对总经理负责。

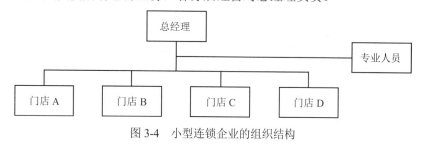

图 3-4 小型连锁企业的组织结构

直线型组织虽然专业分工较差,但由于承担责任的总经理往往就是连锁企业的所有者,而且精通业务,因此可以承担起小型连锁企业的中央管理任务,而且决策快、控制及时、人员少、效率高。当连锁门店数量不断增加而导致管理事务增加时,一些专业职能可以由专业人员来承担,如财务职能由专业财务人员承担,采购职能由专业采购人员承担,但不设置专门的职能部门。

随着连锁企业进一步发展,规模不断扩大,商品品种不断增加,经营区域也不断扩大,直线型组织形式将无法适应,需要增加相应的职能部门,此时的连锁经营组织将过渡到直线职能型组织。大体上,中型连锁企业在组织体系上一般分为两层:上层是总部管理整体事业的组织系统;下层是门店(中国香港的连锁超市公司通常就只设这两个层次)。以直营连锁超市公司为例,给出组织架构的一个基本图示,如图 3-5 所示。

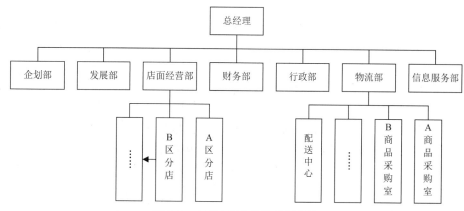

图 3-5 中型连锁企业的组织结构

在该组织结构图中,部门按照职能设置,科室也基本按照职能划分,只有店面经营部按照营业区域设置分店,物流部按照商品类别设置采购室。门店根据连锁超市公司区域的扩大和店面数的增多而增加;采购室根据经营商品类别的增加或商品类别的划细而增加。如果一个连锁企业是复合型连锁,即不仅有直营连锁门店,还有特许连锁门店,则职能部门往往还增加一个特许经营部,专门负责特许加盟事务。

需要指出的是，科室数的多少或是否设置科室取决于公司的经营规模。如果公司规模不够大，就不必设置科室，以免增加不必要的管理层次，影响信息交流，增加管理成本，降低管理效率。这时只需在部门职员间进行适当的分工即可，以后随着公司的发展壮大再适时地增设科室。

如果连锁企业规模较大，职能部门增加而导致协调工作大量增多时，总经理感到力不从心，此时可以在总经理和职能部门之间设置一个中间管理岗位，如副总经理或总经理助理进行协调工作。由于上级协调的有效程度取决于组织中每个上级所负责协调的部门的相关性特征，因此，在组织机构设置中，应把那些业务上相关程度高、交往频繁的部门划归同一上级的协调范围中。否则，如果配合不得当，往往就需要由更高一层上级来进行频繁的协调。图 3-6 中(a)是不正确的协调范围，(b)是正确的协调范围。

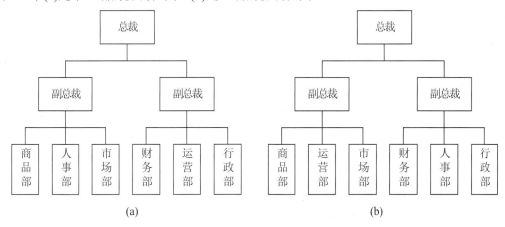

图 3-6　上级协调的部门归类

(2) 大型连锁经营组织。大型连锁企业的特点是门店数量较多，地域分布较广，有些连锁企业甚至跨国经营，或者业务类型增加而趋向多元化经营，此时，组织形式一般采用多层次或事业部型组织。下面分别就跨区域大型连锁企业和多元化大型连锁企业来介绍其组织结构特点。

① 跨区域大型连锁经营组织。对于跨区域连锁企业，由于连锁门店分布范围广、数量较多，因此，宜采用三级组织模式，即"总部—区域管理部—门店"(见图3-7)。在三级管理中，连锁总部的部分职能转移到区域管理部的相应部门中去，它主要承担对企业政策和发展规划的制订、监督执行、协调各区域管理部统一职能活动。区域管理部是适应连锁企业发展、区域扩展的需要而设立的，拥有自己的经营管理组织，在总部指导下负责本区域经营发展规划，处理本区域门店日常的经营管理。区域管理部实际上是总部派出的管理机构，不具备法人资格，仅有管理与执行能力，在许多重大问题上的决策仍由总部做出。

在我国的全国性连锁企业组织设计中，最常见的区域管理部分为 7 个：华北区、华东区、东北区、西北区、西南区、华中区、华南区。7 大区域所划归的省市因不同的企业而不完全一致。

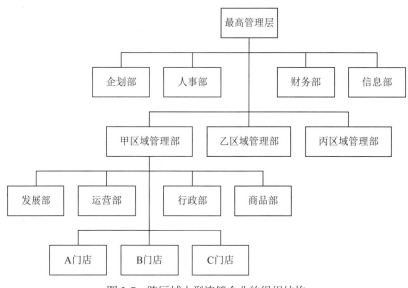

图 3-7 跨区域大型连锁企业的组织结构

如果连锁企业的发展跨出了国界，那么其组织结构也要有相应的变化，一般是在总部设立国际事业部负责海外连锁事业发展，在相应海外发展地区设立合资或独资公司，实现法人当地化。当连锁事业进一步扩大，跨国经营逐渐成为企业主要利润来源时，以国际事业部来管理海外连锁业务不利于资源与优势整合，因此组织结构又会出现新的变化，国内业务和国际业务不再被严格区分开来，而是并行设立亚洲事业部、欧洲事业部、北美事业部、非洲事业部等来一视同仁地管理各大区域的连锁事业，而此时的连锁企业就真正成长为国际性连锁组织了。

② 多元化大型连锁经营组织。世界上许多大型连锁企业是多元化发展的企业，即企业拥有多项业务单元并独立发展。如美国沃尔沃斯公司就是从百货连锁发展成为肯尼鞋店连锁、女士鞋连锁、男士服装连锁、折扣服装连锁、儿童服装连锁等 13 个连锁体系。美国克罗格公司不仅从事零售业，还经营美容沙龙、金融服务、快餐店、加油站等，经营品种包罗万象。在多元化经营的连锁企业中，有些业务高度相关，如沃尔沃斯公司的连锁鞋店和服装店；而有些业务相关性不大，如克罗格的金融服务、加油站等。通常多元化经营的连锁企业采取事业部组织形式。事业部是总部为促成某专项事业的发展而设置的，它拥有一定的经营管理权，并独立核算，具有法人地位。图 3-8 是一个按事业部设置的连锁企业组织。

多元化经营连锁企业的各项事业发展到一定规模时，每个事业部下面再设区域管理部来管理门店的营运工作，由此形成 4 层或 5 层管理体制。尽管每个事业部拥有较大权力，但连锁总部仍要考虑企业的长远发展方向和投资重点，也要考虑在不同连锁体系之间进行有效控制以达到营运程序和目标上的一致，并避免形象和广告的冲突。

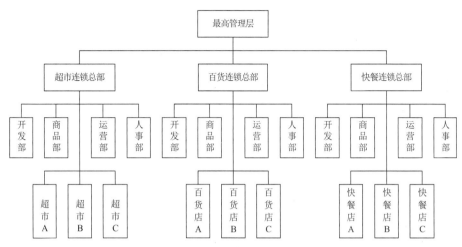

图3-8 多元化大型连锁企业的组织结构

③ 大型连锁组织设计应注意的问题。

- 管理层级的问题。组织设计中常见的问题是管理层级设计过多或过少。在大型连锁企业中,情形更为严重。管理层级越多,各个层级的沟通就越困难,产生的协调问题就越多,而且决策所经的路径就越长,组织将无法适应变化;这种组织形态也不符合经济效益原则,因为必须雇用大量的中层管理人员。层级数过少,尽管可以避免上述问题,但也会出现另一些问题,如每位管理者直接管辖的人数过多,以致无法有效发挥协调功能。因此,连锁组织的管理层级要适当。影响层级数量的因素有很多,如管理幅度、过于细分工作的差异性、工作的性质与种类、组织旧习,甚至薪资制度。尽管连锁企业由于业务不一样、规模不一样、连锁形态不一样而采取不同层级的组织结构,但从管理的角度讲,应该由金字塔式的结构尽量向扁平式的组织结构转化,也就是要尽量借助现代化的信息沟通手段,减少中间管理层次,扩大管理幅度,提高管理效率。

- 管理幅度的问题。管理幅度是指每位管理人员直接管辖的下属人数,它和组织管理层级有密不可分的关系。组织的管理层级多,管理幅度就要窄些(瘦长型组织结构);组织的管理层级少,管理幅度就要宽些(扁平型组织结构)。由于一个人的能力有限,处理各种关系的能力也有限,因此,一个管理者所能直接领导的部门或下属人员的数量都有一定限度。超过了一定限度,就会顾此失彼,达不到有效管理的效果。管理幅度由以下因素共同决定:组织性质,组织复杂度,管理人员技巧,作业范围及其同质程度或差异程度,工作性质,分支机构数量,协调管理机制的运作情况,组织文化与管理方式。合理的管理幅度应该控制在多大范围呢?现代研究认为,组织的管理幅度不能作硬性规定,没有一个统一的标准,但大体上控制在5~15人之间为宜。一般而言,处于连锁企业层级越高的管理者,其面对的问题越复杂,其决策对企业发展的影响越重要,管理幅度应越窄;而处于连锁企业层次低的管理者,面对的问题主要是日常事务,是如何执行决策而不是做出决策,影响力相对较小,管理幅度可适当放宽。

- 组织调整与稳定的问题。大型连锁企业组织结构容易出现两个问题:一是"大企业病",即组织僵化,官僚作风严重,对外反应较慢,丧失对市场的敏锐嗅觉;二是为了适应环境、反应更灵活而下放权力,结果造成连锁形象不统一、管理不统一、标准不统一,失去了连锁企业的本质特征。组织结构是连锁企业正常运行的基础,应保持相对的稳定性,避免情况稍有变化就使系统混乱而影响正常工作秩序。同时,组织结构又是企业实现经营目标的工具,随着客观条件的变化,企业的目标和战略必定会做必要的调整,这就要求组织必须随之相应变动,保持对外部环境和组织目标的适应性。企业领导的责任就是使稳定性和适应性有机地结合起来,一个一成不变的组织,是一个僵化的组织;一个经常变化的组织,则是一个创造不出成绩的组织。

3.4.2 连锁经营分店的职能与岗位设计

1. 门店的基本职能

门店是连锁经营的基础,其主要职责是按照总部的指示和服务规范要求,承担日常销售业务。因此,门店是连锁总部各项政策的执行单位。用一句话来说,就是不折不扣、完整地把连锁企业总部的目标、计划和具体要求体现到日常的作业化管理中。其具体职能如下。

(1) 店面环境管理,主要包括店面的外观管理以及气氛营造、卫生管理、经营设施管理等店内环境管理。

(2) 人员管理,主要包括员工管理、顾客管理以及供应商管理。

(3) 商品管理,主要包括商品质量、商品缺货、商品陈列、商品盘点、商品损耗以及商品销售活动的实施等方面的管理。

(4) 现金管理,包括收银管理和进货票据管理等。

(5) 信息管理,主要包括门店经营信息管理、顾客投诉与建议管理、竞争者信息管理等。

2. 门店岗位设计

与连锁总部部门划分及职责设计的情况一样,由于连锁企业分布行业广泛,不同行业的业务性质不同,其门店的岗位设置也会有所不同,这里无法一一细述,仍以连锁超市为例,简单介绍门店各岗位及职责内容,仅供参考。

(1) 店长的职责。店长是一个门店的核心人物,他要对门店的运作进行统筹安排,对门店的运行负责。店长往往是一家门店的代表人,是总部政策的执行者,是门店经营目标的规划人,是门店经营活动的指挥者,是培训部下的教导者,是激发员工斗志的鼓动者,是上下沟通的协调者,因此,店长的素质高低对门店的经营业绩关系重大。一般来说,理想的店长应该具有一定的领导能力、教育能力、数据分析管理能力、判断能力、学习能力、业务改善能力、良好的品德与修养。店长的角色定位决定了店长的工作职责,具体如下。

① 负责门店的经营管理,完成上级下达的各项经营指标。

② 制订门店的经营计划,督促员工贯彻执行经营计划。

③ 监督门店的商品进货验收、仓库管理、商品陈列、商品质量管理、商品损耗有关作业。

④ 监督和审核门店的会计、收银作业。

⑤ 负责门店员工考勤、服务规范执行情况的监督与管理,对员工考核、晋升、降级和调动提出建议。

⑥ 组织员工培训,组织门店的促销活动。

⑦ 处理日常经营中出现的意外事件，解决员工之间的冲突。
⑧ 参加一些社区公益活动，成为商店的代言人。
⑨ 处理顾客投诉与意见。
(2) 助理店长(副店长)的职责。
① 协助店长安排门店的经营管理。
② 协助店长制订商品经营计划。
③ 必要时作为一个工作班组的负责人，对本班组人员的工作进行统筹安排并协调。
④ 协助店长安排商品进货业务。
⑤ 协助店长对人员进行考核，提出升级或调动的建议。
⑥ 协助店长解决员工之间的冲突。
⑦ 协助店长进行商品防损或服务监督等工作。
⑧ 在店长不在的时候代理行使店长职责。
(3) 收银员的职责。
① 收银机及相应区域的清洁工作。
② 收银前做好准备工作。
③ 清楚商品的分类编码及价格情况和促销活动内容。
④ 迅速并礼貌地完成收银和商品装袋工作。
⑤ 按规定将现金上缴或存入银行。
⑥ 热情、耐心地解答顾客问题。
(4) 理货员的职责。
① 配送中心送货来店时，负责商品的清点和验收工作。
② 负责店内货架上商品的补货工作，保证及时上架。
③ 负责商店商品的盘点工作，并做好记录，确认商品损耗数量。
④ 负责货架上商品的清洁工作。
⑤ 及时将缺货商品告知店长或主管人员，以便及时订货。
⑥ 对需要退换货的商品按规定进行处理。
(5) 导购员的职责。
① 热情回答顾客的任何问题，并帮助顾客选购商品。
② 为顾客提供必要的服务，如开发票、换货、装袋等。
③ 协助理货员进行商品陈列、商品盘点以及价格标签的粘贴和更换。
④ 作为后备收银人员随时加入收银工作。
⑤ 协助店长处理顾客抱怨问题。
(6) 防损员(保安员)的职责。
① 负责商店每日的开店、闭店工作，保护商品和器械完好。
② 负责监督商店人员的作业流程，以防内盗。
③ 负责监视店内顾客购物活动，发现意外情形立即报告店长。
④ 协助店长对商店的偷盗行为进行处理。
⑤ 保证顾客的人身安全与财产完好。

本 章 小 结

本章主要介绍了连锁经营的开店管理,具体包括以下几方面内容:

连锁经营的开店模式,包括战略、路径、基本原则和流程等,连锁经营分店选址的基本理论和决策路程,以及分店的布局与设计、组织结构与管理职责设计等。

思 考 题

(1) 连锁经营开店有哪些基本原则?
(2) 如何理解分店选址对连锁经营企业发展的重要性?
(3) 什么是商圈以及商圈确定的方法有哪些?
(4) 商圈测量的因素有哪些?
(5) 分店外部设计与布局应该注意哪些问题?
(6) 简述直线职能型组织结构的概念及优劣分析。

第 4 章 连锁企业营销管理

连锁企业营销管理效率的高低,直接影响着连锁企业的持续发展。连锁企业必须予以重视,以先进的营销管理理念为指导,以目标市场需求为导向,进一步完善产品和服务,扩大规模效应,创新营销管理渠道,不断提升营销业绩,逐步树立企业品牌形象,促进连锁经营企业的发展壮大。

学习目标
- 了解连锁企业营销管理的意义
- 了解连锁企业营销管理存在的问题和优化策略
- 了解连锁企业的市场细分和定位
- 熟悉连锁企业的营销策略内容

4.1 连锁企业营销管理概述

连锁企业具有企业经营的特殊性,其营销管理需要投入更多的精力和资源,做好连锁企业的营销管理对于连锁企业的长远发展至关重要。目前,连锁企业的营销管理还存在一定的问题,影响企业的连锁效应发挥。针对这一现状和问题,书中也提出了优化策略,以供参考。

4.1.1 连锁企业营销管理的意义

(1) 发挥产品优势的基本要求。连锁企业因其标准化、规模化的经营形式,通过整体营销规划和管理创新,带动旗下产品和服务的升级,扩大产品优势,优化产品概念,提升产品层次,并强化企业组织策划,带动消费者从满足需求向创造需求转变,增强消费潜力和购买力。因此,营销管理是连锁企业产品优势发挥的基本要求。加强营销管理,对于连锁企业的发展起着至关重要的作用。

(2) 提高盈利能力的前提保障。营销管理是指企业为实现经营目标,制定并实施市场营销策略的动态、系统的管理过程。有效的营销管理是企业增强竞争力的保障,是企业提高盈利能力的基石,是企业扩展版图的基本要求。连锁企业必须立足实际,制定适合企业自身情况、长远可实施的营销策略,从而达到增强企业核心竞争力、提高盈利能力的目的。

(3) 促进企业持续发展的重要基石。连锁企业如果缺乏营销管理,在规模扩张以及持续发展中就会失去突出优势。对于连锁企业而言,不仅要加大营销策略的规划与落实力度,打造企业自己的营销工作手册,营造良好的企业氛围和文化;同时还需要充分重视整合营销,在产品、价格、渠道、促销等方面都应制定可行的营销策略,强化连锁企业的营销管理,打造企业品牌形象,形成品牌效应,这也是连锁企业持续发展的重要基石。

4.1.2 连锁企业营销管理存在的问题

(1) 营销管理理念缺乏创新。目前,多数连锁企业仍受传统经营思想的影响,营销管理意识薄弱、理念陈旧,对营销管理缺乏正确科学的认识,将营销管理片面理解为产品推销,缺乏全局观念,导致部分连锁企业的营销管理水平较低,缺乏相应的工作流程与规范,缺乏市场竞争力。

(2) 未真正建立品牌形象。不少连锁企业在营销管理过程中,缺乏科学的营销管理策略,品牌策略并未充分确立,加之品牌管理意识薄弱、运营经验不足,使得连锁企业陷入经营困境之中。多数连锁企业在经营过程中过分注重市场行为的短期效应,对于投资回报周期较长的建设力度相对较低。

(3) 营销渠道尚不完善。绝大多数连锁企业都充分认识到信息化策略在营销管理中的作用,但我国连锁企业的信息化投资尚无一套完整的管理体制,一定程度上限制了我国连锁企业的发展。此外,我国连锁企业的销售网点通常设置在大城市的商业中心,而城乡地区的销售网络点却乏善可陈,导致多数连锁企业的消费市场覆盖面较窄。

(4) 缺乏高质量营销管理人才,企业培训力度不足。目前连锁企业的营销管理效率低下的主要原因,是连锁企业中缺乏高素质的营销管理人才。在连锁企业中,总部和分店人员的管理和培训制度尚未建立完善,导致营销管理人员在岗工作过程中,理论知识缺乏,实践能力无法得到提升。在现阶段的市场经济环境下,企业的营销管理理念和方法正在不断发生变化,营销管理人员缺乏继续教育和专业培训,容易造成与现代企业管理脱节,无法实现连锁企业营销效益的提升。

4.1.3 连锁企业营销管理的优化策略

(1) 重视营销管理,强化营销管理理念。当前的市场,早已从推销时代过渡到营销时代。连锁企业单纯从自身角度出发的营销方式,已经日渐失效;而以顾客需求为中心的营销方式,才能更好地打动消费者。随着营销理念转变和营销手段的更新,连锁企业只有重视营销管理,不断强化营销管理理念,掌握最新的营销管理方法,才能在市场竞争的环境下,实现连锁经营的规模效益、市场效益等目标。

(2) 完善相关制度建设,实现规范化管理操作。连锁企业应当建立营销战略及方向,并建立相应的战略管理体系、信息管理体系、销售组织体系。通过完善的管理体系和制度,明确连锁企业营销管理部门各层级、岗位的职责,制定工作标准和工作流程,将人力资源、渠道、市场信息以最佳方式整合利用，使得企业所有部门和员工紧密地协作，充分发挥企业的整体能力，实现最佳的营销目标。为提高连锁企业门店科学化、规范化管理水平，落实连锁门店的统一管理要求，连锁企业要狠抓制度落实，建立、健全制度，不折不扣落实制度，不断完善、规范连锁经营行为，提高管理质量和水平。此外，监管部门还要加强日常检查，善于发现问题并及时解决问题，抓严抓细，确保经营管理不出差错。

(3) 注重营销管理人才培养，为连锁企业提供内在动力。党的十九大报告提出，人才是实现民族振兴、赢得国际竞争主动的战略资源。为更好地把握市场机遇，实现新的突破，连锁企业要始终在人才队伍建设上常抓不懈。不断完善培训内容，持续开拓培训新模式，强化营销人员的协同意识和市场攻坚能力，有效提升连锁企业营销人员的产品知识、业务水平和管理能力，激发斗志，积累经验，提升为客户服务的技巧和技能，为提升连锁企业市场份额奠定坚实的基础。

(4) 转变营销方式，实现多元化营销。近年来，各类连锁企业的线上销售额不断增长，随着互联网科技的不断发展，网络营销将成为连锁企业又一争夺之处。随着网络营销的不断发展，营销的目的也变得不再单一，而是被分解成了覆盖、传播、影响、销售等多个阶段。基于大数据的支撑，受众人群越来越细化，营销目的和受众人群的多维度组合，构建、整合各种营销之道。整合就是把品牌与企业的所有接触点作为信息传达渠道，以直接影响消费者的购买行为为目标，从消费者出发，根据各平台的特点实现协作优化，达到最佳效果。因此，各连锁企业要重视网络营销的拓展，积极转变营销方式，全力打造线上线下相互统一、相互促进的新型营销模式，不断推进连锁经营企业的营销创新，实现多元化营销，为连锁经营企业的发展带来更多可能性[1]。

4.2 目标市场营销管理

美国营销著名学者菲利普·科特勒指出，目标市场营销管理通常要经过三个步骤——营销 STP，即细分、选择、定位。以消费群体的需求为中心，将市场分为若干不同的购买群体，并归纳他们的共同点(市场细分)，根据企业资源和市场调研情况，选择一个或几个可触达的细分市场(市场选择)，建立与市场上传播该产品的关键特征与利益(市场定位)。

4.2.1 市场细分概述

为弥补连锁企业营销能力的局限性，适应并满足消费需求的多样性，连锁企业需要对庞大的市场进行细分，并选择产品或服务可触达消费群体、预期可盈利的市场作为组织积极落实营销方案的主攻市场。这就是针对细分市场采取的目标市场营销。

市场细分由美国市场学家温德尔·史密斯于20世纪50年代首次提出。市场细分是指连锁企业或组织通过市场调研，依据消费者的需求、偏好、购买力等体系指标的差异，把整体市场划分为若干消费群体的分类过程。不同的消费群体有不同的细分市场。

---

[1] 于海红. 连锁经营企业营销管理的重要性分析探[J]. 商场现代化, 2018(8):40-41.

1. 市场细分的作用

发展至今,市场细分已经成为现代营销的重要基石,没有市场细分就没有目标市场选择,也就不存在目标市场营销。市场细分的作用如下。

(1) 有利于选择目标市场,制定并落实有效的市场营销策略。市场细分后的目标市场更为具体,连锁企业可以根据自己的经营思想、方针及生产技术和营销力量等,制定并落实特殊、有效的营销策略。同时,细分后的市场信息容易了解和获取,一旦消费者的需求发生变化,连锁企业可迅速改变营销策略,制定相应的对策,以适应市场需求的变化,提高连锁企业的应变能力和竞争力。

(2) 有利于发掘市场机会,开拓新市场。通过市场细分,连锁企业可以对不同细分市场的消费者行为、市场环境、销售情况等进行分析对比,掌握有关自身连锁企业的市场动态信息,及时调整连锁企业的生产或供应计划,为产品或服务创新提供理论依据,掌握市场主动权。

(3) 有利于集中资源,提高经济效益。任何一个连锁企业或组织的人力、物力都是有限的。通过细分市场,连锁企业可以选择适合自己的目标市场,并集中一切可利用的人力、物力,掌握细分市场的主导权,进而提高连锁企业的投入回报比。

此外,通过市场细分后,连锁企业可以扩大生产适销对路的产品,既能满足市场需要,又可增加收入;产品适销对路可以加速商品流转,加大生产批量,降低连锁企业的生产销售成本,提高生产工人的劳动熟练程度,提高产品质量,提高连锁企业的经济效益。

值得注意的是,细分市场并不是针对产品或服务本身进行的,而是从消费者角度出发,以"同中求异,异中求同"为原则,根据消费者的需求、欲望、行为、购买偏好和忠诚度、购买力等差异来划分的。

2. 市场细分的步骤

美国营销学者罗杰·J.贝斯特以消费者需求为中心,设计了市场细分的七个步骤。

(1) 以需求为中心:消费群体细分成需求或利益相似的小组。
(2) 细分识别:通过调研,找出每个细分小组的独特性和可识别性。
(3) 细分吸引:使用细分吸引标准,如市场增长、竞争密度等,确定每个细分市场的吸引力。
(4) 细分概括:确定细分市场概况。
(5) 定位:以细分市场为基础,为每个细分小组制定产品价值和价格。
(6) 细分测试:测试细分市场定位的吸引力。
(7) 营销组合战略:把细分市场定位扩展到营销组合中。

3. 市场细分的方法

(1) 单一变量法。根据调研结果,把影响消费群体需求最主要的因素作为细分变量,从而达到市场细分的目的。这种细分法以连锁企业的实践经验和对客群的了解为基础,找到一种能有效区分客户并使连锁企业的营销组合产生有效对应的变量而进行的细分。

(2) 主导因素排列法。用一个因素对市场进行细分，如按性别细分化妆品市场等。这种方法简便易行，但难以反映复杂多变的顾客需求。

(3) 综合因素细分法。用影响消费需求的两种及以上的因素进行综合细分，例如用生活方式、收入水平、年龄三个因素可将妇女服装市场划分为不同的细分市场。

(4) 系列因素细分法。将多项因素按照一定逻辑排列，逐步进行细分，这种方法称为系列因素细分法，目标市场在这一过程中会变得越来越具体。

4. 市场细分的有效性判断

日益提高的消费群体需求使得连锁企业生产成本和营销费用相应增长，欲在激烈的市场竞争中占据一席之地，需要连锁企业在市场细分所得收益与市场细分所增成本之间做一个权衡。由此，我们得出有效的细分市场必须具备以下特征。

(1) 可衡量性。连锁企业在市场上选择的细分市场必须是能够明确衡量的，比如市场的人口数量、年龄构成、收入水平、购买力等指标是可以从人口统计资料中得到的，都是可以准确衡量的。然而，也有一些无法准确衡量的标准，如文化标准、消费者心理等指标。

(2) 可进入性。可进入性是指所选的细分市场必须是连锁企业可以有效地到达并能够为之提供产品或服务的。可进入性的影响因素表现在多个方面，如语言沟通上的障碍、民族之间的差异以及政治体制和价值观念上产生的差距等。

(3) 可获利性。可获利性决定了某一个细分市场是否有价值，是否值得进入的问题。连锁企业市场营销往往是跨区域的，为了使产品适应当地市场的要求，需要投入大量资金开拓渠道、改进经营方式、获取商业信息等。因此，进行投入和收益之间的比较是很有必要的。如果进入成本太高，连锁企业就要考虑放弃进入这一细分市场。

(4) 可实施性。依靠连锁企业的自身力量，通过制订计划和具体实施能够达到连锁企业的目的，这样市场细分才有意义。否则，即使细分市场具有可衡量性、可进入性和可获利性的条件，但如果连锁企业无法真正实施细分市场的策略，再完美的策略也只是纸上谈兵。

4.2.2 目标市场选择

连锁企业经过调研与决策后，预判每个细分市场的吸引力与潜力，进而根据连锁企业自身情况选择进入某个或多个细分市场的过程就是目标市场选择。目标市场的选择有如下评估。

(1) 有一定规模和潜力。连锁企业进入市场的首要目的是盈利，如果市场规模较小或处于下行市场，连锁企业贸然进入后，一般难以全身而退。连锁企业也不能以吸引力为唯一考量指标，避免"多数谬误"，即绝大部分连锁企业将资源放在吸引力强的同一市场中，反而引起过度竞争和资源浪费，同时消费者的需求遭到冷遇。有时候"剑走偏锋"，或许会取得"柳暗花明"的意外收获。

(2) 相关利益方的威胁性。根据波特的五力模型得知，同行业竞争者、潜在竞争者、替代产品、购买者和供应商的威胁，会直接影响到连锁企业的产品、价格、渠道、促销等，直接影响连锁企业的营销计划和市场开拓计划，甚至导致连锁企业综合成本增加，引发行业不稳定进而影响消费者利益和社会利益。

(3) 符合连锁企业目标和能力。某些细分市场虽然有很大的吸引力，但并不符合连锁企业发展战略目标，甚至会分散连锁企业的精力，阻碍其完成既定目标，这样的市场应及时舍弃。此外，连锁企业可提供的资源和能力是否适合在某一细分市场经营，也是需要考虑的因素。尽量选择有条件进入、能充分发挥连锁企业优势的市场作为目标市场，才能促进连锁企业利益最大化。

1. 目标市场的策略

(1) 无差异性目标市场策略。把整个市场作为一个目标开展营销业务，强调消费群体的共同需要，不考虑差异，运用一种产品、一种价格、一种推销方法，吸引可能多的消费者。采用这一策略的连锁企业，一般都是规模化生产，并且依靠其稳定的分销渠道来完成销售。

(2) 差异性目标市场策略。把整体市场划分为若干细分市场，针对不同的子市场，设计不同的产品，制定不同的营销策略，满足不同的消费需求。这种策略的优点是能满足不同消费者的不同要求，有利于扩大销售、占领市场、提高企业声誉。其缺点是由于产品差异化、促销方式差异化，增加了管理难度，提高了生产和销售费用。

(3) 集中性目标市场策略。选择少量细分市场作为营销目标，集中连锁企业的优势力量，对某细分市场采取攻势营销战略，以取得市场上的优势地位。采用集中性目标市场策略，能集中优势力量，有利于产品适销对路，降低成本，提高企业和产品的知名度。但有较大的经营风险，因为它的目标市场范围小，品种单一。如果目标市场的消费者需求和爱好发生变化，企业就可能因应变不及时而陷入困境。一般情况下，实力有限的中小连锁企业多采用集中性市场策略[1]。

2. 目标市场选择战略

(1) 产品—市场集中化战略。无论从消费群体还是产品角度出发，连锁企业的目标市场都集中于一个细分市场。连锁企业规模生产一种标准化产品，只供应给某一顾客群。一般情况下，规模较小的连锁企业采用这种策略，虽然利益有限，但此战略可以帮助连锁企业在专业化生产、提高生产率的同时，稳步向其他细分市场迈进。

(2) 产品专业化战略。连锁企业面对所有的细分市场只生产经营某一种或一类产品，面对不同的顾客群，产品会有所不同。但选择此战略的连锁企业，一般以批量生产谋求发展。

(3) 选择性专业化战略。连锁企业有选择地进入一个或多个细分市场，并向对应市场提供对应的产品。这种战略可以在一定程度上分散连锁企业的经营风险，"不把鸡蛋放在同一个篮子里"，一般生产资质良好的连锁企业采用这种策略。

(4) 市场专业化战略。连锁企业向同一细分市场提供不同类型的产品，以不同价格、不同品质的产品提供给统一市场的消费客群，以提高连锁企业总体的市场占有率，较为常见的是集团下属多品牌产品的营销方式。

(5) 全面覆盖战略。连锁企业为所有细分市场提供消费群体需要的不同类型的产品。一般是发展成熟的连锁企业为保持市场领导地位或垄断地位，采取全方面营销的战略。

---

[1] 张晔. 星巴克(中国)的营销战略研究[D]. 上海：上海交通大学，2008：60-64.

4.2.3 市场定位概述

1972年，美国营销学家艾尔·里斯和杰克·特劳特提出定位理论，其中指出定位的含义：企业根据竞争产品在市场上所处的位置，针对消费群体对该类产品某些特征或属性的重视程度，为本企业产品塑造独特、深刻的形象，并将这种形象生动地传递给顾客，从而为企业产品在市场上确定了适当的位置。

从定位的含义及理论中可以看出，市场定位理论的核心思想就是区分市场、差异经营。从某种程度上说，定位就是差异化的代名词。公司在进行市场定位时，不仅需要了解竞争对手的产品特色，也要研究消费者对该产品的各种属性的重视程度，之后综合以上两方面的分析，再选定连锁企业的产品特色和独特形象。

1. 市场定位的影响因素

(1) 产品属性。连锁企业可以依据产品独特的属性定位。例如，国内服装连锁品牌海澜之家在广告语中宣导"男人的衣柜"，其独特的品牌定位和营销模式使得海澜之家的产品属性深入人心。

(2) 产品性价比。性价比是产品的又一重要特征，基于性价比优势进行市场定位的，在实际商业中并不少见。例如，某餐饮连锁企业，在产品包装中使用"加量不加价"的广告语。

(3) 产品功能。强调产品的独特功能，迎合当下消费群体需求的多样化。例如，宝洁公司先后推出了"海飞丝"和"飘柔"，分别以"去头屑专家""头发柔顺专家"的产品定位。

(4) 使用者。消费群体越来越个性化与定制化的需求，促使连锁企业站在客群角度，强调产品与众不同的特征。例如，美国米勒啤酒公司曾将其原来唯一的品牌"高生"啤酒定位于"啤酒中的香槟"，吸引了许多不常饮用啤酒的高收入女性消费者。

(5) 产品类别。连锁企业也可以根据产品类别的不同进行产品的市场定位，达到类别和需求直接能够激发产生联想的目的。例如，七喜汽水"非可乐"的广告语。

(6) 竞争者。针对竞争者的定位，确立连锁企业自身产品的市场定位也是一种常见的定位方法。例如，可口可乐在与百事可乐的竞争中逐步确立了自己的品牌形象与定位。

2. 市场定位的策略

(1) 避强定位。企业力图避免与实力较强的连锁企业直接发生竞争，一般采取不同的市场定位，使自己的产品在特征或属性等方面有别于较强的连锁企业。

优点：风险小，促使连锁企业在市场上站稳脚跟，并能在消费群体中树立形象。

缺点：避强意味着连锁企业可能要放弃某个最佳的市场位置。

(2) 迎头定位。连锁企业根据自身的实力，为占据较佳的市场位置，在市场中与较强的连锁企业直接发生正面竞争，确保自身产品进入与对手相同的市场位置。

优点：形成轰动效应，连锁企业自身产品较快进入消费群体视线，易于达到树立市场形象的目的。

缺点：易受牵连，具有较大的风险性。

(3) 创新定位。寻找市场上没有的，或尚未被占领仍有潜在市场需求的位置，填补市场上的空缺。采用这种方式定位时,连锁企业要充分考虑产品的创新性与生产的技术性,确保有实力提供产品。

优点:适应市场与消费者需求变化,易占据未饱和的市场或者被强势品牌忽略的市场。

缺点:基于自身的原因,导致品牌定位错误或不当,不易被消费者接受。

(4) 重新定位。有定位不准确、市场情况变化、竞争者定位接近等情况发生时,就应考虑重新定位。重新定位是以退为进的策略,目的是实施更有效的定位。

优点:通过重新定位,企业及其产品在消费者心目中的形象得以改变,"旧桃换新符",能够使企业获得更大的生命力。

缺点:由于品牌重新定位对企业生产经营战略影响极大,企业在进行品牌重新定位时,需要综合考虑各方面因素,特别是消费者的反映和可接受度。

3. 市场定位的方法

市场定位的核心是差异化,所以市场定位的方法可以理解为差异化方法,表现在许多方面。

(1) 产品差异化。连锁企业将差异化产品进行有效组合,如产品质量、价格、渠道、促销、包装、功能、用途、客群等各方面。而产品质量和价格定位是连锁企业运用最普遍的,也是消费者最熟悉的定位。

(2) 服务差异化。连锁企业向目标市场提供与竞争对手不同的优质服务。现代连锁企业的竞争,既是产品的竞争,又是服务的竞争。产品日趋同质化的市场中,各连锁企业生产的同等价位的产品,品质悬殊不明显,产品服务水平会直接影响消费群体购买决策。连锁企业打造服务差异化,可以从购买的便捷性、物流的配送速度、产品的安装调试及维修售后等服务方面入手。

(3) 形象差异化。连锁企业形象指产品、品牌或连锁企业在消费群体心目中的总体印象,与连锁企业文化息息相关。所以,连锁企业要树立良好的企业形象,首先必须要形成良好的企业文化。

4. 市场定位的步骤

市场定位的关键是连锁企业设法找出自身产品比竞争者更具有竞争优势的特性。

竞争优势一般有两种基本类型:一是价格竞争优势,即在同样的条件下比竞争者提供更低的价格。二是偏好竞争优势,即能提供特色产品或服务来满足顾客的特定偏好。因此,连锁企业想在商战中取得一席之地,必须要在特色上下功夫。连锁企业市场定位的全过程可以通过以下三个步骤来完成。

(1) 获取竞争优势。这一步骤须明确以下问题:一是目标市场的竞争连锁企业及产品如何?二是目标市场的消费饱和度如何,是否还有潜力?三是本连锁企业还能够做什么(产品上升空间考虑)?要回答这三个问题,须通过市场调研,系统全面地调查、分析与总结有关资料和结果,从中确定连锁企业的竞争优势。

(2) 初步定位目标市场。通过调研,获取连锁企业的竞争优势,建立完善的指标体系,通常包含经营、技术、采购、生产、营销、财务和产品等,综合比较连锁企业与竞争对手(之间存在差异),谨慎选择最合适连锁企业的竞争优势,以初步确定连锁企业在目标市场上所处的位置。

(3) 竞争优势传播。遵循"了解、知道、熟悉、认同、喜欢和偏爱"这一步骤,开展系列宣传促销活动,将连锁企业的竞争优势准确传播给消费客群,以在客群中留下深刻印象。在这一环节,需要注意在消费者心目中建立稳定、一致的形象,如出现市场占有率下滑、消费者需求变化等现象,须及时纠正,进行市场再定位。

【案例4-1】

新零售探索先行者:盒马鲜生

4.3 连锁企业市场营销策略

新时代的今天,由于信息科学技术的高速发展,市场环境、消费模式正发生着巨大的变化,任何连锁企业想要在错综复杂的市场占据一席之地,采取正确的营销策略显得尤为重要。美国学者杰罗姆·麦卡锡从复杂的营销环境中总结归纳出较为重要的营销组合策略:产品、价格、渠道、促销,即后来被学术界广为接受的"4P理论"。

4.3.1 产品营销策略

1. 产品营销策略的概念

产品营销策略是指连锁企业制定经营战略时,明确连锁企业能够提供的产品和服务、选择的种类和比重,能够为消费者带来何种程度的需求满足。从营销理论角度看,产品营销策略是4P理论的核心,是价格营销策略、渠道营销策略和促销营销策略的基础。

从社会经济角度看,产品是连锁企业与市场的纽带,也是社会分工与交换的载体;从连锁企业内部看,产品是业务存续的血液,是连锁企业发展的基石。连锁企业的一切生产经营活动都是围绕着产品进行的。那么,产品是什么?营销学者菲利普·科特勒对产品是这样定义的:以现代观念对产品进行界定,产品是指为留意、获取、使用或消费以满足某种欲望和需要而提供给市场的一切东西。

随着社会经济的发展,顾客群体的需求越来越个性化,产品的外延逐渐从核心产品(基本效用)向形式产品(基本形式)、期望产品(期望的属性和条件)、附加产品(附加利益和服务)和潜在产品(产品的未来发展)拓展。随着生产力的发展,核心产品日趋同化,发展态势良好的连锁企业,旨在为消费者提供产品外延带来的附加价值,从而满足消费者的需求。

2. 产品组合优化

连锁企业进行产品组合的基本方法是,按照市场反馈进行产品线的宽度、长度、深度或关联度的增减。连锁企业产品适应市场需求的同时,还要考虑连锁企业的盈利最大化,这一过程需要采用系列选择与调整,是一项任重而道远的工作。

(1) 宽度。即连锁企业的产品种类、系列的总数,是指使用相同的生产技术,或者具有类似功能,或者拥有同类顾客群体,或者价格幅度相同的产品线总数。产品组合的宽度说明了连锁企业的经营范围和多元化经营程度。

(2) 长度。即连锁企业各产品线的产品项目总数。产品项目指各产品线中具有不同规格、型号或价格的产品数量。通常，每一产品线中包括多个产品项目。

(3) 深度。即产品线中每一产品有多少品种。产品组合的长度和深度反映了连锁企业满足不同细分市场的程度。

(4) 关联性。即连锁企业产品的用途、渠道等方面的关联程度。较高的产品的关联性能带来连锁企业的规模效益，提高连锁企业的声誉。

产品的组合优化是指产品的深度、长度、深度和关联性组合。产品组合的深度越深，其专业化程度和关联性越强；产品组合的宽度越广，其综合化程度就越高。产品组合的宽度和深度必须根据连锁企业所处市场的特性和商圈的条件来确定。

3. 新产品开发战略

在市场营销领域，新产品的含义广泛，包含科技发明创造的产品，还包括功能、包装等生产因素变化而改进的产品。按产品研究开发过程，新产品可分为全新产品、模仿型新产品、改进型新产品、形成系列型新产品、降低成本型新产品和重新定位型新产品。

新产品开发战略包括以下几个方面。

(1) 创新战略。连锁企业通过自主开发、联合开发或技术引进等方式，实现创新突破，率先投放产品，迅速占领市场。实施此战略的连锁企业须有技术优势和资金优势，常见于大型连锁企业。

(2) 进取战略。不影响连锁企业现有的生产状况，针对产品的功能、包装、目标市场、定位等方面的改进，形成改进型新产品、重新定位型新产品等。这一战略也可能会出现技术创新的新产品，但整体风险相对较小。

(3) 紧跟战略。连锁企业紧跟行业内实力强大的竞争者，迅速仿制竞争者的新产品，以开展连锁企业自身业务。此战略创新程度不高，研发费用较小，关键在于紧跟竞争者，及时获取竞争者新产品的设计、生产信息等，常见于发展之初的连锁企业。

(4) 防御战略。以保持或适当扩大市场占有率，维持连锁企业的生存为目标，产品进入市场的时机通常会滞后，新产品开发的频率不高。成熟产业或夕阳产业的中小连锁企业常采用此战略。

4. 新产品开发与推广

(1) 新产品构思的产生。新产品构思是新产品开发的首要阶段和关键因素。连锁企业通常可以从内部管理或职能人员中寻找新产品构思的来源。还可以从外部来源获取构思，如消费者、渠道商、行业内其他连锁企业和关注者、咨询公司等。

(2) 构思筛选。采用科学系统的评价方法对构思进行分析和比较，竭力选择可盈利、可落实的新产品构思。构思筛选的主要方法是建立评价模型，一般包括评价因素、评价等级、权重和评价人员。其中，评价因素和权重是评价模型是否科学的关键。

(3) 新产品概念的发展。连锁企业从消费者的角度，将新产品构思具体化，尽可能详细地确定产品的功能、外形、价格等，从而指导生产。

(4) 制订营销计划。根据新产品概念制订营销计划，包括目标市场和消费者行为的描述、4P策略落实和预算规划、长期营销计划与愿景。

(5) 财务分析。对新产品的销量、成本和利润等进行财务估算,判断它是否满足连锁企业目标和实际情况。

(6) 产品生产开发。主要解决构思到实际生产的可行性问题,从构思、研发、测试到检定,技术投入与经济投入较高,是最具挑战的一个阶段。

(7) 新产品试销。将新产品投放到有代表性的、小范围的目标市场进行测试,尽可能地模拟新产品最终要进入的目标市场情况,观察市场反应,包括但不限于消费者、竞争对手、渠道商等。连锁企业相关部门收集资料并反馈分析,便于后期调整。

(8) 商业推广。新产品调整后,连锁企业制订详细的新产品上市计划,包括营销策略、财务预算、人力资源管控等。

5. 产品生命周期

产品从投入市场到最终退出市场的全过程称为产品的生命周期。产品生命周期形态可分为典型和非典型。典型的产品生命周期要经过导入期、成长期、成熟期和衰退期,呈 S 型曲线,如图 4-1 所示。非典型形态有"循环—再循环型""扇型""非循环型"等。

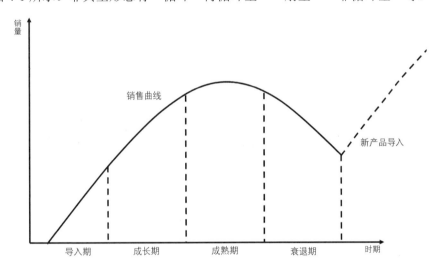

图 4-1 典型的产品生命周期

一般产品的生命周期经历不同的阶段,产品的市场表现和盈利情况各不相同。

(1) 导入期。导入期是新产品上市的最初销售期,购买人数较少,销量增速慢,营销和生产投入较多,盈利较少。这一阶段,连锁企业主要把人力和物力放在"营销爆点"上,发挥意见领袖的作用,加快新产品的扩散速度,缩短导入期的时间。

(2) 成长期。当销售量迅速增长、利润逐渐增加时,新产品进入成长期。前期营销工作初见成效,目标市场的消费者基本熟悉产品,销量增长变快,此时,更多竞争者进入,市场竞争加剧。为增加市场占有率,连锁企业不断改进、完善产品,寻求新的细分市场,增加宣传促销等。

(3) 成熟期。快速增长的销量逐渐趋于稳定,利润增长放缓,说明产品成熟期来临。在成熟期的后期,产品销量出现拐点,利润开始下滑;为尽量延长产品的成熟期,维持市场占有率，连锁企业深入挖掘潜力客群和产品亮点，更新产品，增加附加价值，招徕客户。

(4) 衰退期。当销量和利润较快下降时，产品步入了衰退期。连锁企业可选择维持现状、收缩放弃市场或者开发新品替代已有产品等策略。

4.3.2 价格营销策略

连锁企业给商品和服务定价时要兼顾获利和品牌两方面，并根据各种因素加以调整。由于定价直接与公司目标相关，且与其他营销组合要素相互作用，因此定价是营销策略的基础。定价策略必须与连锁企业的定位、销售、利润及投资回报目标相一致。连锁企业的价格营销策略主要包括目标、策略、方式、实施及调整五个方面。

1. 定价目标

连锁企业的定价策略必须反映其总体目标，财务目标可以用销售额及利润来衡量，销售目标可以用销售收入及销量来衡量，还有其他定价目标如：

(1) 鼓励消费者重复购买，让供应商及顾客体验价格保持稳定性与一致性。
(2) 形成行业壁垒，阻止竞争者进入市场。
(3) 维持或提升企业形象，塑造产品或行业领导者形象。
(4) 清理库存商品，缓解仓储压力，促进资本流动。
(5) 保持必要的利润空间，在不引起价格战的前提下与对手进行价格竞争。

基于以上目标，在选择的细分市场中，连锁企业会选择不同的价格政策，确立稳定一致的价格形象，制订短期和长期的营销计划。

2. 定价策略

连锁企业根据市场细分和定位制定价格策略之前，必须先明确价格在整个营销策略中的角色及定价目的，还需要考虑价格如何与其他营销手段结合等问题。连锁企业一般采取三种定价策略：撇脂定价法、渗透定价法和适中定价法。

(1) 撇脂定价法。企业在产品生命周期的最初阶段把价格定得很高，尽快收回投资。撇脂价格高于大多数购买者的心理价位，往往针对细分市场中的高端客户。撇脂定价法牺牲销量来获得较高的毛利，一般只有在价格敏感度低的市场，或者扩大单品毛利比薄利多销增加销售所能获得更多利润的情况下，才采用这一策略。

(2) 渗透定价法。将价格定得比经济价值或市场价值低，以此吸引并赢得大量客户。与撇脂定价法相反，渗透定价法牺牲毛利以获得高额销量。这一策略只在特定的环境下有利，消费者对价格比较敏感，且有足够大的市场获得销量。同时，企业还要考虑到成本因素，如果销量增加部分的成本仅占总成本的小部分，销量部分能产生较大的利润贡献，那么渗透定价是有利的。此外，企业还要考虑竞争的情况。竞争者也可以降低自己的价格来对付他人的渗透定价，只有在竞争者缺乏能力或动机去这样做时，渗透定价才有利于赢得市场份额。

渗透价格并不是指必须便宜，而是相对于价值或市场价格较低。对于有代表身份或具有独占性的产品来讲，低价是没有吸引力的，反而还会破坏品牌形象。

(3) 适中定价法。连锁企业既不利用低价来占领市场，也不利用高价制约市场，维持价格稳定在同一水平。适中定价法尽量降低价格因素在营销策略中的地位，重视其他有利因素和手段。当细分市场不适合撇脂定价和渗透定价时，连锁企业一般采取适中定价。适中定价法虽然缺乏主动进攻性，但可以保持产品定价的一致性，消费者体验较好，易获得更高顾客满意度。

对于连锁企业而言，只有自己独有的商品可以采取撇脂定价的方法，对于价格敏感的商品或者新门店可以采取渗透定价的方法迅速占领市场并建立良好的价格形象。而一旦商圈成熟和稳定以后，使用适中定价和渗透定价相结合的方法占领市场，防止其他竞争对手进入的同时，争取合理的商业利益[1]。

3. 定价方式

定价方式一般有需求导向定价、成本导向定价和竞争导向定价。

(1) 需求导向定价：企业根据顾客需求定价，顾客需求决定目标市场接受的价格区间。

(2) 成本导向定价：企业设定一个价格下限，即企业为达到特定利润目标可接受的最低价。

(3) 竞争导向定价：企业根据竞争者的价格来决定自己的价格，关键竞争者的价格水平直接影响其定价。

在竞争日趋激烈的今天，连锁企业应结合使用这三种定价方式。目前企业广泛使用的是参照竞争对手的价格，核算单位成本、运营费用以及期望利润，根据产品定位、商圈区域、购物环境、附加价值等因素，决定低于或高于市场价格。一家竞争导向的企业可能不会因需求或成本的变化而改变其价格，除非竞争者调整价格。而零售连锁大卖场因为其占据大部分市场份额，或地理位置偏远等，必然选择较为低廉的定价方式。

4. 价格策略的实施

连锁企业可实施以下价格策略。

(1) 习惯定价与可变定价：习惯定价即按照顾客的要求习惯和价格习惯对产品进行定价。可变定价即根据市场成本和需求的变化改变价格。大部分连锁零售卖场都在这两种定价方式之间徘徊。

(2) 弹性定价：根据价格弹性确定价格调整方向的原则或技巧，充分考虑消费者议价能力。

(3) 尾数定价：在确定零售价格时，利用消费者求廉的心理，制定非整数价格，以零头数结尾，使用户在心理上有一种便宜的感觉，或者是价格尾数取吉利数，从而激起消费者的购买欲望，促进商品销售。目前，尾数定价被零售企业广泛采用。

(4) 特价：挑选出某些商品组合以低于成本价或者市场价的价格出售，是连锁零售大卖场广泛采取的销售手段。

(5) 多单元定价：即对于大量购买的顾客给予折扣，限定一个价格范围，该范围内分布若干价格点，每个价格点代表不同的品质水平，服装类的百货商店一般多使用这种定价方式。

5. 价格调整

因为竞争者调整、季节性波动、原材料成本波动、需求变化等，连锁企业降价和加价是必要的应对手段。在今天激烈竞争的环境下，价格趋于透明，各连锁企业都有相应的价格调查部门，每天对竞争对手的商品价格进行市场调查，然后为了保持价格形象，都会根据对手

---

[1] 邓旭. 零售连锁企业价格管理体系的建立——以家乐福中国为例[D]. 上海：上海交通大学，2006.

的价格调整自己的售价。降价成为一种司空见惯的现象，但要注意降价使用的频率。对于新品零售商往往制定较高的售价，然后为了促进销售或者招徕顾客，给商品进行大幅度的降价，这导致顾客总是等待降价并对初始价格持怀疑态度，直接影响零售企业的价格信誉度。同样因为成本和需求的剧烈变化，零售连锁企业需要大幅加价或降价的时候也要及时通知顾客，以维持良好的价格形象。

4.3.3 渠道营销策略

渠道营销策略是连锁企业营销策略的重要组成部分，直接影响其他的营销决策，对连锁企业成本控制和竞争力提升具有重要意义。

1. 营销渠道的作用

(1) 渠道一般是集结连锁企业的人、财、物合力建立的长期营销系统，是基于连锁企业成员之间密切配合的稳定组织，是连锁企业保持连锁企业竞争优势的重要力量。

(2) 有效的营销渠道管理能够减少连锁企业内部的运营与流程再造成本，共同摊销流通费用，为连锁企业节约产品流通费用。

(3) 多渠道经营，整合营销，共同实现销售目标，合作双赢，增加效益增长点。

2. 营销渠道策略的选择

(1) 长渠道或短渠道的营销策略。产品从生产者流向消费者的过程中，每经过一个对产品拥有所有权或负有销售责任的机构，称为一个"层次"。层次越多，分销渠道就越长。

(2) 单一渠道或多渠道的营销策略。生产者在一定的时间与空间条件下，只能选择一种分销渠道模式，则是单一渠道营销；两种及以上可供选择的模式，则是复合型的多渠道营销。

(3) 宽渠道或窄渠道的营销策略。分销渠道的宽窄度，取决于渠道每个层次中使用同种类型中间商的数目。

宽渠道推进商品转入流通领域，促进再生产；有利于中间商展开竞争，迅速实现商品的价值。但生产者与中间商之间的关系松散，与消费者之间无直接联系。

窄渠道中间商少，生产者可指导和支持中间商开展销售业务，有利于相互协作，产品上市后迅速取得信息反馈。但生产者灵活性不足，市场覆盖面狭小，不利于消费者选择。

(4) 直接渠道或间接渠道的营销策略。直接销售渠道，是指产品从生产者流向消费者的过程中不经过任何中间商，即由生产者将其产品直接销售给消费者或用户。虽然直接渠道分散了生产管理的精力，但生产商可以直面消费者，直观了解客户需求，便于及时调整生产计划。消费者可以直接询问生产商产品信息，熟悉产品性能，使用更便捷。

间接分销渠道，是指产品从生产者流向消费者的过程中经过若干中间商，即生产者通过若干中间商将其产品转卖给消费者或用户。间接分销渠道是两个层次以上的分销渠道，节约了生产连锁企业的销售费用，扩大流通范围，但流通环节增多，进而产品成本增加。

3. 连锁企业渠道营销策略

连锁企业渠道营销是一种纵向发展的体系，生产者和渠道商相结合，总部和分店各司其职,发挥业务作用。总部集中采购,形成规模效应,便于取得价格优势,增加竞争实力,总部还会在采购过程中及时调整,不断提高选购的准确性和科学性;各分店既能享受集中进货带来的低成本优势,还可集中力量从事销售业务,深入消费腹地的同时与消费者建立密切联系,及时掌握消费者动向与需求变化,及时调整销售策略,并为总部采购提供依据。对于连锁企业的渠道营销策略,有如下管控和落实措施。

(1) 提供稳定优质的产品。任何产品都有它的生命周期,都有着或多或少的缺陷,所以,连锁企业应尽可能地延长产品的生命周期,并为渠道提供稳定优质的产品。在充分了解客户需求后,及时改进产品的设计、外观、包装等,注重研发并不断推出质量合格的新产品,以迎合消费者"求新"的心理。

(2) 保持完好的价格体系。保持完好的价格体系,能够培养消费者的偏好和信任,为连锁企业培养忠实的消费群体,从而保证连锁渠道的正常经营和稳定。价格体系稳定是企业产品定位和价格策略稳定的体现,也是连锁企业管理战略的体现,为企业形象和品牌塑造打下坚实的基础。

(3) 培养优秀的销售团队。销售团队直面消费者的过程中,可以把公司的战略贯彻到连锁渠道中,也可以帮助渠道上的各个环节处理各种问题,为渠道的稳定和畅通起到决定性作用。优秀的销售团队应该是专业、敬业、稳定的。连锁企业通过培训或引进高素质人才来提高专业素养,并且在较长的磨合期和考察期中检验员工的敬业程度。团队的稳定性,则依靠企业文化和规章制度来实现。

(4) 建立完善的管理体制。连锁的本质,在于管理体制上的统一。采购、生产、营销、人力资源等要素,都应纳入连锁企业的管理体制来协调运作。完善的连锁企业管理体制应包括两方面的内容:一是连锁管理制度的制定,包括但不限于产品研发制度、营销扩张制度、门店管理制度、物流配送制度、人力资源管理制度等,这些制度的制定必须依据连锁企业的自身情况和行业特点。二是要执行好连锁管理制度。连锁经营的渠道就是一个联合体,管理体制是否完善关系到每一个业务流程能否顺利完成。

(5) 全渠道营销,创新商业模式。连锁企业不再局限于传统的渠道模式,利用线上和线下一切可产生销售的渠道,直接触达消费者,达成销售目的。利用特色产品吸引顾客,开展线下增值服务,扩大商圈价值。拓展线上获客渠道,构建顾客服务体系,增强客户黏度。

(6) 适应市场形势变化,随时处理渠道中出现的问题。连锁企业应根据市场形势的变化来不断调整经营策略,建立健全应急处理机制,从而避免出现管理滞后、产品老化、服务水平降低等问题,确保连锁企业的长期经营和长远利益。所谓"天时、地利、人和",连锁企业应因地制宜、因时制宜,在坚持核心原则的前提下,做出适合市场形势的调整和改变。

4.3.4 促销营销策略

促销营销策略是市场营销的基本策略之一。促销营销策略是指连锁企业通过人员推销、广告、公共关系和营业推广等方式,向消费群体传递产品信息,引起注意和兴趣,激发购买欲望和行为,以达到扩大销售、加深品牌形象的目的。连锁企业在适当地点、以适当的价格出售合适的产品,并通过人员推销或大众传播媒介,向目标市场传递信息。

1. 促销活动的确定

(1) 确定目标客户群体，选择线上或线下的模式，并在消费群体中进行调研与路演。

(2) 推广活动时间的设定，一般选择节假日，主题式活动的起止日期由总部统一安排。

(3) 根据企业实际情况和对市场的调研情况，确定营销推广的规模，测算推广费用。

(4) 做好前期准备工作，如方案策划、物料设计与制作、场所的确定、人员的调配和安排、商品库存数量的落实及销售额的预测等。促销方案必须具有可行性，且需全面考虑后期实施的具体情况，加强总部与分店之间、部门与部门之间的沟通和协调，监督检查使活动顺利完成。

(5) 推广活动之后进行有效总结，把握好经济效益和社会效益的平衡，推动促销活动制度化，便于落实、监督和管理。

2. 促销方式

(1) 会员制业务，包括以下两个方面。

① 顾客方面：可能带来低价优惠、礼品赠送等利益，根据会员信息可享受个性化与定制化的产品与服务。

② 企业方面：建立长期稳定的顾客管理，培养忠诚客户，给企业带来稳定持续的收入。会员的变动情况可为企业提供消费者的一手信息，便于连锁企业进行消费分析。

(2) 活动策划促销，包括以下活动。

① 演出类活动。可以吸引客户，活跃气氛，增加收益。

② 创意节目活动。结合产品或服务，利用现有资源或技术，开展企业策划和推广。

③ 娱乐类活动。增加顾客兴趣，招徕客户参与，增加客源，塑造品牌形象。

(3) 奖励活动。刺激顾客消费欲望，增加经营效益，树立和强化品牌形象，提升销售量。较为常见的有抽奖和竞赛推广两种形式，如征求连锁企业广告语或标志等，推动顾客参与，促进对产品与企业的认知和兴趣。

(4) 折扣活动。让利给消费者，招徕顾客。有限时折扣推广、累积价格折扣、批量作价优惠、特价、优惠券等分类活动，吸引顾客的同时，还可以促进产品的宣传，抵制竞争品牌，提高顾客品牌忠诚度。

(5) 赠送活动。扩大认知，提高市场知名度。吸引顾客消费，维持市场份额，扩大品牌影响。此类活动主要有免费样品赠送、免费礼品赠送等方式。

(6) 服务促销。服务活动的推广在企业营销策略中的作用越来越突出，服务促销有助于提高企业形象和美誉度，赢得客户的好感，进而促进销售。服务促销主要有售前服务、订购服务、送货服务、维修服务等。

(7) 现场制作。现场制作促销方式以其独特的技巧性、示范性、教学性可以吸引消费者驻足，同时营造气氛，激发购买欲。

(8) 展销推广。企业邀请多家同类厂家共同举办商品展销会，形成一定规模，让消费者有更多的选择机会，通过竞争促进销售，扩大消费者对商品乃至行业的认知水平。

(9) 广告促销。这是现代连锁企业最常用的促销手段之一，运用广告手段向消费者、厂商及社会机构提供各种商品和服务的信息，传播企业形象，扩大知名度，提高销售额。开展广告促销主要有以下几个步骤。

① 目标市场的定位。目标市场的划分依据可以为性别、年龄、收入、职业、地域等。

② 对目标消费者购买动机的把握。消费者购买动机按其特点不同可分为感情动机、理智动机和惠顾动机，把握住消费者的需求欲望，才能使广告促销有的放矢。

③ 确定广告目标。广告按其目的可分为通知、说服、提醒三种形式。通过广告宣传，提醒顾客关注商品和服务有关信息。

④ 广告预算及信息决策。对广告预算的把握有利于财务控制和管理，信息决策保证广告促销的有效性。

⑤ 广告效果的评价。通过调查评估广告的传播效果、品牌知名度提升和产品销量提升，以便后续调整。

本 章 小 结

本章主要介绍了连锁企业的营销管理，具体包括以下几个方面：

连锁企业营销管理的意义、问题与优化策略，连锁企业市场细分策略，连锁企业市场定位，连锁企业市场营销策略的内容、实施步骤与方法。

思 考 题

一、简答题

(1) 连锁企业营销管理应注意哪些问题？

(2) 连锁企业目标市场细分与定位的方法与步骤有哪些？

(3) 连锁企业如何选择与实施营销策略？

(4) 谈谈生活中的连锁企业有哪些营销举措让你印象深刻。

二、案例分析

※ 苏宁：改名背后的业务转型 ※

苏宁电器是我国商界的知名品牌，2013年2月20日，苏宁电器正式改名为苏宁云商，新模式、新组织、新形象成为苏宁最大的变革，以"专衍、云融、开放、引领"为发展主题，标志着苏宁革命性"云商"零售模式全面落地。业务转型，打造虚实融合云商新模式；组织变革，创新管理跨越发展新苏宁，引领全球零售变革。

一、什么是苏宁云商模式？

1. 苏宁云商模式的本质

线上线下无缝融合，创造消费全新体验；融合实体与虚拟，开放前端与后台；拓展全品类经营，创新全客群服务；不论何时，不论何地，借助苏宁云商模式，人人可以享受线上线下融为一体、自由、舒适的购物新体验，享受零售新时代。

2. 苏宁云商的基本内涵

苏宁云商模式可概括为"店商+电商+零售服务商"，它的核心是以云技术为基础，整合前台后台、融合线上线下、服务全产业、服务全客群。云商模式不仅是苏宁跨越发展的新方向，也必将成为中国零售行业转型发展的新趋势。

放眼互联网时代的全球零售业，近年来正面临深刻变化：需求个性化、商品多样化；时间碎片化、服务智慧化；空间扁平化、渠道复合化。中国作为全球增速最快和未来世界最大的零售市场，苏宁云商模式具有全球行业示范效应，将引领世界零售业的模式创新。

全力打造连锁店面和电子商务两大开放平台，线上线下虚实融合，全品类拓展，全面转型云商新模式，以云技术为支撑，以开放平台为架构，全面整合各类实体产品、内容产品和服务产品，服务供应商（生产商、批发商和零售商），服务消费者（个人、家庭、企事业组织），与平台合作伙伴紧密合作。

苏宁新的组织架构将更有效地整合内外部各种资源，最大化调动和发掘各业务单元的经营主动性、积极性，构建"虚实平台融合、全品类拓展的新型零售生态系统"，助推苏宁云商模式的价值实现。

连锁店面平台+电子商务平台，多样化的平台类型，多样化的消费渠道，实现客群全面覆盖，创造便捷高效的购物体验。丰富多样的产品组合，为消费者提供衣、食、住、享、用的一站式服务，为开放平台商户提供供应链全流程的专业服务。

3. 开放共享，扁平自主

苏宁云商业务模式的转型固化，最终要落实到组织架构、运行流程和人员配置。围绕云商模式，苏宁对组织架构进行全面系统变革。专业、垂直、开放、融合、扁平、自主是此次苏宁组织调整的关键词，最大的变化是从原有的矩阵式组织转变为事业群组织。

4. 苏宁连锁平台经营总部整体组织体系

连锁店平台经营总部负责苏宁所有线下实体店面平台经营管理；平台类型有旗舰店、超级店、生活广场、广场；苏宁和乐购仕双品牌运作。电子商务经营总部负责电子商务平台各项业务的经营管理；业务类型有实体商品经营、生活服务、云服务、金融服务。物流事业部纳入电子商务经营总部管理，以便有效支持小件商品全国快递服务。商品经营总部负责各类商品的经营管理；商品分类有电器、百货、日用品、图书、综合服务。线上线下采销全面整合，统一管理。

5. 信息体系：技术平台，业务模式创新

信息要以技术驱动业务模式创新，以业务模式创新获得企业跨越式发展。在苏宁战略的指引下，从组织优化、技术架构升级、产品研发策略等方面制订明确的计划，并有力地进行推进。积极配合实现苏宁虚实结合的商业模式落地，以及苏宁易购的行业地位奠定；在移动互联网、云计算、金融等领域大胆创新、积极探索，成功打开全新的局面。信息团队必须以

行业领先者的标准来全面建设信息体系。此外，云商模式还包括苏宁连锁店面平台建设、苏宁电子商务平台建设、"实体产品+内容产品+服务产品"等。

二、苏宁云商模式的深层次变革

苏宁云商模式分为 ABC、B2B、B2C、C2C、B2M、M2C、B2A(即 B2G)、C2A(即 C2G)、O2O、C2B、B2B2C 等电子商务模式，全面涵盖目前电子商务的全部经营方式，并将创造更新的盈利模式，这是苏宁云商的强大生命力。苏宁云商模式提供网上交易和管理等全过程服务，具有广告宣传、咨询洽谈、网上订购、网上支付、电子账户、服务传递、意见征询、交易管理等各项功能，可以增强顾客的亲身体验，刺激新的消费需求，开展定制服务，为消费者量身定做最满意的商品。

1. 广告宣传

电子商务可凭借企业的 Web 服务器和客户的浏览，在 Internet 上发播各类商业信息。客户可借助网上的检索工具(Search)迅速地找到所需商品信息，而商家可利用网上主页(HomePage)和电子邮件(E-mail)在全球范围内作广告宣传。与以往的各类广告相比，网上的广告成本最为低廉，而给顾客的信息量却最为丰富精准。

2. 咨询洽谈

电子商务可借助非实时的电子邮件(E-mail)，新闻组(NewsGroup)和实时的讨论组(Chat)来了解市场和商品信息、洽谈交易事务，如有进一步的需求，还可用网上的白板会议(Whiteboard Conference)来交流即时的图形信息。网上的咨询和洽谈能超越人们面对面洽谈的限制，提供多种方便的异地交谈形式。

3. 网上订购

电子商务可借助 Web 中的邮件交互传送实现网上的订购。网上的订购通常都是在产品介绍的页面上提供十分友好的订购提示信息和订购交互格式框。当客户填完订购单后，通常系统会回复确认信息单来保证订购信息的收悉。订购信息也可采用加密的方式使客户和商家的商业信息不会泄漏。

4. 网上支付

客户和商家采用信用卡账号进行支付。在网上直接采用电子支付手段，可省略交易中很多人员的开销。网上支付需要更为可靠的信息传输安全性控制，以防止欺骗、窃听、冒用等非法行为。

5. 电子账户

网上的支付必需要有电子金融来支持，即银行或信用卡公司及保险公司等金融单位要为金融服务提供网上操作的服务。而电子账户管理是其基本的组成部分。信用卡号或银行账号都是电子账户的一种标志，而其可信度需配以必要技术措施来保证。如数字证书、数字签名、加密等手段的应用提供了电子账户操作的安全性。

6. 服务传递

对于已付了款的客户应将其订购的货物尽快地传递到手中。而有些货物在本地，有些货物在异地，电子邮件将能在网络中进行物流的调配。而最适合在网上直接传递的货物是信息产品，如软件、电子读物、信息服务等，它能直接从电子仓库中将货物发到用户端。

7. 意见征询

电子商务能十分方便地采用网页上的选择、填空等格式文件来收集用户对销售服务的反馈意见。企业的市场运营能形成一个封闭的回路。客户的反馈意见能够提高售后服务的水平，企业获得改进产品、发现市场的商业机会。

8. 交易管理

交易管理将涉及人、财、物多个方面，以及企业和企业、企业和客户与企业内部等各方面的协调和管理。因此，交易管理是涉及商务活动全过程的管理。电子商务的发展，将会提供一个良好的交易管理的网络环境，以及多种多样的应用服务系统，更好地保障电子商务获得更广泛的应用。

9. 苏宁云商模式进入智慧电子商务

在2011年，互联网信息碎片化以及云计算技术愈发成熟，主动互联网营销模式出现，i-Commerce(individual Commerce)顺势而出，电子商务摆脱传统销售模式生搬上互联网的现状，以主动、互动、用户关怀等多角度与用户进行深层次沟通。其中，以IZP科技苏宁提出的ICE最具有代表性。

10. 苏宁1700家实体店的融合

苏宁云商模式将电子商务优势与实体店内在的、无缝的、本质的融合，打造虚实融合的新商业模式。23年来苏宁最大的优势就是在全球拥有1700家实体店，国内市场上牢牢站稳一级市场，正在全面渗透二三四级市场，我国香港市场和日本市场也呈现良好的发展势头。苏宁云商模式的诞生，不仅没有取消实体店，而是将1700家实体店全面融合电子商务之中，成为苏宁未来最强大的根基。这是目前其他电子商务企业根本不具备的天然优势。单纯的网络销售已经没有出路，单纯的实体店模式也没有出路，唯有将电子商务与实体店融合，形成新的商业模式，在大数据时代发挥新的功能。

案例来源：吴兴杰. 苏宁：改名背后的业务转型[J]. 企业管理，2013(5):99-101.

【案例思考题】

(1) 根据案例，请简要概述苏宁云商的模式。
(2) 苏宁云商是如何确定目标市场与定位的？
(3) 结合资料，请谈谈苏宁云商的营销策略。
(4) 你认为苏宁云商有何创新，对你有何启示？

第 5 章

连锁企业商品采购与管理

连锁经营形式已从零售领域向批发、生产、服务等多个领域迅速扩张。在连锁企业竞争日益激烈的情况下,对采购成本和采购效率的要求越来越高,对采购管理与商品管理的业务流程越来越细化,对采购人才的需求更是企业未来竞争的重要影响因素。

学习目标
- 掌握商品采购的定义
- 了解商品采购的制度、方式以及商品采购中应注意的问题
- 熟悉连锁企业商品采购的组织管理
- 熟悉连锁企业商品采购的业务流程管理,并能简述新品引进的业务流程
- 熟悉连锁企业商品管理的相关内容
- 了解商品采购与管理的相关表格(见附录 B)

5.1 连锁企业商品采购概述

商品采购是物流管理的起点,是营销活动的起点和基础。由于连锁企业实行的是统一的标准化经营管理体制,所有连锁分店经营的商品都要由商品采购部门集中采购与配送,因此采购环节显得尤为重要。商品采购的良好运作,将给连锁企业带来较好的效益。

5.1.1 商品采购的定义

一般认为,商品采购是指单位或个人基于生产、销售、消费等目的,购买商品或劳务的交易行为。根据人们取得商品的方式途径不同,商品采购可以从狭义和广义两方面来理解。狭义的商品采购,就是企业根据需求提出采购计划、审核计划、选好供应商,经过商务谈判确定价格、交货及相关条件,最终签订合同并按要求收货付款的全过程。这种以货币换取物品的方式就是"购买",可以说是最普通的采购途径。不论是个人还是企业,十之八九都是以"购买"的方式来满足消费或者生产的需求。广义的商品采购是指除了以购买的方式获取物品之外,还可以通过下列途径取得物品的使用权,如租赁、借贷、交换等,以达到满足需

求的目的。简言之，商品采购是指企业为实现其销售目标，在充分了解市场需求的情况下，根据企业的经营能力，运用适当的采购策略和方法，通过等价交换，取得适销对路的商品的经济活动过程。它包括两方面的内容，一方面采购人员必须主动对用户需求做出反应，另一方面还要保持与供应商之间的互利关系。

对于连锁经营而言，我们所讲的商品采购主要是以购买方式为主的采购活动。

5.1.2 连锁企业的商品采购制度

1. 商品采购制度概述

一般来说，连锁企业商品采购制度主要有两种类型：统一采购(又称集中采购)和分散采购。统一采购是指连锁企业设专门的采购机构和专职采购人员统一负责企业所有商品的采购工作，连锁企业所属各门店只负责销售；分散采购是指由连锁企业各门店在核定的商品资金定额范围内，直接向供应商采购商品。

2. 采购制度的主要优缺点

(1) 统一采购所对应的大批量采购有利于降低进货价格。统一采购是实施规模化经营的基本保证。连锁企业由于实行统一采购制度，大批量进货，能充分享有采购商品数量折扣(包括一次性数量折扣和累计数量折扣)的价格优惠，保证企业在价格竞争中的优势地位，同时也较好地满足和适应消费者同质求廉的需求。

在此需要特别指出的是：统一采购和大批量进货是两个既有区别又有联系的概念。集中采购与分散采购是根据采购的组织形式来划分的，其核心是采购权的集中与分散。虽然集中采购通常采取大批量进货方式，但即使采购少量商品，只要决定权是由企业采购部门统一做出，就应视为集中采购；相反，即使一次采购大批量商品，只要决定权是由门店做出，就应视为分散采购。集中采购和分散采购反映的是现代商业和传统商业在组织化程度高低上的一种本质区别。

(2) 统一采购所对应的统一配送有利于降低连锁系统的整体物流成本。大批量集中进货的实行，使连锁公司的直接进货费用(如采购人员差旅费、采购谈判的交易成本等)大幅度减少；同时，与统一采购相配套的统一配送制度的建立，有效地控制了连锁公司的库存费用和运输费用，大大降低了企业的物流总成本。

(3) 统一采购所对应的科学组织结构和规范业务流程有利于规范采购行为。在分散采购制度中，由于商品采购的决定权下放到各门店，对采购行为很难实施有效的约束。所以，个别采购员向供货商索取回扣等不规范行为屡禁不止；而在统一采购制中，由于建立和健全了较为完善的采购组织机构和制衡机制，企业的采购行为得以规范，为连锁公司与供应商的交易提供了良好的秩序和条件。

(4) 统一采购所对应的购销分离制度有利于门店集中时间和精力做好门店销售工作。在分散采购制度中，由于购销合一，采购与销售职责全部在门店，所以门店店长要花大量的时间联系供应商和洽谈采购业务，难以集中精力投入商品销售工作，严重影响了公司的销售效率；而在统一采购中，由于购销分离，门店无须承担商品采购职责，所以店长可将绝大部分时间和精力投入销售工作，可大大提高门店销售工作的效率。

需要指出的是，统一采购制度并非是完美无缺的。由于购销分离体制难以明确界定公司整体销售业绩的职权范围，所以容易引发总部采购人员与门店销售人员的矛盾冲突；同时，统一采购制度所对应的统一商品政策(统一商品结构、统一价格策略、统一促销策略、统一商品陈列等)很难适应不同商圈的消费需求差异。

5.1.3 连锁企业商品采购的方式

在商品采购制度的安排下，通常连锁企业的商品采购有以下 5 种采购方式。

(1) 总部统一集中采购。
(2) 总部采购大部分商品，分店采购少部分商品。
(3) 总部采购少部分商品，分店采购大部分商品。
(4) 自己贴牌生产(Original Equipment Manufacture，OEM)和外购相结合。
(5) 完全销售自己生产的商品。

通常情况下，第一种采购方式较常见，即商品的采购由总部来完成。因为连锁企业为实现规模效应一般采用集中统一的采购方式，并且这种方式实现了采购和销售职能的分离，而专业化的分工有利于提高经营效率；从厂商大批量进货，使总部具备讨价还价的实力，从而能获得价格优势。但是，有时为了增强企业适应市场的灵活性，总部给予分店一定程度的商品采购权，这种情况在特许连锁体系和自愿连锁体系中体现得更为明显。第三种采购方式不利于连锁经营这种商业模式优势的发挥，但没有核心竞争力的企业不得不采取这种方式。第四种采购方式多为有实力的连锁企业集团采用，便于树立自己的品牌。第五种采购方式多为生产厂商自己开展连锁经营的商店采用。

5.1.4 连锁企业商品采购应注意的问题

连锁企业在运用外购方式时，需要特别注意以下几个方面的问题。

1. 总部与分店之间采购权限的划分

在连锁经营活动中，总部与分店采购权限的划分是一个容易产生矛盾的问题。其划分的基本原则应该是：使加盟者成为拥有一定权力的老板，而且总部也能使企业销售产品达成一致性。所以，总部必须负责以下事项。

(1) 制订连锁企业整体营运的商品计划。
(2) 开发全国性商品。即开发适合每一个连锁店销售的产品或适合80%以上连锁店销售的商品。
(3) 商品进价的协商与洽谈。由总部统一与供货商谈判，以量议价，可促使进价降至最低。
(4) 价格策略的运用与制定。即总部制定一个统一的售价，让全国每个分店都能够接受，但各分店可根据区域的差异或竞争力的原则做适度的调整。
(5) 商品分类，设定编号。一般商品先做一个明确的分类和编号，以利于商品管理。
(6) 货源厂商的开发与掌握。就分店而言，重点在于单店的经营，所以货源厂商的开发与掌握由总部来执行为宜。

(7) 商品淘汰规划与执行。有些商品在分析与规划上，不只是一家分店，而是全局性的，所以必须考虑整体的效益及单店的差异。因此，在规划与分析上必须由总部来执行，以保持连锁企业内部的一致性。

(8) 商品调拨与处理。对于部分门店因不可控原因造成的滞销商品，可由总部直接指挥调整至其他相对畅销的门店进行分化销售。这样做既可以降低库存成本，又可以提高商品周转率。

(9) 对厂商的管理事项。对积极配合的厂商可给予奖励，这应该由总部来落实执行。

2. 分店与总部要密切配合

在商品采购上，分店应与总部相配合。以下4种商品分店一定要从总部采购：总部拥有商标权的商品；总部拥有专利的商品；独特性强的商品；总部自行进口的商品。分店只要专心经营即可，不需要自己去提货和送货，总部可以把商品配送过来。这样也就要求总部的进价绝不可高于邻近零售店商品的进价，而必须以低于或等于周围零售店的进价进行采购。

另外，对于部分因采购数量较少，供应商不愿配送且又是门店必备的关联性商品，总部应放权给分店，在保证商品质量的前提下由分店自行灵活采购。有些加盟系统中，总部对加盟店尤其是自愿加盟店的商品采购给予了较大的弹性空间，允许加盟店自行采购其他厂商的商品进行销售，但必须严格遵守契约中对于采购和销售产品范围的规定，切不可自作主张，违反契约规定，自行采购总部明文禁止的商品。

3. 重视商品的采购谈判

采购谈判是商品采购的关键环节。商品采购谈判的核心是议价，即企业的采购员与供货商就商品价格及交易条件直接进行谈判，这主要是围绕价格问题进行的。对于连锁企业来讲，总希望以最低的折扣价获得高流转率的商品，并争取延迟付款。商品的采购如要达到这一目的需要做到以下几点。

(1) 谈判前要做好充分的准备。这主要包括以下三个方面的内容：首先，对供应商的资质进行详细调查，弄清是全国性的、地方性的还是区域性的；其次，设定两个以上的谈判目标，一个是理想目标即单赢，另一个是合理目标即双赢；最后，要准备齐全各种相关资料，如市场调查报告和有效证件等。

(2) 谈判中要做到有礼有节，不卑不亢，策略灵活。谈判最重要的就是要讲礼貌，从各方面尊重对方，态度诚恳积极，言行自信优雅，在此基础上通过提问从对方回答中获得有用的信息，引导对方按照谈判目标和流程进行，主动掌握谈判的进程。但是仅做到这些还不够，在谈判过程中，还应该保持合作意识，我们所倡导的是以诚信为理念，追求的是双赢效果，所以要更加妥善地处理异议。当供货商提出的条件过分苛刻时，可以据理力争，要善于说"不"，并做出谈判破裂的暗示。

(3) 谈判后要追踪效果。商品采购谈判结束，并不是商品采购的终结，一名合格的采购员还要追踪因商品采购所延伸的一些工作，如进行谈判后的效果追踪，主要考察以下6个方面：第一，商品是否满足消费者的需求，顾客的满意度如何；第二，商品采购总量、商品结构、批量是否合适；第三，商品质量是否可以保持稳定，能否满足顾客的需求；第四，商品货源是否来自制造商；第五，售后服务是否良好、可靠，对客户反馈的问题是否能够迅速给予解决，后续跟踪与赔付是否简便易行；第六，交货是否及时，供货量是否有弹性，能否保证供货时间内的正常销售。

5.2 连锁企业商品采购的组织管理

连锁企业根据自身的发展情况和行业特性，制定不同的采购制度、组织形式和业务流程。连锁企业需要和采购人员沟通，培训采购业务的流程。此外，连锁企业还需要和供应商等相关群体达成采购业务方面的共识和协议。

5.2.1 连锁企业商品采购的组织形式

根据不同的采购制度，结合连锁企业的发展阶段，需要与之相对应的采购组织形式。

1. 分权式采购

分权式采购属于连销式经营。这种经营形态虽属连锁店方式，但采购业务仍授权给各分店自行负责。分权式采购方式的优缺点如表 5-1 所示。

表 5-1 分权式采购方式的优缺点

优点	缺点
● 这种组织常见于连锁店刚形成时，将采购权委派给各店自行负责，可精简人力 ● 采购具有相当弹性，较具市场攻击力 ● 价格由分店自定，机动性佳，有较大的经营主导权 ● 较能符合消费者的需求	● 较难发挥大量采购以量制价的功能 ● 利益很难控制 ● 易生弊端 ● 无法塑造连锁店统一的企业形象

2. 集权式采购

(1) 本部采购。这种采购方式是把采购权集中在本部，并设立专职采购部门来负责，采购权限不下放，品项的导入、淘汰、价格制定、促销活动的规划等，完全由本部控制，卖场只负责陈列、库存管理及销售的工作，对商品采购无决定权，但有建议权。本部采购方式的优缺点如表 5-2 所示。

表 5-2 本部采购方式的优缺点

优点	缺点
● 单店不负责采购，可专心致力于营业 ● 可发挥集中议价功能 ● 价格形象一致 ● 利益控制较佳 ● 活动易于规划 ● 易掌握货源	● 弹性低、消费者需求较难满足 ● 营业人员与采购人员易对立

(2) 采购委员会。组织较大的连锁超市通常都成立采购委员会，裁决商品采购事宜。采购委员会的成员则从各超市中选出，目的是综合各超市的意见来决策采购问题。理论上这种组织能比较客观地采购，但是当组织成员过于复杂、存在意见分歧时，往往会延迟采购时效。一般来说，品项变动与更替较小的连锁店较适合采用这种方式。采购委员会采购方式的优缺点如表 5-3 所示。

表 5-3 采购委员会采购方式的优缺点

优点	缺点
● 连锁庞大，可避免导入浮滥商品，减低库存 ● 采购能较公正，非优良品不易被导入 ● 可以求得较优惠的进价 ● 采购的商品结合各单位意见，较能同心协力 ● 属计划性采购	● 意见易分歧，担任委员应避免私人请托 ● 无机动性 ● 采购耗时

(3) 联合采购(集团式采购或委托采购)。联合采购如果想达到较好的效果，就要集合相同业态集中采购，不同业态想要联合采购则比较困难。因为不同业态之间的商品结构差异很大，若硬把采购业务集中在一起处理，只会使情形变得更复杂。比较可行的方式是把一些畅销品项集中起来采购。联合采购方式的优缺点如表 5-4 所示。

表 5-4 联合采购方式的优缺点

优点	缺点
● 声势浩大，采购量大、进货条件优越 ● 人手充足，市场资料搜集充分 ● 集团内销公司可享受较大的折扣利益	● 组织复杂，运作协调较困难 ● 采购线拉长，效率较差 ● 卖场的意见不被重视

5.2.2 连锁企业商品采购的组织管理规定

采购组织需要明确采购业务的具体流程，不同的连锁企业结合行业特性和自身优势，可制订相应的采购流程。同时，需要对采购人员、供应商等在采购流程方面做出规定。

1. 对采购人员行动的规定

(1) 个人品德的要求。采购人员的个人品德相当受重视，所以必须要求采购人员在执行采购任务时，把公司的利益放在第一位，不因个人私利而损害公司的利益。此外，还必须在采购守则中约束采购人员不得接受不正当利益。

(2) 行动方面的要求。采购人员的任务相当艰巨，事情也繁多，并非只是单纯地在公司议价，有时还必须到各分店去指导销售及观察商品的销售情形，有时也必须到竞争店去查看竞争者的商品状况，更要亲自到供应商处接洽业务。所以，采购人员的行动必须每周要有一个行动计划，并且将计划呈交主管，让主管能随时知道采购人员的行踪。

2. 对供应商的规定

(1) 配送问题的规定。连锁企业的供货要想保持充分供应，就必须依赖供应商配送商品准时。因此，在配送的方式及配送的时间、地点、配送次数等方面，通常在采购时就要和供应商签订下协定，清楚规定供应商若违反协定必须承担的责任。

(2) 缺货问题的规定。如果出现缺货现象，必然会影响销售业绩。因此，对于供应商的供货应该制定一个比例，规定供应商缺货时应负的责任，以约束供应商能准时供货。

(3) 商品品质的规定。在进行商品采购时，采购人员应了解商品的成分及品质等是否符合政府卫生机构或商品质量标准等规定，但往往采购人员的能力并不足以判断上万种品项商品的各种成分，因此在采购时，必须要求供应商提供相关职能检测部门出具的产品检测合格报告，或者提供政府核发的产品合格书等证明，以确保商品在运营销售环节不会出现问题。

(4) 价格变动的规定。供应商的供货价格最好能维持固定不变，如果因成本浮动、供给变少或工资上涨等因素，价格的变动自然在所难免，但仍须规范供应商在调整价格时有一定程序。例如，规定供应商的价格调整，要在调整生效前三个星期通知对方为有效，或规定调价时给予一定的调整期限，或配合整体通路同时调价等。

(5) 付款的规定。采购货款的结算日期、支付方式、相关事项等须与供应商沟通、确定。

3. 供应商选择的规定

(1) 货源问题。应选择能长期稳定供货的供应商，有些供应商会因想争取供货机会而在短期内杀价，但货源又不稳定，这种情形断不可冒险采用。供货稳定的供应商应列为第一优先采用的对象。

(2) 质量问题。在货源同等时，优先选择近期出产的产品。比如同样的饼干，有可能一家供应出厂不久的新鲜品，而另一家则供应临近保质期的商品，此时当然要选前者。

(3) 价格问题。上述两项条件都没问题时，再来比较价格，采用价格较便宜者。

(4) 其他问题。如是否能退货、付款条件、促销配合、送货速度等也是比较与取舍的条件。

4. 采购进货上的规定

(1) 订货权限的规定。连锁企业的订货工作是周而复始、循环不断的，相当烦琐。但进货权限要有明确的规定，超过多少金额要由谁来核准，这点相当重要。如果想降低店内的库存，尽快完成货品销售，进货数量的选择就十分重要，订货权限的订立可以避免进货的浮滥。

(2) 商品报废的规定。采购进货后，不论是何种产品，都可能会出现残次品。其中有的可以退还给供应商，有的却无法退回给供应商，采购商需按照流程规范处理这些废弃商品。

(3) 退货规定。连锁企业最头痛的问题便是退货，供应商送货很快，但退货却不积极；但若不退货，企业的利益就会受损，因此必须制定退货的规定。比如，制定各门店统一退货日，与供应商提前规定退货流程与周期等。

5.3 连锁企业商品采购的业务流程管理

规范化、标准化管理是连锁经营管理的一项基本特征，采购业务流程的规范化与程序化是连锁企业采购系统高效运作的基本保证。连锁企业商品采购的业务流程不能孤立地管理，应综合考虑企业内部业务部门管控、外部采购谈判与合同管理、供应商管理等多个方面。

5.3.1 连锁企业商品采购的业务流程

1. 商品采购的业务流程概述

采购管理流程有广义和狭义之分。广义的采购包括收集信息、询价、比价、议价、评估、索样、决定、请购、订购、协调与沟通、催交、进货验收、整理付款等流程，是围绕企业目标和规划，利用企业资源获取与生产或销售相关的产品或服务的经营活动。一个完整的广义采购流程应包含以下六个步骤：企业采购策略制定，企业内外相关信息策略制定，企业各部门制订采购计划，采购计划修正，采购计划执行，结果评估与分析。

狭义的采购业务流程是指采购计划的具体执行程序，即连锁公司与供应商开展交易活动以及公司内部进行采购作业活动的规范程序。每一程序包括采购业务中连锁公司与供应商双方的权利与义务以及公司内部采购作业活动的操作规程。

从内容上看，狭义的采购业务流程主要包括新品引进流程、续单流程、付款控制流程和滞销品淘汰流程等。这里仅简要介绍新品引进流程典型模式。

2. 新品引进的业务流程

新商品引进是连锁公司经营活力的重要体现，是保持和强化公司经营特色的重要手段，是公司创造和引导消费需求的重要保证，是公司商品采购管理的重要内容。

市场营销观念认为，产品是一个整体概念，包括3个层次：一是"核心产品"，即顾客所追求的基本效用和利益；二是实体产品，如品质、款式、品牌、包装等；三是附加产品，如售后的运送、安装、维修保证等服务。只要是产品整体概念中任何一部分的创新、变革与调整，都可称为新产品。不仅新发明创造的产品是新产品，像改进型产品、新品牌产品、新包装产品都可称为新产品。

(1) 新产品引进流程(如图5-1所示)。新产品的成功引进，对内可以扩大利益增长点，增加员工新鲜感和积极性，对外可以优化巩固渠道，提升综合竞争力。反之，如果新产品引进不当，可能会造成库存积压、渠道阻塞、客户抱怨等，增加经营

图 5-1 新产品引进流程图

风险。

(2) 新产品引进的控制。新商品引进的控制管理关键是建立一系列事前、事中和事后的控制标准。

事前控制标准：如连锁公司采购业务人员应在对新引进商品的市场销售前景进行分析与预测的基础上，确定该新引进商品能给公司带来的既定利益，这一既定利益可参照目前公司从经营同类畅销商品所获得利益或新品替代淘汰商品所获得的利益，如规定新引进商品在进场试销的三个月内，销售额至少不低于替代淘汰商品销售额，方可列入采购计划的商品目录之中。

事中控制标准：如在与供应商进行某种新商品采购业务的谈判过程中，要求供应商提供该商品详细、准确、真实的信息，提供该商品进入连锁超市销售系统后的促销配合计划。

事后控制标准：如负责该新商品引进的采购业务人员，应根据新商品在引入卖场试销期间的实际销售业绩(如销售额、毛利率、价格竞争力、配送服务水平、送货保证、促销配合等)对其进行评估，评估结果优良的新商品可正式进入销售系统，否则中断试销，不予引进。

(3) 自有品牌的开发。自有品牌(Private Brands)又称商家品牌，是指由零售商自己拥有并在自家商店内使用的品牌。自有品牌的开发对连锁企业有着重要的意义。

① 有利于连锁公司同时掌握产品制造与销售两个市场的主动权，增强零售商在流通中的主导和控制作用。连锁公司自有品牌的开发经营，是由公司依据顾客需求信息，提出商品的设计、品质要求，以企业名称(或其他名称)作为商品品牌，选择合适的制造商定牌生产，因而它更贴近消费者需求。连锁超市公司自有品牌具有品种选择上的优势，其开发经营是零售对工业企业如何更贴近市场的一种"设计"与导向，体现的是流通的主导作用。

② 有利于连锁公司自身管理和控制，保持相对稳定的产品价格。由于自有品牌商品是公司直接向生产厂家定牌生产，减少了诸多中间环节，交易费用与流通成本大大降低；同时，由于自有品牌商品全部在自家连锁店销售，无须像一般供应商进入连锁销售系统时要支付巨额通道费。所以，自有品牌商品价格通常比同类商品价格低30%。

③ 有利于增加利润。在自有品牌开发、经营过程中，公司除了获得正常的销售利润之外，还会获得部分制造利润。

④ 在自有品牌商品低价格、高品质的保证下，有利于连锁公司知名度和顾客信任度的提高，有利于公司扩大经营规模和增强自身实力，有利于公司增强抵抗经营风险的能力。

正是因为开发自有品牌对连锁企业有着重要的意义，所以在对自有品牌的开发和选择要慎之又慎。

自有品牌是零售商自己拥有并在自家商店内使用的品牌，它是企业的无形资产。零售商并不自己生产商品，但最终要通过其载体——商品，实现其品牌价值。尽管零售商的自有品牌可用于众多制造商的各种定牌商品，但在实践中，连锁企业根据其开发的目标，对自有品牌的载体商品的选择，主要集中在以下3个商品群：一是目前公司经营中周转率和购买频率较高的商品的替代群体；二是竞争激烈，成长空间较高的商品群；三是普通供应商与配送中心无法生产加工的商品群(如部分生鲜食品的加工包装)。

5.3.2 连锁企业商品采购谈判与采购合同

1. 供应商准入制度

连锁企业是一个庞大的销售网络系统，是众多供应商理想的销售渠道，但企业受卖场面积和经营品种的限制，必须对希望进入连锁系统的众多供应商进行选择。设立供应商准入制度，目的是从一开始就筛选和淘汰不合格的供应商，节约谈判时间。供应商准入制度一般由采购业务部制订、采购委员会审核、总经理签发后实施。供应商准入制度的核心是对供应商资格的要求，包括供应商的资金实力、技术条件、资信状况、生产能力等。这些条件是供应商供货能力的基础，也是将来履行供货合同的前提保证。这些基本的背景资料要求供应商提供，并通过银行、咨询公司等中介机构加以核实。在供应商资格达到基本要求后，公司采购人员应向供应商提出企业对供货的具体要求，初步询问供应商是否能够接受。若对方能够接受，方可准入，并且将这些要点作为双方进一步谈判的基础。

2. 采购业务谈判

(1) 采购业务谈判的 3 项制约文件。连锁公司采购业务员与供应商进行谈判的依据是连锁公司制订的商品采购计划、商品促销计划以及供应商文件。

① 商品采购计划。该计划包括商品大类、中分类、小分类等各类别的总量目标，以及比例结构(如销售额及其比重、毛利额及其比重)、周转率、各类商品的进货标准等。

② 商品促销计划。该计划包括参加促销活动的厂商及商品，商品促销的时间安排，促销期间的商品价格优惠幅度、广告费用负担、附赠品等细节内容。

③ 供应商文件。商品采购计划与促销计划是连锁公司采购业务部制订的两项总体性计划，是企业内部的管理程序文件，对采购与促销过程中的通用流程进行条款规定，并不是专门为了某一供应商制订的。采购人员与供应商进行业务谈判还必须依据总部制订的供应商文件来进行，其内容包括：供应商名单(公司名称、地址、开户银行账号、电话等)，供货条件(品质、包装、交货期、价格及折扣等)，订货条件(订购量、配送频率、卖场布局与陈列等)，付款条件(进货审核、付款、退货抵款等)，凭证流转程序(采购合同→订货单→供货编号→形式发票→退货单→退货发票)等。供应商文件实际上是要求供应商在与连锁商的交易中按照连锁企业的运作规范来进行。

(2) 采购业务谈判的内容。上述 3 项文件尤其是供应商文件构成采购业务谈判内容的框架，也是采购合同的基本内容框架。具体的谈判内容主要包括：采购商品——质量、品种、规格、包装等；采购数量——采购总量、采购批量(单次采购的最高订量与最低订量)等；送货——交货时间、频率、交货地点，最高与最低送货量，保质期，验收方式等；退货——退货条件，退货时间、地点，退货方式，退货数量，费用分摊等；促销——促销保证、促销组织配合、促销费用承担等；价格及价格折扣优惠——新商品价格折扣、单次订货数量折扣、累计进货数量折扣、年底退佣、不退货折扣(买断折扣)、提前付款折扣等；付款条件——付款期限、付款方式等；售后服务保证——保换、保退、保修、安装等。

(3) 采购业务谈判的注意事项。首先，交易谈判的基本原则是双赢，既要使己方做出最少让步而获得最大收益，又要能解决对方异议，获得对方的认可并统一意见。其次，谈判前要做好充分准备，如明确己方的责任及可承担的极限，明确要达到的目的，分析对方的有利和不利条件，认清对方应承担的责任，了解对方的要求，了解对方谈判代表的背景(如教育程度、职位、权力、性格、喜好、年龄、资历、籍贯、语言、家庭状况、身体状况等)。最后，选择对己方有利的谈判地点、谈判环境和谈判时间。

3. 采购合同

采购合同是连锁公司和供应商在采购谈判达成一致的基础上，双方就交易条件、权利义务关系等内容签订的具有法律效力的契约文件，是双方执行采购业务活动的基本依据。上述谈判内容加上违约责任、合同变更与解除条件及其他合同必备内容即可形成采购合同。

5.3.3 连锁企业供应商管理

连锁公司一般都拥有多个供应商，而且由于商品淘汰更新，供应商的变动也比较频繁，这就需要对供应商进行统一的管理。其管理应着重做好以下几方面的工作。

(1) 对供应商进行分类与编号。分类的方法一般可按产品来划分，以便于管理。比较简便的编码方法是用4位数码，第一位为商品大类代码，后三位为供应商代码。若用更细的分类码，其原则也是一个供应商一个代码。

(2) 建立供应商档案。将每一个供应商基本资料归档，如公司名称、地址、电话、负责人、营业证号、注册资本金、营业资料等。

(3) 建立供应商商品台账。对每一个供应商供应的商品建立台账，包括商品代码、商品名称、规格、单位、进货量、销售额、进价、售价、供应商代码等。

(4) 统计分析销售状况。对每一供应商所提供的商品数量、销售金额按一定时期进行统计，列出各供应商销售额排行榜，作为采购谈判的重要依据。

(5) 对供应商进行评价。公司可按一定标准将供应商分为 A、B、C、D 四级，实施分类管理，如 A 级供应商可由采购主管亲自管理。供应商评价表如表 5-5 所示。

表 5-5 供应商评价表

项目	评价				得分
	A	B	C	D	
商品畅销程度	非常畅销 10	畅销 8	普通 6	滞销 2	
缺货率	2%以下 15	2%~5% 15	5%~10% 6	10%以上 2	
配送能力	准时 15	偶误 10	常误 5	极常误 2	
供应价格	比竞争店优惠 20	与竞争店相同 12	略差于竞争店 8	与竞争店差异大 2	
促销配合	配合极佳 15	配合佳 10	配合差 5	配合极差 2	

(续表)

项目	评价				得分
	A	B	C	D	
商品品质	品质佳	品质可以	品质差	时常出现坏品	
	10	8	6	2	
退货服务	准时	偶误	常误	极常误	
	10	8	6	2	
厂商经营能力	潜力极佳	潜力佳	普通	潜力小	
	10	8	6	2	

注：半年评价一次，一年两次平均得分。得分 70 分以上为 A，60～70 分为 B，50～60 分为 C，50 分以下为 D。A 级供应商年度适当表扬。

(6) 对采购合同的管理。连锁公司应事先制订一份规范的采购合同，同时制订包括合同签订、审核、记载、检查等内容的合同管理细则。

(7) 建立商品及服务检查制度。采购人员应定期抽查或从门店了解供应商所供商品的品质、销售状况、服务状况，及时向总部反映并与供应商及时沟通，有问题应要求供应商限时改进。

【案例 5-1】
沃尔玛的全球采购

5.4 连锁企业商品管理

连锁企业的资产中，商品是管理的重要对象。商品的高效管理与灵活周转可以有力增强销售活动的机动性。但过多的商品滞销与积压会使企业的仓储、管理、资金等成本上升，直接影响企业利润。对于连锁企业来说，分店愈多，商品管理愈为困难，也愈为重要。

5.4.1 商品定位与分类

1. 商品定位与商品组合

商品定位与业态有着密切的关系。由于业态是以经营商品重点的不同而划分的营业形态，所以业态决定商品定位，业态的不同实质上就是商品定位的不同。

商品组合首先必须明确商店定位和商品定位，其基本要求是与公司的经营定位和整体形象相一致，既能满足消费者的需求，又能为企业带来利润。在科学分类的基础上确定公司经营商品的结构，是商品经营业务的基础和导向。

商品定位与商品组合应坚持以下几个原则。

(1) 商品化原则。所谓商品化原则是指将生产制造商和供应商所提供的产品转化为经营商品的过程。商品化过程必须满足消费需求和商品销售要求。产品的商品化过程包括：对产品进行鲜度等技术性处理→依产品的重量大小等进行分类分级包装→给产品赋予品牌及价格→商品陈列并配合适当的促销手段。根据商品化原则，采购人员应负责从商品导入到商品销售全过程的计划与督导工作，并对销售业绩负责。

(2) 品种齐全原则。由于消费者日益强调购物的高效性，"一站式购物"观念逐渐深入人心，所以，连锁公司在确定商品组合时一定要尽可能地扩大经营品种，使顾客能一次性购齐所需物品，同时应关注政策动向及消费潮流，不断调整品种结构，导入新品。产品齐全不仅是数量问题，还必须考虑各种品牌及知名度、各种规格及各种品质的商品的相互配合问题。

(3) 重点产品原则。产品不断开发，品种不断增加，而门店的营业面积是有限的，所以对经营商品的品种必须优选，把畅销商品作为重点商品进行重点管理。通常把商品分为 A、B、C 三类，分别采取不同的管理方式，即通常所说的 ABC 分类管理法。其操作步骤是：首先，将各种商品按销售数量顺序排列，计算出各种商品的销售额比重和品种比重(单项比重和累计比重)。其次，划分类别。A 类商品销售额比重为 75%左右，品种比重为 5%；B 类商品销售额比重为 20%左右，品种比重为 20%左右；C 类商品销售额比重为 5%左右，品种比重为 75%左右。

(4) 商品群原则。商品群是门店经营商品的战略单位，做好商品群的策划工作能提升企业形象。商品群主要根据消费者的需求进行划分，并提出一些新的概念。在市场商品日益丰富的现代社会，消费者对商品的选择往往会无所适从，这就需要经营者给消费者以适当引导，如可针对礼品商品群提出"太太生日礼品""丈夫生日礼品""父母生日礼品""儿童节日礼品""情人节日礼品"等新概念，用新概念、新组合来带动商品销售。

(5) 利润导向原则。利润导向是指商品经营应考虑增加利润的途径，增加利润的途径主要有：第一，以零售价决定采购价，依据"顾客愿意付多少钱"进行采购；第二，适当减少品项，以减轻库存压力；第三，新品导入可适当收取进场费；第四，要求供应商将某些产品当作特价品；第五，尽可能以薄利多销原则来销售商品。

2. 商品分类

对品种繁多的商品进行分类，是连锁公司科学化、规范化管理的需要，它有利于将商品分类别进行采购、配送、销售、库存、核算，提高管理效率和经济效益。连锁公司可以在商品分类基础上，根据目标顾客的需要，选择并形成有特色的商品组合，体现自身的个性化经营特色，以求得连锁经营的成功。

商品分类可以根据不同的目的、按不同的分类标准来进行。如后面提到的商品群分类，就是按不同类别商品在卖场销售中的比重与作用来划分的，其目的是通过经营单位或经营区域的组合，促进卖场整体销售业绩。以超级市场实际商品管理为例，商品分类一般采用综合分类标准，将所有商品划分成大分类、中分类、小分类和单品四个层次，目的是便于管理，提高管理效率。

(1) 大分类。大分类是超级市场最粗线条的分类。大分类的主要标准是商品特征，如畜产、水产、蔬菜、水果、加工食品、一般食品、日用杂货、日用百货、家用电器等。

(2) 中分类。中分类是大分类中细分出来的类别，其分类标准主要有以下几种。

① 按商品功能与用途划分。如日配品这个大分类下，可细分出牛奶、豆制品、冰品、冷冻食品等中分类。

② 按商品制造方法划分。如畜产品这个大分类下，可细分出猪肉、牛肉、鸡肉、熟肉制品等中分类。

③ 按商品产地方法划分。例如水果这个大分类下，可细分出国产水果与进口水果等中分类。

(3) 小分类。小分类是中分类中进一步细分出来的类别，其主要分类标准有以下几种。

① 按功能用途划分。如"畜产品"大分类、"猪肉"中分类下，可进一步细分出排骨、肉糜、里脊肉、蹄髈等小分类。

② 按规格包装划分。如"一般食品"大分类、"饮料"中分类下，可进一步细分出听装饮料、瓶装饮料、盒装饮料等小分类。

③ 按商品成分划分。如"日用百货"大分类、"鞋"中分类下，可进一步细分出皮鞋、人造革鞋、布鞋、塑料鞋等小分类。按商品口味划分，如 "饼干"中分类下，可进一步细分出甜味饼干、咸味饼干等中分类。

(4) 单品是指商品分类中不能进一步细分的、完整独立的商品品项。如上海申美饮料食品有限公司生产的"355毫升听装可口可乐""1.25升瓶装可口可乐""2升瓶装可口可乐""2升瓶装雪碧"，就属于4个不同单品。

【案例5-2】

电子商务的产品分类体系

需要说明的是，商品分类并没有统一、固定的标准，各公司可根据市场和自身的实际情况对商品进行分类，但商品分类应该以方便顾客购物、方便商品组合、体现商品特点为目的。

5.4.2 单品管理

单品管理是指以每一个商品品项为单位进行的管理，强调每一个单品的成本管理、销售业绩管理。单品管理是现代、高效的商品管理方法。

1. 单品管理的作用

单品管理是连锁公司商品现代化管理的核心，在连锁公司商品管理中发挥重要作用。

(1) 单品管理是商品群管理的基础。单品是连锁公司商品经营管理的最基本单位，各商品群是由一个个单品组合而成的商品集合体。所以，各商品群的管理(如主力商品的选择与保证、滞销商品的选择与淘汰)要是离开单品管理，是根本无法进行的。

(2) 单品管理是商品流通顺畅的保证。单品管理的强化使得每一种商品的采购、销售、库存环节有机结合，商品购销存的数量得以准确掌握与控制，为商流的顺畅提供了保证，也为商品的物流、资金流、信息流的有序运行创造了良好条件。

(3) 单品管理是公司获取稳定利润的手段。单品管理侧重于适当减少商品组合深度的品牌商品的管理，通过做大品牌商品，提高品牌商品的市场占有率，增强超市公司对品牌商品供应商的控制力，能获得稳定、丰厚的经营利润和通道利润。

在我国连锁公司经营管理实践中，有些公司仅将经销(买断)商品和由配送中心统一配送的商品进行单品管理，而未将部分代销商品和供应商直送门店的商品纳入单品管理系统，造成整体商品管理的混乱与低效，也使商品采购、货款支付过程中产生大量不规范行为，这种不规范的单品管理做法，企业应尽早改正完善。

2. 单品管理的技术支撑手段——POS 系统

现代连锁公司之所以能普遍实施单品管理，是由于有 POS 系统作为其技术支撑。POS(Point of Sales)系统是卖场销售时点系统，它能对卖场全部交易信息进行实时收集、加工处理、传递反馈，是连锁公司经营管理，尤其是单品管理的得力助手。POS 系统能够高效实时地收集、处理销售信息，如在收银时 POS 机将每一种商品销售的数量、金额等有关资料，实时送入 POS 系统数据库，经瞬时处理后，可适时提供每个时点、每个时段的销售资料，所以 POS 系统能完全实现商品的单品管理，可以对各种单品的进销存情况进行及时控制，大幅度提高单品管理的准确性和高效性。

3. 单品管理的基本要求

(1) 减少内部同类商品竞争，优化商品组合。如超市公司的经营宗旨是满足消费者对基本生活用品一次性购物的需要，所以，商品品种齐全是超市公司经营管理的基本要求。但是从单品管理的要求看，品种齐全强调的是不同用途、不同功能的商品种类应尽可能齐全，商品组合的广度要适当宽，综合化程度可适当高，以满足消费者多样化需求和一次性购物的需要；品种齐全不是强调同类商品中不同品牌、品种、规格的齐全，商品组合的深度不宜太深，专业化程度不宜太强，否则会造成以下困难：一是消费者面对货架上相同用途的众多不同品牌、规格的商品难以选择，增加消费者的购物时间；二是在经营品目总数和卖场空间一定的条件下，商品组合的深度大，组合的广度就相对小，有限卖场空间的效率发挥就受到影响；三是销售额在品牌上的分散，导致连锁公司缺乏对供应商的控制力。

(2) 利润向少数品种集中。主力商品管理的基本思路是强调销售额的集中，而单品管理的基本思路是强调突出品牌，增加利润。如果没有单品管理利润向少数品种集中的思想指导，主力商品管理即使实现了销售额向少数商品集中，也不一定能实现公司利润目标。

以单品管理为基础的主力商品管理，通过提高品牌商品的销量，提高零售企业对品牌商品供应商的控制能力，提高品牌商品的市场占有率，能共享供应商节省的促销费用、大批量采购的价格折扣和年终退佣，实现利润最大化。

(3) 降低管理成本。由于品目和供应商减少，连锁公司采购部采购谈判的差旅费等交易成本大幅度下降，运输费用、库存费用等物流成本大幅度降低，促销人员集中精力做好主力商品的销售促进工作，经营费用、管理费用有所降低。

5.4.3 滞销品淘汰管理

滞销品是连锁企业经营者的"毒瘤"，必须及早发现，及早去除，企业的经营才能健康运营。如滞销品占据了空间，新品无法导入，那么畅销品的陈列无法扩大。因此，要求商品运营商能对滞销品采取快速淘汰的运营方针。

1. 制定滞销品的基准

(1) 以销售最后的项数或百分比为淘汰基准。例如，以3个月销售排行榜资料为参考，以最后100个品项为淘汰的对象，或以排行榜最后的3%为淘汰基准，不过以这样的基准来作为淘汰的依据时要注意考虑：这种商品的存在是否为了使品项齐全，或是因为季节性的因素才滞销，如属这些因素产生的滞销便不可剔除。

(2) 以销售数量未达一个标准为淘汰基准。例如，连续3个月销售未达50箱的品项为滞销品项，企业考虑是否要淘汰。

(3) 以销售单位未达到一个数量标准为滞销品的基准。例如，以每月单品销售未达50个为淘汰的基准，这对于某些低单价的商品特别适用，有时一个单品售价才5元，卖了50个才250元，但所占面积却很大，所以对低单价商品的管理需特别注意，应综合考虑其单价、数量、成本、利润等，如综合未达标品项，企业便可考虑是否有继续销售的必要。

2. 滞销品淘汰程序

(1) 列出淘汰商品清单。确定要淘汰哪些项目，列出一张清单，并经主管确认。

(2) 确定淘汰日期。淘汰商品应该每个月集中处理。例如，规定每月15日为淘汰日，所有的或要进行淘汰的分店，在这一天将淘汰商品下架退货。

(3) 淘汰商品的数量统计。确定要淘汰的商品后，再清查各店所有淘汰商品库存数量及金额，以便处理及了解处理后所损失的毛利是多少，以计算整体利益。

(4) 查询有无货款可扣抵。查询被淘汰商品的供应商是否有剩余货款可抵扣，这点相当重要，必须和财务部门联系，确认后请财务部门进行会计手续处理，若无货款，则不可将商品全部退给供应商，否则先将商品退回给供应商，后期再向供应商追溯货款，可能会造成一定损失，而这种损失是可事先预防的。

(5) 决定处理方式。淘汰下来的商品，有的可以退回给供应商，有的无法退给供应商。处理方式可以降价销售或内部消化，也可以当作促销品赠送给客人，可从中选定一种处理方式。

(6) 进行处理。若采取退货处理方式，便应通知供应商按时取回退货，并将退货单送交会计部门，作会计处理；若采取卖场处理方式，则将处理方式明确通知各店，在卖场进行处理，直到处理完毕。因此，若第一次所定的方式无法处理完成，企业需完善处理方式，后期跟进。

(7) 淘汰商品的记录。最后将处理完的淘汰商品，每月汇成总表，整理成档案，随时供查询，避免因年久或人事变动等因素，又重新将滞销品引进。

5.4.4 商品群管理

1. 商品群的概念及其分类

商品群是商品经营分类上的一个概念。它是根据企业经营理念，用一定方式集合若干特定商品组成的一个经营单位或经营区域。

商品可以从不同角度加以组合，形成不同类别的商品群。其中，较为常用的划分办法是根据各种商品群对卖场销售业绩所起的不同作用，将商品结构分为主力商品群、辅助性商品群和附属性商品群。

(1) 主力商品群。主力商品群是企业经营的重点商品，它在商品结构中约占20%～30%，却创造整个卖场80%左右的销售业绩。主力商品群具有购买频率高和季节性两个鲜明的特点。

(2) 辅助性商品群。辅助性商品群是主力商品群的补充商品群，常与主力商品群有较强的关联性，多为常备日用品。它可以衬托主力商品的销售，同时，辅助性商品群的存在可以使卖场商品显得丰富。

(3) 附属性商品群。附属性商品群是辅助性商品群的补充商品群，其基本特征是购买频率和销售比重较低，与主力商品的关联性较少，它们通常是顾客在卖场临时做出购买决定的商品，对满足消费者多样化需求起到不可缺少的作用。

2. 商品群组合方法

商品群组合，可以是商品结构中的大分类、中分类、小分类，更多情况下是一种跨分类的新的商品组合。特色商品群对顾客偏好产生最直接的影响，所以企业应树立起"商品群是超市商品竞争的战略单位"的观念，不断推出和强化有创意的商品群组合，吸引更多的顾客来卖场消费购物。

一般来说，打破原有商品分类，将若干商品组合成新的商品群的方法主要有以下几种。

(1) 按消费季节组合。如在夏季可将凉席、灭蚊剂、电风扇、清凉饮料等组合成一个夏令商品群。

(2) 按节庆假日组合。如在情人节前夕，可将玫瑰花、巧克力、对表、"心"形工艺品等组合成一个"情人节系列"商品群。

(3) 按消费便利性组合。如将午餐肉、开罐器、面包、碗面、包装熟食、矿泉水、塑料布、垃圾袋等组合成一个"旅游食品"系列商品群，为旅客提供较大便利。

(4) 按商品用途组合。如将浴巾、拖鞋、肥皂、洗发膏、香水、剃须刀等组合成"常用沐浴用品"商品群。

(5) 按价格组合。如参照"三元店""八元店"的经营方式，在日用品区域开设一个由小五金、小百货等组成的"均一价"商品群。

(6) 按供应商组合。如将"光明乳业"生产的不同品质商品(如鲜奶、纯鲜奶、酸奶、高钙奶)、不同目标顾客商品(如婴儿奶粉、学生奶粉、孕妇奶粉、老人奶粉)、不同包装(如盒装、袋装、瓶装)、不同容量(如250毫升、750毫升)的奶制品组合成一个"光明乳业乳制品"商品群。

由于现代社会中消费需求存在多样性和变化性，所以企业经营者应及时发现顾客消费行为的变化特征，积极寻找、开发多种新的商品组合，并适时推出符合消费者需要的新组合商品群。

3. 主力商品的管理

(1) 20/80原则。大量统计资料表明，在连锁超市公司等连锁企业经营的全部商品品项中，销售得最好的20%品项的销售额可实现全部销售额的80%，而剩下80%商品品项的销售额实现总销售额的20%。我们把连锁企业经营中，商品品项百分比与相对的销售额百分比之间存在的20%：80%关系的规律性现象称为20/80原则。其中占销售额最大份额的20%的商品，实际上就是连锁公司经营的主力商品群。

需要说明的是，20/80 原则仅仅是根据数据统计而概括出的关于品项百分比与相应销售额百分比之间的近似比例值，实际中这一比值会随着单品管理效率的高低和业态类型的不同而变动。

(2) 主力商品目录的选择与调整因素。第一，主力商品的选择方法。选择主力商品最常用的方法是信息统计法。它是指采购人员根据本企业 POS 系统汇集历史同期的销售信息来选择商品。核心指标是销售额排行榜。根据销售额(或销售比重、周转率)排行榜，挑选出排行靠前的 20%的商品作为主力商品备选目录。主力商品备选目录包括总体目录和分类目录两种，其中分类目录更具使用价值。第二，主力商品目录的调整依据。由于主力商品群具有鲜明的季节性特点，加上消费需求和供货因素的不确定性，连锁公司经营的重点商品是不断变化的，所以主力商品目录也应随着季节变化、商品的生命周期变化和消费需求变化不断调整。

关于主力商品目录的调整还有一点需要补充说明：主力商品目录是为连锁公司商品采购计划和商品营销管理服务的，所以其目录调整是事先进行，它与根据企业 POS 系统实际销售信息统计出来的主力商品目录存在一定的差异。它们之间的差异性越小(即事先目录与事后目录一致性越高)，说明连锁公司采购人员的素质水平和单品管理效率越高，反之亦然。

(3) 主力商品核心地位的保证。由于主力商品在连锁公司销售中占有举足轻重的地位，是经营管理的重点，所以如何强化管理，保证主力商品发挥名符其实的作用就成为连锁公司商品管理的重中之重。为了使主力商品的核心地位真正得到保证，必须在制订采购计划和促销计划、履行采购合同及日常经营管理中，做到以下几个优先。

① 采购计划与进货数量优先。在制订采购计划时，将主力商品采购数量指标的制订和落实作为首要任务，要保证主力商品供货的稳定、足量，保证主力商品在所有门店和各个时间都不断档缺货，这是主力商品保证的前提条件。

② 资金安排与付款落实优先。在要求主力商品供应商足量、准时供货的同时，连锁公司也要向主力商品供应商承担付款义务，与提供主力商品的品牌供应商建立良好的合作伙伴关系，才能保证充足的畅销货源，与供应商分享市场占有率提高的利益，有效地做大供应商和增强对供应商的控制力。

③ 储存库位与配送运力优先。在配送中心，要将最佳库存位置留给主力商品，要尽可能使主力商品在储存环节中物流线路最短，这不仅是连锁公司降低物流成本的需要，也是保证主力商品主导思想在储存环节上的体现。在主力商品由配送中心到门店的运输过程中，连锁公司应要求配送中心优先、合理安排运力，根据门店订货、送货的要求，保证主要商品准时、保量配送到位。

④ 陈列优先。在做采购计划时，货架管理员应该在商品配置图中，将卖场最好的区域、最吸引顾客的货架指定留给主力商品，并保证主力商品在卖场货架上有足够的陈列量。主力商品一般应配置在卖场中的展示区、端架、主通道两侧货架的磁石点上，并根据其销售额目标确定货架上的商品排面数量。

⑤ 促销优先。促销计划的制订及实施都应围绕主力商品，主力商品的促销应成为卖场促销活动的主要内容，各种商品群的组合促销也应突出其中的主力商品。切忌传统小商店经常让处理商品作为促销活动主角的做法，否则会因小失大，违背销售额应向主力商品集中的 20/80 原则。

5.5 商品陈列

大卖场中的商品极其丰富,商品陈列的适当与否,直接关系到商品销售量的多寡。商品陈列是连锁企业商品管理的重要内容,体现了连锁企业的管理水平和服务意识。科学、美观、合理、实用的商品陈列可以起到刺激销售、方便购买、节约人力、利用空间、美化环境等作用。商品陈列既包含操作的技巧,也包含大量的美学内容。

商品陈列是零售现场管理工作的一项基本内容。商品陈列在吸引顾客进店选购商品、激发顾客的购买欲望以及在达成交易中起着很重要的作用。商品陈列是一种无声而又重要的推销方式,是一种零售现场直接展示给消费者的广告。特别是对陈列着几万种商品的大型连锁店超市而言,规范化、科学化、生动化的商品陈列尤为重要。如果没有科学、适合的方法,顾客进入超市后,可能会陷入找不到商品的窘境。

5.5.1 商品陈列的基本原则

连锁店商品陈列要遵循以下3大原则。

1. 容易选购的原则

通过换位思考,我们知道,容易选购、便利购物是商品陈列的出发点。

首先,商品须一目了然,造型简洁、醒目。目前,国内营业面积在100平方米以上的便利店,经营商品大多为2000~2500种;500~1000平方米的超市,经营品种多为5000~10000种。丰富多彩的商品,要使顾客能在较短的时间内找到自己想要购买的商品,店内商品的纵向分类(产品线的深度)应简单明了、新颖显眼。其次,要符合购买习惯。店方应透彻研究顾客习惯购买商品的先后顺序、关联商品顾客的适应程度等。对节假日、季节性、新商品的推销区和特价区商品的陈列要引人注目。再次,标价要准确、醒目。最容易出现的情况是标价和商品张冠李戴,这容易产生以下几个方面的负面影响:一是导致顾客投诉,管理不到位;二是投诉之下难以购买产品,因为搞不清产品价格,无法做出购买决策,导致销售额下降;三是容易产生矛盾,影响店铺形象。同时,商品要易于拿取,这是最基本的陈列要求。最后,过道以能够容纳两人并行通过(宽度在90cm以上)为宜。

2. 愉快购物原则

容易购物是连锁店商品陈列的基本条件,而顾客的心理满足才是最重要的。要达到这一点,只有让顾客愉快购物。良好的心情,会使顾客停留的时间长,甚至会不自觉地购买计划外的商品。连锁店可以通过以下几方面的努力来使顾客感到愉悦。

货架上的商品要丰富,目的是使顾客有挑选的空间,避免产生脱销现象。在这其中最重要的是要保持整洁、美观。货架整洁,主要是指陈列的商品要干净、完整,外观污损的商品要及时撤下,在不影响整体效果的前提下适时翻新。货架美观,主要是指商品陈列要有美感,赏心悦目。此外,商品陈列要与新产品结合,激发顾客兴趣,体现不同阶段经营商品的特色,强调广告效果。

3. 便利商品管理的原则

商品被销售出去后,就要进行商品补充陈列。先进先出原则,即商品从后往前补充陈列,这样有利于商品的有效管理。因为顾客习惯购买前排商品,较早陈列的商品会较早地卖出,使货架上没有陈列时间太久的商品,这样可以在一定程度上保证顾客买到新鲜的商品,保护消费者利益。另一方面,由于商品前后周转,既容易保持商品的清洁,也会在一定程度上降低管理费用。

5.5.2 商品陈列的操作程序

1. 对连锁店商品陈列操作程序的认识

陈列方法是商品陈列中具体执行的操作与落实的技能。而我们这里所说的商品陈列程序,是从全局角度考虑的广义的商品陈列。它包括:为什么进行商品陈列(陈列目的);什么情况下进行商品陈列(陈列规划);商品陈列应做的准备工作有哪些(陈列准备);商品上架陈列(具体操作);陈列标准与陈列情况如何(确认与检查);陈列销售(对顾客的影响);陈列信息的利用(信息收集与资料分析)等。

2. 连锁店商品陈列的操作程序

连锁店的商品陈列,是从陈列调查并做出陈列规划开始,经过陈列准备,实施上架陈列,然后不断地进行陈列检查,实现陈列销售,最后进行陈列信息的收集和分析的过程,如图5-2所示。

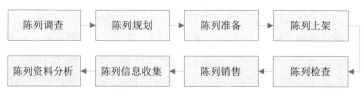

图 5-2 商品陈列操作程序图

(1) 陈列调查。陈列调查主要是为了商品竞争而进行的信息收集与处理工作,目的是为陈列规划提供必要的素材。调查的对象主要是不能人为操作的环境因素。环境因素分为内部环境因素和外部环境因素。内部环境因素是指连锁企业总部的商品规划要求和分店自身面临的具体需求特点。外部环境因素是指以下几个方面:地区性大型活动,如当地有无传统的庆典节日,这些活动的举行时间、规模、方式等;节日性特别促销活动,如妇女节、儿童节、圣诞节、新年、春节等;气候变化规律,如当地换季的时间、气温变化幅度等;市场上新产品的潮流,时髦和时尚的变化;竞争对手的情况。

综合考虑上述两方面环境因素后,就可以根据地区特点,从总部推荐的品种中选定适宜的经营商品结构。商品结构确定后,根据各类商品的销售特点、顾客购买习惯和连锁企业的销售方针,确定基本的陈列布局和陈列方式以及相应的促销活动。在此基础上,进一步确定每一种商品摆放的位置、陈列方式、占用空间、陈列天数等。

(2) 陈列规划。陈列规划实际就是把商品陈列操作的一切前后顺序和相关内容,用文字的形式书面表达出来,写成一个比较完备的计划。陈列规划的内容包括：商品陈列的外部环境因素；商品陈列的内部环境因素；商品陈列的时间(开始、调整、转换、终止时间等)；商品陈列的标准；商品陈列的确认及检查和评价；商品陈列的具体负责部门及职责；陈列商品的准备及协调安排；商品陈列的效果分析；店内招牌广告的应用；出现问题的处理办法等。

(3) 陈列准备。陈列准备是指商品上架前的准备工作,包括连锁店铺的订货、收货、验货、分类标价、编码等。

所谓订货,就是连锁店在货架上商品不足时,提出送货要求。可以通过系统连线(如网络、电话、传真)向总部提出要求,然后总部汇总后向物流中心或生产商订货。订货的依据是日常销售规律。订货的批量和批次一方面取决于销售量,另一方面取决于信息处理和物流配送的技术水平。近年发达国家有这样的发展趋势：区别不同商品,实施多频度、小批量送货,来货直接上架,店铺无库存经营。

连锁分店进货实行"统一配送"或"统分结合"的原则。进货的渠道通常包括：由公司配送中心配送到店铺的商品；由厂商直接配送到店铺的商品；由专业批发供应商配送到店的商品等。连锁分店通常不承担进货业务,只负责按总部确定的供货渠道向供货方订货或向总部订货。

所谓验货,指尚无完善商品供应计划体系的连锁企业,各连锁分店对从各配送中心分批分类送来的商品,必须按规定的质量标准和验收项目验收,确保售出商品的品质和数量。验收程序是：先看送货单,然后核对订货记录,再检查商品的品质、种类、数量是否符合要求,在送货单上签收,最后入库。在相关商品开发、供货系统构建和管理技术水平达到一定程度的企业,可逐步免除验货环节,提高配送效率。

所谓标价编码,是指验货后,要对商品分类标价,整理上架。商品没有标准条形码的,要按公司规定标准统一编码。编码输入电脑后,商品才可以上架出售。

(4) 陈列上架。商品陈列还包括多层店铺中各层经营内容的安排、售货方式选择、橱窗布置、店内广告招牌装饰等。

就商品的陈列而言,首先是由大类商品的位置决定的。楼层不是越高越好,最高为5层,这可以说是绝大多数店铺的楼层极限,因为消费者一般不愿意去高层购物,楼层越高,消费者越少。如果商品数量太多,店铺占地面积不够大,那只能增加楼层或往地下发展,以降低铺面的租金成本。一般可设地下一层、地下二层。在多层店铺里,上面楼层多摆放贵重物品或必需品,而在底层多摆放时尚产品、季节产品、食品等。其次,商品陈列货架的平面布置也不是随意的。其平面布置要确定卖场货架本身的样式,尤其是高度和宽度。货架的高度一般应根据具体情况,以人的活动需要为依据具体地构思设计,货架高度要与人体高度相适应,以方便顾客购物。货架的长度要根据空间的具体情况来确定,还可运用黄金分割的定律,即宽与长按 1:0.618 的比例构成,这样的货架布置可以造成一种合乎理性的美。货架的平面排放也是至关重要的,可以选择队列式、岛屿式和辐射式等方式。最后,选择售货方式时,也要根据行业特点,连锁店应尽可能采用自助售货方式。自助售货方式可使顾客充分享受自由乐趣,任意逗留,触摸商品,从容挑选。但同时商品陈列操作也有如下的注意事项。

① 商品摆放应遵循从左到右、从上到下的次序,标牌应固定在第一件商品处,作为该类商品位置的起点和标记,同时也是与邻近品种的分界线。

② 小分类商品必须集中陈列,并以直线形式摆放。

③ 销量越大的商品所占的陈列位置应越大,并可适当向货架的较低层延伸。反之,销售量小的商品,陈列所占空间位置亦应小些,并可摆在货架的中层,即眼手线范围(眼的视线范围和手能触及的范围)内,便于顾客发现。

④ 商品摆放要做到整齐不串位;货架和商品不能有积尘;包装不能有破损。

⑤ 冷柜商品要统一标价,清楚醒目,没有遗漏。

⑥ 尽最大限度做到不缺货,做到有牌有货。如果出现缺货要有缺货标记(如翻牌),货到后再将标记取下(翻回)。

⑦ 季节性销售或店铺宣传推销品最好选择专用的宣传推销位置。遇有大的节日,如春节年货陈列期间,店铺可以适当调整货架位置,但节后应迅速还原。

⑧ 适当布置相应的店内广告招牌,起到提示顾客购买、宣传介绍商品、渲染店铺气氛、美化店铺环境的作用。

(5) 陈列检查。商品陈列确认与检查是连锁店日常管理中的一个重要方面,它能确保在此环节之前所做的各项工作以最佳状态呈现在消费者面前,从而树立企业良好的形象。商品陈列确认与检查的内容主要包括:商品分类是否易于选购;商品是否易于拿取;商品数量是否充足;商品种类是否齐全;商品色彩搭配是否协调,照明是否良好;商品是否得到妥善管理;商品摆放是否有助于销售;商品广告运用是否恰当等。

以上几个方面的要求是商品陈列的基本要求,也是关键要求。

(6) 陈列销售(以理货为主)。陈列销售这一环节是连锁店与顾客直接接触的一环,其中与商品陈列状态相关性较强的是理货人员的岗位服务和维护。对理货员的要求主要有以下几点:理货员必须熟悉自己的岗位职责;应熟悉自己负责维护商品的有关知识,包括用途、品质、价格、产地、理化特征、消费使用方法、保存维护要求等;提前做好营业准备,服装整洁、精神饱满地接待顾客;营业时间要站立服务,礼貌待客,介绍商品要热情诚恳;营业时,要严格按照各岗位的服务规范操作;要做好通道、货架的清洁卫生工作,密切注视商品销售动态,及时补充商品,回收纸箱等包装物,查看标价有无错误,商品有无混乱、歪斜现象;对顾客的合理化建议要及时记录,并向上级管理人员反馈信息。销售是在商品陈列完备的基础上,结合理货业务的一个复合过程,也是极为重要的一环。

(7) 陈列信息的收集与分析。前面的陈列调查、陈列规划、陈列准备、陈列上架、陈列检查、陈列销售六大环节会产生很多的经营数据信息,经营者应该留意记录,积累起来,进行研究。利用 POS 系统,可以把手工的定性分析和计算机的定量分析结合起来,研究商品销售变化及陈列效果,进一步改进和调整商品陈列。如果一些比较小的连锁店没有 POS 系统、EOS 系统(电子订货系统)、MIS 系统(管理信息系统),则可以根据销售报表和营业人员的直接观察,一方面,了解顾客对经营品种的满意度,分析影响顾客满意程度的因素,改善经营商品结构;另一方面,结合货架位置、陈列方法、销售时期、店内广告宣传、服务状况等因素,研究和改进商品陈列,不断提高商品陈列水平。

3. 商品陈列的功效

商品陈列的功效,也就是商品陈列要达到的目的。商品陈列应达到以下效果。

(1) 增加销售机会,提高店铺销售业绩。

(2) 改善店铺形象，培育顾客忠诚。

(3) 良好的商品陈列能弥补店面设计的不足，使店铺内外协调，加强顾客对店铺形象的认知度。

(4) 使顾客选购商品方便、容易。

(5) 良好、科学的商品陈列能带给顾客好心情，提高顾客的满意度。

(6) 能起到吸引顾客、引导顾客、分散客流、提示商品信息、宣传商品的作用。

4. 商品陈列的方法

(1) 日用杂货的陈列方法。日用杂货有封闭式陈列和开架式陈列两种陈列方法。

封闭式陈列也称柜台式陈列，就是利用柜台陈列商品，有的商品放在柜面上，有的则放在柜台内。该方式主要用于放置贵重商品，如照相机、贵金属、U盘、手机等；再就是放置一些较小的商品，如装饰品、化妆品、电池、手表等，主要起到保护商品、防止被盗的作用。

开架式陈列就是在货架上或在类似货架的物品上陈列商品。根据陈列方式不同，分为七种陈列方法。

① 集中陈列法。这是连锁店中最常用的方法，就是把同一种商品集中陈列在一个地方的方法。集中陈列法适合周转快的商品。

② 整齐陈列法，就是把商品从包装中一件一件取出，并按一定层面整齐地堆放在一起，如瓶装饮料、罐装饮料、啤酒、酱豆腐、辣椒酱、卫生纸等。目的是使顾客感到商品丰富量大，以激起消费者的购买欲望。这种陈列法适用于季节性强、购买频率高、购买量大、高折扣的商品。常用这种方式的商品不能怕积压。

③ 盘式陈列法，又称割箱陈列法，是整齐陈列法的一种变形。它不像整齐陈列法那样，将商品从包装中一件件取出，再整齐地堆积起来，而是将包装纸箱底部以上一半左右割去，露出一排排的商品，再以底为盘，以盘为单位将商品一盘盘放在一起。其目的也是突出商品的量感，并说明可以整箱出售。此方法主要用于陈列饮料、啤酒等商品。

④ 随机陈列法。这是指理货员在上货时，不用讲求陈列造型与图案，而把商品随便堆放在固定货架上的方法。其工具主要有四角形或圆形网状器或带有凹槽的货架，主要用来陈列特价品或想给消费者留下"特价品现象"的商品，如随便堆放的便宜皮鞋、围巾、内裤、过季服装等。

⑤ 端架陈列法。端架是指一个陈列架的两端，是距离通道最近、消费者首先看到的陈列位置。这里客流量大，是卖场内最能吸引顾客的地方，是商品陈列的黄金地段。端架陈列的商品主要是高利商品、特价品、新开发商品、国际国内名牌商品、热销商品等。端架陈列的商品可以是同一种商品，也可以是不同商品的组合，但不宜超过两种。这一位置要获取最大利润，必须充分利用，为此应陈列名牌或高利产品。

利用端架陈列商品的原则是：价格优惠要明确表示，使顾客一看就懂；体现出数量上的丰富感，吸引顾客观看，诱导非计划性的购买；注意关联性的商品的邻近陈列；经常更换商品品种；陈列上要引人注目，创造节日的气氛。

端架陈列商品要讲究主题设计，即商家想要突出表现的是什么，或最想以哪一点来打动顾客。一般来说，想要表现的主题有以下几种：表明特定时节来临，如圣诞节、情人节或新年等；表明季节转换，如入冬时的保暖内衣；品种的吸引性，如日用小商品；表明商品的特点和利用方法,如介绍新产品;著名厂商、名牌产品的展示;优惠价格商品促销。

⑥ 岛式陈列法。在连锁店铺的卖场入口处、中部或底部,有时不设置陈列架,而配置以特殊陈列的一组展示台、展示柜、展示桶等,这种方法称为岛式陈列法。岛式陈列法的主要工具有大型矮式冰柜,网状货筐、平台、木桶或塑料桶、屋顶架等。岛式陈列位置一般处在零售店铺的入口处、中部和底部,高度不能超过消费者的肩部,否则会影响整个卖场的视野,所以顾客可以从四个方向看到岛式陈列的商品。既然容易看见,那么商品必须吸引人,所以,包装华美、色彩艳丽的新产品、特价品最适合岛式陈列。

⑦ 悬挂式陈列法,即将扁平型、细长型,不能站立的无立体感的商品悬挂起来的一种方法。有些商品由于物理性能方面的限制,其外面平淡无奇,不足以打动消费者,而运用悬挂式陈列,可以增加其观赏性,有利于销售。悬挂式陈列能使顾客从不同角度观察商品,具有化平淡为神奇的促销作用。使用于悬挂式陈列的商品有衣架、拖把、衣服、皮带、书包等。

除以上几种方法外,日用杂货的陈列方法还有狭缝陈列法、突出陈列法、定位陈列法、关联陈列法、比较陈列法等。

(2) 日配品陈列方法。日配品主要是指消费者每天生活必备的、商家需每天进行配送的商品,如面包、牛奶、豆制品、饮料、熟食品等。其特点是保持商品的新鲜度。其陈列方法主要有冷藏柜陈列法和集中陈列法,如牛奶、冷饮、熟食等多采用冷柜陈列;面包、饮料等多采用集中陈列。有些连锁店有面包制作车间,其成品面包陈列在车间前的货架上,用散发出的面包香味吸引顾客。

(3) 水产品陈列方法。连锁店中的水产品分为3大类,即新鲜的水产品、冷冻的水产品、盐干类水产品。

① 新鲜水产品的陈列。活鱼虾等新鲜水产品用无色的玻璃水箱陈列,水中游弋的鱼虾能满足消费者的新鲜感,受消费者喜爱。非活新鲜水产品的特征是出水时间较短,新鲜度高,一般用木板或白色托盘陈列,陈列时鱼头朝里,尾朝外,肚朝下,周围撒上冰块,覆盖部分不超过鱼身长的1/2,以求达到次序感和新鲜感。

② 冷冻水产品的陈列。冷冻水产品一般陈列在敞口的连续制冷的冰柜内,商品多用塑料袋包装,但必须能从外透过包装看到产品的实体。有的用塑料托盘塑封后进行冷冻陈列,这样便于消费者少量选购,如冷冻排虾、冷鱼等。

③ 盐干类水产品的陈列。盐干类水产品由于被食盐腌制过,短期内不会变质,为突出新鲜感多用平台陈列,有些则用标准货架陈列,如干贝类、壳类等。

有些水产品太大必须进行切割,分成段、块、片来陈列。这样做一是便于销售,二是便于保存陈列。这些水产品一般用塑料袋包装后陈列于冰柜中,或是用深底托盘放置冰块,陈列于平台上。有些则从下至上摆出层次感。

(4) 果蔬品的陈列方法。果蔬品的质量关系到消费者的身体健康,所以果蔬品的陈列要注意两个问题:一是新鲜,二是干净。

① 果蔬品的陈列方式。由于果蔬种类很多,在此介绍几种基本的陈列方法。连锁店铺中果蔬品的陈列主要有排列、置放、堆积、交叠、装饰五种基本方式。排列是指将果蔬有顺序地并排放置在一起。置放是指将商品散开放置在容器中。堆积是指将商品自上而下放置在一起,上少下多立体感强。交叠是指将大小不一、形状各异的商品进行交错排列,交叠的目的

是使商品看起来整齐美观。装饰是指将一些商品放在另一些商品上,起陪衬的作用,故称为装饰。

② 果蔬品的陈列形态。连锁店铺中果蔬陈列的基本形态可归纳如下。
- 圆积形。主要用来陈列圆形的水果和蔬菜,如苹果、柚子等水果以及西红柿、茄子等蔬菜。陈列的顺序是先排底层的前边部分,然后排底层的两侧和后边,最后再排底层的中间部分。第二层商品的重心放在底层两个商品的联结位置,依次向上排放。
- 圆排形。这是陈列体积较大一点的果蔬的形式,如冬瓜、椰子等。首先用挡板将商品的两侧固定起来,防止其松垮塌落。然后放置低层商品,每层商品重心相对,层层向上,给人一种整齐有序的感觉。
- 芹排形。这是陈列葱、芹菜、茭白长形蔬菜的一种形式。摆放时,蔬菜根部向外,茎部向里,呈纵向排列。
- 交错形。这是陈列韭菜、蒜黄等长身、瘦体蔬菜的一种形式。摆放时,层层之间要根茎相对,整体呈方形。
- 格子形。这是陈列青萝卜、胡萝卜等尖形蔬菜的一种形式。摆放时,要根部向外,尖部相对,纵横交错。匀称的圆形根部或带叶的根部朝着顾客,反映出商品良好的质地。
- 盘子形。这是陈列豆芽菜、青豆等形状不一蔬菜的一种形式。用白色盘子将这些蔬菜固定陈列起来。
- 斜立形。这是陈列大白菜的一种形式,棵棵白菜紧靠在一起,根部朝下斜立着。由于相互之间是侧靠着的,重心在侧面,其根部不易损坏;顶部或菜心部分不易张开,确保蔬菜的新鲜度。
- 植入形。这是将蔬菜根部和顶部相接,根部植入前排蔬菜顶部下面的一种陈列方式。它与斜立形的区别在于:采用斜立形陈列的蔬菜是站立着的,而采用植入形陈列的蔬菜是平躺的。采用植入形陈列的蔬菜,根部朝里,叶部朝外,将翠绿色直接展现给消费者,以体现蔬菜的新鲜感。
- 散放形。这是陈列形状不一的根菜类和香蕉的一种形式,只要面对消费者的部分摆齐就可以了。这类果菜怕挤压,不能堆积,只能散放,一般做法是根部朝里、顶部面对消费者。
- 堆积形。将包装过的商品、袋装商品、长形的商品先排好前面和周边的部分,然后向上堆到一定高度,就是堆积形。在运用堆积形陈列商品时,前面的商品要排放整齐,两个侧面可用挡板或商品自身进行固定,第二层商品的重心应该在底层两个商品的联结点上,依次上堆,数量递减。
- 面对面形。将包装过的蔬菜两排为一组,组与组之间根对根或头对头地陈列。这种陈列形式整齐划一,有利于零售店铺果菜卖场的整体布局,有利于维持良好的店堂环境。
- 围绕形。用甲商品将乙商品围绕起来,或者用隔物板、容器将商品围绕起来,这种形式就称为围绕形。采用围绕形陈列的商品一般单位价值较高,形体较小,被围绕起来能显示出良好的视觉效果。

- 搭配形。这是将两种以上的商品陈列在一起以获得理想的对比效果。例如，大小搭配、长短搭配、红绿搭配、粗细搭配、黑白搭配、黄绿搭配等。通过搭配对比，各种商品的色彩显得更加鲜明，更引人注目，形体特征也更加明显。
- 阶梯形。事前准备好阶梯形的陈列架，将不能堆积陈列的果蔬置于架上。架上的商品要排放整齐，层层有序，以显示商品的丰富与多样。
- 段积形。段积形与阶梯形的差别在于，阶梯形要用阶梯形的货架，而段积形则依靠商品自身的摆放而成形。段积式形同积木，顶部到底部的线条呈阶梯状的形式。

(5) 商品陈列要领。连锁商店商品陈列的最大原则就是要促使商品产生"量"感的魅力，使顾客觉得商品极为丰富。所以除前面所讲技巧之外，还要注意以下几点。

① 重视粘贴价签。商品不论种类、性质如何，其价签的粘贴位置一定力求固定。但绝对不宜贴在商品说明或制造日期标示处。标签应贴牢、贴正，以防止脱落或被顾客更换。

② 注意顾客流动形态。据统计，顾客进店以后通常先从柜台看起，走六至八步，而后停下来看货品陈列，然后再边走边看。因此，商店对于商品的陈列应注意顾客流量最多的区域是在哪里，以及尽量安排完整的商品陈列，使顾客经过时不会有视觉盲区，以致失去销售机会。

③ 进行最有利的分配。通常最畅销品排在最前面，次畅销品次之，依此类推，到后面则必须摆设较吸引人的商品，使顾客能继续走到最后。此外，需注意属于顾客冲动性购买的商品一定要陈列在必需品附近，以形成乘数作用。

④ 提示标语。在众多商品的陈列当中，如果一些商品旁适当的位置陈列各种标语，如"新产品""新项目""特惠价""新包装""新上市""特别物品"，或标示品质、特色等，时常会大幅增加销量。

⑤ 采用"前进立体"式陈列。市面上很多商店都采用"后退平面"式陈列，由于这种陈列方式的错误，使商品失去陈列的多量感魅力，常易使顾客对货架上的商品产生陈列不足或缺货的感觉。

⑥ 互补效益，造势销售。靠陈列技巧亦可帮助商品的销售。例如，一家商店中销货金额较大的是30元的商品，它平常保持有50个的陈列数量，如果想促销单价为100元的商品，那么，100元商品的陈列数量就必须增加，至少也应该和30元商品的陈列数量一样，甚至更多，并将它陈列在较醒目的位置。众所周知，商品的畅销与否受所陈列位置、数量的影响非常大。这种方法也是目前超市或商场常用的方法，若要大量销售某一种商品时都会将该商品陈列在最醒目的位置，并且加大陈列面积。

本 章 小 结

本章主要介绍了连锁企业的商品采购与管理，具体包括以下几方面内容：

连锁企业商品采购制度，商品采购的方式，连锁企业商品采购应注意的问题，商品采购的组织形式以及商品采购组织的管理规定，商品采购的业务流程管理，商品采购的业务流程，采购谈判与采购合同，连锁企业的供应商管理和商品管理。

思 考 题

一、简答题

(1) 什么是商品采购？连锁企业商品采购应注意的问题有哪些？

(2) 连锁企业商品采购的组织形式和管理规定有哪些？

(3) 结合实际，说说连锁店内商品展示促销的特点和方式有哪些？

二、案例分析1

※ 百事可乐卓有成效的生动化陈列 ※

百事可乐公司自1898年诞生至今，已有100多年的历史，但它的销量依然在增加，而且在有众多饮料品牌可供选择的情况下，消费者仍然选购百事可乐，这靠的是其产品的质量和形象质量。百事可乐的产品质量大家有目共睹，而形象质量就是通过市场生动化将产品最好的形象展示给消费者。在百事可乐公司的市场策略中，有效的生动化陈列是其确保产品形象质量的最主要、最重要的策略之一。

一、何谓生动化陈列

所谓商品生动化陈列就是在销售现场，通过陈列和展示，将厂家生产出来的产品生动地展现在消费者眼前。其目的是实现商品销售，快速、大量地把产品卖掉，强有力地促进销售，提升销售量。具体做法是在固定的陈列空间里，运用多种手段将货架上的商品予以美化，对商品的外在美予以强化，借此激发顾客的购买欲，使本企业的产品能获得最大的销量。因此，生动化陈列的任务就是：

(1) 让顾客容易看到。

(2) 让顾客容易挑选。

(3) 让顾客容易拿取。

二、百事可乐产品生动化陈列的3个"绝招"

1. 货架展示

为实现生动化陈列，百事可乐的货架展示着重考虑5个方面的内容：位置、外观、价格牌、产品的次序及比例和陈列方式。

(1) 位置。百事可乐强调产品要摆放在消费者流量最大、最先见到的位置上。为此，业务员要根据商店的布局和货架的布置以及人流规律，选择展示百事可乐产品的最佳位置。如放在消费者一进商店就能看见的地方、收银台旁边等，这些地方可见度大，销售机会多。

(2) 外观。货架及其上边的产品应清洁、干净。

(3) 价格牌。应有明显的价格牌，所有陈列产品均要有价格标示，所有产品在不同的陈列设备中的价格均需一致。

(4) 产品次序及比例。陈列在货架上的产品严格按照百事可乐公司要求的次序排列，同时百事可乐品牌的产品应至少占50%的排面。产品在货架上应唾手可得。包装相同的产品必须位于同层货架上，同时要平行，包装轻的放上面，重的放下面。要注意上下货架不同包装的品牌对应，如上层是易拉罐装的百事可乐，则下层的对应陈列就是塑料瓶装的百事可乐，这就是所谓的品牌垂直。

(5) 陈列方式。百事可乐产品实行集中陈列，同一品牌垂直陈列，同一包装水平陈列。维持每一品牌每一包装至少两个以上的陈列排面，以便补货及增加产品循环。如有价格促销时必须使用"特别价格标示"，内容应包括"原价格""新价格""节省差价"及"品牌包装"等信息。包装陈列方式以上轻下重的原则陈列，可依地点或商店的不同而调整。总之，陈列分配应依销量大小来决定。

2. POP广告(售点广告)

百事可乐通过售点广告提升售点的形象，把客户引进售点，从而增加百事可乐产品展示的吸引力、可见度。百事可乐的广告考虑4个方面的内容。

(1) 位置。广告应张贴在最显眼的位置，如进门处、视平线处等，以吸引消费者的注意力。

(2) 外观。广告也代表了百事可乐的形象，因此广告外观应干净、整洁。

(3) 选用。广告品的种类很多，在选用时要注意销售什么产品配什么广告，这也是专业水准的一种表现。

(4) 售点的广告。售点广告要做到：广告品必须贴于商店的显眼处，不可被其他物品遮盖；海报或商标贴纸必须与视线水平，不应太高或太低；更换及拆除已褪色或附有旧的广告标语的广告物；不应同时出现两个新旧广告攻势的广告品；当促销活动结束时，必须将广告产品换除。

3. 货架上商品的生动化陈列

(1) 产品必须陈列在消费者刚进店时所能看得到的最佳位置。
(2) 所有产品必须除去外包装后陈列。
(3) 每一品牌/包装至少要占两个排面。
(4) 必须移开损坏或过期的产品。
(5) 所有陈列的产品必须有清楚的价格提示。
(6) 保持产品陈列、冷饮设备及展示工具整洁。
(7) 产品必须集中陈列，同一品牌垂直陈列，同一包装水平陈列。

百事可乐公司在综合超市中的生动化陈列(即终端建设)非常强调科学化、标准化，其经验值得我国连锁企业认真借鉴。

资料来源：豆丁网 http://www.docin.com/p-543516995.html，作者有删减。

【案例思考题1】

(1) 什么是生动化陈列？
(2) 百事可乐产品生动化陈列的"绝招"是什么？它们对商品促销有哪些作用？
(3) 到超市观察商品陈列的情况，利用所学知识分析所观察店铺商品陈列的优缺点。

三、案例分析 2

※ 永辉超市的生鲜采购模式 ※

永辉超市对于生鲜物品的采购有三种方式：首先是全国统采，其次是区域直采，最后是供应商采购。

全国统采的物品主要有香蕉、大米等，这类物质属于基础商品，采购量巨大，且易于保存。

区域直采的物品一般为叶菜类，这类物品不易于保存，且具有地域特点，某些地区甚至招纳了采购代办以辅助进行区域直采。

供应商采购，其实质即汇总小农户，形成合作社，以实现和专业合作社的进一步合作，增加供应商合作的商品范畴，这也促使了供应商供应能力的提高，这里的供应商有批发商、第三方采购。

"以销定采"是永辉超市采购业务的一大特色，相比于其他超市生鲜采购业务，这非常特别，因为"以采定销"是很多企业的采购经营方式。每天生鲜管理部都会收到生鲜订单，这些订单来自于各个门店，先由大区进行汇总，最后呈交上报，然后管理部开展订单的处理，处理流程分为整合、调整、优化、分解，最后到达每个采购团队，采购人员开展采购工作。采购人员手中握有移动设备，这些设备是由永辉超市统一订购的，以推动采购效率的提升。系统将采购需求传递给采购工作者，将发货通知传递到管理部门，这些信息的传递都是实时同步进行的，因此促进了反应速度和效率的提高。"以销定采"将采购和销售连接起来，也将供应链与销售链连接起来，这不仅提高了采购物品的准确性，也提高了物品出售的速度，做到了"以销定采"，就实现了供应链效率的提高。

资料来源：田园."互联网+"背景下连锁超市生鲜运营模式的研究——以永辉超市为例[D]. 武汉：湖北工业大学，2018: 24.

【案例思考题 2】

(1) 阅读案例，永辉超市的生鲜采购模式有哪些？

(2) 假如你是连锁企业采购人员，你会如何与供应商进行采购谈判？

(3) 根据永辉超市的采购业务和模式，谈谈自己的看法。

(4) 结合实际，请谈谈永辉超市的采购模式适用于哪些连锁企业，并与其他连锁企业的采购模式进行比较。

第 6 章
连锁企业配送管理

连锁企业以各连锁店铺为配送对象,把零售经营与满足自己需要的物流活动以"联购分销"的方式有机地结合在一起,实现经营上的规模效应。连锁企业的配送是构成消费品供应链的终端环节,良好的经营与管理是连锁企业高速运作的有力保障。

学习目标
- 熟悉配送的概念及其与物流的关系
- 了解连锁企业的配送现状
- 了解连锁企业的配送模式类型
- 掌握连锁企业的配送模式分析与选择
- 熟悉配送中心的概念
- 掌握配送中心的选址方法
- 掌握配送中心作业流程

6.1 连锁企业配送概述

随着连锁经营的迅猛发展,连锁企业对商品配送的要求越来越高,商品配送水平成了衡量一个连锁企业管理现代化水平的关键标准。配送能力的强弱直接决定着连锁企业的经营成本高低,影响企业的盈利能力。

6.1.1 配送的概念

在现代物流的"词典"中,最引人注目的字眼是——配送。它是整个物流系统中挖掘第三利润源泉的突破口。配送在英语中的原词是delivery,是交货、送货的意思。在日本工业标准(JIS)中,把配送定义为"将货物从物流结点送交收货人的活动",也强调了送货的含义。我国国家标准《物流术语》中对配送下的定义是:在经济合理区域范围内,根据用户要求,对物品进行拣选、加工、包装、分割、组配等作业,并按时送达指定地点的物流活动。

配送是物流中一种特殊的、综合的活动形式,它把商流与物流紧密结合,是包含了物流中若干功能要素的各种物流活动。它不是消极的送货式的发货,而是把"配"和"送"有机地结合起来，按用户对商品种类、规格、品种搭配、数量、时间、送货地点等各项要求，在物流据点有效地利用分拣、配货、装车、车辆调度、路线安排的优化等一系列工作，使送货达到一定的规模，以利用规模优势取得较低的成本。

6.1.2 配送与一般送货的区别

配送的最终目的虽然是将货物有效地送达客户，但与一般的送货相比有着本质的不同，主要体现在以下几个方面。

(1) 配送是从货源地集货，通过特定的地点加以整理而送达用户的一种特殊送货形式。从功能看，其特殊性表现为：配送中从事送货的是流通企业，而不是生产企业；一般送货是由厂商到用户的直达型送货，而配送是"中转型"送货；一般送货是有什么送什么，配送则是按用户的需求，需求什么送什么。

(2) 配送不是单纯的运输送货，而是包括了集货、分货、配货、配装等活动在内的难度较大的工作。它必须完全按用户的需求，包括商品的品种、品牌、数量、时间等方面的要求进行运送。所以，除了各种"运""送"活动外，还要进行"配"的工作，是"配"和"送"的有机结合。

(3) 配送在规模、水平、速度、效率、质量等方面远超过一般的送货。要圆满完成配送中的分货、配货、送货等复杂工作，除了要有现代化的设施装备(如各种传输设备、分拣机、识码器、运输工具等)和先进的经营管理水平外，还需依赖强大的信息系统，保持配送系统内部以及与上下游之间的紧密联系。所以，配送是技术进步的产物。

(4) 一般送货是销售性送货，即生产什么送什么，而配送是客户需要什么送什么。一般的送货只是推销的一种手段，配送则是一种专业化的商品流转组织形式，是社会分工的产物。如果说送货是一种服务方式的话，配送则是一种物流体制形式。

6.1.3 配送与物流的关系

配送是物流系统中由运输派生出来的。从一次配送活动中可以看出，配送包含了物流的所有功能，如运输、集货、储存、分拣、配装等，有些还附带加工，而且在配送的过程中始终贯穿着收集信息的操作。从这些方面来讲，配送实质上是一个多项目、多环节的物流活动，只是范围相对较小的微型物流活动。但是配送与物流有着本质的区别(见表6-1)，具体如下。

表6-1 配送与物流的区别

比较项	配送	物流
运输距离	较短	较长
辐射范围流体	较小	较大
处在供应链上的环节	末端	整个供应链上的运输
流体	少品种、大批量、少批次	多品种、小批量、多批次
主体活动	运输及分拣配货	运输及保管
与商流和物流的关系	商流与物流分离的产物	商流与物流结合的产物

(1) 配送的距离较短,辐射范围小。随着交通条件的改善、信息技术的发展,配送的距离在逐渐增长、辐射范围在逐步扩大。以往配送活动范围仅局限于本市、本地区内,目前早已突破城市界限。如美国的沃尔玛就是通过其强大的卫星通信系统对各城市的连锁门店开展配送活动。

(2) 配送位于供应链的末端,处于支线运输,一般发生在靠近最终消费者的地方,而物流涉及整个供应链上的运输。

(3) 物流处理的流体具有少品种、大批量、少批次等特点;配送具有多品种、小批量、多批次等特点。

(4) 物流的主体活动是运输及储存,而配送则是运输及分拣配货。分拣配货是配送的独特要求,也是配送中有特点的活动。

(5) 物流是商物分离的产物,而配送则是商物合一的产物。虽然配送在具体实施时,也有以商物分离形式实现的,但从配送的发展趋势看,商流与物流越来越紧密的结合,是配送成功的重要保障。

6.1.4 配送的目标

配送目标可概括为:提高服务水平,降低配送成本,保证配送及时性,提高配送质量。

1. 高服务水平

在规定的时间内完好无损地把货物送到客户手中。这里的高服务水平还不仅仅是像人们通常所想象的服务态度热情、友好,还包括了很广泛的内容。配送系统是一个服务系统,它的所有活动都是服务活动,为生产服务、为流通服务、为客户服务。而这种服务的核心,就是满足客户的需求。而满足客户的需求表现在各个方面,最主要的是满足客户对所需货物的需求,不能缺货,还要保质、保量、及时送货,安全可靠地运输、储存、包装、装卸,做到配送成本低、服务态度好,为客户提供信息支持、技术咨询、技术支持和售后服务等,几乎遍及配送活动的各个方面、各个环节。因此,要服务好,实际上就是需要配送系统全面做好各个方面的工作。

2. 低配送成本

低配送成本是指配送的总成本最省,不仅满足客户需求,也满足企业自身盈利目标,要实现"双赢"。配送系统是由多个单元构成的,配送活动又由多种类型、多个环节构成,因此,各种配送方式、各个配送环节都会产生配送费用。一个配送系统所有的物流方式、配送环节所产生的配送费用的总和,就是这个配送系统的总费用。配送系统的第二个目标,就是要使得这个配送系统的总费用最小。要做到配送系统的总费用最小,则要求整个配送系统要优化,各个单元也要优化,要尽量利用各种优化技术,充分利用和努力节约资源,提高工作效率,降低配送成本。

3. 高配送效率

以最少的投入获得更多、更好的产出是每个企业追求的目标。只有提高配送的效率,才能提高配送系统的经济效益。配送系统的效率是指"配送系统的产出与投入之比"。配送系统的产出是配送服务，产出的多少可以用配送服务水平的高低来衡量与评价；配送系统的投入是为提高配送能力所消耗的活劳动与物化劳动，体现为配送成本。以最低的配送成本达到可以接受的服务水平，或以可以接受的配送成本达到最高的服务水平，这都是企业所追求的目标。

4. 高配送质量

配送质量直接与客户有关，配送质量的高低直接代表企业的形象和信誉，对企业的市场占有率有很大影响。

6.1.5 连锁企业配送的含义与特点

1. 连锁企业配送的含义

连锁企业以各连锁店铺为配送对象，把零售经营与满足自己需要的物流活动以"联购分销"方式有机地结合在一起，实现经营上的规模效应。它的配送行使者与配送对象具有隶属关系，是实行统一经营条件下的商品配送，即特定配送。其购销关系连续、稳定，是一种真正意义上的配送。

2. 连锁企业配送的特点

(1) 预约配送。连锁企业对各连锁店的配送是配送之前有约定，按各连锁店的订货要求进行配送。

(2) 货物种类众多。连锁企业，特别是现在的大型连锁超市，货物规格多样，种类成千上万。

(3) 物流活动集中化。连锁企业把各连锁店的商品采购、储存、运输活动集中起来，统一管理，并按各店铺的要求对商品进行分类、编配、整理、配装后，将商品送交各门店。

(4) 配送点多，线路复杂。连锁企业经营的分店数目较多，导致了配送线路比较复杂。

(5) 购销关系稳定。连锁企业的配送对象是所属的连锁店，因此形成了比较稳定的购销关系，这种稳定的购销关系不是靠行政手段来维持，而是以经济利益，即通过配送取得规模效益，使连锁店降低经营成本，提高经济效益。

(6) 附加增值服务较多。一般连锁企业配送中心除了配送服务以外，还会为连锁企业提供一些其他的增值服务。如拆零，当供应商大包装供货时，其可能不适合直接销售，要求配送中心按照各个分店的订货进行拆零，然后再拼装。另外，大部分配送中心还附带有处理运货等增值业务。

6.2 连锁企业配送的现状

配送在发达国家出现得比较早，无论是在配送规模、配送功能、技术装备还是在服务质量上都已经达到了比较完善的水平。随着我国零售业的发展以及行业对物流认识的提高，目前我国连锁企业配送形式呈多元化发展。虽然起步较晚，但我国连锁企业的配送业务发展迅速，配送水平不断提高。

6.2.1 发达国家连锁企业的配送现状

配送在发达国家出现得比较早，随着经济发展速度的逐步加快，配送得到了进一步的发展。如今，在国外配送已经成为连锁零售业经营的一个最基本的条件，而且还在迅猛发展。从国外连锁超市物流配送的现有情况看，无论是在配送规模、配送功能、技术装备还是在服务质量上都已经达到了比较完善的地步[1]。目前配送中心、加工中心等物流中心遍布整个美国、日本和西欧，而且这些国家对物流配送的研究也较多，已经形成比较成熟的理论体系，不论是硬件方面还是软件方面都具有相当高的水平。其中，美国在物流配送机械方面水平较高；日本物流配送基础设施良好，物流配送社会化、组织化程度较高，注重物流配送实用技术和方法，物流配送成本控制较好。发达国家连锁企业的配送现状有以下 4 个特点。

1. 配送的规模日趋扩大

在发达国家，对大型连锁超市自建的配送中心而言，规模一般都很大。配送规模日益扩大的另一个重要标志是配送中心的数量明显增加。截止到 2018 年，美国从事营业仓库的企业共有 550 多家，营业仓库总面积约 2000 万平方米，从业人员 10 万人左右，已经形成高效而有序的社会大物流体系。在日本，有各类流通企业 6 万多家，货运量超过 50 亿吨，从业人员 105 万人，近年来，不少日本企业不再建立自己的配送中心，而是委托社会上的产业配送中心进行配货，促进了社会化配送中心的发展。

2. 配送功能有集成化和延伸化趋势

除了将流通归于配送过程中的重要功能外，发达国家连锁超市企业还强调配送功能的完善化和延伸化。除了基本的储存、分拣、包装、流通加工、运输等服务外，还尽量延伸至采购及订单处理、配送方案的选择与规划、库存控制策略等增值服务。同时，配送过程中着重于将物流和供应链其他环节进行集成，包括物流渠道与商流渠道的集成、物流渠道之间的集成及物流环节与制造环节的集成等，例如京东配送。

京东配送强调配送功能的完善化和延伸化，将物流和供应链其他环节进行集成。例如京东 SOP 商家可以在后台设置配送时效，消费者可以选择极速达、211 限时达、夜间配等自由配送服务。京东配送还可以选择货到付款、售后到家、海外配送等服务。在大件商品配送方面，京东配送还提供开箱验机和家电清洗等服务。这些配送服务可以提高客户购物体验，增强客户黏性。

3. 配送技术和设备更加先进

发达国家连锁超市配送技术非常先进，配送设备的更新周期比较短。通过配送新技术如

---

[1] 国家发展和改革委员会经济运行局，等. 中国现代物流发展报告：竞争合作与产业成长(2006)[M]. 北京：机械工业出版社，2006：329-334.

条码标识技术、自动存货补货技术、自动分拣技术和计算机智能化等导入使用,可以有效地提高各个环节的作业效率,缩短作业时间,提高设备的利用率,减少等候时间,合理安排配送区域和路线。随着高科技迅猛发展,信息技术的发展还改变了企业应用供应链管理获得竞争优势的方式,成功的企业应用信息技术来提高物流配送的效率和准确率,增强其决策能力。同时,采用现代化设备如自动分拣机、电动升降机、自动传送带等进行机械化和自动化作业,可以快速、准确地进行配送服务,并能有效地节约空间、节约劳力,提高仓库管理水平,减少货损,缩短商品周转期。

4. 配送服务质量高

发达国家连锁企业都把提高配送服务质量视为发展配送业务的重要手段,并通过有效的配送管理和严格的规章制度来保证配送服务质量的提高。配送的服务质量要求一般细化成以下内容:一是基础质量,即指配送服务或配送业务必须达到的基本要求,具体来讲就是要做到拣选配货准确无误、发货不出现错装、发货时间不能超过规定的期限、发送的目的地准确无误和保持配送货物的完整性等;二是战略质量,即指提供更好、更全面的服务。国外连锁超市的配送不仅注意保持"基础质量"的稳定,保证其配送货物的准确率和准时率,同时更重视提高"战略质量",尽力提供更好、更全面的服务。

6.2.2 我国连锁企业的配送现状

1. 我国连锁企业配送形式呈多元化发展

随着我国零售业的发展以及行业对物流认识的提高,目前我国连锁零售业表现出多元化发展的趋势。从主要形式看,由于历史和环境的原因,大部分连锁零售企业加大了自建物流配送中心的覆盖面和区域物流中心的建设,在规模和技术上都有较大提升。特别是有实力的连锁零售企业,将物流建设作为今后企业发展的战略。委托第三方进行物流配送的企业也大大增加,更多的企业开始采用物流外包的方式。还有大量的连锁零售企业由于门店数量以及企业规模、实力的原因,采用供应商直接供货,这其中包括进入中国市场的国外知名大型超市。

2. 外资连锁企业配送市场占有率降低

中国零售业对外资全面开放,使外资零售业开店速度加快,并且加快了在我国建立物流体系的步伐。具有代表性的当属沃尔玛百货有限公司,1996 年进入中国以来,截止到 2018 年,沃尔玛在全国 180 多家城市开设了 400 多家商场、9 家干仓配送中心和 11 家鲜食配送中心。但是,据国内行业数据显示,2013—2018 年,外资快递企业的市场占有率,从 21.1%逐年降低至 1%。

3. 连锁零售商配送中心的技术水平不断提高

连锁零售企业的发展,要求其配送中心的规模和配送半径、运作效率达到更高的要求。目前,国内连锁企业的配送中心,逐步提高了其技术含量:如增加了高层立体货架和拆零商品拣选货架相结合的仓储系统;部分使用电动高位叉车、低位拣货车和托盘,大大提高了装卸、搬运、拣货作业的机械化程度；配送中心的信息系统、货场电子化设备和电子标签的应用，使作业人员可以方便有效地按订单取出商品，进行理货和分拣，大幅度提高速度，降低差错率；托盘、物流笼车的使用，提高了门店的配送商品交接效率。

4. 生鲜、果蔬配送中心的加强

随着零售市场的竞争加剧及居民生活水平的提高，人们对快速食品、生鲜半成品和冷冻食品的需求增加，建设和加强生鲜食品加工中心和配送中心已成为中国连锁零售企业加强生鲜食品经营、提升竞争力的重要手段。一些大型连锁企业开始建立技术难度较高的生鲜食品、果蔬等配送中心，如上海联华超市、苏果超市、北京京客隆等都加大了生鲜食品加工配送中心的建设。2008年，上海联华超市生鲜食品加工配送中心投资6000万元，建筑面积35000平方米，年生产能力20000吨，其中肉制品15000吨，生鲜盆菜、调理半成品3000吨，西式熟食制品2000吨，产品结构分为15大类约1200种生鲜食品；在生产加工的同时配送中心还从事水果、冷冻品以及南北货的配送业务。

5. 不同企业物流水平差异明显

我国连锁零售企业众多，包括有实力的大型集团企业、大型外资零售企业以及大量的中小型连锁零售企业。由于企业的情况不同，其物流水平参差不齐。据统计，北京超市通过自营配送体系运送商品的比例很低，没有一个企业的配送中心对各店经营的商品实行100%统一配送，少数企业的统一配送率在50%左右，最好的在80%~90%之间，多数在60%~70%之间，差距明显。其他中小城市或边远地区的连锁零售企业实行统一配送的比例更低。随着发达地区经济的高速发展，企业实力的不断壮大，这种差距将越来越大。

【案例6-1】

至真至诚的苏宁服务：物流配送服务

6.2.3 连锁企业配送的发展趋势

在未来几年内，随着连锁企业经营不断向多业态、多业种、多地域和多形式拓展，以及信息技术在连锁经营企业应用的日益广泛，物流配送将呈现出新的趋势。

1. 冷冻生鲜品的配送将备受关注

一方面，连锁企业的配送中心将增加或加强冷冻生鲜食品的配送功能。这主要是随着零售市场竞争加剧，居民生活水平提高，人们对快速食品、生鲜半成品和冷冻食品的需求增加，大型零售企业设立食品加工中心和配送中心是物流配送的一个趋势。另一方面，以批发为主导型的食品配送中心将会出现。一些实力较强的食品批发企业面向独立经营的单体超市门店开展以食品为主的配送服务，这将是我国专业化物流配送中心建设发展的一个趋势。例如，伴随消费者生活水平和对商品质量要求的提高，专门经营肉类、蛋类、菜类、牛奶、面包、冰淇淋等新鲜食品的物流配送企业，会逐步转变为集物流、常温仓储、冷藏、包装、流通加工、配送为一体的多功能物流中心。

2. 第三方物流的发展将加快，连锁企业引入第三方物流将是一个发展趋势

在日本，大约有30%的连锁企业在很大程度上依靠社会化的专业配送企业。随着专业化

物流企业的兴起和成熟,将商品的配送业务部分甚至全部交给专业物流企业完成,将会成为连锁企业越来越普遍的配送选择。相对而言,一些自身具有物流配送中心的连锁企业,也将开始利用自身较强的物流配送能力开展社会化的物流配送。

3. 信息技术的应用将进一步加强

信息技术的应用将提升企业物流的现代化水平与连锁企业物流相关的信息系统,主要包括企业内部的管理信息系统,以及与供应商进行数据交换的系统(EDI)或电子订货系统(EOS)。随着信息技术的普及和推广,零售企业特别是连锁企业开始了网上数据传送和订货的应用,利用互联网与物流配送中心、上游供应商共享商品的销售和库存信息,在电子订货、商品验收、退货、促销、变价、结算、付款等环节提供协同支持。

4. 工业、物资企业对商业物流的介入将进一步深入

(1) 生产企业物流向连锁企业物流扩张。在商品竞争激烈的行业,如家电、服装、化妆品和保健品等领域,大型生产企业基本上都直接参与了面向消费者的市场活动,一些生产企业的运输部门已经开始从自身配送向社会化物流配送转变,并逐步适应大型连锁企业的要求。

(2) 传统物流企业向连锁企业的第三方物流转变。我国原有的一些储运企业大都从事有关生产资料的运输和保管业务,随着企业改制以及物流市场的扩大,它们开始将业务拓展到零售领域,特别是连锁企业。还有一些原隶属流通部门的运输和仓储部门也从整体业务中剥离出来,独立从事专业的物流服务。目前一些物流企业已经介入了连锁企业的物流业务,相信未来会有更多的物流企业转向为连锁企业提供物流服务。

6.3 连锁企业的配送模式

连锁企业的配送是构成消费品供应链的终端环节,也是形成商品使用价值最重要的环节,涵盖运输、集货、储存、加工、分拣、配装以及为各环节提供配套服务的信息系统等。

6.3.1 配送模式的类型

根据提供配送服务的主体,一般将其运作模式分为四类:自营配送模式、共同配送模式、供应商配送模式、第三方配送模式。

1. 自营配送模式

自营配送模式是指企业物流配送的各个环节由企业自身筹建并组织管理,实现对企业内部及外部货物配送的模式。这种模式有利于企业供应、生产和销售的一体化作业,系统化程度相对较高,既可满足企业内部原材料、半成品的配送需要,又可满足企业对外进行市场拓展的需求。其不足之处表现在,企业为建立配送体系的投资规模将会大大增加,在企业配送规模较小的时候,配送成本和费用也相对较高。自营配送模式的运行流程如图6-1所示。

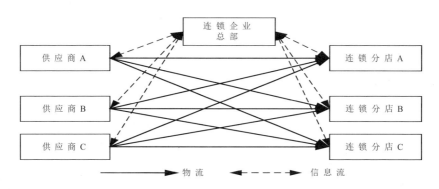

图 6-1 自营配送模式的运作流程

随着连锁经营的发展，以配送中心为核心的物流系统构建显得越来越重要。物流配送已经成为保证连锁零售运营体系正常运作的基本条件，也是构筑各企业核心竞争力的关键因素。目前大型连锁零售公司大多数选择自建物流配送中心，实行统一配送。特别是在常温仓储和冷冻品及生鲜产品仓储方面，这一现象更加普遍。

2. 共同配送模式

共同配送是指多家商业企业联合起来组成物流联盟，为实现整体的物流配送合理化，在互惠互利原则指导下，共同出资建设或租用配送中心，制订共同的计划，共同对某一地区的用户进行配送，共同使用配送车辆的配送模式。例如共同配送的"沛县模式"，由江苏沛县中邮速递、申通、韵达、天天和百世五家企业等比例出资成立飞马配送公司，负责完成这五家企业所有快件的派送工作，揽件业务还由五家公司各自负责。五家企业负责人轮流负责现场的管理工作。飞马配送在成本降低的同时，效率也大大提升。当然，飞马配送也不限于为这五家企业服务，安能、国通等也是其服务对象。

联盟各方通过契约形成优势互补、要素双向或多向流动、相互信任、共担风险、共享收益的物流伙伴关系。这是那些经营规模较小或门店数量较少的连锁超市常采用的一种模式。共同配送模式的运作流程如图 6-2 所示。

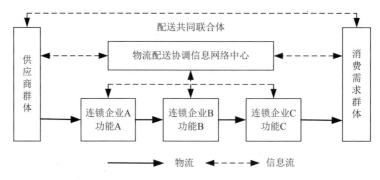

图 6-2 共同配送模式的运作流程

共同配送的核心在于充实和强化配送的功能，提高配送效率，实现配送的合理化和系统化。作为开展共同配送的联合体成员，首先要有共同的目标和利益，这样才能使联合体有凝聚力和竞争力，才能有利于共同目标和利益的实现。开展共同配送、组建联合体要坚持以下几个原则：功能互补；平等自愿；互惠互利；协调一致。

企业在树立了共同配送的理念之后，要进行共同配送，组建共同配送联合体，就必须进行共同配送的可行性论证。论证的内容主要包括以下几个方面。

(1) 环境分析。环境分析主要包括宏观环境分析和微观环境分析。宏观环境主要包括经济环境、法律环境和自然环境等。其中，重点以经济环境为主，主要包括交通、通信及仓储等。而微观环境主要是对合作者的分析，在配送范围合理的区域内，对合作对象的配送需求、合作动机、配送能力进行共同配送可行性分析。

(2) 组织论证。通过组织论证主要分析开展共同配送的组织管理模式、方法以及组织保证。

(3) 技术论证。主要包括与共同配送有关的技术以及企业间资源、设备和管理技术的论证，同时还包括与电子商务有关的安全技术、支付技术及网络技术的论证。共同配送的实施步骤为：①选择联合对象；②组建谈判小组；③签订合作意向书以及合同，并进行公证；④组建领导班子，议定管理模式。在实际运作过程中，由于共同配送联合体的合作形式、所处的环境、条件以及对客户要求的服务存在差异，因此，共同配送的运作过程也存在较大的差异，互不相同。例如2015年6月，顺丰、申通、中通、韵达、普洛斯五家物流公司共同出资成立的丰巢智能快递柜，可以说共同配送是物流配送发展的总体趋势。

3. 供应商配送模式

简单来说，就是由生产企业直接将连锁企业采购的商品，在指定的时间范围内送到各个门店甚至送到货架的物流活动。通常，中小超市公司由厂方直送商品的比例较高，而大型连锁超市公司趋向于通过自己的配送中心对门店实施配送，据统计，厂方直送商品只占商品总量的15%～20%。供应商配送模式的运作流程如图6-3所示。

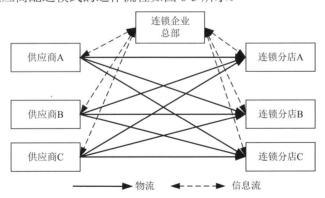

图6-3　供应商配送模式的运作流程

我国的大型生产企业，比如很多大型电器厂家(如海尔、海信等)、食品生产企业(如康师傅等)以及国外有实力的日化产品厂家(如宝洁等)在全国范围内建立了自己的分销体系，将分销渠道直接介入连锁企业的分销配送活动中，并且根据商品的属性、运输距离、自己的运输能力以及季节等条件安排有关配送的活动。

一些大型的连锁企业与供应商之间的关系由竞争走向了协作，可以降低交易成本，保持双方之间供需信息的快速传递。如华联超市与上海捷强集团公司以及宝洁公司建立了自动补货系统(ERC),将"连锁超市补货"转变为"供货商补货"。这一举措开创此模式在连锁超市中运作之先河,使企业削减整体成本、库存与有形的资产投资,并使消费者得以选择高品质、高新鲜度的食品而从中受益。这一模式在华联超市的运营取得了良好的效果,其他超市企业也开始相继模仿、推广。但是由于连锁超市经营的商品种类比较多,供应商配送模式有一定的局限性,比较适用于销售量比较大并且适于整车运输的商品的配送。

4. 第三方配送模式

第三方就是指提供物流交易双方的部分或全部物流功能的外部服务提供者,是物流专业化的一种形式,如美国联合包裹服务公司、日本日通国际物流有限公司,以及国内的顺丰、"三通一达"、美团骑手等。在美国,第三方物流业被认为尚处于产品生命周期的发展期;在欧洲,尤其在英国,普遍认为第三方物流市场有一定的成熟程度。欧洲目前使用第三方物流服务的比例约为76%,美国约为58%,且其需求仍在增长。整个美国第三方物流业有相当于4200亿美元的市场规模,欧洲最近的潜在物流市场的规模估计约为9500亿美元。

美国目前有几百家第三方物流供应商,其中大多数公司开始时并不是第三方物流服务公司,而是逐渐发展进入该行业的。第三方物流的服务内容现在大都集中于传统意义上的运输、仓储范畴之内,运输、仓储企业对这些服务内容有着比较深刻的理解,对每个单项的服务内容都有一定的经验,关键是如何将这些单项的服务内容有机地组合起来,提供物流运输的整体方案。

第三方配送模式就是指交易双方把自己需要完成的配送业务委托给第三方来完成的一种配送运作模式。第三方配送模式的运作流程如图6-4所示。

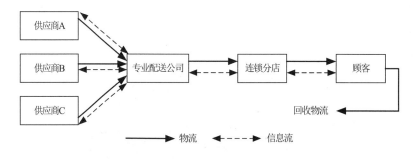

图6-4 第三方配送模式的运作流程

大型连锁零售公司通常配送业务量巨大,它们即使建有自己的配送中心和较为完善的配送体系,在某些业务方面仍然需要与第三方物流公司产生业务合作,即超市配送的部分外包,在配送方面实行厂商协作共同完成。特别是在长途运输、区域仓库等方面的业务,外包的优势较为明显。

中小型连锁企业由于规模小导致配送业务量相对较小,资金实力方面的欠缺,不适于自己建设如配送中心等一些项目投资大、回收期长的服务性工程,因此,这些企业通常会与专业配送企业结成战略联盟,将业务外包,有效利用第三方物流配送(TPL)完成仓储和配送任务,以完全实现或近似达到本企业零库存的目的。相对于日本大约有30%的连锁超市将其配送业务外包给社会化的专业配送企业,我国连锁企业利用第三方物流的比例相对低一些,行业的规模和服务水平还有待提高。但是，近年来随着连锁企业的发展，我国连锁企业利用第三方物流的比例已经逐渐提高。

6.3.2 配送模式的比较分析

各种配送模式都有自己的优劣势，连锁企业采用何种配送模式，关键在于企业的实际情况如何。

1. 自营配送模式的优势与劣势及适用范围

(1) 自营配送模式的优势。

① 反应快速、灵活。在这种配送模式下，连锁企业对配送业务直接进行管理和运作，配送业务围绕着企业的销售而展开，能最大限度地满足企业销售服务的要求。为了给企业连锁店铺提供更灵活、更方便、更能满足连锁企业的需要的配送服务，所以其服务质量和服务水平较高。

② 企业拥有对配送系统运作过程的有效控制权。首先，自营配送便于各环节的协调配合，以对物流系统运作的全过程进行有效的控制，同时可以降低交易成本、避免商业秘密的泄露。其次，能够控制或者避免竞争对手对该商品配送系统的利用，保障企业在物流配送上的优先地位。

(2) 自营配送模式的劣势。

① 一次性投资大。虽然自营配送具有自身的优势，但由于配送体系涉及运输、仓储、包装等多个环节，建立配送系统的一次性投资较大，占用资金较多，对于资金有限的企业来说，建设配送系统的投资是一个很大的负担。

② 成本较高。企业自营配送一般只服务于自身，依据企业自身配送量的大小而建立。而当单个企业因经济实力和销售规模限制无法产生配送规模效益时，就会带来高额的配送成本，难以发挥连锁经营的优势。

另外，由于配送中心是企业自建自营，且要求高水平服务，连锁企业需要花费相当大的投资和精力去进行配送中心的建设和管理，这无疑增加了企业的运营成本。

(3) 自营配送模式的适用范围。这种配送模式适用于一些经济实力雄厚、销售规模较大或自身拥有较好的配送网络的大型连锁企业。

2. 共同配送模式的优势与劣势及适用范围

(1) 共同配送模式的优势。

① 提高资源利用率。共同配送模式通过对连锁企业、物流企业的功能和设施设备、信息网络等资源进行整合，实现物流资源的优化配置，最大限度地提高人员、物资、金钱、时间等物流资源的效率，取得最大效益。

② 提高配送效率，降低配送成本。共同配送模式可以通过混合装载，将多家企业的零散货物整合成一次性运输，优化配送路线，提高配送效率，降低配送成本。

③ 减少投资，提高核心竞争力。共同配送模式可以减轻连锁零售企业的投资负担，基于自身主营业务的比较优势，在供应链上选择最适合自身、能使自己获得最大价值的业务环节，节约资源投入的同时能够提升企业的核心竞争力，促进企业成长。

④ 有利于节约社会资源。共同配送模式可以充分整合利用各种"缺乏系统功能"的物流资源，产生协同效应，避免重复建设，减少配送车流总量，减少闹市卸货妨碍交通的现象，改善交通运输状况。

(2) 共同配送模式的劣势。

① 在配送组织费用的分摊方面存在难度。核算运费及其他费用是一个值得注意且存在难度的问题。

② 有泄漏商业机密的可能。因为是共同配送，企业的很多资料需要公开，这样商业机密难免会泄漏。

③ 企业间共同配送难以实施，实行共同配送的企业间难以磨合。共同配送模式是基于企业间的相互合作，作为共同配送联合体的企业成员要有相同的目标理论和利益，但是不同的企业在文化理念上多少会存在差异，企业间的磨合不是一蹴而就的。

(3) 共同配送模式的适用范围。对连锁企业来说，共同配送模式适用于家电连锁企业与运输企业的共同配送。

3. 供应商配送模式的优势与劣势及适用范围

(1) 供应商配送模式的优势。

① 采用供应商配送模式的连锁企业不用承担运输成本，有精力专注于自身的主营业务。如家乐福在中国就是采用的这种配送模式。

② 责任与风险都转移给了供应商。

(2) 供应商配送模式的劣势。

① 依赖性强，对连锁企业的规模有一定的要求。规模大的供应商不会因为少批量的货物就给连锁零售企业进行送货，供应商要求零售企业的订货要达到一定的数量。

② 在某种程度上削弱了连锁企业的讨价还价能力。送货由供应商进行，供应商掌握一定程度的主动权，这样也就削弱了连锁企业的讨价还价的能力。

③ 易造成连锁企业的商品单一化。因为是供应商送货，因此供应商的货物品种不会很丰富，并在一定的采购量下供应商才会送货，这样会造成大批量地采购同质的商品，从而使连锁经营没有特色。

(3) 供应商配送模式的适用范围。这种配送模式适用于大卖场、仓储式综合性超市。

4. 第三方配送模式的优势与劣势及适用范围

(1) 第三方配送模式的优势。

① 连锁企业将配送外包，使企业专注于自己的经营。根据分工原理，不同的企业有着不同的分工，各企业做自己最擅长的业务。针对连锁企业来说，企业要做的是怎样完成产品销售，而不应完全专注于后勤工作。将配送外包给第三方可使企业无后顾之忧，专心于自己的业务。

② 减少固定投资。采用第三方配送可使企业减少在固定资金上的投入。资金的周转对小型的资金紧缺的连锁企业特别重要，这些企业采用第三方配送可以减少资金占用，进而减少企业的经营风险。

③ 第三方配送可为企业提供多种服务。第三方配送一般都比较专业，可以根据不同连锁零售企业的要求提供不同的配送服务。

(2) 第三方配送模式的劣势。

① 连锁企业难以与第三方配送企业磨合。将物流配送外包给第三方使连锁零售企业不能直接控制物流，连锁企业需要向第三方配送企业准确传达企业的需求，第三方物流配送企业需要融合到连锁企业中来，这要求双方需要一段较长的磨合期。

② 配送服务标准化程度低，难以衡量物流配送费用。现在配送服务标准化程度不高，物流配送的运费也没有一个确定的衡量标准，不过随着国内第三方物流的发展，这一现象正在得到改善。而且随着信息技术的提升，第三方物流和连锁企业可以做到无缝对接。

(3) 第三方配送模式的适用范围。这种配送模式适用于处理配送能力相对较低的连锁企业。

根据以上分析，几种配送模式的比较如表 6-2 所示。

表 6-2 连锁企业配送模式的比较分析[1], [2]

对比因素	配送模式			
	自营配送	共同配送	供应商配送	第三方配送
适用企业	大型连锁企业	大、中型企业	连锁性不强的大卖场、仓储性综合超市	处理配送能力相对较差的连锁企业
服务质量	高	较低	低	较高
信息化程度	较低	一般	一般	高
物流成本	高	较高	低	低
物流控制能力	高	较高	较低	较低
规模效益	较低	一般	高	较高
集中核心业务的能力	低	较低	高	高
物流业务的专业化程度	较低	较低	较低	高
业务关系	一对一	一对一	多对多	多对一
增值服务	较少	较少	多	较多
质量控制	容易	一般	难	较难
运营风险	高	较高	高	较低
供应链因素	少	较少	一般	多
可信任度	高	较高	低	一般
设备	陈旧	较陈旧	一般	先进
运营资料泄漏的可能性	低	较低	高	较高
专业人才	较多	较多	较多	多

---

[1] 汝宜红，宋伯慧. 配送管理[M]. 北京：机械工业出版社，2010.
[2] 付浦君. 基于信息化的供应链协同物流管理研究[D]. 北京：北京林业大学，2013.

6.3.3 配送模式的选择

1. 连锁企业配送模式选择的指标体系

配送是连锁企业的核心,在选择配送模式时,应针对连锁企业的类型需要设计一套科学、完整且能够从全方位、多角度反映连锁企业配送模式的指标体系。配送成本和配送服务是连锁企业配送模式选择的最重要的两个因素。商品的特性对配送模式的选择也起到一定的作用,比如冷冻食品的配送一般是由供应商直接配送到零售店。连锁企业在考虑配送模式时一般会考虑到地区经济的发展、物流网络的发达程度以及信息技术支持。此外,宏观的政府政策和市场环境也会对连锁企业配送模式的选择有一定的影响。

因此,把影响配送模式的选择因素归纳为成本因素、服务因素、环境因素、内部因素等几个方面,并建立了一般连锁企业配送模式选择的指标体系,如图6-5所示。

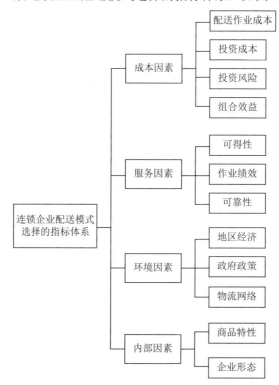

图 6-5 连锁企业配送模式选择的指标体系

(1) 成本因素。任何一个企业管理者都希望自身经营活动的各项成本最小、利润最大,所以配送成本是连锁超市在选择配送模式时必须考虑的核心要素。一般认为物流配送成本包括以下几个方面。

① 配送作业成本。配送作业成本主要是指某种物流配送模式下的配送作业产生的直接成本,包括库存成本、订单处理成本、装卸搬运成本、包装加工成本、运输成本等。

对于自营配送模式以外的其他配送模式来说,其配送作业成本是每个配送单元的配送价格。而对于自营配送模式来说,配送作业总成本的计算公式如下:

配送作业总成本=库存成本+运输成本+装卸搬运成本+包装加工成本+分拣成本

$$配送作业成本 = \frac{配送作业总成本}{配送单元数}$$

其中，

库存成本=库存持有成本+库存管理人员工资
运输成本=运输设备折旧成本+运输人员工资
装卸搬运成本=装卸搬运设备折旧成本+装卸搬运人员工资
包装加工成本=包装加工设备折旧成本+包装加工人员工资
分拣成本=分拣设备折旧成本+分拣人员工资

② 投资成本。投资成本主要是指某种配送模式下连锁企业需要付出的投资成本，包括投资资金和投资的设备、设施等资源。

对于自营配送模式来说，其投资成本就是用来建设配送中心的资金和用于购买各种设备的资金，其计算公式如下：

投资成本=自建配送中心的资金+配送中心的各种运输、装卸、分拣、加工等设备成本

对于共同配送来说，其投资成本是连锁企业用于配送的各种设施设备成本。

若是选择供应商直接配送、第三方物流配送或者第三方物流企业联盟配送，超市基本不存在投资成本。

③ 投资风险。投资风险是指投资某种物流运作模式必须承担的各类风险，如技术的过早更新换代造成技术提前贬值、设备贬值等。

④ 与企业资源配置产生的组合效益。企业资源配置包括对资金、设备、人力、信息等的配置规模、配置结构和配置方式等。在现代连锁业中，不同的物流运作模式在现有企业资源配置下会产生不同效益。

需要注意的是，这些成本之间有的存在着二律背反现象：比如说降低库存可以减少库存成本，但会带来运输距离和次数的增加而导致运输成本增加。所以，在选择配送模式时，不能仅仅以某一项成本最小为目标，而要对配送的总成本进行论证。对于任何一种配送模式来说，它所对应的配送成本，都可以用"配送成本=配送作业成本+投资成本+选择成本+服务成本"来计算，最后要达到计算出来的配送总成本最小的目标。

(2) 服务因素。连锁企业物流的基本服务是指企业在运输和配送、储存、搬运、流通加工、包装以及相关的信息处理等基本物流活动中，为顾客所提供的服务承诺。随着竞争的加剧，连锁企业越来越意识到一味追求成本的最低并不能带来利润的最大化。配送服务水平的高低直接关系到连锁企业自身竞争力。

衡量物流基本服务的指标主要包括可得性、作业绩效和可靠性3个方面。

① 可得性。可得性是指当连锁企业门店及相关顾客需要商品时所拥有的供货能力。它可用以下3个方面来衡量。

- 缺货频率。缺货频率是指在一定时期内缺货的概率。将全部产品发生缺货的次数汇总起来，就可以反映连锁企业物流实现其基本服务承诺的情况。

- 供应比率。供应比率是指顾客需要的满足程度。例如，一家门店订货500个单位，有450个单位可得，那么订货供应比率为90%(=450/500)。它主要用于衡量缺货的程度。
- 订货完成率。订货完成率是指已完成的订单数量(实际交货数量)占已订货数的百分比。一般用来评价连锁企业物流服务的精确度，是一种较严格的衡量指标。

② 作业绩效。连锁企业物流服务的作业绩效是用以衡量从订货到入库过程中的速度、一致性、灵活性等，以此说明所期望的作业完成状况。

- 速度。完成周期的速度是指从开始订货时起至商品装运实际抵达时止的这段时间的长短。连锁企业根据物流服务方案的设计，完成周期所需要的时间会有很大的不同，可以短至几个小时，也可以长达几个星期。
- 一致性。一致性是指连锁企业在众多的完成周期内按时递送的能力。确切地说，一致性是指必须按照递送承诺加以履行的处理能力。
- 灵活性。服务的灵活性是指连锁企业处理门店及顾客异常需求的能力。连锁企业的物流能力直接关系到在始料未及的环境下如何去妥善处理问题。

③ 可靠性。服务的可靠性是指连锁企业能否并且乐意提供有关物流作业和门店订货状况的精确信息，这是衡量其物流能力重要的内容之一。它与存货可得性和作业完成能力构成企业物流服务质量。

(3) 环境因素。

① 地区经济。地区经济的发展对于连锁企业的未来发展有着重要的作用，选择恰当的配送模式对于实现连锁企业的战略发展目标十分重要。地区经济发展前景越看好，连锁企业规模越有望扩大，恰当的配送模式能够维持企业经营目标期限内利益的最优化，因此，决策者会倾向能够支撑未来连锁企业发展目标的物流配送模式。

② 政府政策。物流系统建设是一项长期艰巨的任务，如果政府在一定时期(特别是发展初期)给予某种配送模式(比如自建配送中心)一定的政策扶持，如制订相应的法规、提供贷款、给予税收上的优惠等，那么对于有基本条件的连锁超市来说，就会倾向于选择政府政策扶持的配送模式。所以，这个指标可以通过政府政策扶持的力度来加以评判。

③ 物流网络。本地区物流市场发展的程度，物流市场是否规范，国内物流服务相应的法律法规是否完善，会影响到连锁企业决策者对物流配送模式的选择。物流市场不规范，对于连锁企业控制其配送环节、提高服务水平是不利的。

(4) 内部因素。内部因素分为商品特性和企业形态两类。

① 商品特性。某些商品具有特殊配送要求，如玻璃、陶瓷等易碎品或生鲜、冷冻类商品，对配送工具有着特殊要求，一般是由供应商配送。而某些商品由于对运输时间有严格要求(如保质期短的商品)，需要压缩中间配送环节，一般不会考虑第三方物流，而往往通过供应商直接配送模式。

② 企业形态。不同的连锁企业形态对物流配送的需求是不一样的。对于大型连锁企业如家乐福，由于规模巨大，往往采用供应商直接配送，而对于便利店如日本7-11，每家门店规模极小，但在一个地区内分布广泛且集中，采用自营或者共同配送就是比较理想的配送方式。

2. 我国连锁企业配送模式选择的动态性分析

追求规模效益是连锁经营企业的内在要求，因此连锁企业总是不断在数量上进行扩张。

为了应对国外大型连锁企业对本土企业的冲击，国内连锁企业也开始了快速的扩张，试图以规模的扩张来增强自身的竞争力，但快速的扩张也带来组织管理上的不适应。作为连锁经营重要的一环，如果配送不能适应企业扩张的需求，则成本就不能降低，服务水平也无法提高，企业的经营就有可能失败。因此，在不同的扩张时期选择恰当的配送模式对于企业经营成败至关重要。由于我国连锁企业发展时期不过30多年时间，相比国外大型连锁企业而言，我国连锁企业规模相对较小，物流配送处于中等水平，发展的空间很大。因此，我国本土连锁企业的配送系统与国外发展成熟、相对定型的配送系统不同，常常会随着企业的扩张而改变，具有动态性。以山东三联集团为例，山东省三联集团是一家经营家用电器为主的全省连锁的大型商业企业，其物流实践经历了三个阶段：第一阶段由于物流量较少，再加上没有合适的第三方物流提供商，以自营为主；第二阶段是以第三方物流配送为主，这是由于自身物流规模的不足，特别是网上销售分散配送的需要，利用第三方物流的效率高于自营物流；第三阶段主要是以自营配送为主，这时集团的物流量随着销售量急剧增加，用自营物流的配送网络逐渐替代第三方物流，这主要是基于连锁经营规模较大的情况下，自营物流的总成本低且快速可靠，逐渐形成企业的核心竞争力。

6.4 连锁企业配送中心的规划与管理

随着连锁企业的规模扩大，配送中心在连锁企业发展中的作用日益显现，配送中心发展的滞后已经成为制约连锁经营发展的瓶颈。因此，连锁企业迫切需要分析配送中心建设中存在的突出问题，寻求配送中心建设的有效途径。

6.4.1 配送中心概述

现代物流系统包括运输、仓储、包装、装卸、搬运、流通加工、配送和信息处理等作业环节。运输作业所占成本最大(大约50%)，但作业内容相对简单。配送业务是现代物流系统中最为复杂的作业环节。在从事配送业务的配送中心，作业流程包括运输、储存、包装、装卸、搬运、流通加工和信息处理等各项物流作业。所以，配送中心在供应链环节中是一处物流节点。

对连锁企业来说，配送中心可以通过配送作业的经济规模，降低流通费用，加快商品的周转，从而进一步增强连锁企业的竞争优势。

1. 配送中心的定义及其形成

日本《市场用语词典》对配送中心的解释是一种物流节点，它不以储藏仓库这种单一的形式出现，而是发挥配送职能的流通仓库。配送中心也称为基地、据点或流通中心。配送中心的目的是降低运输成本、减少客户流失，为此建立设施、设备并开展经营、管理工作。

日本《物流手册》对配送中心的定义是从供应者手中接受多种大量的货物，进行倒装、分类、保管、流通加工和情报处理等作业，然后按照众多需要者的订货要求准备货物，以令人满意的服务水平进行配送的设施。

《中华人民共和国国家标准：物流术语》对配送中心给出了如下定义：配送中心是从事配送业务且具有完善信息网络的场所或组织，应基本符合下列要求：①主要为特定用户或末端客户提供服务；②配送功能健全；③辐射范围小；④提供高频率、小批量、多批次配送服务。

王之泰在《物流学》中对配送中心的定义如下：配送中心是从事货物配备(集货、加工、分货、拣选、配货)和组织对用户的送货，以高水平实现销售或供应的现代流通设施。即配送中心是以组织配送性销售或供应，执行实物配送为主要职能的流通型物流据点。

配送定义的要点如下。

(1) 定义中强调了配送中心的"货物配备"工作是其主要的工作，是全部由配送中心完成的。

(2) 定义中强调了配送中心有的是完全承担送货，有的是利用社会运输企业完成送货。从我国国情来看，在开展配送的初期，用户自提的可能性是不小的，所以对于送货而言，配送中心主要是组织者而不是承担者。

(3) 定义中强调了配送活动和销售或供应等经营活动的结合，是经营的一种手段，以此排除了这是单纯的物流活动的看法。

(4) 定义中强调了配送中心的"现代流通设施"，区别于以前的诸如商场、贸易中心、仓库等流通设施。在这个流通设施中以现代装备和工艺为基础，兼顾商流和物流处理的流通设施。

综上所述，配送中心是从供应者手中接受多种、大量的货物，进行包装、分类、保管、流通加工和信息处理等作业，然后按照众多需要者的订货要求备齐货物，高效、准确、经济地进行配送的信息化、现代化流通设施或组织。

配送中心的形成和发展是系统化和大规模化的必然结果。由于客户在服务处理的内容上、时间上和服务水平上都提出更高的要求，为了顺利满足客户的这些要求，就必须引进先进的分拣设备和配送设备，以及进行信息化的现代管理，否则难以建立迅捷、安全、正确、优质的作业体制。因此，不少企业都建立了配送中心。可见，配送中心是基于物流合理化和拓展市场的需要而逐步发展起来的。

如图6-6所示，传统企业没有配送中心，物流通路复杂混乱；而图6-7是建立配送中心后，尤其是大批量、社会化、专业化配送中心建立以后，物流配送显得非常合理和有序。

图6-6 传统企业物流流通图

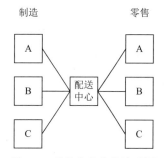

图6-7 现代企业物流流通图

2. 配送中心的类型

配送中心的功能、构成和运营方式有较大区别，可以分类(见表6-3)如下。

表6-3 配送中心的分类

分类方法	配送中心类别	分类方法	配送中心类别
按服务对象分类	生产企业配送中心	按经营范围分类	食品配送中心
	商业配送中心		日用品配送中心
按企业性质分类	自有型配送中心		药品配送中心
	公用型配送中心		家电配送中心
	合同制配送中心		电子产品配送中心
按功能分类	流通型配送中心		书籍配送中心
	加工型配送中心		汽车零配件配送中心
	储存型配送中心		服装配送中心

(1) 按服务对象分类。

① 生产企业配送中心。生产企业配送中心的服务对象是生产制造企业，配送业务包括用于生产的原材料、零部件、在制品流转、产成品销售等。生产企业配送中心对企业的生产物流起着控制、调节和平衡的作用。

② 商业配送中心。商业配送中心是专门为商品流通中的批发、零售、连锁店、超市等提供配送服务的配送中心。其业务范围相对比较稳定，经营品种多，配送业务复杂。

(2) 按企业性质分类。

① 自有型配送中心。自有型配送中心是企业自己投资建立、自行使用和管理的配送中心，通常只为本企业服务。

② 公用型配送中心。公用型配送中心是专业化、社会化服务的独立型配送中心。特点是规模较大、设施齐全、服务完善、成本较低。它是配送中心的主要形式。

③ 合同制配送中心。合同制配送中心是通过签订合同，为签约方提供长期配送服务的配送中心。其配送业务相对单一。

(3) 按功能分类。

① 流通型配送中心。流通型配送中心以流通配送为主，储存为辅。流通型配送中心的商品周转速度快、经营的品种多、配送作业比较复杂，理货区面积所占比重较大。

② 加工型配送中心。加工型配送中心以流通加工为主要业务。通常少品种大批量进货，在配送中心根据顾客的订货要求进行各种流通加工作业。例如，进行商品分级、改换包装、刷标记、贴标签等。

③ 储存型配送中心。储存型配送中心以物品储存为主要业务。特点是库存量大、品种单一、配送作业比较简单、储存设施齐全。

(4) 按经营范围分类。按经营范围分类，配送中心可以分为许多种专业配送中心，如食品配送中心、日用品配送中心、药品配送中心、家电配送中心、电子产品配送中心、书籍配送中心、汽车零配件配送中心、服装配送中心等。

3. 配送中心对连锁经营的作用

(1) 配送中心有力地支持了市场营销体系。配送中心从事的是物流活动，是为经销服务的一种活动。配送中心的设置强化了商品的生产与消费、进货与销售之间的协调能力。就配送中心来说，作为物流的一个重要内容是生产营销系统的延伸。例如，在向门店供货时，可进行小批量的商品包装、装卸和发运，使得配送中心如同生产过程的延伸。同时，配送中心的多种活动都以满足门店需求为目标，体现了物流活动的内涵，在某种意义上支持了市场营销活动。

配送中心不是以储存为目的的，然而，配送中心保持一定的库存起到了蓄水池的作用。特别是在国庆节、春节等销售量比平日成倍增加的销售高峰期间，配送中心的库存对确保销售起到了有力的支撑。配送中心以集中的库存形式取代以往一家一户的库存结构方式，这种集中库存比起传统的"前店后库"，大大降低了库存总量，增强了调控能力。

(2) 配送中心是连锁的信息中枢。配送中心接受连锁商店通过信息网发来的订货单，据此编制订购、拣选作业流程表，由自动拣送系统按单拣选配送；由计算机系统编制合理的配送计划，确保一定的商品及时、按需送达分店；同时，还可以将零售店的订货信息与配送中心的库存情况及时反馈给生产厂商。

(3) 配送中心实现了物流的系统化和规模经济的有机结合。物流系统化是指把物流的各个环节视为系统，进行整体设计和管理，以最佳的结构、最好的配合，充分发挥其系统功能的效率，实现整体的物流合理化。配送中心对于物流系统化的作用表现在以下几个方面。

① 配送中心通过集中配送的方式，按一定规模集约并大幅度提高其能力，实现多品种、小批量、高周转的商品运送，从而降低了物流的整体成本，使资源最终配置这一环节以大流通方式与大生产方式相协调。这种配送方式提高了流通社会化的水平，实现了规模经济所带来的规模效益。

② 密切了解连锁企业与供货方的关系，并从中受益。如集中大批量订货可享受更优惠的价格折扣；供货方如果集中运输，可以均摊费用，减少连锁企业供货成本，进而获得让渡物流价值。

③ 配送中心是多功能的物流设施，实现了整体的物流合理化，并充分体现了物流系统的内涵和外延。

(4) 配送中心对各分店实现零库存起到关键的作用。由于各连锁分店的主要任务是现场销售，在场地安排上，营业场所面积要占70%，用于储存的场所不会太大，而建立在大量采购、快速分拣、加工、配货、快捷运输基础上的连锁配送系统，辅以信息系统对各分店销售库存信息的准确、及时反馈，能够解决什么时候送、送多少合适的问题，从而能够使各分店不需自设仓库，实现"零库存"。这样，整个企业就可以大量节约库存成本，通过分店的专业化销售而提高效率。

(5) 配送中心完善了连锁经营体系。由于配送中心为门店的销售活动创造了优势，从而使整个连锁经营体系的成本下降，成为连锁零售业中有竞争力的零售经营形式。配送中心对于整个连锁经营体系的作用表现在以下几个方面。

① 统一进货，统一产品质量。

② 加速商品周转，减少商品损耗，降低流通费用。

③ 提高配送中心的分拣能力，改善门店的存货水平，有利于实现零星商品无库存、少库存经营。

④ 保证门店管理逐步向"只管销售"方向发展。"企业经营决策权向总部集中，物流活动向配送中心转移"，这是连锁企业发展成熟的标志之一。例如，流通加工可减轻门店的工作量；拆零作业有利于商场增加销售商品的品种数。

配送中心是连锁企业重要的环节之一，它以自身的合成效应去支持实现连锁的规模效应，因此，要实现连锁经营的规模经济，配送中心是不可少的。

6.4.2 连锁企业配送中心的建设途径

综观世界上连锁经营成功的经验，只有结合我国具体国情，根据不同企业的特殊情况，合理地选择建设配送中心的途径，才能使连锁经营健康发展。建设配送中心有以下途径。

(1) 连锁企业自建配送中心。一些规模大、资金雄厚的连锁企业集团，可以建立自己的配送中心，为整个连锁集团服务，同时有余力也可以服务其他的公司，这不仅能够取得更大的经济效益，同时能取得更大的社会效益。这种途径有利于协调总部与各连锁分店之间的关系，保持经营特色，如百联集团等。

(2) 建立联合型的配送中心。目前，国内外都发展了一些联合型的配送中心，这类配送中心有两种不同的联合方式：一种是由一家或多家连锁公司与物流企业联合，分别承担不同功能，共同实现配送中心任务，为连锁公司和其他企业配货；另一种是连锁企业和生产企业进行联合，共同建设为连锁公司和其他企业提供配货的配送中心，此种形式是流通领域向生产领域的延伸。

(3) 建立代理型的配送中心。代理型的配送中心是指连锁店本身并不经营配送业务，配送业务由某供应商或配送中心代理完成，以避免由于规模较小而导致入不敷出的问题，有利于提供专业化的配送服务，提高配送效率。

(4) 建立改造型的配送中心。改造型的配送中心是指充分利用原有批发企业、商业储运企业的场地、设备和购销渠道优势，进行技术改造、管理创新、功能完善，使之变成现代化的物流配送中心。

6.4.3 连锁企业配送中心的规划

配送中心是连锁经营的灵魂。相较于仓储中心，配送中心储存的物品品种大大增多，拣选物品的数量、速度和配送点的数量呈现几何级数的增长。因此，它的规划是一项复杂的系统工程，包括时机选择、类型选择、所有者选择、地址选择、规模选择、设施选择、投资选择等多个重要因素。这里主要讲述配送中心的选址、规模、投资三个方面。

1. 配送中心的选址

配送中心地点选择的标准是：将商品送至所有连锁店总费用最低的地方。因此，配送中心的地点选择通常由连锁店的分布状况所决定，不能片面追求最低成本，那样势必影响配送效率，增加配送成本。但是这并不意味着配送中心必须设在各分店的中心，因为，如果各分店的中心恰巧是市中心，由于地价较高、库房费用大、交通堵塞等，虽然距离短，但配送成本并不低；由于主客观因素，各分店的商品流转量不尽相同，片面追求最短距离并非费用最省。

(1) 配送中心选址的原则。配送中心的选址过程应同时遵守适应性原则、协调性原则、经济性原则和战略性原则。

① 适应性原则。配送中心的选址须与国家以及省市的经济发展方针、政策相适应，与我国物流资源分布和需求分布相适应，与国民经济和社会发展相适应。

② 协调性原则。配送中心的选址应将国家的物流网络作为一个大系统来考虑，使配送中心的设施设备在地域分布、物流作业生产力、技术水平等方面互相协调。

③ 经济性原则。在配送中心发展过程中，有关选址的费用主要包括建设费用与经营费用两部分。物流中心的选址定在市区、近郊区或远郊区，其未来物流活动辅助设施的建设规模和建设费用以及运费等物流费用是不同的，选址时应以总费用最低作为物流中心选址的经济性原则。

④ 战略性原则。配送中心的选址应具有战略眼光，一是要考虑全局，二是要考虑长远。局部要服从全局，当前利益要服从长远利益，既要考虑目前的实际需要，又要考虑日后发展的可能。

(2) 配送中心选址的影响因素。现代物流学原理已经证明，在城市现代物流体系规划过程中，配送中心的选址主要应考虑以下因素。

① 自然环境因素。

- 气象条件。配送中心选址过程中，主要考虑的气象条件有温度、风力、降水量、无霜期、冻土深度、年平均蒸发量等指标。设在市区的物流配送中心，宜选择城市年主导风向的上风口，以减少城市产生的各种污染物落入中心内。选址时还要避开风口，因为在风口建设会加速露天堆放的商品老化。

- 地质条件。配送中心是大量商品的集结地。某些容量很大的建筑材料堆放起来会对地面造成很大压力，如果配送中心地面以下存在着淤泥层、流沙层、松土层等不良地质条件，会在受压地段造成沉陷、翻浆等严重后果，因此其选址的土壤承载力要高。

- 水文条件。配送中心选址须远离容易泛滥的河川流域与上溢地下水的区域。要认真考察近年的水文资料，地下水位不能过高，洪泛区、内涝区、故河道、干河滩等区域绝对禁止使用。

- 地形条件。配送中心应地势高亢、地形平坦，且应具有适当的面积与外形。若选在完全平坦的地形上是最理想的；其次选择稍有坡度或起伏的地方，对于山区陡坡地区则应该完全避开；在外形上可选长方形，不宜选择狭长或不规则形状。

② 经济因素。

- 运输费用。新建物流配送中心选址时应优先选择靠近物流服务需求地的位置，紧邻大型工业、商业区，以便缩短运距、降低物流运输费用，提高物流服务的效益。这项指标也是物流中心定量选址中通常所关注的目标，物流费用越低的选址方案越接近最优方案。

- 服务水平。服务水平是配送中心选址的考虑因素。由于现代物流过程中能否实现准时运送是服务水平高低的重要指标,因此,在配送中心选址时,应尽可能确保客户在任何时候向配送中心提出物流需求都能获得快速、满意的服务。
- 商品特性。新建物流配送中心要能很好地适应商品的特性,经营不同类型的商品的物流中心最好能分别布局在不同地域。如生产型配送中心的选址应与产业结构、产品结构、工业布局紧密结合进行考虑。

③ 投资环境因素。

- 交通条件。物流配送中心必须具备方便的交通运输条件。一般来讲,物流配送中心的地址最好应靠近港口、机场、铁路编组站、公路货运站场、交通主干道出入口等交通便利区,中心最好能衔接两种以上的运输方式,以方便运输作业。良好的交通运输环境是选择物流配送中心位置的前提条件。
- 公共设施状况。物流配送中心的所在地,要求城市的道路、通信等公共设施齐备,有充足的供电、水、热、燃气的能力,且场区周围要有污水、固体废物处理能力。
- 经营环境。物流配送中心所在地区的优惠物流产业政策对物流企业的经济效益将产生重要的影响;数量充足和素质较高的劳动力条件也是物流配送中心选址考虑的因素之一。

④ 其他因素。

- 国土资源利用。配送中心的规划应贯彻节约用地、充分利用国土资源的原则。配送中心一般占地面积较大,周围还须留有足够的发展空间,为此地价的高低对布局规划有重要影响。此外,配送中心的布局还要兼顾区域与城市规划用地的其他要素。
- 环境保护要求。配送中心的选址需要考虑保护自然环境与人文环境等因素,尽可能降低对城市生活的干扰。对于大型转运枢纽,应适当设置在远离市中心的地方,使大城市交通环境状况能够得到改善,使城市的生态建设得以维持和改善。
- 周边状况。由于配送中心需要重点防护火灾,不宜设在易散发火种的工业设施(如木材加工、冶金企业)附近,也不宜设在居民住宅区附近。

综上所述,配送中心的选址评价指标体系如图 6-8 所示。

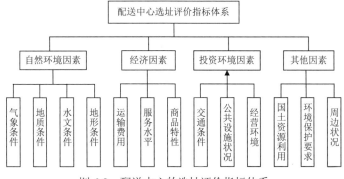

图 6-8 配送中心的选址评价指标体系

(3) 配送中心选址的程序和步骤。在进行配送中心选址时,可以按照图 6-9 所示的程序进行。

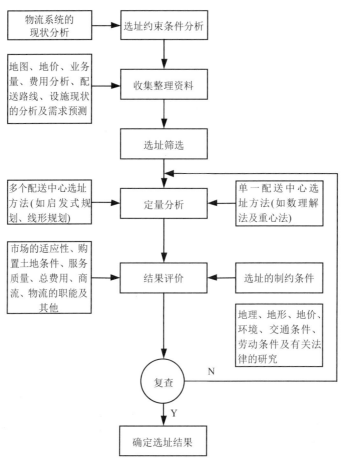

图 6-9 配送中心选址程序图

从图 6-9 可以看到选址具体来说可分为 7 个步骤,接下来主要分析前两个步骤。

① 选址约束条件分析。选址时,首先要明确建立配送中心的必要性、目的和意义。然后根据物流系统的现状进行分析,制订物流系统的基本计划,确定所需要了解的基本条件,以便缩小选址的范围。

- 需要条件:包括配送中心的服务对象——顾客的现在分布情况及未来分布情况的预测、货物作业量的增长率及配送区域的范围。
- 运输条件:应靠近铁路货运站、港口和公共卡车终点站等运输节点,同时也应靠近运输业者的办公地点。
- 配送服务的条件:向连锁分店报告到货时间、发送频度、根据供货时间计算的从连锁分店到配送中心的距离和服务范围。
- 用地条件:是用现有的土地还是重新取得地皮;地价允许范围内的用地分布情况如何。
- 法规制度:根据指定用地区域的法律规定,明确哪些地区不允许建立配送中心。
- 流通职能条件:商流职能是否要与物流职能分开;配送中心是否也附有流通加工的职能;如果需要,从保证职工人数和通行方便出发,是否需要限定配送中心的选址范围。

- 其他：不同的物流类别有不同的特殊需要。如为了保持货物质量的冷冻和保温设施，防止公害设施或危险品保管等设施，对选址都有特殊要求，分析是否有满足这些条件的地区。

② 收集整理资料。选择地址的方法，一般是通过成本计算，也就是将运输费用、配送费用及物流设施费用模型化，根据约束条件及目标函数建立数学公式，从中寻求费用最低的方案。但是，采用这种选择方法寻求最优的选址解时，必须对业务量和生产成本进行正确的分析和判断。

- 掌握业务量。选址时，应掌握的业务量如下：从供应商到配送中心之间的运输量；向顾客配送的货物数量；配送中心保管的数量；配送路线上的业务量。由于这些数量在不同时期会有种种波动，因此，要对所采用的数据水平进行研究。另外，除了对现状的各项数据进行分析外，还必须确定设施使用后的预测数值。
- 掌握费用。选址时应掌握的费用如下：从供应商至配送中心之间的运输费；配送中心到连锁店之间的配送费；与设施、土地有关的费用及人工费、业务费等。由于第一项和第二项费用会随着业务量和运送距离的变化而变动，所以必须对每吨每公里的费用进行分析(成本分析)；第三项费用包括可变费用和固定费用，最好根据这两者之和进行成本分析。

2. 配送中心的规模

配送中心的规模包括3层含义：一是与店铺规模相适应的总规模，即需要总量为多少平方米的配送中心；二是建立几个配送中心及这些配送中心的布局；三是每个配送中心的规模。因此，配送中心的规模决策也就包含了这三个层次的决策。这里只讨论第一层决策，其他的可以依此类推。

配送中心的主要功能是为连锁企业的各店铺提供商品服务，因此服务能力便成为衡量配送中心总规模是否适当的一个指标。一般来说，配送中心总规模与服务能力成正相关关系，即配送总规模越大，配送中心服务能力越强，反之亦然。但是尽管配送中心是服务性机构，在注意服务能力的同时应进行"成本—收益"分析。一般来说，配送规模与单位配送成本之间的关系，在开始的某一时段内，随着配送规模的不断扩大，配送成本也随之不断降低，其原则在于规模经济；当配送规模达到一定程度之后再进一步扩大的话，配送成本则开始随配送规模的扩大而上升。根据国外连锁经营企业配送中心的发展经验，配送中心与所配送的总店铺的面积比一般为1：10，即配送中心面积如为1万平方米，可配送10万平方米的连锁店铺。当然，连锁店铺总面积与配送中心规模的比例，因业态、流转速度以及主要配送的商品不同而有所差异。

3. 配送中心的投资

(1) 投资额的确定。配送中心的主要投资额领域有以下几个方面。

① 预备性投资。配送中心是占地较大的项目，它和仓库的不同之处在于，配送中心应处于与用户接近的最优位置。因此，在基本建设主体投资之前，需有征地、拆迁、市政、交通等预备性的投资，这是一笔颇大的投资，尤其在一些准黄金地域，这项投资可超过总投资额的50%。

② 直接投资。直接投资用于配送中心项目主体的投资，如配送中心各主要建筑物建设，

货架、叉车、分拣设备的购置及安装费，信息系统的购置及安装费，配送中心自有车辆的购置费等。

③ 相关投资。不同地区与基本建设及未来经营活动有关的项目，诸如燃料、水、电、环境保护等，都需要有一定的投资。在有些地区，相关投资可能很大，如果只考虑直接投资而忽视相关投资，投资额预测可能发生偏差。

④ 运营费用。不同配送中心选址，也取决于配送产品、配送方式和用户状况。这些因素会造成运营费用出现较大的差别，在布局时必须重视这些投资因素。有时候建设费用虽低，但运营费用高，投资中如果不考虑运营费用，投资效果可能会大打折扣。

(2) 投资效果分析和确定。配送中心的选址必须在准确掌握投资额度之后，确认其投资效果，而且以投资效果来做最后决策。投资效果问题归根结底是对投资效益的估算。配送中心和一般产品生产企业的最大区别在于，它没有一定数量、一定质量、一定价格的产品，因而收益的计量标准模糊，灰色因素较大。此外，在经营活动中，不确定因素很多，所以在计算效益时需要对用户、市场占有率等若干方面因素做不同层次的估计，分别组成不同方案进行比较。

6.4.4 连锁企业配送中心的经营管理

1. 连锁企业配送中心的经营管理内容

配送中心的高速运作有赖于良好的经营与管理，配送中心的经营管理主要包括以下几个方面。

(1) 入库管理。入库管理是配送中心物流管理的第一道环节，其核心任务是将总部采购的来自各个厂家的货物汇集到配送中心，经过一系列的入库流程，按照规定方法将货物放置于合适的地点。

(2) 储存管理。目前商品在仓库里的存放系统有两种模式，一是商品群系统，二是货位系统。商品群系统是指将同类商品集中放于一处；货位系统包括开放货位系统和统制货位系统，即每一个货位都有一个相应的编号，前者货位编号固定，某类商品可随机调换货位，后者商品则被赋予同一编号，改变货位则改变编号。两种存货系统各具优缺点，如商品群系统定位容易，但搬运困难；货位系统定位复杂，但搬运方便。在计算机系统应用广泛的情况下，采用开放货位系统比较适宜，在存放货物时必须及时将其存放的货位号输入计算机，以方便、快捷地查找货物。

(3) 发货管理。发货管理是配送中心物流管理的最后一道环节，目标是把商品准确且及时地运送到各个连锁店铺。这就要求采取经济、科学的配货方法和配货流程，在现代信息管理设备的辅助下，顺利完成发货这一管理职能。

(4) 信息管理。信息流系统和物流系统是结合在一起发生作用的，是支撑连锁企业营运的两个车轮。可以说，信息流系统畅通与否直接决定着物流系统的流畅程度，主要表现在一是提高订货与收货的准确性，二是及时掌握各分店的信息，三是缓解人力不足等问题。因此，做好配送中心的信息管理工作，对连锁企业的发展十分重要。

(5) 财务管理。财务管理对于任何一个部门都是非常重要的，配送中心当然也不例外。

随着配送中心由自营型向共营型等社会化形态的转变,财务管理这一职能将日益重要。

2. 配送中心的经营管理目标

(1) 服务性目标:为连锁门店提供全方位的准确、高效、安全的服务,要求做到无脱销、无货损等事故,并尽可能降低费用。

(2) 速送性目标:要求迅速、及时地把商品送到分店,这既与配送中心的位置布局有关,又与配送路线的合理组织有关。

(3) 空间的有效利用目标:一是有效利用土地面积的立体空间,二是合理安排商品储存,采用现代化机械设备提高运输效率。

(4) 规模适当化目标:研究配送集中与分散是否适当,实现配送中心机械设备、电子设备的合理设置及充分利用。

3. 配送中心的作业流程

许多连锁企业的配送中心对应该采取的作业流程不清楚,仍采用单店经营时的仓库作业流程,使配送成本得不到节约,无法体现连锁效益。连锁的效益主要来自于"统一进货,统一配送",统一进货最主要的目的是避免库存分散,降低企业整体的库存水平。降低库存水平的优势是减少库存商品占压的流动资金,减少为这部分占压资金支付的利息,减少储存和保管这部分商品的费用,降低商品滞销压库的风险。库存水平要与企业的服务水平相吻合,以免有脱销的风险。统一配送的最主要目的是减少送货交通流量,提高送货车辆满载率,降低去向空驶率,从而减少送货费用。这两个统一在配送中心的作业流程上是要体现出来的。

配送中心作业流程要便于实现两个主要目标:一是降低连锁企业的物流总成本;二是提高物流效率,缩短等待时间。因此,实现连锁后,企业应对配送中心作业流程进行重新设计。典型的配送中心作业流程如图 6-10 所示。

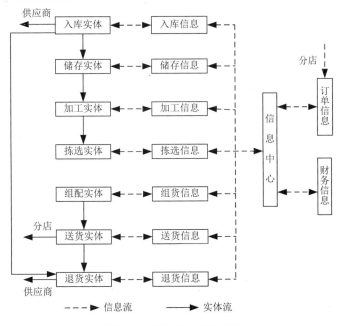

图 6-10 配送中心作业流程

(1) 信息中心。如图 6-11 所示，信息中心是整个配送中心的大脑，指导配送中心作业的各个环节，是配送活动准确、有序进行的保障。

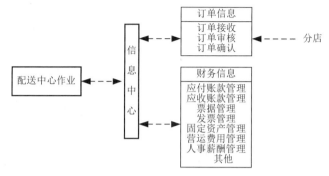

图 6-11　信息中心

(2) 入库。入库的主要功能是完成配送中心货物的入库作业，包括从上游客户送货抵达直到货物入库为止所实施的一系列实体作业。入库作业流程如图 6-12 所示。

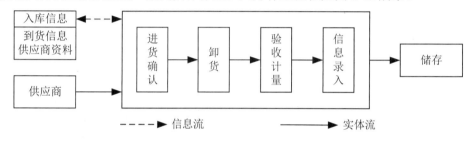

图 6-12　入库作业流程图

① 进货确认：从入库信息模块取得进货信息，确认货物品种、数量、车辆类型及到达时间等信息。

② 卸货：指将货物由车辆搬运至站台的作业。

③ 验收计量：包括质量检验和数量点收两部分内容。

④ 进货记录：指将相关进货单据信息存入进货信息，为后续储存等作业提供货物信息。

(3) 储存。储存的主要功能是对货物进行储存作业，并辅助其他作业顺利进行存取作业。储存作业流程如图 6-13 所示。

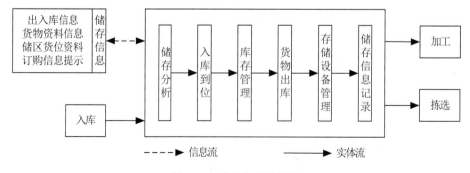

图 6-13　储存作业流程图

① 储存分析：货物入库前应从库存信息模块取得货位资料，以便安排人员适时将货物搬运入库。

② 入库到位：将验收的货物入库存放在预先安排的货位上，注意品名和数量的正确性。

③ 库存管理：包括货位管理、货物保管和库存盘查。即对仓库货位进行规划管理，提高入出库作业效率，使货物保存完好，及时掌握库存情况。

④ 货物出库：按照出库指令将货物搬运至拣选区、流通加工区。

⑤ 存储设备管理：存储设备为配送中心的重要设备之一，应随时注意其使用状况，及时保养维护。

⑥ 储存信息记录：确认库存信息。

(4) 加工。加工的主要功能是对货物进行流通加工作业，使货物达到客户要求，经过加工作业满足分店对所订购商品的要求。加工作业流程如图 6-14 所示。

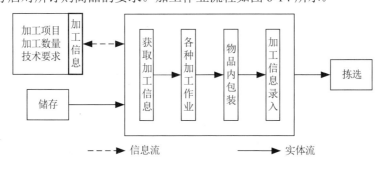

图 6-14　加工作业流程图

(5) 拣选。拣选的主要功能是按拣选信息提供的拣选单，将货物从储存区和流通加工区取出，搬运至拣选区。拣选作业流程如图 6-15 所示。

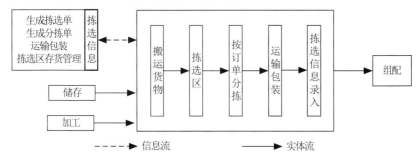

图 6-15　拣选作业流程图

(6) 组配。组配是将按客户订单分拣后的货物进行组合配货装车，以提高车辆利用率。组配作业流程如图 6-16 所示。

(7) 送货。送货是按送货信息安排的路线将货物及时送达分店。送货作业流程如图 6-17 所示。

(8) 退货。配送中心的退货主要是下游分店退货。因送货运输所发生的货物损坏和数量差错等，需将货物返回配送中心进行处理，把供应商提供的不合格货物退给供应商。退货作业流程如图 6-18 所示。

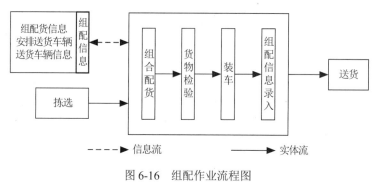

图 6-16 组配作业流程图

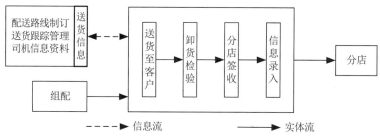

图 6-17 送货作业流程图

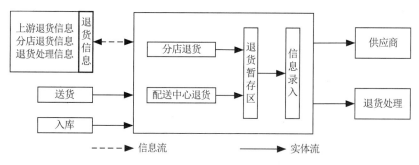

图 6-18 退货作业流程图

4. 配送中心的成本控制

配送中心的成本管理应从以下方面控制：首先要加强配送的计划性，避免临时配送、紧急配送或无计划的随时配送所带来的配送成本增加的现象。其次要确定合理的配送路线，以最大限度地节约里程，满足配送时效等要求。最后要进行合理的车辆配载，在车辆配载时应注意实重商品与轻泡商品的组合搭配，既充分利用车辆的载重能力，又充分利用车辆的有效容积。

本 章 小 结

本章主要介绍了连锁企业的配送管理，具体包括以下几方面内容：

连锁企业配送的基本概念，配送与物流的区别与联系，国内外配送发展的现状与趋势，配送模式的类型和比较，配送中心的规划、建设与管理等内容。

思 考 题

一、简答题

(1) 配送的含义及其与物流的关系。
(2) 简述配送中心的概念。
(3) 连锁企业配送的特征有哪些？
(4) 配送中心对连锁经营有哪些作用？
(5) 比较国内外连锁企业现状，谈谈对你的启示。
(6) 简述配送模式的类型及其比较分析。
(7) 配送中心选址应考虑的因素有哪些？

二、案例分析

※ 家乐福与沃尔玛配送模式的选择 ※

家乐福与沃尔玛都是世界有名的连锁零售企业，沃尔玛采用的是自营配送模式，家乐福采用的是供应商配送模式。

1. 沃尔玛以其配送能力而闻名

随着世界 500 强之首——沃尔玛在中国市场的迅速扩张，越来越多的人把眼光聚焦于沃尔玛成功的秘诀。人们通常把商品快速转运、供应商管理库存、天天平价当作沃尔玛成功的三大法宝，其中商品的快速转运往往被认为是沃尔玛的核心竞争力。于是不少企业纷而效之，大力加快建设配送中心的步伐，认为只要加强商品的配送与分拨管理，就能像沃尔玛一样找到在激烈的商战中制胜的精髓。但经过一段时间的运营之后，效果却不近人意，究其原因，主要是曲解了沃尔玛的运营管理模式。沃尔玛之所以能成功，主要有以下原因。

(1) 独特的历史背景。1962 年，当沃尔玛第一家店在阿肯色州的一个小镇开业时，由于其位置偏僻，路途遥远，供应商很少愿意为其送货。因此，山姆·沃顿不得不在总部所在地本顿威尔建立了第一家配送中心。显然，一家店不可能单独支撑一个配送中心的运营成本，于是以该配送中心为核心，在周围一天车程即 50 千米左右的范围内迅速开店。获得成功后，又迅速复制该运营模式。而同期的凯玛特、伍尔柯等大连锁公司基本位于美国大城市，有大量的经销商为其提供完善的配送等方面的专业化服务，因此也就不会把商品配送视为自己的核心竞争力。

(2) 强大的后台管理系统。在物流方面，沃尔玛创造了自己的物流系统，建立了全球第一个物流数据的处理中心，沃尔玛在全球实现了第一个集团内部 24 小时计算机物流网络化监控，使采购库存、订货、配送和销售一体化，大大降低了成本，加速了存货周转，从而形成了沃尔玛的核心竞争力。通过网络监控，各个环节都可以及时了解供需情况，从而减少了时间成本和精力成本，加快了物流的循环。20 世纪 70 年代，沃尔玛建立了物流的信息系统

(Management Information System，MIS)，也叫管理信息系统，这个系统负责处理系统报表，加快了运作速度。20世纪80年代，沃尔玛与休斯公司合作发射物流通信卫星，1983年的时候采用了POS机，全称Point Of Sale，即销售时点数据系统。1985年建立了EDI，即电子数据交换系统，是企业与企业、企业与管理机构之间，利用电子通信来传递数据信息，产生托运单、订单和发票；通过供应商、配送者和客户的信息系统，得知最新的订单、存货和配送状况，使得数据传输的准确性与速度大幅度提高。同时，沃尔玛开始进行无纸化作业，所有信息全部在电脑上运作，既节能环保又节约成本。1986年的时候它又建立了QR，称为快速反应机制，指通过共享信息资源，建立一个快速供应体系来实现销售额增长，以达到顾客服务的最大化及库存量、商品缺货、商品风险和减价最小化的目的，对市场快速拉动需求。就是因为通过这些信息系统，在这个信息时代里，沃尔玛跟紧时代的步伐，加速自己的发展。

(3) 完善的配送体系。沃尔玛在美国本土已建立62个配送中心，整个公司销售商品的85%是由这些配运中心供应。而其竞争对手只有约50.65%的商品集中配送。其配送中心的基本流程是，供应商将商品送到配送中心后，经过核对采购计划、进行商品检验等程序，分别送到货架的不同位置进行存放。销售商提出要货计划后，电脑系统将所需商品的存放位置查出并打印出有商店代号的标签。整包装的商品直接由货架送往传送带，零散的商品由工作台人员取出后也送到传送带。一般情况下，商店要货的当天配送中心就可以将商品送出。

沃尔玛要求其所购买的商品必须带有UPC条形码。从工厂运货回来，卡车将停在配运中心收货处的数十个门口，把货箱放在高速运转的传送带上。在传送过程中经过一系列的激光扫描，读取通过激光辨别上面的条形码，把它们送到该送的地方去，传送带上一天输出的货物可达20万箱。对于零散的商品，传送带上有一些信号灯，员工可以根据信号灯的提示来确定商品应该被送往的商店。配送中心的一端是装货平台，可供130辆卡车同时装货，在另一端是卸货平台，可同时停放135辆卡车。配送中心24小时不停地运转，平均每天接待的装卸货物的卡车超过200辆。沃尔玛用一种尽可能大的卡车运送货物，车中的每立方米都被填得满满的，这样非常有助于节约成本。

(4) 门店数量众多。目前美国本土有4000多家店，配送中心有30多家，可见100多家门店才能支撑一个现代配送中心的巨额费用。在门店数量不足时，配送中心的巨额费用往往会成为一个企业的经济负担。当沃尔玛进入中国时，也复制了美国的运营模式，在深圳与天津分设了两个配送中心。经过多年的苦心经营，到目前为止，沃尔玛尚未实现全面盈利，不少业内人士认为这种状况与其完全照搬美国本土的运营模式有关。美国本土的商店选址大都位于小镇，而在中国开的店大都位于中心城市，大量的供应商可以提供专业化服务，集中配送反而难以体现高效率。

2. 家乐福采用供应商配送模式

沃尔玛的商品配送模式是绝大部分国内企业都无法模仿的。与沃尔玛不同，另一艘世界零售航母家乐福，选择的却是供应商配送模式。家乐福1995年以"大卖场"形式进入中国，并在此后因地制宜地发展连锁超市。如今家乐福门店总数约200多家。由于家乐福的选址绝大部分都集中于上海、北京、天津及各省会城市，且强调的是"充分授权，以店长为核心"的运营模式，因此商品的配送基本都以供应商配送为主，这样做的好处主要有以下几个方面。

(1) 送货快速、方便。由于供应商资源多集中于同一个城市，上午下订单下午商品就有可能送达，能将商品缺货造成的失销成本大幅降低。为了减少资金的占用及提高商品陈列空间的利用效率，超大卖场基本都采取"小批量、多频次"的订货原则，同城供应商能更有效地帮助此原则的实现。相对而言，沃尔玛的许多商店坚持的是中央集中配送的模式，由于路途的原因，虽然有信息系统的强大支撑，但商品到货的速度还是相对缓慢，因此，有的门店"此商品暂时缺货"的小条在货架上随处可见。

(2) 便于逆向物流。商品的退换货是零售企业处理过时、过期等滞销商品的重要手段。如果零售商采用的是供应商配送的商品配送模式，零售商与供应商的联系与接触非常频繁，因此商品退换货处理也非常迅速，但如果采用中央配送模式，逆向物流所经过的环节大大增加，因此速度也相对变缓。

3. 配送模式分析与比较

沃尔玛在中国乃至整个亚洲，根本无法建立起像美国那样高效运作的配送中心。中国没有北美地区那样发达且免费的高速公路，高额的运输费用大大增加了物流成本。沃尔玛仅在深圳、大连等地有小型的物流中心，目前也只能处于半闲置状态。沃尔玛已经开始调整自己的物流配送策略，但速度可能不是很快。

规模达不到一定的程度，市场价格不能完全压下来，沃尔玛山姆会员店的价格并没有比其他零售商店低。由于沃尔玛在本地产品采购上偏弱，在部分地区往往找不到当地消费者熟悉的本地商品，影响了这些顾客的再次光顾。沃尔玛的全球采购部门是从过去一家专门为其经营采购业务的进出口公司演变而来，沃尔玛中国采购部门与全球采购部是买卖关系，承担了沃尔玛中国店面大部分的采购业务，并不能享受全球采购的诸多益处。沃尔玛与家乐福的商品配送模式，基本代表了目前国内零售企业的两种不同经营思想。由于各有利弊，因此，较成熟的零售商大都根据自己企业的特征制订相应的商品配送方案。

零售业态的分类、商店的选址、商店的数量、商店是否配有内仓等，都是影响零售企业商品配送模式的重要因素。概括起来可以从以下几个方面进行考虑。

(1) 中心城市宜采用供应商配送模式。我国现阶段配送行业发展不成熟，东部与西部、沿海与内陆经济发展水平相距较大，相关法律法规不健全，部分地区地方保护主义思想较为严重，各地消费者商品偏好差异较大，加之门店数量不是非常多，这些因素都导致进行全国性的商品分拨与配送效率低。家乐福目前成为中国市场发展最快、效益最好的零售商，核心竞争力就是以店长经营绩效为中心的管理体制，由此而产生的能迅速适应市场变化的本土化经营方式。但采用供应商配送的商店较容易产生的一个问题是商品结构的同质化。目前，基本所有国内中心城市的商业竞争都进入了白热化阶段，商品毛利率每年都在下降，如果所有商品均从当地采购，商品的差异化将难以体现。因此，中心城市的零售商在坚持本地采购为主的同时，还应适当保持部分中央采购的商品，这部分商品可占到商品总量的20%～30%，主要以进口商品、自有品牌及一些时尚商品、应季商品为主。

(2) 二线城市宜配送。二线城市的供应商资源较为有限，主要以生鲜和一些地方特色的食品供应商为主。如果大部分商品不能从中心城市配送，该门店商品对当地消费者的吸引力必然会大幅下降。因此，联华等大零售商一般都先在中心城市开店，中心城市的采购队伍及供应商资源较为成熟后再向二线城市扩张，这样能较为有效地从商品结构上确保连锁经营的特色。在选择仓储与运输方式时，又有自营与外包两种模式可以选择，这主要取决于本企业的资金实力以及是否有丰富的配送管理经验。如果本企业没有足够的资金建设仓库及运输车队，或者自营效率低，业务少，并缺乏相关成熟经验，就可考虑把上述业务外包给第三方配送公司，充分利用社会化分工带来的成本节约。

案例来源：豆丁网 http://www.docin.com/p-1491611120.html，作者有删减。

【案例思考题】

(1) 沃尔玛与家乐福的配送模式有何异同？

(2) 沃尔玛与家乐福的配送模式对我国连锁企业在配送模式的选择上有什么启示？

(3) 结合自己所学知识，谈谈影响配送模式选择的因素有哪些。

第 7 章
连锁企业财务管理

本章主要讲述连锁企业的财务管理,重点介绍了连锁企业财务管理的主要内容以及连锁企业财务经营分析,其中财务管理主要包括资金管理、资产管理、成本费用管理、融资决策、投资决策等,财务经营分析包括财务报告、经营分析方法、经营绩效评估指标等。

学习目标
- 掌握财务管理的概念、意义与特点
- 了解不同连锁经营形态财务管理的区别
- 熟悉连锁企业财务管理的主要内容
- 熟悉连锁企业财务经营分析

7.1 连锁企业财务管理概述

建立健全现代连锁企业财务管理制度,对连锁企业经营与管理至关重要。本节主要讲述了连锁企业财务管理的概念、意义与特点,梳理了不同连锁经营形态财务管理的区别。

7.1.1 连锁企业财务管理的概念

以盈利为目的的企业,不论其组织形式如何、从事何种业务,几乎毫无例外地面临着财务管理的问题。随着信息技术的不断创新、金融工具的不断发展和完善,企业的融资和投资渠道日益多样化,但同时企业面临的风险也更大。在这种机遇和挑战并存的现代科技时代里,企业经营成败与否,不仅取决于企业的生产技术和营销策略,更依赖于企业的财务管理是否科学与有效。

财务管理是指企业为实现良好的经济效益,在组织企业的财务活动、处理财务关系过程中所进行的科学预测、决策、计划、控制、协调、核算、分析和考核等一系列企业经济活动过程中管理工作的全称,其主要特点是对企业生产和再生产过程中的价值运动进行的管理,是一项综合性很强的管理工作。

而对于连锁企业来说,必须建立、健全现代企业财务管理制度,利用财务手段对企业各个部门及经营管理的全过程,以及商品进、销、存的每一个环节进行监督、检查、控制,充分利用销售时点管理系统(POS系统)和管理信息系统(MIS系统)对企业的经济效益进行分析,判断哪些是企业的长期效益和稳定效益,哪些是企业的短期效益和虚假效益,哪些是降低成本、减少费用的因素,哪些是增加利润、提高效率和效益的手段,从而为决策层提供及时、准确、务实的财务分析,达到依法自主理财、约束企业经营行为、管理企业各项经济活动的目的。

7.1.2 连锁企业财务管理的意义与特点

1. 连锁企业财务管理的意义

财务管理是连锁经营企业内部管理的重要内容之一,它本着责、权、利相结合的原则,通过各种财务管理手段对连锁经营企业的各个部门及企业经营的全过程,以及商品进、存、销的每一个结算环节进行监督、检查和控制,进而规范整个企业的工作流程,同时进行企业经营分析,使领导者全面了解企业的经营情况,为领导者进行科学的经营决策提供依据。健全、有效的财务管理是连锁经营企业依法自主理财、约束企业经营行为、管理企业各项经济活动的重要手段。

2. 连锁企业财务管理的特点

连锁企业的财务管理与经营管理要求和连锁企业的自身特点是密不可分的。连锁企业财务管理一般具有以下特点。

(1) 财务管理是一项综合性的管理工作。由连锁总部进行统一核算是连锁经营统一管理的核心内容之一。区域性的连锁企业,按区域层层核算,最终由总部实行统一核算;跨区域且规模较大的连锁企业,可建立区域性的分总部,负责对本区域内的店铺进行核算,再由总部对分总部进行核算。

连锁企业统一核算的主要内容是:对采购货款进行支付结算;对销售货款进行结算;进行连锁企业的资金筹集与调配等。

企业管理在实行分工和分权的过程中形成一系列专业管理,其中有的侧重于价值管理,有的侧重于对劳动要素的管理,有的侧重信息管理。社会经济的发展,要求财务管理主要运用价值形式的管理,通过价值形式把企业的一切物质条件、经营过程和经营结果合理地加以规划和挂钩,达到企业效益不断提高、财产不断增加的目的。

(2) 货币流与物流分开。由于连锁企业实行总部统一核算,由配送中心统一对门店配送。从流程上看,货币流和物流是分开的,这与单店经营中现货同步运行差别很大。因此,连锁企业中财务部门必须与进货部门保持紧密的联系。财务部门在支付货款以前,要对进货部门转来的税票和签字凭证进行认真核对。同时,在企业制度中要对付款金额相对应的签字权限做出限制。

(3) 资金统一运作,发挥规模效益。连锁经营的关键是发挥企业的规模效益,主要体现在以下几个方面。

① 连锁企业表面上看是多店铺的结合,但由于实行了统一的经营管理,企业的组织化程度大大提高,特别是统一进货、统一配送,使资本的规模优势得到充分发挥。

② 由总部统一核算,实行资金的统一管理,提高企业资金的使用效率和效益,降低成本,减少费用,增加利润。

③ 实行资产和资金的统筹调配,统一调剂和融通。总部有权在企业内部对各店铺的商品、资金和固定资产等进行统一调配,以达到盘活资产、加快商品和资金周转、获取最大经济效益的目的。

(4) 迅速反映企业经营状况。财务管理能按区域迅速反映门店现时的经营状况,辅助之后的管理需求。在连锁企业中,决策是否得当,经营是否合理,技术是否先进,销售是否顺畅,都可以迅速地在企业财务指标中得到反映。例如,连锁企业购进的商品适销对路,质量优良、可靠,则可使企业购销两旺,资金周转加快,盈利能力增强,这一切都可以通过各种财务指标反映出来。财务部门应通过自己的工作,向企业领导及时通报有关财务指标的变化情况,以便把各部门的工作都纳入提高经济效益的轨道,努力实现财务管理目标。

(5) 连锁企业财务管理还具有分布广、周转快、信息传递快、标准化程度高等特点。

7.1.3 不同连锁经营形态财务管理的区别

连锁经营企业有直营连锁、特许连锁和自由连锁 3 种不同的经营形态。这 3 种不同形态的连锁经营企业,由于经营权和所有权的关系不同而采用不同的财务管理制度,从而使连锁经营企业的财务管理活动具有多样性的特点。

(1) 直营连锁财务管理。实行直营连锁的连锁经营企业,其总部和分店同属一个法人,由同一资本构成,其财务管理是建立在资产所有权和经营权相统一的基础上,以总部为核心进行统一核算。

(2) 特许连锁财务管理。实行特许连锁的连锁经营企业,其所有权和经营权是分开的,连锁总部和各加盟店在法律上都是独立的,各自对其店铺的有形资产拥有所有权,而经营权则高度集中在总部,各加盟者没有经营权。这种类型的连锁经营企业的财务管理建立在资产所有权和经营权分离的基础之上,企业按照所有者和经营者之间的合同契约进行活动。

(3) 自由连锁财务管理。实行自由连锁的连锁经营企业,由于进行连锁经营的各分店都是根据自愿原则,在民主协商的基础之上自愿加入连锁体系的,各分店各自仍为独立法人,资产所有权关系并没有发生变化,总部只是服务性质的,不以盈利为目的。因此,各分店的经营活动在所有权、经营权和核算权等方面仍保持自主性和独立性,整个企业的财务管理活动相对简单得多。

7.2 连锁企业财务管理的主要内容

连锁企业的财务管理主要包括资金管理、资产管理、成本费用管理、融资决策、投资决策等。对于连锁企业总部和分部的财务管理内容侧重不一,连锁总部侧重投资布局、融资(供应链金融)、统一会计核算及流程体系建设等;连锁分部侧重资金和存货管理、成本控制等。

7.2.1 资金管理

1. 资金管理原则

(1) 总部统一使用与授权使用相结合的原则。连锁企业资金由总部统一筹措、集中管理、统一使用。店铺采购的产品、鲜活商品,经请示总部同意后或在总部授权的范围内可动用银行存款,否则不能动用银行存款;店铺存入银行的销货款,未经总部批准不得自行动用。

(2) 总部统一控制费用的原则。连锁企业总部、店铺及其他部门的费用由总部统一核定、统一支付。部门、店铺的工资等日常费用的支出,由总部统一开支。店长有节约费用开支的责任,总部有审查费用使用情况的权力。

(3) 统一登记注册、统一缴纳税款的原则。连锁企业应是享有独立法人资格的企业,总部和所属店铺在同一区域内的,由总部向税务及工商部门登记注册,统一缴纳增值税、所得税及其他各种税负,统一办理法人执照及营业执照。国家对企业在税收上的优惠政策,也由税务部门直接对连锁总部。特殊情况下,总部和所属店铺不在同一区域内,店铺一般处于委托法人的地位,实行属地纳税。

(4) 统一银行存款和贷款的原则。店铺在总部指定的银行办理户头、账号,只存款不出款,店铺必须每日将销售货款全额存入指定银行,不得坐支销货款,同时,店铺应向总部报送销售日报。它的核心内容是发挥企业的规模效益,以低于社会的平均成本取得社会的平均利润。

2. 资金管理原则

(1) 提高资金的运营效率和效益,积极采取措施盘活资金存量,加快资金周转。财务部门要与信息、配送等部门密切合作,通过 POS 系统对企业的进、销、存实行单品管理,要从调整商品结构入手,分析哪些是畅销商品、平销商品、滞销商品,哪些是增值库存和不良库存,加强财务对企业经营的指导、监督和制约作用。

(2) 在财务管理上要积极引进现代化的预算管理制度、成本核算制度和投入产出分析制度,要加强投资决策和投资项目的管理,建立投资责任制,提高投资回报率。财务部门要与企划开发部门紧密合作,在确定建立店铺、配送中心、计算机系统的规模和投入等问题上力求取得一致意见,使投资更加合理化、制度化、科学化。

(3) 由于连锁企业在资金上采取统一与授权相结合的管理办法,在内部资金运转过程中要严格执行各项结算制度,同时,完善企业内部审计制度,形成有效的监督机制。

7.2.2 资产管理

连锁企业的资产应实行总部与店铺分级管理的办法。有形资产在前面的连锁模式里都有介绍,由于连锁经营模式的不同,其有形资产的所有权也不同,在这里主要介绍连锁企业流动资产的管理。

1. 流动资产的含义和管理原则

(1) 流动资产的含义。流动资产是指可以在一年内或者超过一年的一个营业周期内变现或者运用的资产。流动资产在企业资产总额中占有很大的比重，在生产经营活动中具有较强的流动性。流动资产的多少表明了企业短期偿债能力的强弱，因此它在企业资产中占有最重要的地位。流动资产的货币表现是流动资金，合理、有效地使用流动资金，组织流动资金的良性循环是保证企业生产经营活动持续、稳定、协调开展的基本条件。

(2) 流动资产的管理原则。

① 总部和店铺分级负责的原则。总部配送到各店铺的商品由总部设置总账控制管理，在进入店铺以前，一切损失由总部负责；店铺自行采购的商品，由店铺自行管理，商品在店内被盗、短缺由店铺负责。

② 合理设置库存的原则。对进入连锁企业配送中心的商品加强管理，加快对各店铺的配送，减少装卸损失，降低商品损耗率；对进入各店铺的商品加强管理，一要统一管理店堂和后场的商品，二要按照 20/80 原则对商品结构进行调整，对主力商品的经营要形成系列化，保证不缺货。

③ 分类指导的原则。总部对各店铺的流动资产进行分类指导，例如，总部要对各店铺的订货数量、品种进行监测审核；总部要定期督促各店铺，及时根据销售情况调整商品结构；总部有责任督促各店铺对超过保质期的商品进行清理，并在规定的商品范围和期限内由总部负责退货处理。

2. 流动资产管理的具体内容

(1) 加强存货管理。存货管理的具体内容包括：统一存货编码；及时准确的出入库，批次管理；分实物保管及盘点；保质期预警等。

对保管期长、销售量大且长期稳定的商品由总部统一采购，统一配送到各店铺；对部分保管期短的商品或鲜活商品在总部统一配送有困难的时候，可由社会化配送中心及其他供货单位向各店铺直接配送，由总部统一结算；店铺也可以在总部授权的商品品种及数量、金额范围内自主采购。无论是总部和店铺在结算时应严格根据结算规定，将购销合同、采购单、仓库验收单进行核对，相符合后结算付款。各店铺要根据商品销售情况及时调整商品结构，对接近保质期的商品要积极开展促销活动，对超过保质期的商品要及时进行清理。

(2) 加强商品销售管理。总部对配送中心及店铺的全部商品要设置商品管理总账，对店铺自主采购的商品一般实行按商品大类管理，有条件的要逐步过渡到实行单品管理，并建立实物负责制，以保证账实相符。各店铺要定期对商品进行盘点，由总部核定商品损耗率，超过部分由总部从店铺的工资总额中作相应扣除。

7.2.3 成本费用管理

1. 成本费用的定义

成本费用是指连锁企业在一定期间内为获得营业收入而发生的各项耗费。从经济学的角度看，成本费用是商品价值的重要组成部分。成本与费用都是在企业的生产经营过程中发生的资金耗费，但不是完全同一的，是有区别的。首先，成本与费用的计算范围不同，费用按整个企业的发生额计算，成本则按一定的对象归集，是对象化的费用；其次，成本与费用的计算期间不同，费用按会计期间划分，成本按一定对象的生产过程归集，当期的生产费用和当期的完工商品成本是不同的。

成本费用是一项综合性的指标，成本费用的结构是否合理以及成本费用水平高低，反映了企业的经营管理水平。

2. 成本费用管理的内容

连锁经营企业的成本费用主要是商品采购成本、经营费用、管理费用、财务费用。

(1) 商品采购成本是指采购商品而发生的支出。连锁经营企业在商品采购成本管理上要做到货比三家，在保证质量的同时，努力降低采购成本，特别是发挥连锁经营企业的优势，通过集中采购降低成本。

(2) 经营费用是指连锁经营企业在经营过程中发生的各项支出，如商品的运输费、储存费、保险费、展览费、广告费以及专设销售机构的各项费用等。

(3) 管理费用是指企业行政管理部门为组织生产经营活动而发生的各项费用，包括管理人员的工资、工会经费、教育经费、保险费、咨询费、诉讼费、业务招待费和坏账损失等。

(4) 财务费用是指企业在经营过程中为筹集经营所需资金而发生的筹资费用，包括利息支出、手续费、汇兑损益等。

3. 成本费用管理的注意事项

在连锁经营企业的成本费用管理中要注意以下几点问题。

(1) 总部要严格控制自身的费用开支(如促销费、人工费、租赁费、能耗费以及其他费用开支等)。

(2) 总部统一整个企业的资产折旧，统一支付贷款利息。

(3) 总部对各店铺基本上采用先进先出法，按商品大类计算毛利率。

(4) 总部要建立毛利率预算计划管理，对店铺实行计划控制。进行定期考核，对影响效益大的主力商品的毛利率进行重点考核。总部对各店铺的综合毛利率进行重点考核。因此，预算控制中的事后分析很重要。

(5) 总部规定各店铺的费用细目范围及开支标准，原则上不允许随意扩大和超标。

(6) 总部对一些费用(如水电费、包装费等)要进行分解，尽量细分到各店铺和商品大类。能直接认定到各店铺和商品大类的，要直接认定；不能直接认定到各店铺和商品大类的，要参考各店铺占企业工资总额的比例、资产的比例或按各店铺的人数、经营面积分摊到店铺和商品大类。

(7) 总部对各店铺的费用通过下达销售费用率进行总体控制，要建立费用率预算计划管理。各店铺的直接费用(如业务招待费、人工费等)要与店长的利益直接挂钩。对达不到预算计划的店铺，总部要通过督导制度，帮助其分析造成费用增长、费用率上升的原因，并提出调整改进措施。

7.2.4 融资决策

资金是企业经营的前提条件，直接关系到企业的生存和发展。连锁公司为扩大经营业务和健全内部管理，必须通过各种渠道筹措和利用各种资金。公司融资渠道可分为国内融资和国际融资两个方面。

1. 国内融资方式

(1) 国内金融机构融资。

① 借款的种类。目前，我国工商企业向金融机构借款的种类有如下3种：流动资金借款，这是一种短期借款，主要有临时借款、生命周期借款和流动资金借款；专用借款，是指具有专门用途的借款，主要有技术改造借款、大修理和更新改造借款、出口产品生产专项借款、进口设备短期外汇借款、进口设备人民币借款等；基建借款，是指实行独立核算的企业进行扩大再生产和完成基本建设计划所需要的资金，由中国建设银行根据国家批准的基本建设计划所给予的贷款。

② 借款的条件。企业向银行申请借款时，应具备下列条件：依法登记，持有营业执照；借款企业必须是独立核算单位，有对外签订交易合同的权力；拥有一定数量的自有流动资金；在银行开立账户；对于固定资产贷款项目，借款单位的项目建议书、可行性研究报告和初步设计必须经过批准，并已列入年度国家固定资产投资计划。

③ 企业借用银行贷款的优缺点。银行借款是企业向金融机构融资的最重要的途径。企业得到银行贷款后应尽量利用，可将自己的钱用于得不到银行贷款的投资活动中。

充分利用银行贷款有如下优点：第一，为中小企业筹集资金提供了一条很好的途径。中小企业很难利用发行股票、债券以及利用外资等融资方式，那么，向银行借款便成了中小企业最重要的资金来源。第二，通过向银行借款，企业可以转移所得税。企业向银行贷款所应支付的利息，可计入成本，从而可减少企业的所得税支出，税务部门实际上少收入一部分税款，所以利息并不是完全由企业来承担的。第三，投资资金来自于银行，企业可避免回收资金受通货膨胀的不利影响。如果企业用自己的资金进行投资，其回收的资金会因通货膨胀而贬值。但如果用于投资的资金来自银行，企业就可以把贬值的货币还给银行，把货币贬值的风险转移给银行。所以，银行贷款在投资中所占的比例越大，则越有利于企业转嫁通货膨胀的风险。

向银行借款的缺点：第一，企业必须按期还本付息，如企业到期不能还本付息，就有可能破产。第二，借款有一些非常严格的规定，如规定用途、范围、期限等，不利于企业灵活地使用资金。

(2) 国内证券筹资。

① 国内证券的种类。证券可以分为有价证券和无价证券，无价证券必须与货币配合才能购买商品。有价证券则标明面额金额。有价证券又可以分为两大类：一类是商业票据，如本票、汇票、支票等；另一类是公共有价证券，如股票、债券。目前，我国作为企业融资工具的证券主要有股票和企业债券。

股票是指股份公司发给股东的入股凭证，并据此定期取得股息、红利的一种有价证券。

股票作为企业的一种融资工具，大致可归纳为两类：一是为成立新的股份公司筹集自有资本；二是现有的股份公司为改善经营而发行新股。

企业债券是指企业向社会借债时出具给债券认购者的借据。企业债券按偿还期的长短来划分，大致可分为3类：一是短期债券，是指偿还期限在1年以下的债券；二是中期债券，是指偿还期限在1年以上、7年或10年以下的债券；三是长期债券，是指偿还期限在7年或10年以上的债券。

② 国内股票筹资。利用股票发行的方式筹集企业资金须符合以下要求：首先，要选择股票发行的形式，股票发行一般可分为公开发行、私募发行、内部发行三种形式。其次，要具备申请公开发行股票的条件。在我国，只有股份有限公司具备一定的条件，并经过中国人民银行审查批准后才有权发行股票。最后，要履行股票的发行程序。股票的发行通常应实施下列程序：制订新股发行计划，形成股东大会决议，申请发行新股的审批，进行新股的公开招募，向公司的登记机关办理变更登记并公告。

③ 国内债券筹资。采用债券发行的方式筹集企业资金须符合以下要求：首先要具备发行公司债券的条件。我国《公司法》规定，可以发行公司债券的公司仅限于股份有限公司、国有独资公司和两个以上的国有企业或者其他两个以上的国有投资主体投资设立的有限责任公司，并须具备一定的条件。其次要履行发行公司债券的程序。公司发行债券应当制订计划，并要符合法定程序。按照我国《公司法》规定，股份有限公司、有限责任公司与国有独资公司发行公司债券的程序有一定的区别。限于篇幅，在此不作赘述。

2. 国际融资方式

国际企业的融资方式与单纯的国内企业融资方式相比，有相同的地方，也有不同的地方，现介绍其中带有国际特色的融资方式。

(1) 发行国际股票。股票是股份公司为筹集自有资金发行的有价证券，是投资入股和取得收益的凭证。所谓国际股票，是指一国企业在国际金融市场或国外金融市场上发行的股票。例如，中国的股份有限公司在美国纽约证券市场上发行的股票，便属于国际性股票。日本企业在香港金融市场上发行股票、美国企业在英国伦敦金融市场上发行股票也都属于国际性股票。随着世界经济的国际化，股票的发行也已超越了国界的限制，出现了国际化趋势，许多大企业特别是大型跨国公司都到国际金融市场上去发行股票。

国际企业在国际或国外金融市场上发行股票与国内企业相比，有以下有利条件：①国际企业规模大，信誉好，有利于股票发行；②国际企业业务散布多国，对国外或国际金融市场情况比较了解；③国际企业可以通过在国外的分支机构在当地发行股票，能节约发行费用。

企业通过发行国际股票能迅速筹集外汇资金，提高企业信誉，有利于企业以更快的速度向国际化发展。但到国外去发行股票必须遵守国际惯例，遵守有关国家的金融法规，因此，发行程序比较复杂，发行费用也比较高。

(2) 发行国际债券。一国政府、金融机构、工商企业为筹措资金而在国外市场发行的以外国货币为面值的债券，即为国际债券。国际债券可分为外国债券和欧洲债券两类。外国债券是指国际借款人(债券发行人)在某一外国债券市场上发行的，以发行所在国的货币为面值的债券。例如，新加坡企业在日本发行的日元债券、日本企业在美国发行的美元债券都属于外国债券。欧洲债券是指国际借款人在其本国以外的债券市场上发行的、不是以发行所在国的货币为面值的债券。例如，日本企业在法国债券市场上发行的美元债券，便属于欧洲债券。欧洲债券的特点是：发行人与发行地属不同国家，债券面值使用的是第三国的货币或综合货币单位(如特别提款权)。目前，欧洲债券面值选用最多的是美元，其次是马克、法国法郎、加拿大币和日元等。

(3) 利用国际银行信贷。国际银行信贷是一国借款人向外国银行借入资金的信贷行为。国际银行信贷按其借款期限可分为短期信贷和中长期信贷两类。短期信贷的借款期限一般不超过一年，国际企业借入短期资金，一般是为了满足流动资产需求。中长期信贷的贷款期限一般在一年以上、十年以内。中长期借款金额大，时间长，银行风险较大。因而，借贷双方要签订贷款协议，对贷款的有关事项加以详细规定。另外，借入中长期贷款一般要提供担保财产。国际银行信贷按其贷款方式有独家银行信贷与银团贷款两种。独家银行信贷又称双边中期贷款，它是一国贷款银行对另一国的银行、政府及企业提供的贷款，贷款期限一般为3～5年，贷款金额最多为1亿美元。银团贷款又称辛迪加贷款，它是由一家贷款银行牵头，由该国的或几国的多家贷款银行参加，联合起来组成贷款银行集团，按同一条件共同对另一国的政府、银行及企业提供的长期巨额贷款。银团贷款期限一般为5～10年，贷款金额为1～5亿美元，有的甚至高达10亿美元。目前，国际的中长期巨额贷款一般都采用银团贷款方式，以便分散风险，共享利润。

(4) 利用国际贸易信贷。国际贸易信贷是指由供应商、金融机构或其他官方机构为国际贸易提供资金的一种信用行为。当前，国际上巨额的对外贸易合同的签订、大型成套设备的出口，几乎没有不与国际贸易信贷结合在一起的。因此，国际贸易信贷是国际企业筹集资金的一种重要方式。国际贸易信贷按贷款期限分为短期信贷和中长期信贷。短期信贷是指期限在1年以内的信贷；中长期信贷是指期限在1年以上的信贷。由于国际贸易中的中长期信贷的目的是扩大出口，故称为出口信贷。出口信贷是发达国家为支持、扩大本国产品出口，责成本国银行设立的一种利率优惠的贷款，其目的是向国外销售产品和吸引那些资金不足的进口商进口所需产品。出口信贷主要包括以下两种：①卖方信贷。卖方信贷是指在大型机械或成套设备贸易中，为便于出口商以分期付款方式出售设备而由出口商所在地银行向出口商(卖方)提供信贷。实际上是出口商从出口商所在地银行取得中长期贷款后，再向进口商提供延期付款的商业信用，以便扩大产品出口。出口商付给银行的利息和其他费用，有的包括在货价内，有的在货价外另加，转嫁给进口商。②买方信贷。买方信贷是指在大型机械设备或成套设备贸易中，由出口商所在国的银行贷款给外国进口商或进口商所在地的银行的信贷。这种信贷有利于进口商迅速筹集资金，扩大出口商出口。

(5) 利用国际租赁。国际租赁是指一国从事经济活动的某单位，以支付租金为条件，在一定时期内向外国某单位租借物品使用的经济行为。国际租赁是一种新兴的融资方式。通过国际租赁，国际企业可以直接获得国外资产，较快地形成生产能力。

3. 融资决策的选择

在连锁店发展初期，由于政府的扶持和政策倾斜，连锁公司比较容易获得金融机构的政策性贷款。当连锁经营走上正轨后，政策性优惠贷款将逐步减少，因而连锁公司应寻找新的融资渠道。主要可考虑以下四种融资战略。

(1) 通过中外合资合作方式，利用国际财力发展我国连锁企业。采用这种方式时应注意发展国内品牌,不能因中外合资合作而放弃自己的民族品牌。

(2) 与国内大集团合作经营连锁企业。要注意合作伙伴的经济实力以及与企业的关联性,如与农产、畜产、水产部门合作,共同开发生鲜食品。

(3) 通过对现有企业的资产评估、改组和合并,建立股份制超市。发行股票集资能为连锁企业的持久发展增强后劲。

(4) 用会员制方式融资。如吸收企业的供货商为供方会员,交纳会费后便可享受多方面的优惠条件,并按经营状况分享投资回报;也可以吸纳消费者或员工会员,使他们与连锁企业的命运紧紧相连。

连锁企业的融资方式还包括供应链金融,例如买方信贷(给供应商的扶持)、股权激励(对加盟型合作伙伴的扶持)、融资租赁(冷柜等通用设备)等。

7.2.5 投资决策

1. 企业投资的意义

企业投资是指企业投入财力,以期望在未来获取收益的一种行为。在市场经济条件下,企业能否把筹集到的资金投放到收益高、回收快、风险小的项目上去,对企业的生存和发展是十分重要的。财务管理中的投资与会计中的投资含义不完全一致,通常,会计上的投资是指对外投资,而财务管理中的投资既包括对外投资,也包括对内投资。

(1) 企业投资是实现财务管理目标的基本前提。企业财务管理的目标是不断提高企业价值,为此要采取各种措施增加利润,降低风险。企业要想获得利润,就必须进行投资,在投资中获得效益。

(2) 企业投资是发展生产的必要手段。在科学技术、社会经济迅速发展的今天,企业无论是维持简单再生产还是实现扩大再生产,都必须进行一定的投资。要维护简单再生产的顺利进行,必须及时对所使用的机器设备进行更新,对产品和生产工艺进行改革,不断提高职工的科学技术水平等;要实现扩大再生产,必须新建、扩建厂房,增添机器设备,增加职工人数,提高人员素质等。企业只有通过一系列的投资活动,才是创造增强实力、广开财源的不可缺少的条件。

(3) 企业投资是降低风险的重要方法。企业把资金投向生产经营的关键环节或薄弱环节,可以使企业各种生产经营能力配套、平衡,形成更大的综合生产能力。企业如把资金投向多个行业,实行多元化经营,则更能增加企业销售和盈余的稳定性。这些都是降低企业经营风险的重要方法。

2. 企业投资管理的基本原则

企业投资的根本目的是谋求利润,增加企业价值。企业能否实现这一目标,关键在于企业能否在风云变幻的市场环境下抓住有利的时机,做出合理的投资决策。为此,企业在投资时必须坚持以下原则。

(1) 认真进行市场调查,及时捕捉投资机会。捕捉投资机会是企业投资活动的起点,也是企业投资决策的关键。在商品经济条件下,投资机会受到诸多因素的影响,最主要的是受到市场需求变化的影响。企业在投资之前，必须认真进行市场调查和市场分析，确定连锁店选址和连锁经营模式，寻找最有利的投资机会。

(2) 建立科学的投资决策程序，认真进行投资项目的可行性分析。在市场经济条件下，企业的投资决策都会面临一定的风险。为了保证投资决策的正确、有效，必须按科学的投资决策程序进行投资项目可行性分析。投资项目可行性分析的主要任务是对投资项目技术上的可行性和经济上的有效性进行论证，运用各种方法计算出有关指标，以便合理确定不同项目的优劣。

3. 投资决策的基本特点

企业投资与日常经营管理费用支出有明显的区别，主要表现在收益延续时间的长短不同。日常经营费用是当前支出，并在短期内获得收益；企业投资也是当前支出，其收益却可以延续数年甚至几十年之久。所以，投资决策与日常经营决策相比，有以下两个重要的特点。

(1) 投资决策必须考虑货币的时间价值。企业的投资支出是现值，投资收益却在投资以后陆续产生，是终值。终值与现值是不同性质的价值量，两者不能直接比较，只有把终值化成现值以后才能相互比较，这必须要考虑货币的时间价值。

(2) 投资决策必须考虑投资效果的不确定性。投资决策所面临的主要是未来环境，而未来环境(如产品的需求、价格和成本、政府管制、行业竞争等)往往是不确定的，也很难进行准确的预测，这就使投资决策具有很大的风险。为了降低企业的投资决策风险，需要企业的投资决策者考虑各种不确定因素，防患于未然。

4. 投资预算的编制程序

投资预算的编制是一个复杂的过程，它几乎与企业的一切经营管理活动相关。下面概括地列出3个基本步骤。

(1) 提出投资建议。投资建议是指有关投资领域或投资项目的建议和主意。如扩大现有产品的生产规模；设备更新或技术改造，开发新产品；"三废"的控制和治理以及劳动保护设施的投资等。

(2) 拟订投资方案。各种投资方案都必须考虑未来需求、未来成本、未来收益3个基本问题，这需要企业在搜集过去和现在数据的基础上，着重对未来数据做出基本的估计，从而为拟订投资方案提供依据。

(3) 优选投资方案。投资方案拟订以后，需要进行评价，通过评价选出最优投资方案。这个过程也需要搜集和估计各种数据资料，并运用科学的评价方法。

5. 投资决策的选择

连锁企业的长远发展要依靠有效的战略，高层决策者应把主要精力放在战略决策上，即做"正确的事情"，追求效果。以下是可供选择的一些投资决策。

(1) 房地产投资。大型的连锁企业都把房地产投资作为公司收入的重要支柱。例如麦当劳公司，其主要收入既不是汉堡包，也不是炸薯条，而是房地产。因为一般投资者都没有能力购置土地、房产和支付建筑费用，因此麦当劳公司成立了一个连锁房地产公司(Franchise Realty Corporation)，负责寻找合适的开店地点，租赁土地和房屋，然后再将店面转租给连锁店主，从中赚取差额。该公司 2/3 的收入来自特许加盟店，而在这部分收入中有 90%是来自房租收入。日本的大荣公司则明确提出"半数店铺房地产本公司自有"的方针，而这些房地产也并非全部用于直营店或加盟店，有些是租用后再转租，有些是购买土地后自建，然后再出租或转卖。可见，实施房地产投资战略是连锁公司成长的必然规律。

(2) 组合投资。即由一业投资向多业投资发展，如以经营超市为主体的公司向便利店、专业店、专卖店方向发展；或由单一环节的经营向多环节经营发展，如零售向生产、加工、批发、配送等领域发展，形成垂直多样化经营。

(3) 联合投资。在有发展潜力的地区寻找投资合作伙伴，与其组建联合公司，然后发展各项经营业务，一方面发展公司的原有业务；另一方面可结合当地的需求和物产，开发新的经营业务，如开发特色产品，并将其引入整个连锁体系之中。

(4) 产品投资。连锁公司不仅要把供货商的产品及时引入连锁体系之中，而且应建立一支产品开发的专业队伍，大力开发自有品牌和由自己加工制造的产品，这既能提升公司的独特形象，又能增加产品的附加价值。

(5) 优先投资。当连锁公司进入快速成长的时期，需要投资的项目就随之增加，如店铺的开发、设备的现代化、物流设施的现代化、总部标志性大楼的筹建、人才的培训等。而公司的资金往往是有限的，这就要求选择机会成本最低、投资附加价值最高的投资项目，对投资项目进行经济性评价。在公司的发展时期，信息系统的投资、物流设施的投资以及公司总部基础管理方面的投资是应该优先考虑的投资项目。如果这三个方面健全了，店铺开发得越多，公司的运行成本就会越低，否则，增加店铺将会加重公司总部的负担。

(6) 设备投资。连锁公司的设备主要可分为店铺设备、物流设备和信息设备。店铺设备的投入应以经营商品的属性为主要依据，如经营生鲜食品为主的店铺应配备较多的冷冻、冷藏及其他保鲜设备；物流设备的投入应循序渐进，国外配送中心普遍采取立体仓库、机械化、自动化配送作业方式，我国目前受社会条件、资金及技术等方面的限制，完全自动化、机械化的设施并不一定合适；信息设备的投入则应较多地考虑远期的发展规划，尽量使信息系统具有一定的超前性和灵活性。

7.3 连锁企业财务经营分析

连锁经营的实质内容就是通过扩大企业的规模，提高企业的组织化程度，提高企业资产、资金的效益和效率。一个连锁企业是否成功，不能仅仅看其是否进行了统一管理，关键在于进行统一管理以后，资产和资金的效益与效率是否有所提高。本节重点讲述了连锁企业财务经营分析方法以及经营绩效评估指标。连锁企业财务经营分析方式主要有财务报告、股价分析、P/E 市价盈利比率分析、DCF 现金流折现模型分析等，下面主要对财务报告开展介绍。

7.3.1 财务报告

财务报告是反映连锁公司财务状况和经营成果的总结性书面文件。按照现行《企业财务通则》和《企业会计准则》的规定，财务报告包括资产负债表、损益表、利润表、现金流量表、所有者权益变动表、有关附表以及财务情况说明书。

财务报告的作用主要表现为 3 个方面：首先是为债权人和投资者进行合理决策提供必要信息；其次是为财政、税收、银行以及国家宏观管理部门进行财务监督和宏观管理提供客观的信息；最后是为连锁公司内部的管理部门评价经营效益、改善经营管理提供依据。下面介绍主要的几种财务报表。

【案例7-1】

沃尔玛、家乐福、大润发等零售商2018财务报告及2019计划

1. 资产负债表

(1) 资产负债表的含义。资产负债表是反映连锁公司在某一特定日期财务状况的报表。资产负债表是根据"资产=负债+所有者权益"这一会计平衡公式，依照一定的分类标准和一定的次序，把公司在一定日期的资产、负债和所有者权益项目予以适当安排，并按照规定的要求编制而成的。连锁公司通过编制资产负债表可以了解以下主要财务情况：连锁公司资产的构成和来源；连锁公司偿还债务的能力；连锁公司所负担的债务；连锁公司投资者在企业里所持有的权益；连锁公司未来的财务方向。

资产负债表属于静态的财务报表，它所反映的是公司在某一时点上资产和负债存量的数据。按现行制度规定，公司编制的报表可分为月报、季报和年报。月报以每月月末为截止期，反映月末这一天公司的财务情况。季报则反映季末这一天公司的财务情况。年报反映的是年末这一天公司的财务情况。资产负债表所反映的是一个月末或一年末公司资产、负债的情况，并不反映公司在一个月或一年内资产、负债的变动情况。如果需要了解变动情况，需要编制一张动态报表，将不同时期的资产负债表进行比较，从而对公司权益结构、所有者权益和偿债能力等情况进行动态分析。

(2) 资产负债表的内容和结构。资产负债表的基本内容可分为 3 大部分：资产、负债和所有者权益。其结构形式有两种，一是账户式，即资产负债表采用账户的格式。左边列示资产项目，右边列示负债和所有者权益项目，左右两边的合计数应保持平衡。二是报告式，即按资产、负债和所有者权益的顺序垂直反映的格式，故这种格式又叫垂直式。我国企业的资产负债表的编制格式是账户式。

资产负债表中的各种资产项目是按其流动性强弱程度排列的，流动性强的排列在前，流动性弱的排列在后。负债是按其到期日的远近排列的，到期日近的排在前，到期日远的排在后。所有者权益按照其永久性递减的顺序排列。

以下对资产负债表的内容作简要说明。

① 资产。资产通常分为流动资产、长期投资、固定资产、无形资产和其他资产。资产可以是现金、应收账款、长期投资等货币形式，也可以是存货、机器设备等非货币形式，还可以是专利、品牌、商誉等无形资产形式。

流动资产是指可以在1年或超过1年的一个营业周期内变现或运用的资产。其包括的项目及排列顺序是：货币资金、短期投资、应收票据、应收账款、预付账款、其他应收款、存货、待摊费用以及1年内到期的长期债券投资。

长期投资是指公司不准备在1年内变现的投资。长期投资的主要形式有：为未来使用所建筑的厂房、购入的地产；租赁给其他单位的建筑物和场地；对其他企业的长期贷款；对其所属公司的投资；持有其他公司的股票；持有其他公司发行的债券等。长期投资中将于1年内到期的债券，应在流动资产项目中单独反映。

固定资产是指公司在生产经营过程中使用比较持久，其单位价值在规定标准以上，且在使用过程中保持原来物质形态的资产。它的物质表现形态是生产厂房以及各种生产性设备等。它在资产负债表中的价值表现形态和具体项目主要有固定资产原值、累计折旧、固定资产清理、在建工程等。

无形资产是指不具有物质实体的固定资产，它所代表的未来经济效益具有高度的不确定性，包括专利权、非专利技术、商标权、土地使用权以及商誉等。在无形资产及其他资产类中还包括递延费用、递延投资损失、待处理流动资产损失、待处理固定资产损失及其他资产等项目。

② 负债。负债是指需要企业以货币、货物或劳务等形式来抵偿债权人要求的未来的经济负担。按抵偿手段来分，负债可以分为以货币形式偿还的负债，如应付票据、应付账款、公司债券、抵押借款等，也可以以货物或劳务方式偿还负债，如应付的货物、对顾客的保修保单等。资产负债表中的负债项目是按偿付期限的长短，将公司的各种负债分为流动负债和长期负债两类。

流动负债是指将在1年或超过1年的一个营业周期内偿还的债务。它的具体项目在资产负债表中的排列顺序依次为：短期借款、应付票据、应付账款、预收账款、其他应付款、应付工资、应付福利费、未交税金、未付利润、其他未交款、预提费用、待扣税金以及1年内到期的长期负债等。

长期负债是指企业向银行或其他金融机构借入期限在1年以上的各种借款。它的具体项目在资产负债表中的排列顺序依次为：长期借款、应付债券、长期应付款等。长期负债项目中将于1年内到期的长期负债应在短期负债项目内另行单独反映。

③ 所有者权益。所有者权益是指公司所有者在公司的剩余财产利益，是公司的全部资产与全部负债的差额，也即公司的净资产。股份有限公司的所有者权益就是股东权益。公司的所有者权益包括实收资本、资本公积以及盈余公积、公益金和未分配利润。

实收资本是指投资者实际投入公司的资产数额，是公司注册资本的来源。从来源来看，它包括国家投入资本、法人投入资本和个人投入资本。从出资方式来看，可以采取货币资金或建筑物、厂房、机器设备、材料物资等实物资产形式，也可以采取专利权、专有技术、场地使用权等无形资产形式。

资本公积是指公司接受捐赠、财产重估等形成的捐赠资产、财产重估差价、资产折算差额及资本溢价等所有者权益。

盈余公积、公益金和未分配利润是指公司税后利润分配形成的所有者权益和公司尚未分配的利润。盈余公积金可分为法定公积金和任意公积金。我国股份制企业必须按每年税后利润(减弥补亏损)的10%提取法定公积金,当法定公积金已达到注册资本的50%时可不再提取。公司还可以按照公司章程规定或投资者会议决议提取任意公积金。公积金可用做储备基金、企业发展基金、弥补亏损、转为增加资本金以及股利分配。有的公司可以按规定提取公益金,用于职工的集体福利事业。公益金也可分为法定公益金和任意公益金。法定公益金是按国家规定提取的公益金,任意公益金是根据公司章程或投资人会议决议提取的公益金。例如,有限责任公司必须按规定提取税后利润的5%作为法定公益金。未分配利润是指公司所实现的利润在税前弥补以前年度的亏损、交纳所得税、提取盈余公积及公益金,并向投资者分配利润后的余额。本期的未分配利润可以作为下期可供分配的利润,从而使企业在发生亏损的情况下仍可以向投资者分配利润。

在资产负债表中,资产方应分别将流动资产、长期投资、固定资产、无形资产及其他资产各类内所有项目的数据进行分类合计,然后计算资产总额。负债及所有者权益方也应分别将流动负债、长期负债和所有者权益各类内所有项目的数据进行分类合计,然后计算负债及所有者权益总额。资产总额应等于负债与所有者权益总额。

资产负债表还有存货表、固定资产及累计折旧表、在建工程表等附表。

表7-1是一张简化的资产负债表。

表7-1 资产负债表

编制单位: 20××年12月31日 元

资产	行次	金额	负债及所有者权益	行次	金额
现金	1	800	流动负债	6	3300
应收账款	2	2400	长期负债	7	6700
存货	3	3800	实收资本	8	3600
固定资产原值	4	10 400	公积金	9	1000
减:累计折旧	5	2400	未分配利润	10	400
资产总额	11	15 000	负债及所有者权益总额	12	15 000

2. 损益表

(1) 损益表的含义。损益表是反映公司在一定期间的经营成果及其分配情况的报表。损益表能反映企业某一时期内的经营成果,展示公司在一个会计期间的经营成绩。损益表有助于预计公司在现有资源基础上产生现金流量的能力和预计新增资源可能取得的效益。同时,通过对损益表中指标的分析可以了解公司实现利润的构成、影响利润增减变动的原因和公司的盈利水平。

(2) 编制损益表应注意的事项。编制损益表时有许多注意事项,首先损益表与资产负债表不同。前者是反映公司在一定时期内的经营收支情况的报表,后者则是反映公司在一定日期(通常为各会计期末)的资产结构情况的报表。其次应坚持配比原则。损益表是通过同一会计期间的营业收入与同一会计期间的营业费用(成本)的相互配比,从而求出报告期的利润总额。再次应坚持本期营业观点。损益表只应计入与本期营业有关的项目,反映公司当期经营管理的效率。最后是损益表的平衡关系。损益表所反映的收入与费用(成本)之间的平衡关系,可用下列4个关系式来表示:

毛利=商品销售收入-商品进价成本
盈利=毛利-商品流通费用
营业利润=盈利-销售税金及附加+其他业务利润
利润总额=营业利润+非商品经营净收支

(3) 损益表的结构。损益表的格式一般有两种，一种是单步式损益表(见表 7-2)，即将本期所有的收入和收益相加，再把本期的支出也相加，两者相减，一次性计算出利润或亏损。收入大于支出为利润，收入小于支出为亏损。另一种是多步式损益表(见表 7-3)，即通过若干步才能计算出本期的损益，如前面所列的先计算毛利、盈利、营业利润等指标，最后才能计算出利润(或亏损)总额。

表 7-2　单步式损益表

编制单位：　　　　20××年1月1日至20××年12月31日　　　　　　　　元

项　　目	行　次	金　　额	金　　额
收入	1		157 000
销售净额	2		150 000
其他业务收入	3		5000
营业外收入	4		2000
费用	5	104 000	
销售成本	6	60 000	
销售费用	7	5000	
管理费用	8	20 000	
财务费用	9	9000	
所得税	10	10 000	
净收益	11		53 000

表 7-3　多步式损益表

编制单位：　　　　200××年1月1日至20××年12月31日　　　　　　　　元

项　　目	行　次	金　　额	金　　额
销售净额	1		150 000
减：销售成本	2	60 000	
销售毛利	3		90 000
减：营业费用	4	34 000	
销售费用	5	5000	
管理费用	6	20 000	
财务费用	7	9000	
营业净收益	8		56 000

(续表)

项　目	行　次	金　额	金　额
营业外净收支	9		7000
加：其他业务收入	10		5000
营业外收入	11		2000
税前净收益	12		63 000
减：所得税	13	10 000	
净收益	14		53 000

3. 利润表

(1) 利润表的含义。利润表又称损益表或收益表，是反映企业一定期间生产经营成果的财务报表。根据我国会计制度，在此将其统一称为利润表。它是根据把企业一定会计期间发生的各项收入与各项费用经过配比计算得出的净收益编制而成的，说明企业某一时期的净收益数额及其形成情况，可据以分析企业的经济效益及盈利能力，评价企业的经营管理绩效。

(2) 利润表的性质和作用。与资产负债表相比，利润表属于动态报表，它表现的是企业在经过一定会计期间(如月份、季度、年度)的生产经营之后所取得的成果及其分配情况。根据基本会计等式"收入-费用=利润"，利润表是把同一时期的营业收入与其相关的营业费用进行配比，以计算出企业一定时期的净利润(即经营成果)，并通过其附表"利润分配表"来反映对净利润的分配情况。由于利润是企业经营业绩的综合体现，又是进行利润分配的主要依据，因此，利润表是会计报表中比较主要的报表。

通过利润表，企业的所有者可以了解和考核管理人员的经营业绩，分析和预测企业获利能力，从而把企业的经营管理导向正确的发展道路；债权人和投资者则可以分析测定企业损益的发展变化趋势，做出对其有利的信贷和投资决策。而运用利润表提供的构成企业利润或亏损的各项明细资料，还可以分析出企业损益的形成原因，从而有助于管理人员做出合理的经营决策。总之，在财务报表分析中，利润表提供了评价企业经营管理效率、判定所有者投入资本的保全以及预测未来利润和现金流量的主要信息。

(3) 利润表的内容和格式。国际会计准则委员会发布的《财务报表应提供的资料》中，要求利润表应反映的主要内容包括销售收入或其他营业收入、折旧、利息费用(收益)、投资净收益、非常支出(收益)、所得税、净收益等。各国企业的利润表中大都含有以上内容，但具体项目的分类归属和多少不一。

在利润表中反映的净利润应包括哪些内容，通常有两种观点：一种称为"本期经营成果观念"，另一种称为"总括观念"。"本期经营成果观念"认为，为了便于本期与前期之间的比较，净利润只能包括本期正常经营所得，而不包括其他所得，也即只将本期正常活动取得的利润列入利润表，而忽略本期影响股东权益的其他项目，因此会导致财务报表阅读者对企业盈利情况了解的片面性；"总括观念"则认为，除股利和企业与股东间其他经济业务外，在利润表中列入所有报告期影响股东权益增减净额的经营业务，能为财务报表阅读者提供更为有用的资料，使之能对这些项目的重要性及其对经营成果的影响做出更好的评价。因此，即便一些非经常性项目(包括本期发生的非常项目、前期项目或与会计政策变更有关的调整等)

也应分别列入净利润。

我国目前一般采用"总括观念"在利润表中反映净利润的情况,但与一般"总括观念"也不完全一致,如我国的非常项目是包含在营业外收支项目内的,而非单独列示。我国股份有限公司的利润表包括以下4部分内容:一是主营业务利润,指通过企业主要经营活动所获得的收入、成本、税金及利润;二是营业利润,由主营业务利润加减主营业务以外的其他经营活动所获得的利润(其他业务利润)和相关费用(主要指存货跌价损失、营业费用、管理费用和财务费用);三是利润总额,即营业利润加减投资收益、营业外收支后的利润;四是净利润,即所得税后利润。

由于不同国家和企业对会计报表信息的要求不同,利润表具体项目的排列也不完全一致,从而形成了目前比较普遍的两种利润表格式——多步式利润表和单步式利润表。这两者的差异主要在于得出净利润的过程不同。

多步式利润表把利润划分为不同层次,通过多步计算得出净利润,其步骤通常如下。

营业收入-营业成本=营业毛利

营业毛利-营业费用=营业利润

营业利润+(-)投资收益(损失)+(-)营业外收入(支出)+(-)特别收入(支出)=税前利润(或利润总额)

税前利润-所得税=净利润

单步式利润表则不区分费用和支出与收入配比的先后层次,对营业收入和一切费用支出一视同仁。其具体做法是将当期所有的收入(包括营业收入、营业外收入和特别收入等)加在一起,然后将所有的费用(包括销货成本、工资支出、折旧费用、利息支出等)也加总在一起,通过一次计算求出当期损益,即"营业收入和利得-营业费用和损失=净利润"。

比较而言,分层次的多步式利润表更便于对企业生产经营情况进行分析和预测,更有利于不同企业之间进行比较研究,因此适用的范围较广。表7-4是一张多步式利润表。

表7-4 利 润 表

编制单位:××公司　　　　　　　　20××年　　　　　　　　　　　　　　元

项　　目	行　次	本月数(略)	本年累计数
一、主营业务收入	1		1 250 000
减:销售折让	2		0
主营业务收入净额	3		1 250 000
减:主营业务成本	4		750 000
主营业务税金及附加	5		2000
二、主营业务利润(亏损以"-"号填列)	6		498 000
加:其他业务利润(亏损以"-"号填列)	7		0
减:存货跌价损失	8		0
营业费用	9		20 000
管理费用	10		158 000

(续表)

项　目	行　次	本月数(略)	本年累计数
财务费用	11		41 500
三、营业利润(亏损以"-"号填列)	12		278 500
加：投资收益(损失以"-"号填列)	13		31 500
补贴收入	14		0
营业外收入	15		50 000
减：营业外支出	16		19 700
四、利润总额(亏损总额以"-"号填列)	17		340 300
减：所得税	18		102 399
五、净利润(净亏损以"-"号填列)	19		237 901

4. 现金流量表

(1) 现金流量表的含义。现金流量表是财务报表的基本报告之一，所表达的是在一固定期间(通常是每月或每季)内，一家机构的现金(包含银行存款)的增减变动情形。现金流量表的出现，主要是反映资产负债表中各个项目对现金流量的影响，并根据其用途划分为经营、投资及融资三个活动分类。现金流量表可用于分析一家机构在短期内有没有足够现金去应付开销。

现金流量表是一份显示于指定时期(一般为一个月、一季，主要是一年的年报)的现金流入和流出的财政报告。这份报告显示资产负债表及损益表如何影响现金和等同现金的其他资产，以及从公司的经营、投资和融资角度做出分析。作为一个分析的工具，现金流量表的主要作用是决定公司短期生存能力，特别是缴付账单的能力。

过去的企业经营都强调资产负债表与损益表两大表，随着企业经营的扩展与复杂化，对财务资讯的需求日益增长，更因许多企业经营的中断肇因于资金的周转问题，渐渐地企业资金动向的现金流量也引起许多企业经营者的重视，并将之列为必备的财务报表。

(2) 我国现金流量表的基本格式(见表 7-5)。现金流量表以现金的流入和流出反映企业在一定期间内的经营活动、投资活动和筹资活动的动态情况，其主要作用可概括如下：

① 现金流量表将现金流量划分为经营活动、投资活动和筹资活动所产生的现金流量，并按照流入现金和流出现金项目分别反映，因此，通过现金流量表能够说明企业一定期间内现金流入和流出的原因，即现金从哪里来，又流到哪里去了。这些信息是资产负债表和利润表所不能提供的。

② 现金流量表完全以现金的收支为编制基础，消除了会计核算采用的权责发生制、配比原则等所含估计因素对企业获利能力和支付能力的影响，能够说明企业实际的偿债能力和支付股利的能力，从而增强投资者和债权人的信心，促进社会资源的有效配置。

③ 现金流量表中经营活动、投资活动和筹资活动产生的现金流量，分别代表企业运用其经济资源、资金及其筹资活动创造或获得现金流量的能力。通过现金流量表及其他财务信息，可以分析企业未来获取或支付现金的能力。

④ 现金流量表能够分析企业投资和理财活动对经营成果和财务状况的影响。因其表内信

息反映了企业现金流入和流出的全貌,而附注则提供了不涉及现金的投资和筹资方面的信息,故能够说明资产、负债、净资产的变动原因,对资产负债表和利润表起到补充说明的作用,同时也可将其看作连接两张主要报表的桥梁。

表 7-5 现金流量表

编制单位:××公司　　　　　　　　　20××年　　　　　　　　　　　　　　元

项　目	行　次	金　额
一、经营活动产生的现金流量		
销售商品、提供劳务收到的现金	1	
收到的税费返还	3	
收到的其他与经营活动有关的现金	8	
现金流入小计	9	
购买商品、接受劳务支付的现金	10	
支付给职工以及为职工支付的现金	12	
支付各项税费	13	
支付的其他与经营活动有关的现金	18	
现金流出小计	20	
经营活动产生的现金流量净额	21	
二、投资活动产生的现金流量		
收回投资所收到的现金	22	
取得投资收益所收到的现金	23	
处置固定资产、无形资产和其他长期资产所收回的现金净额	25	
收到的其他与投资活动有关的现金	28	
现金流入小计	29	
购建固定资产、无形资产和其他长期资产所收回的现金净额	30	
投资所支付的现金	31	
支付的其他与投资活动有关的现金	35	
现金流出小计	36	
投资活动产生的现金年流量净额	37	
三、筹资活动产生的现金流量		
吸收投资所收到的现金	38	
借款所收到的现金	40	
收到的其他与筹资活动有关的现金	43	
现金流入小计	44	
偿还债务所支付的现金	45	
分配股利、利润或偿付利息所支付的现金	46	
支付的其他与筹资活动有关的现金	52	
现金流出小计	53	
筹资活动产生的现金流量净额	54	
四、汇率变动对现金的影响	55	
五、现金及现金等价物净增加额	56	

(续表)

项　　目	行　次	金　额
1. 将净利润调节为经营活动现金流量		
净利润	57	
加：计提的资产减值准备	58	
固定资产折旧	59	
无形资产摊销	60	
长期待摊费用摊销	61	
待摊费用减少(减：增加)	64	
预提费用增加(减：减少)	65	
处置固定资产、无形资产和其他长期资产的损失(减：收益)	66	
固定资产报废损失	67	
财务费用	68	
投资损失(减：收益)	69	
递延税款贷项(减：借项)	70	
存货的减少(减：增加)	71	
经营性应收项目的减少(减：增加)	72	
经营性应付项目的增加(减：减少)	73	
其他	74	
经营活动产生的现金流量净额	75	
2. 不涉及现金收支的投资和筹资活动		
债务转为资本	76	
一年内到期的可转换公司债券	77	
融资租入固定资产	78	
3. 现金及现金等价物净增加情况		
现金的期末余额	79	
减：现金的期初余额	80	
加：现金等价物的期末余额	81	
减：现金等价物的期初余额	82	
现金及现金等价物净增加额	83	

7.3.2　经营分析方法

利用财务报表及相关资料可以对公司的经营情况进行分析，经营分析的方法主要有比较分析法、因素分析法、结构分析法、动态分析法、比率分析法。

1. 比较分析法

比较分析法是通过经济指标的对比来确定指标间差异，并进行差异分析的一种方法。比较分析法可运用绝对数和相对数两种指标，前者反映差异的数量，后者反映差异的程度。

$$绝对数指标 = 实际数 - 参照数 = 差异数$$

$$相对数指标 = \left(\frac{差异数}{实际数}\right) \times 100\% = 差异程度$$

在实际运用时,由于参照数的不同,使比较分析法有多种表现形式。如本期实际数与计划数对比;本期实际数与前期数(上年同期或历史先进水平)对比;本企业实际数与同行业先进水平对比;不同决策方案的对比;相互关联的不同指标之间的对比等。

运用比较分析法时应注意对比指标的可比性。对比指标所采用的计价标准、时间单位、指标内容、计算方法等应当相同、可比;比较不同企业之间同类指标时,应考虑其在技术经济特点上的可比性和不同的社会经济条件。

2. 因素分析法

因素分析法是依据分析指标与其影响因素的关系,从数量上确定各因素对分析指标影响方向和影响程度的一种方法。因素分析法既可以全面分析各因素对某一经济指标的影响,又可以单独分析某个因素对经济指标的影响,在财务分析中应用颇为广泛。

常用的因素分析法大致有以下几种。

(1) 连环替代法。它是将分析指标分解为各个可以计量的因素,并根据各个因素之间的依存关系,顺次用各因素的比较值(通常即实际值)替代基准值(通常为标准值或计划值),据以测定各因素对分析指标的影响。

(2) 差额分析法。它是连环替代法的一种简化形式,是利用各个因素的比较值与基准值之间的差额来计算各因素对分析指标的影响。例如,企业利润总额是受三个因素影响的,其表达式为:利润总额=营业利润+投资损益±营业外收支净额,在分析去年和今年的利润变化时,可以分别算出今年利润总额的变化,以及三个影响因素与去年比较时不同的变化,这样就可以了解今年利润的增加或减少主要是由三个因素中的哪个因素引起的。

(3) 指标分解法。它是将一个相对复杂的指标分解成若干个子指标,再对每一个子指标进行研究,从而达到易于分析、便于实行的目的。如资产利润率,可分解为资产周转率和销售利润率的乘积。

(4) 定基替代法。分别用分析值替代标准值,测定各因素对财务指标的影响,如标准成本的差异分析。

因素分析法的一般程序为:确定需要分析的指标;确定影响该指标的各因素及与该指标的关系;计算确定各个因素影响的程度数额。

采用因素分析法时注意的问题有:①注意因素分解的关联性;②因素替代的顺序性;③顺序替代的连环性,即计算每一个因素变动时都是在前一次计算的基础上进行,并采用连环比较的方法确定因素变化的影响结果;④计算结果的假定性,连环替代法计算的各因素变动的影响数,会因替代计算的顺序不同而有差别,即其计算结果只是在某种假定前提下的结果,为此,财务分析人员在具体运用此方法时,应注意力求使这种假定是合乎逻辑的假定,是具有实际经济意义的假定,这样计算结果的假定性就不会妨碍分析的有效性。

3. 结构分析法

结构分析法是从事物内部构成内容及其变化，分析研究各个组成部分对事物总体影响的一种方法。结构分析法是通过计算结构相对数来进行分析的，结构相对数通常用百分数或成数表示。

通过计算结构相对数，可以了解经济现象的内部构成及各个侧面的相互依存关系，从而掌握事物的本质特征和变化趋势，认识事物的规律性。如对库存结构分析，以了解各类商品的库存比重是否与其销售状况相适应；对商品流通费用结构的分析，分别计算经营费用、管理费用和财务费用在总费用中的比重及其变化，以考察费用的升降程度和升降速度等。

值得注意的是，结构分析法是以分组为基础的。只有科学、合理地对经济现象进行分组，才能有效地运用结构分析法。

4. 动态分析法

动态分析法是将不同时期同类指标数值进行对比，研究经济现象在时间上的变动情况、发展方向及变动趋势的方法。最常用的动态分析法是发展速度分析法。

发展速度分析法常用的指标有发展速度、平均发展速度和平均增长速度。发展速度是两个时期水平指标的对比；平均发展速度表明经济现象在一定时期内发展速度的一般水平，它是各期发展速度的平均值，一般采用几何平均法计算；平均增长速度表明经济现象在一定时期内增长速度的一般水平。这3个指标的计算公式如下。

$$发展速度=\frac{报告期发展水平}{基期发展水平}\times 100\%$$

$$平均发展速度=\sqrt[期数]{\frac{报告期的发展水平}{基期发展水平}}\times 100\%$$

$$平均增长速度=平均发展速度-100\%$$

5. 比率分析法

比率分析法是根据经济指标之间的关联性，通过计算各种比率，以说明公司经营状况的一种分析方法。根据现行制度，常用的比率有如下四类。

(1) 偿债比率。偿债比率是用于分析公司对短期债务的清偿能力的比率，常用的有流动比率和速动比率。

① 流动比率。流动比率是流动资产与流动负债的比值，表示企业每元流动负债有几元的流动资产可以抵偿，其计算公式如下：

$$流动比率=\frac{流动资产}{流动负债}$$

ABC公司20××年年末的流动资产是700万元，流动负债是300万元，则其流动比率=700÷300=2.33。

企业能否偿还短期债务，要看有多少债务，以及有多少可以变现抵债的流动资产。可以用全部流动资产减全部流动负债，得到的余额是营运资金，它也可以反映企业的短期偿债能力,但作为一个绝对数,其用于比较的意义显然是有限的。而流动比率作为两者的比值,排除了企业规模等的影响,更适合企业之间以及本企业不同历史时期的比较。

一般认为,生产企业合理的最低流动比率是2,这是长期以来人们的一种经验认识,只能作为参考而并非统一的绝对标准。但计算出来的流动比率必要与同行业平均值以及本企业的历史值进行比较,才能知道该比率的高低是否正常;对于过高或过低的比率,还必须分析流动资产和流动负债所包括的具体内容以及经营上的因素以找出原因。在通常情况下,营业周期、流动资产中的应收账款数额与存货的周转速度是影响流动比率的主要因素。

② 速动比率。速动比率是流动资产扣除存货后得到的速动资产与流动负债的比值,它是流动比率更进一步反映变现能力的比率指标,其计算公式如下:

$$速动比率 = \frac{流动资产-存货}{流动负债}$$

ABC 公司 20××年年末存货为 119 万元,则其速动比率=(700-119)÷300=1.93。

之所以计算速动比率是因为流动资产各项目的变现能力是不同的,其中占流动资产很大比重的存货其变现所需时间较长,又易受价格变动等因素的制约,变现能力相对较差,要依靠变卖存货来偿债是不可取亦不可靠的,所以要把存货从流动资产总额中减去而计算出速动比率,从而可以更加真实、可信地反映企业的短期偿债能力。

正常的速动比率的经验标准是不低于 1,但这也仅是一般的看法,并不存在统一标准。行业、销售方式等因素都将使速动比率产生较大差异,如大量采用现金销售的企业,其速动比率低于 1 也是正常的。影响速动比率可信度的重要因素是应收账款的变现能力。尽管从理论上而言应收账款属于速动资产,其变现能力应较强,但就我国来看,近几年企业普遍受三角债困扰,其账面的应收账款很可能是一项变现力极差的资产,对此在分析速动比率时就应予以充分考虑。

以上流动比率和速动比率都是由财务报表资料计算而来的,企业实际变现能力或短期偿债能力还受其他一些表外因素的影响,如可动用的银行贷款指标、准备很快变现的长期资产以及偿债能力的声誉会增加企业的变现能力,未作记录的或有负债和担保责任引起的负债则会削弱企业的变现能力。财务报表使用者有必要多了解这些方面的情况,以便正确判断。

(2) 权益比率。在公司的资产负债表中,公司的权益可分为债权人权益和所有者权益两大类。以总负债(短期负债和长期负债)表示公司的债权人权益;以净资产表示公司的所有者权益。权益比率就是各类权益与企业的总资产之比。常用的权益比率有负债比率和所有者权益比率。

① 负债比率,亦称杠杆比率,是债权人对公司所提供的资本与公司总资产之比。它一方面反映了公司在经营上的进取性,负债比率高说明公司的举债较多。一般来说,在经济环境较好、公司经营稳定发展的情况下,公司适当多举债,有利于公司开拓经营,增加利润。但如果经济环境不景气,公司的经营状况不稳定,增加负债就会给公司经营带来很大的风险。另一方面负债比率也反映了债权人的风险程度,负债比率越高,债权人的风险就越大。反映负债比率的常用指标有资产负债比率和长期负债比率。

资产负债比率是公司某一时点上负债总额与资产总额之比,即每一元资产中所承担的债务数额,其计算公式如下:

$$资产负债比率 = \frac{负债总额}{资产总额} \times 100\%$$

长期负债比率是公司某一时点上长期负债与长期负债加所有者权益之和的比,它表示公司长期资金来源中长期负债所占的比重。长期负债比率越大,表明公司未来经营中的偿债能力差,在未来经营中承受风险的能力就越小;反之,长期负债比率越小,在未来经营中承受风险的能力就越强。一般来说,公司的长期负债比率应保持在 10%左右,其计算公式如下:

$$长期负债比率 = \frac{长期负债总额}{长期负债总额 + 所有者权益总额} \times 100\%$$

② 所有者权益比率是所有者权益与全部资产之比,它表示公司自有资本占资产中的比例。所有者权益比例越高,表示该公司的举债数额较少,偿债能力较强,债权人的风险较小。一般来说,公司的所有者权益比率在 50%以上是比较合适的。

(3) 营运比率。营运比率是公司分析和考察营运资金使用和控制情况的比率,常用的有存货周转率和应收账款周转率。

① 存货周转率。存货周转率是公司一定时期内的销售成本与存货平均余额之比。一般来说,存货周转率越高,说明存货的周转速度越快,资金的利用效率越高;反之,存货周转率越低,说明存货的周转速度越慢,资金的利用效率越低。但必须注意,不同类别的公司,因生产经营的商品或经营方式的不同,存货周转率在客观上存在着一定的差异;在同一公司的不同经营时期,存货周转率也有可能在客观上存在着差异,存货周转率较高也有可能是存货水平太低或库存量时常中断所致。因此,分析存货周转率应根据实际情况进行研究。存货周转率的计算公式如下:

$$存货周转率 = \frac{销售成本}{平均存货}$$

$$平均存货 = \frac{期初存货 + 期末存货}{2}$$

它表示公司在一定时期内存货的周转次数。存货周转率也可以用天数表示如下:

$$存货周转天数 = \frac{1}{存货周转率} \times 360 天$$

② 应收账款周转率。应收账款周转率是公司一定时期内应收账款平均余额与销售净额之比。它反映公司应收账款的管理水平和平均变现速度。一般来说,应收账款周转率越高越好,它说明收款迅速,资产的流动性好,坏账损失的可能性较小。应收账款周转率的计算公式如下:

$$应收账款周转率 = \frac{销售净额}{应收账款平均余额}$$

$$应收账款平均余额 = \frac{期初应收账款 + 期末应收账款}{2}$$

应收账款周转率表示公司在一定时期内应收账款的周转次数,也可以用天数表示如下:

$$应收账款平均周转天数 = \frac{1}{应收账款周转率} \times 360 天$$

(4) 获利比率。获利比率是分析和评价公司获利能力的指标,常用的有资本金利润率、资产报酬率和销售利润率等。

① 资本金利润率。资本金利润率是指公司一定时期内税后利润总额与资本金总额之比。它是衡量公司注册资本在一定时期内能获得利润的程度。资本金利润率的计算公式如下:

$$资本金利润率 = \frac{利润总额}{资本金总额} \times 100\%$$

② 资产报酬率。资产报酬率是指公司在一定时期内税后利润与资产总额之比,它反映公司所有资源的运用效率。资产报酬率的计算公式如下:

$$资产报酬率 = \frac{税后利润}{资产总额} \times 100\%$$

③ 销售利润率。销售利润率是指公司在一定时期内销售净额与应收账款平均余额之比,它反映每百元销售能获得税后利润的数额。销售利润率的计算公式如下:

$$销售利润率 = \frac{税后利润}{销售净额} \times 100\%$$

7.3.3 经营绩效评估指标

经营绩效是指企业的经济性成果,可以用一定的数量来衡量;将一定时期的经营绩效与上期、同行、预定标准相比较,就是经营绩效的评估。评估经营绩效的指标可以分为安全性、收益性、发展性、效率性 4 个方面。

1. 安全性指标

安全性主要是通过财务结构来反映的,评估的主要指标有流动比率、速动比率、负债比率、自有资本率、固定比率。其计算公式及参考标准如表 7-6 所示。

表 7-6 经营安全性评估表

指标	计算公式	参考标准
流动比率	$\dfrac{流动资产}{流动负债}\times 100\%$	100%~200%
速动比率	$\dfrac{速动资产}{流动负债}\times 100\%$	100%以上
负债比率	$\dfrac{负债总额}{资产总额}\times 100\%$	50%以下
自有资本率	$\dfrac{所有者权益}{资产总额}\times 100\%$	50%以上
固定比率	$\dfrac{固定资产}{所有者权益}\times 100\%$	100%以下

2. 收益性指标

收益性指标反映企业的获利能力,评估的主要指标有营业额达成率、毛利率、营业费用率、净利额达成率、净利率、总资产报酬率。其计算公式及参考标准如表 7-7 所示。

表 7-7 经营收益性评估表

指标	计算公式	参考标准
营业额达成率	$\dfrac{实际营业额}{目标营业额}\times 100\%$	100%~110%
毛利率	$\dfrac{毛利润}{营业额}\times 100\%$	16%~18%以上
营业费用率	$\dfrac{营业费用}{营业额}\times 100\%$	14%~16%以下
净利额达成率	$\dfrac{税前实际净利}{税前目标净利}\times 100\%$	100%以上
净利率	$\dfrac{税后实际净利}{营业额}\times 100\%$	2%以上
总资产报酬率	$\dfrac{税后净利}{总资产}\times 100\%$	20%以上

3. 发展性指标

发展性指标主要反映企业的成长速度,评估的主要指标有营业额增长率、开店速度、经营利润增长率、卖场面积增长率。其计算公式及参考标准如表 7-8 所示。

表 7-8 经营发展性评估表

指标	计算公式	参考标准
营业额增长率	$\left(\dfrac{本期营业额}{上期营业额}-1\right)\times100\%$	高于经济增长率的两倍以上
开店速度	$\left(\dfrac{本期门店数}{上期门店数}-1\right)\times100\%$	在 3 年内达到基本规模，每月开一家店为快速开店，每 2～3 个月开一家店为一般开店速度。应注意与后勤支援能力的相适应
经营利润增长率	$\left(\dfrac{本期利润}{上期利润}-1\right)\times100\%$	至少大于零，最好高于营业额增长率
卖场面积增长率	$\left(\dfrac{本期卖场面积}{上期卖场面积}-1\right)\times100\%$	大于零而低于营业额增长率

4. 效率性指标

效率性指标主要反映企业的生产力水平，评估的主要指标有经营安全率、商品周转率、交叉比率、每平方米销售额。其计算公式及参考标准如表 7-9 所示。

表 7-9 经营效率性评估表

指标	计算公式	参考标准
经营安全率	$\dfrac{实际销售额-盈亏平衡点销售额}{实际销售额}$	30%以上
商品周转率	$\dfrac{销售额}{平均库存}$	30 次/年以上
交叉比率	毛利率×周转率	600%以上
每平方米销售额	$\dfrac{销售额}{卖场面积}$	2018 年上海超市平均每平方米销售额为 2.19 万元

7.4　连锁企业资产管理的风险防范

所谓风险是指由于外部环境和内部管理方式的变化而造成企业资产的损失和预期收益率的下降。资产管理在连锁经营的财务管理中占有十分重要的地位，以下以资产管理为例，阐述连锁企业如何进行风险防范。

1. 适度控制发展速度，注意投资风险

经营规模是衡量连锁经营企业是否成功的一个重要指标，所以没有一定的规模就称不上连锁经营。如国际连锁店协会(IFA)就规定连锁商店必须有 11 个以上分店；英国则把拥有 11 家以上分支商店的连锁公司称为大型连锁，有 2～9 家分支商店的称为小型连锁商店；美国全国便利店连锁协会(NAGS)规定便利店连锁必须有 7 家以上分支店。但这也并不是说达到了一

定的规模就会有相应的规模效益，更不是规模越大效益越好。

规模效益一般是指工业生产中产出总量(或总收益)增加与投入要素量(或生产成本)增加之间的比例关系，其内在的规律是：当生产规模较小时，增加投入要素量(即扩大生产规模)，能使产出总量增加的倍数大于投入要素量增加的倍数，这种情况称为规模效益递增，这时扩大生产规模有利于提高企业的经济效益；当生产规模扩大到一定程度时，如果继续增加投入要素量，就会使产出总量增加的倍数与投入要素量增加的倍数大致相等，这种情况称为规模效益不变，这时扩大生产规模虽然能提高企业的总收益，但并不能提高企业的经营效率，只能维持原有的收益—成本水平；当生产规模的扩大超过了一定的度，如果继续增加投入要素量，就会出现产出总量的增加倍数小于投入要素量增加倍数的情况，这称为规模效益递减。这时扩大生产规模不仅会降低企业原有的收益—成本水平，而且还有可能降低企业的总体盈利水平。

可见，企业所追求的应该是一定生产规模范围内的规模效益，以避免出现规模效益递减的状况，使投入要素所发挥的效益维持在最佳水平。就我国目前的连锁经营企业而言，在许多客观条件尚不具备的情况下，如果过分追求连锁店数目，投入大量资本，很有可能造成企业效益的下降，导致负债率上升，最终将会影响连锁公司的总体形象。所以，企业在发展时应注意适度规模，以避免投资过急而造成的资金周转不灵的风险。

2. 发展直营连锁，注意经营风险

直营连锁具有资产一体化的特征，消费者需求、竞争者变化、所属行业前景、经营者能力等都有较强的不确定性。因此，在发展直营连锁时要随时注意市场的变化，避免把所有的资金投入在同一地方，一旦市场风云变幻，经营效益下降，企业可能会出现资金匮乏的情况。表现在企业无力偿还债务：由于负债经营是以定期付息、到期还本为前提的，如果企业经营发生变化，所有发展的直营连锁都没有预期的效益，企业用负债进行的投资不能按期收回，必将面临无力偿还债务的境地，其结果不仅导致公司资金紧张，也影响公司的信誉程度，甚至还可能因不能支付而导致"灭顶之灾"。

避免经营风险可采取下列具体措施。

(1) 在调查研究的基础上预测市场动向，尽量回避一些风险程度大且很难把握的经营活动。

(2) 不要把所有的资金投资于一个项目，多投资一些不相关的项目，使高利和低利项目、淡季和旺季、畅销商品和滞销商品在时间上、数量上相互补充或抵消，使公司的经营有充分回旋的余地。

(3) 采用保险、担保等方法分解企业的经营风险。

3. 发展加盟连锁，注意管理风险

经营管理的规范化、管理规范的标准化是连锁经营的前提条件和规模效益的基本保证。公司拥有的连锁经营方式最有条件向特许经营发展，而特许经营的实质是向投资者提供一整套规范的经营技术体系。如果总公司片面追求网点数量，大量发展特许加盟店，而又缺乏有效的管理和强有力的服务能力，就有可能使投资者或消费者的利益受到侵犯，导致赔偿。不

但使企业财产受到损失,而且使企业形象受到严重损害,甚至可能导致整个特许加盟连锁的崩溃。因此,在发展特许加盟时,必须注意与企业自身的管理能力相适应,避免因特许加盟发展过快而带来的"鞭长莫及"的管理风险。

本 章 小 结

本章主要介绍了连锁企业的财务管理,具体包括以下几个方面内容:

连锁企业财务管理的基本概念及主要内容,连锁企业财务管理的特点,三种不同连锁经营形态在财务管理上的区别,连锁企业经营分析方法,连锁企业资产风险防范内容。

思 考 题

一、简答题

(1) 连锁企业财务管理的概念是什么?
(2) 连锁企业财务管理的特点有哪些?
(3) 三种不同连锁经营形态在财务管理上有什么区别?
(4) 连锁企业财务管理的主要内容有哪些?
(5) 连锁企业经营分析方法中的因素分析法大致可分为哪几种?
(6) 我国连锁企业资产风险防范应从哪几个方面入手?
(7) 我国连锁企业财务管理的现状如何?
(8) 加强我国连锁企业财务管理的对策有哪些?

二、案例分析

※ 永辉超市的财务管理新思维 ※

全球化趋势加快使得我国诸多行业正在以前所未有的速度发展,"互联网+"时代的到来为电商腾飞带来了技术支撑,一定程度上影响了传统零售业的经营模式。近几年我国零售业依然存在竞争过度的现象,整个行业盈利艰难。尽管如此,永辉超市仍然以惊人的增长业绩在零售行业中脱颖而出,发展迅速。通过对永辉超市运营过程中的诸多决策进行分析,不难发现,永辉超市在财务管理中充分利用管理会计思维,帮助管理者进行高效、准确的短期经营决策,合理进行企业预算,实现成本控制,最终提升核心竞争力。

一、"蓝海型战略管理会计"

永辉超市成立于2001年,于2010年上市并在此之后飞速发展。正是在这一阶段,永辉超市将重心转移,开始拓展"大卖场",并取得了喜人的成绩。永辉超市在成立之初,就注意到零售业市场中一个由于运输、储藏要求高而不被重视的领域——生鲜、农产品市场,开始着手实施"蓝海型战略管理会计"。当时我国的零售业中,生鲜市场有着较高的准入门槛,对于生鲜产品的选购、存储和贩售都有着不同于其他产品的规定。永辉超市准确地抓住了这一市场空缺,在创办之初,"生鲜区"的经营面积就达到50%~70%,主要的消费群体集中在家庭主妇和上班族,生鲜类产品的品种包括海鲜、农副产品、餐桌食品等。由于零售业在生鲜产品销售上存在空缺,使得永辉超市得以快速回转利润,实现了生鲜产品12%的毛利率,而传统零售业在生鲜产品上的回报几乎从未突破过10%。"蓝海型战略管理会计"使永辉超市在零售业市场扎稳了脚跟,为永辉超市的成功打下了基础。

二、短价值链结构下农超对接

从整个经营模式来看,永辉超市的纵向流程可以概括为:采购—物流—门店。正是由于特有的价值链形式,使之能够在采购和物流上采用本地化采购策略。对于农产品、生鲜产品而言,新鲜是永辉超市吸引消费者的优势。它借助短价值链结构压缩中间环节,实现农超对接战略,产品直接从农户手中获取。如今,永辉超市已经开始自己建设生产基地,以保证生鲜产品质量,控制产品成本,实现了采购和物流成本的有效控制,为后期的产品销售打下了基础。

三、预算管理实现采购销售一体化

市场环境的复杂性使得企业发展必须有合理的预算做保障,对零售行业而言,预算控制更加重要。永辉超市在生鲜、农产品采购过程中,保证了与农户的长期合作,在此基础上对采购数量进行相应调整,顺应市场变化,保证生鲜和农产品的质量要求。永辉超市很早便意识到了预算管理的重要性,设立了有效的全面预算管理机制,通过对市场环境的分析和掌握,建立科学、统一的预算管理体系,实现了内部管理水平和资源配置的优化,增加了抵御风险的能力。

四、成本控制为永辉超市发展打开新天地

对于永辉超市的"大卖场"经营来说,生鲜农产品市场的主要障碍在于毛利率很低,想要在零售业中得以发展并取得利润,成本控制成为企业新的出路。永辉超市的成本控制主要有两个举措:首先是门店方面,永辉超市的扩展基本比较稳定,每年在全国各地都会有一定数量的门店开业,但为了控制成本,所有的门店几乎全部采用租赁的方式,基础设施建设严格按照公司的成本控制策略进行。其次,永辉超市借助自建生产基地,解决了生鲜、农产品行业的两个问题,即质量安全和成本低廉。通过高效的成本控制战略,永辉超市打破了传统零售业的毛利壁垒,创造了12%毛利率的销售神话。成本的有效控制无疑为永辉超市的扩大再生产提供了机会,对其后续发展意义重大。为了进行有效的成本控制,门店营业的高效和低损耗也是永辉发展过程中成本控制的一个特点。

五、O2O模式为发展插上翅膀

2015年12月8日,京东到家与永辉超市共同举办了主题为"生鲜到家"的业务对接启动仪式,宣告双方的业务合作落地。O2O模式的出现对我国市场中的诸多领域产生了影响,传统零售业的经营模式也在逐步变化。永辉超市发现了O2O模式对零售行业的影响并做出改

变,在与京东的合作中,首次上线的产品主要包括生鲜和超市商品,周边的居民可以享受3公里范围内2小时送达的便捷服务。管理会计强调对市场环境的把控,而永辉超市通过对O2O平台的掌握,与京东合作,充分发挥了双方的优势。借助强大的供应链体系,结合直采直营模式,在充分保证生鲜产品食品安全的基础上,可以提供给消费者健康、高质的优价商品。可以说,永辉超市拓展生鲜、农产品O2O市场,引发了传统零售业的又一次变革。

案例来源:中国管理会计网 http://m.chinacma.org/report/6842.html,作者有删减。

【案例思考题】

(1) 永辉超市的财务管理体现在哪些方面?

(2) 永辉超市采取了哪些措施进行成本控制?

(3) 永辉超市的财务管理对现代连锁企业的发展有何启发?

第 8 章

连锁企业信息管理

本章概述了连锁经营信息管理，重点介绍了连锁企业信息管理系统的主要内容，以及连锁企业信息管理系统的应用，其中包括前台销售时点系统(POS)、后台管理信息系统(MIS)、电子订货系统(EOS)等。

学习目标
- 了解连锁企业信息管理系统
- 了解连锁企业信息管理系统的主要内容
- 熟悉信息管理系统在连锁企业中的功能和作用
- 熟悉连锁企业信息系统的应用

8.1 连锁经营信息管理概述

对于企业管理，信息已被作为连锁企业管理的目标，管理者已认识到管理的艺术在于驾驭信息，信息的及时掌握可以产生价值。连锁企业经营管理的任务在于通过相关信息的有效反映，更高效地管理好人力、财力、物力等资源，以实现连锁企业的目标。

8.1.1 信息科学基础

在现代社会中，信息是一个被广泛使用的概念，技术信息、经济信息、金融信息、军事信息等充斥着整个世界。所谓信息是指主体对客体的认识和揭示，它包括数据、字符、文字、图形等。信息的概念不同于数据，数据又称资料，是对客观事物的记录，是可以鉴别的符号，数据经过处理仍然是数据，只有经过特定背景解释，数据才有意义，才成为信息。例如，100是一个数据，除了数字上的意义外，接收者没有得到任何信息，但体重100公斤给予接收者的意义就不同了，接收者知道这个100是表示体重属性值而不是其他属性值，往下接收者就要关心体重100公斤是哪个客观实体的属性值，是张三的还是李四的？"李四体重100公斤"就能给予接收者明确的意义，也就是李四在体重属性上取值为100公斤，因此"李四体重100公斤"不仅有数据，更重要的是给数据以解释，接收者才得到了信息。可以说，信息是经过加工,并对客观世界产生影响的数据。

现代社会的特点之一,是管理信息量的增长速度十分惊人,有所谓"信息威胁"之说,这是指人类面临要处理的信息量大到难以应付的地步,以致造成混乱的结果。例如,一年内全世界发表的化学论文多达数万篇,如果没有计算机,要想从中找到一篇需要的文章就会像大海捞针。信息爆炸性的增长造成了信息挑战和信息威胁。面对这种情况,应用计算机等信息设备辅助作业是迎接信息挑战的唯一出路。

8.1.2 信息与管理的关系

管理的任务在于通过有效地管理好人力、财力、物力等资源来实现企业的目标,而要管理这些资源,需要通过反映这些资源的信息来管理。每个管理系统都首先要收集反映各种资源的有效数据,然后再将这些数据加工成各种统计报表、图形或曲线,以便管理人员能有效地利用企业的各种资源来完成企业的使命。所以,信息是管理上的一项极为重要的资源。信息对于管理的重要性在于"管理就是决策",管理工作的成败取决于能否做出有效的决策,而决策的正确程度则取决于信息的质量高低。

有两方面原因使管理者越来越多地关注信息管理:一是商务活动越来越复杂;二是计算机性能的极大提高。

一定的管理方法和管理手段是一定社会生产力发展水平的产物。现代社会的特点是分工越来越细,对各种问题的影响因素越来越错综复杂,对情况的反映和做出决定越来越要求迅速、及时,管理效能和生产、经营效能越来越取决于信息管理的完善程度。因此,对信息的需要不仅在数量上大幅度增加,而且在质量方面其正确性、精确性和时效性等的要求也不断提高。传统的手工系统越来越无法满足现代管理对信息的需要。生产社会化的发展,必然会在越来越大的生产、经营活动范围中,把碰运气、照旧传统办事及靠猜测等现象从决策过程中排除出去。基于计算机的信息系统,能把生产和流通过程中的巨大数据流收集、组织起来,经过处理和分析,转换为对各部门决策具有重要意义的有效信息。特别是运筹学和现代控制论的发展,使许多先进的管理理论和方法应运而生,而这些理论和方法又都因为计算工作量太大,用手工方式根本不可能及时完成,只有现代电子计算机高速、准确的计算能力和海量存储能力,为这些理论从定性到定量方面指导决策活动开辟了新局面。

任何组织都需要管理。所谓组织,是指人们为了实现共同目标而组成的群体和关系,如企业、部门、公司等,它们都具有一定的形式和结构,并完成其特定的目标。一个组织的管理职能主要包括计划、组织、领导和控制四大方面,其中任何一方面都离不开信息系统的支持。

8.1.3 连锁经营信息管理

现代商业连锁经营管理将企业集零为整、将商品化整为零,购销分工进一步细化,商品流转过程中的进货、送货、销售、库存及决策等分别由专业化的职能部门来完成,同时辅以项目小组或委员会等多种形式协调各部门的工作,以系统工程的方式来进行管理,从而可以大幅度地降低商品的进价,合理调整商品结构,集中配送,减少库存积压,加速资金周转,从整体上提高商业企业的经济效益。同时,连锁经营管理还可以使资金、商品在总体上有明确的流向,商品流通各环节逐步规范化、标准化,多个环节形成一种流水化的作业活动。

标准化的实施离不开信息技术,信息技术促进连锁企业管理的变革,这种变革是必然的。尽管人们对它的认识是滞后的,但这种变革依然伴随着信息化的发展或快或慢地在悄悄进行着。在高自动化、信息化的管理环境下,可以取得高效率和高效能。但是,如果企业管理没有适时变革,它将影响现代商业信息化的健康发展,出现现代先进的信息管理系统的低效率、低效能工作的情况。美国商业服务业的产值和职工人数早已超过了制造业,发达的商业服务业为进入信息化时代准备了社会条件。信息技术正在加快社会结构的全方位转化,进一步促进了新的网络式结构的出现,如美国沃尔玛等大零售商都与制造商和供应商建立公司网络,使市场、服务、生产紧密地联系在一起,打破了行业和地域界线,大大地提高了全社会经济循环的效率。以沃尔玛为例,它在计算机信息系统的建设上走在了前列,总投资达7亿美元,建立了计算机卫星网络系统。在创始人山姆·沃尔顿的回忆录中,他说:"我并不关心花多少钱,我喜欢的是能够立刻得到我想要的所有数据。每一种商品、任何地区、任何一个连锁店的销售情况,我在任何时间、任何地点都可以查看到。在这一点上,生产厂家对其产品在我们店的销售情况绝对不会比我们清楚。大家都知道信息就是力量,从我们的计算机信息系统中所获得的力量,成为我们竞争时的一大优势。"他还继续指出:"我走进卫星通信室,在这里看上一两分钟就可以了解这一天的经营情况。从屏幕上,可以知道今天信用卡入账的总金额,以及收到多少张失窃的信用卡。如果有重要或紧急事情要通知各个商店或配送中心,而且要当面宣布,我本人或其他主管可以到我们自己的摄影棚去,然后利用卫星立即传送到各地去。"

连锁经营信息管理主要是通过信息技术,赋予连锁企业合理化、制度化、规范化的观念,提高商品流通的效率,使物流、资金流和信息流等畅通无阻,达到最佳的有效利用,从而改善经营环境,降低中间成本,提高商品的竞争力;同时,也能更好地掌握市场趋势和创造更多的商业机会,尤其是能够快速、便利地适应顾客,满足顾客需求。连锁内部的物流管理及相关的信息流管理极为重要,与供应商之间的联系也是十分紧密。因此,及时收集、处理、掌握和运用经营的相关信息对连锁企业经营起生死攸关的作用。国外一些发达国家的著名连锁企业为了及时了解和掌握消费者对连锁企业与销售商品的各种要求,都在投入大量资金组建现代化的信息网络,以保证能够瞬时地、动态地掌握市场变化,快速组织适销对路的商品,扩大市场占有率。据资料统计显示,截止到2014年,在美国,商业、连锁业管理信息系统已经占到各类管理信息系统总量的60%。

【案例8-1】

京东信息管理的应用

1. 连锁经营的信息源

连锁企业经营信息源多种多样,从连锁企业信息管理的角度来考察可以分为企业内部信息源和企业外部信息源。

(1) 企业内部信息源。企业内部信息源是直接、重要、及时而可靠的信息源,主要有以下两种。

① 企业内部各机构。例如,管理策划、经营销售、财务统计、顾客服务、维修服务机构,

人事、后勤、党团组织及工会等部门发出的各种信息。

② 各类经营现场。商业经营活动的各类现场是最根本、最丰富、最直接、最生动的,也是最重要的信息源,包括店铺(柜组)、展销会、博览会、洽谈会、订货会、交易会等。

(2) 企业外部信息源。企业外部的信息源较多,主要有以下几种。

① 与企业管理、经营、决策等工作有关的机构。例如,各级党政机关和业务主管部门(特别是政府的综合调研部门),统计、物价、工商、税务等部门,相关行业的管理部门,银行、信息中心、行业协会、学会、研究会等各类社会团体,商业、教学、科研机构,经济咨询、预测机构以及有关的生产厂商等。

② 各种文献资料。这类商业信息一般是经过加工的、以特定形式提供的系统化信息,如各种统计文献(即各种统计报表、手册、统计公报等资料),各种年鉴(全国性或地区性的经济年鉴、统计年鉴),商业辞典、商品目录、企业名录、各种报告(行业和专业信息机构发表的简报、考察调研报告、通讯、综述等),各种期刊书籍及其他文献资料。随着科学技术的发展,目前文献资料的载体除了传统的纸张外,还采用磁盘、磁带、光盘等形式,使信息传播和汇集的速度越来越快。

③ 广告和新闻媒体。例如,广播电视、户外广告、邮递广告、电话声讯台等。

④ 各类数据库系统。截止到2014年,全世界有各类信息数据库4万多个,我国可以直接查用的约有20 000个。利用计算机联网可以及时、方便、快捷地得到所需的信息。

⑤ 广泛的社会关系。拥有某方面信息的人士也是重要的信息源,如专家、学者、公务员、记者和社区居民等。

2. 连锁经营信息的收集

连锁经营信息是企业进行经营决策、市场开发的基础。现代连锁企业十分重视对信息的广泛收集和不断积累,以求有效、准确地利用商业信息。

(1) 连锁经营信息的收集范围。连锁经营信息的收集范围主要包括以下几个方面。

① 企业内部信息,包括企业自身实力、财务统计、经营管理、人员分配等方面的信息。

② 市场信息,即反映商业企业与供应商、消费者及其他支持方之间关系的信息,包括市场需求、市场供应、市场价格与支持等方面的信息。

③ 竞争对手信息,包括竞争对手名单(含潜在竞争对手)、竞争者信息(如竞争对手的战略、策略、实力、计划、动态等)、本企业参与竞争的条件等信息。

④ 环境信息,即反映产、供、销及与消费者共处的社会、经济、文化背景的信息,包括自然环境、社会环境、政策环境和国际环境等信息。

⑤ 预测信息,包括社会、经济、科技的宏观预测、市场预测、企业发展预测以及未来发展机会和风险预测等信息。

⑥ 反馈信息。商业企业的任何商业活动实施之后,都需要收集来自厂家、消费者、社会等各方面的反应,并加以分析。这种反馈信息的准确、及时,必然使企业的经营能够主动、得法、有道,也必然使企业在市场竞争中处于有利地位。

(2) 连锁经营信息的收集途径。连锁经营信息的收集途径可以归纳为以下6种。

① 通过企业本身所建设的计算机信息系统取得。

② 通过公开的报纸杂志、电视广播、文献资料、图书等大众传播途径取得。

③ 通过行政和业务关系取得。现阶段我国商业企业的经营管理活动仍脱离不了行政系统，因此依靠行政和业务关系是取得商业信息的主要途径。

④ 通过各种有组织的信息网络取得，包括人工信息网，计算机数据库信息网络，有线、无线电讯网和 Internet 等。

⑤ 通过广泛的人际关系取得。商业活动是服务于人的活动，在人与人的交往中是最易收集到有用商业信息的。

⑥ 通过具有针对性的社会调查方式取得。

3. 连锁经营信息的处理

现代商业连锁企业区别于传统零售业的明显特点，就是集中与分散相统一。连锁企业虽然是由分散连锁分店组成的连锁群体，但是必须实行统一店名、统一标志、统一服饰、统一结算、统一进货、统一价格、统一配送、统一管理等规范化网络式经营，以求得资源最佳配置和优化经营，由此使连锁企业中的物流、商流、资金流和信息流构成一个较庞大的网络体系。只有当这些信息流在网络中活跃而畅通时，配送中心、各连锁分店以及连锁总店各职能部门的业务活动才能高效地联系起来，发挥出群体优势，真正实现连锁经营的规模效益。这就要求连锁企业必须借助完善的计算机管理信息系统，而不是再凭经验或凭零散的市场信息的传统方式来经营和管理。连锁企业的规模越大，地域分布越广，建立管理信息系统的迫切性就越大。

例如，美国沃尔玛公司在全球各地有 8500 多家连锁店，每家店的面积都是上万平方米。2018 年沃尔玛公司年零售总额达 4858 亿美元。这么大规模的连锁公司，其结算却不超过 24 小时，而且详细到商品小类和规格，这样的工作效率若不借助计算机，若没有现代化的信息管理简直就是不可想象的。

目前国内大中型连锁企业经营的商品有上万种，一般连锁超市的商品也有七八千种。对这些商品的管理，如果采用人工管理到每一个商品，其工作量是难以想象的。若不管理到每一个商品，其补货和盘点就比较困难；总部对所属各个分店的商品销售情况的汇总工作量更是巨大，没有先进的计算机管理，连锁经营就无法实现。因此，连锁经营必须引入先进的信息管理。

8.2 连锁企业信息管理系统

近年来，连锁企业信息管理系统在连锁经营信息管理中的角色愈发重要，连锁企业纷纷加强信息系统的建设。本节主要讲述连锁企业信息管理系统的建设和主要内容以及其功能和作用。

8.2.1 连锁企业信息管理系统概述

近几年，国内连锁企业越来越意识到信息管理的重要性，纷纷加强信息系统的建设，以便随时了解商品销售动态和消费者购买行为变化。在过去，它们根本不知道什么商品已经出售或待售,在订购更多的商品或降价销售过剩存货之间,它们不得不等着店员去盘点商品。即使是现在,仍然有许多商店在营运过程中,对所有的有关订货和收货,从配送中心到门店的运输再到单个商品的出售,以及退货记录这些宝贵的信息,或者花高价用手工处理,或者被简单地忽略了。

8.2.2 连锁企业信息管理系统的建设

连锁企业在经营管理活动中存在着丰富的信息资源,它们既是企业经营活动的组成部分,又是企业经营管理的决策依据。商业信息的不断流动形成了商业信息流,它和商流、物流、资金流等密切相关且不断扩大,使连锁企业各方面的管理和决策力度加大。为此需要利用信息技术进行信息化管理,以达到信息管理制度化、规范化、科学化。连锁企业信息系统建设包括3个层次。

(1) 作业层信息化。作业层信息化的主要职能是通过计算机技术代替部分手工操作,完成基本数据的采集。它主要从事日常事务性工作处理、报表处理和查询处理,包括销售数据的收集、统计、查询,产生销售报表,各种会计账簿的登录、查询以及产生相应的报表等。这是整个信息化战略的基石,没有解决好这一层次的信息化,便不能得到准确的数据、丰富的信息,更谈不上有更深入的管理和分析。

(2) 管理层信息化。管理层信息化是通过对基层采集的数据进行统计分析与对比,根据总部的经营方针,对企业的人事、财务、库存、合同、销售、仓储等方面进行组织管理和微观控制。管理层处理来自作业层的数据,并将产生的信息提供给决策层使用。

(3) 决策层信息化。决策层利用所获得的各类数据,运用模型库和方法库中的各种模型和方法,挖掘各种信息和规律,辅助决策者预测未来市场的变化趋势,制定正确的发展方向和策略。它所处理的数据包括两方面:一是企业内部作业层和管理层的信息;二是企业所处环境数据。它不但需要常规的即时数据,还需要历史数据。由于决策环境的不确定性,要解决的问题也是不精确的,计算机系统只能提供辅助性决策的依据,决策者需要借助这些数据进行分析和判断并做出问题的解答。

7-11 连锁店铺的信息管理系统平台

从上面3个层次可以看出,连锁企业信息系统的建设就是要解决四个平台建设的问题:为顾客、供应商和本企业提供一个信息交互平台;为业务人员提供一个业务处理平台;为管理者提供一个控制平台;为决策者提供一个决策支持平台。

8.2.3 连锁企业信息管理系统的主要内容

我国连锁企业信息管理系统的基本结构是:POS 系统+MIS 系统。在基本结构的基础上,一些企业同时还运行 EOS 系统(电子订货系统)和 EDI 系统(电子数据交换系统)。

连锁企业信息管理系统可以分为3个层次,如图8-1所示。

第一层是前台销售时点(Point of Sales,POS)系统,负责销售数据的采集。

第二层是后台计算机管理信息系统(Management Information System,MIS),负责数据的整理、分析、处理，涉及总部、配送中心、门店三方面。

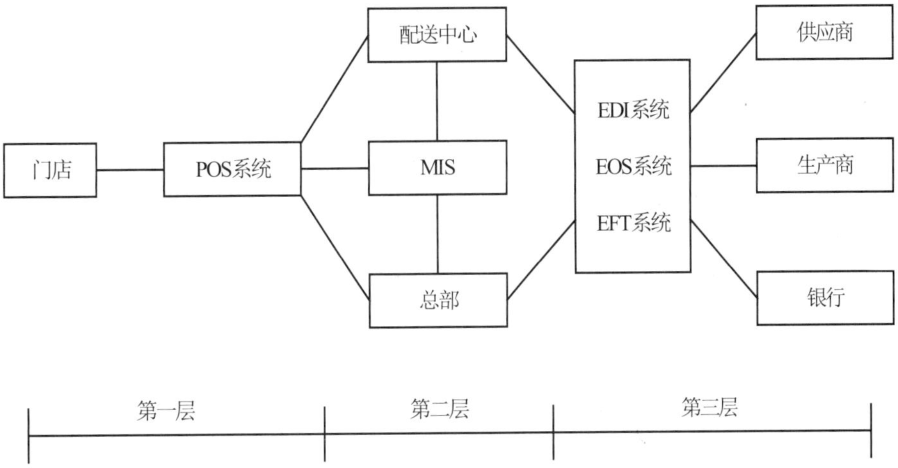

图 8-1 连锁企业信息管理系统的层次图

第三层是电子数据交换系统(EDI系统)、电子订货系统(EOS系统)、电子资金转账系统(EFT系统)，用于与供应商、生产商、外部银行的联系和资料的传递、结算等，这些系统和连锁企业的其他管理系统如ERP系统、SCM系统和GPS系统等，一起构成了连锁企业的信息网络系统。

(1) POS 系统。POS 系统即时点销售数据管理系统。该系统采用条形码技术使设备与收款机联合进行销售数据的实时输入，采用信用卡技术使刷卡设备与收款机联合进行商品销售的实时结算，能够及时地跟踪处理销售与结算支付业务，并根据这些数据进行详细、正确、迅速的分析，为商品的补货和管理提供依据。利用 POS 系统可以及时了解商品的销售动态和周转情况以及库存信息，还可以帮助进行商品结构的 ABC 分析，实现对商品的单品管理。这对于连锁企业研究消费者偏好、把握消费趋势是非常有意义的。

(2) MIS 系统。MIS 系统即管理信息系统，是指专门为连锁企业服务、具有特定功能的管理信息系统。它是为增加商品销售，在企业内部对商品计划、合同、购货、销货、调货、存货、核算、财务、统计分析、辅助决策的整体循环处理过程中，以数据信息为轴心、全面自动化的管理控制系统。

(3) EDI 系统。EDI 系统即电子数据交换系统，是按照协议在数据通信网络上将具有一定结构特征的标准数据资料，在贸易伙伴的计算机系统之间进行交换和自动处理的电子化工具。它将与商业贸易活动相关的运输、保险、海关等行业的信息，用一种标准化的格式进行代码描述，然后通过计算机通信网络，实现企业内部各单位之间、企业与其他企业或相关机构之间的电子数据的传输、处理与交换等业务。对于连锁企业而言，每天都有大量数据需要在总部、门店、配送中心、交易伙伴之间流动，因此，使用 EDI 系统既实现了"无纸交易"，又加快了信息传输的速度，提高了工作效率。

(4) EOS 系统。EOS 系统即电子订货系统，是连锁企业将各种订货信息通过计算机网络系统传送给供应商，完成企业(包括配送中心)批发商、制造商之间的商品订购、运输、调配，以及订货、接单、处理、供货指示和结算等的作业控制，其全部过程均是在计算机中进行处理的。连锁企业通过建立与供货商之间的 EOS 系统，实现商品快速反应，能减少缺货现象，加强商品采购管理。

总之，上述各信息系统不是独立存在的，而是整合起来的一个有机网络，可以消除信息收集的重复和各功能系统的局限性。在这个基础上，一些新的网络信息技术也层出不穷，如ERP(企业资源计划)系统、SCM(供应链管理)系统、CRM(客户关系管理)系统、DBMS(数据库管理系统)、MIS(管理信息系统)、GIS(地理信息系统)等。连锁企业要根据自身发展的需要建设相应的信息网络，提高企业的运营效率。

需要强调的是，连锁企业信息化程度高并不代表企业的管理水平就一定高，关键还在于连锁企业必须有一种基于信息化的执行文化，在于管理者头脑中有一种用数据进行科学管理的观念。拥有一个完善的管理信息系统和管理制度并不能保证企业拥有强大的竞争力，只有同时建立起基于信息化的企业执行文化才能发挥制度和技术的作用。

8.2.4 连锁企业信息管理系统的功能与作用

连锁企业在经营管理活动中存在着丰富的信息资源，它们既是企业经营管理活动的组成部分，又是企业经营管理的决策依据。商业信息的不断流动形成了商业信息流，它和商流、物流、资金流等密切相关且不断扩大，致使连锁企业各方面管理和决策的难度加大，为此必须利用信息技术进行信息化管理，以达到信息管理制度化、规范化、科学化。因此，建立一套快速、灵敏、准确、高效甚至智能化的信息系统对于连锁企业来说非常重要。

1. 连锁企业信息管理系统的功能

连锁企业信息管理系统在企业中的功能可归纳为以下几个方面。

(1) 采集信息。把连锁企业各个环节的信息及与市场有关的信息收集起来，纳入 PC 后台和企业的信息系统中心。

(2) 加工信息。把采集的信息进行整理、加工、分析，使经营者及时掌握企业进销存的动态和企业人力、财力、物力的动态，掌握市场的第一手资料，为市场预测提供数据资料。

(3) 存储信息和检索信息。存储信息是为了确保信息的连续性和实用性。信息检索是为连锁经营查询、监测某些信息服务，以确保企业不受损失。

(4) 传输信息。连锁企业向生产商、各类供应商、其他合作伙伴、政府机构、消费者传递有关的信息，关键是达到以销定产、以销定进、以销定存，保证进货质量，优化经营布局和商品结构的目的。

2. 建立连锁企业信息管理系统的意义

连锁企业建立信息化管理系统是全面提高企业竞争能力的关键，其意义表现在以下几个方面。

(1) 采用现代的电子计算机技术能充分实现和发挥连锁企业的优越性。随着连锁规模的膨胀，没有现代化计算机管理系统将导致企业管理的瘫痪。

(2) 能精确、适时地反映和处理连锁企业各项经营活动，将进货、配送、销售、结算和计划等环节统一起来，明确商品流向，反映货仓商品进出，完成价值查询，提高经营效率。

(3) 能准确实现商品的单品管理。

(4) 优化商品结构,促使主力商品的种类、价格、品质与消费群体需求相一致。

(5) 及时发现、处理临界期商品和滞销商品,有效控制进货内容,以避免商品短缺与重复进货,提高资金利用率。

(6) 全面降低企业运作成本,提高公司的整体运作效率,争取企业利润最大化,进一步提高企业的竞争力。

事实上,连锁企业计算机系统的建立,对于连锁企业的管理和超常规发展起了极其重要的作用。计算机系统的应用提高了连锁企业的管理效率,规范了企业的管理模式,培养了企业的管理人才,提高了整个企业的管理水平。

8.3 连锁企业信息管理系统的应用

连锁企业在经营管理中充分应用信息管理系统,可以支持企业高层决策、中层控制、基层动作,有效提高企业经济效益和效率。连锁企业信息管理的应用主要有前台销售时点系统(POS)、后台管理系统(MIS)、电子订货系统(EOS)等。

8.3.1 前台销售系统

POS 系统也就是销售时点信息(Point of Sale)系统或前台系统,是指在商业经营场所,通过收银员在收银机上的实际操作将商品卖给顾客,为商业实现销售额的过程。POS 系统通过自动读取设备(如收银机)在销售商品时直接读取商品销售信息(如商品名、单价、销售数量、销售时间、销售店铺、购买顾客等),并通过信息网络和计算机系统传送至有关部门进行分析和加工,以提高经营效率的系统。POS 系统最早被应用于零售行业,以后逐渐扩展至其他如金融、旅馆等服务性行业,利用 POS 系统的范围也从企业内部扩展到整个供应链。

POS 系统是以后台计算机和商品条形码为基础,以条形码扫描器为基本工具,配备电子收银机及其他电子设备(如磁卡阅读器)所构成的一个系统。POS 系统主要用于前台销售,实现收款、退货、换货、价格查询、折扣、取消交易、简单的数据统计分析等功能,支持多种支付方式。其最重要的功能是适时采集各种商品的销售信息,对所经营的商品实施单品管理。

POS 系统运作的基本组件包括条形码技术、条码标签印制机、POS 收银系统及商品主档。以下逐一进行介绍。

1. POS 系统运作的基本组件

(1) 条形码技术。条形码是用一组数字表示商品的信息。按使用方式分为直接印刷在商品包装上的条形码和印刷在商品标签上的条形码;按使用目的分为商品条形码和物流条形码。

商品条形码是指以直接向消费者销售的商品为对象、以单个商品为单位使用的条形码。由13位数字组成,最前面的两位数字表示国家或地区的代码,中国的代码是69,接着的5位数字表示生产厂家的代码,其后的5位数字表示商品品种的代码,最后的1位数字用来防止机器发生误读。例如,在商品条形码6902952880041中,69代表中国,02952代表贵州茅台酒厂,

88004代表53%(VN)，1代表500ml的白酒。

物流条形码是指在物流过程中的以商品为对象、以集合包装商品为单位使用的条形码。标准物流条形码由14位数字组成，除了第1位数字之外，其余13位数字代表的意思与商品条形码相同。物流条形码第1位数字表示物流识别代码，如在物流识别代码中1代表集合包装容器装6瓶酒、2代表集合包装容器装24瓶酒，所以物流条形码26902952880041代表该包装容器装有中国贵州茅台酒厂的白酒24瓶。商品条形码和物流条形码的区别，如表8-1所示。

表8-1 商品条形码和物流条形码的区别

种类	应用对象	数字构成	包装形状	应用领域
商品条形码	向消费者销售的商品	13位数字	单个商品包装	POS系统、补充订货系统管理
物流条形码	物流过程中的商品	14位数字(标准物流条形码)	集合包装如纸箱、集装箱	出入库管理、运输保管、分拣管理

(2) 条码标签印制机。商品条形码按印制来源可分为原印码和店内码两类。原印码是由商品制造商申请核准的条码，并在商品出厂前直接印制在包装上，而店内码则是由商店自行印制的条码标签，在商品入店时粘贴在商品包装上。

(3) POS收银系统。当顾客拿着商品到收银台结账时，工作人员必须使用POS收银系统，才能阅读商品条码、寻找商品售价或接受该商品售价并记录商品的销售状况。目前较通用的POS收银系统有以下两种：一是由计算机收银机和扫描器组成的系统；二是由电子收银机、扫描器、主档控制器、计算机组成的系统。

(4) 商品主档。POS系统要运转还得靠计算机内建立的商品主档。当扫描器接收商品信息后，就要到计算机内去寻找商品的主档资料，以辨识商品代号是否正确，然后寻找售价或接受该商品售价，并记录该项商品的销售数量。商品在第一次进入连锁店销售之前一定要依据规定的档案格式，先将有关该商品的基本资料输入计算机，才可销售。除此之外，还要进行商品主档的维护，维护时应注意正确性和时效性。商品在销售期间，如遇到变价、淘汰、分类调整等变动状况，需要及时将信息传递给商品主档管理人员，以避免造成因商品主档资料与卖场销售信息不一致而造成的混乱现象。

2. POS系统的功能

不论前台管理系统所配置的硬件有何差别，其软件功能应能满足基本销售和管理要求，并应能支持尽可能多的功能，即一方面要便于收银员的操作和管理，另一方面要提供尽可能多的原始数据，作为后台统计、分析、决策的依据。

作为一个完整的前台POS系统，应具备销售、付款、员工管理及简单的数据统计和分析等一系列功能。

(1) 收银员识别功能，收银员登录、退出功能。

(2) 销售功能。

(3) 多种方式的付款功能。

(4) 其他功能，如票据查询、报表查询、前台盘点、工作状态检查。

3. POS 收银机的硬件设备及其外设

通常将键盘、打印机、显示器、钱箱等 POS 机的硬件部分与其他外部设备集于一体，运行专用的软件后，便可实现销售数据的录入、处理、统计、输出、存储、传送，并对设备的各个部分进行管理，如图 8-2 所示。

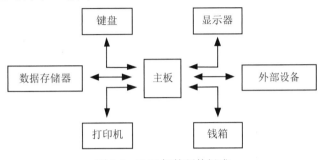

图 8-2 POS 机的硬件组成

8.3.2 后台管理系统

现代连锁商业企业的自动化管理，除前台收银系统外，其余主要功能由后台管理系统，也就是 MIS 系统实现。前台管理系统接收后台管理所设定的各种基本信息，并将详细的销售资料传送给后台管理系统进行分析和汇总。后台管理系统和前台管理系统相辅相成，构成完整的连锁商业企业自动化管理系统。

现代连锁商业企业的后台需要完成除前台商品销售过程以外的一切管理功能，既要为前台收银管理系统提供必要的商品、收银员等基本资料，又要收集前台收银管理系统提供的各种详细的销售数据和记录日志，作为查询、分析、统计和决策的信息依据。后台管理系统除了和前台收银管理系统存在数据接口外，在连锁经营模式下还有和配货中心的接口。因此，后台管理系统功能齐全、内容丰富、工作量大，也是开发过程的难点和重点。尽管现代连锁商业企业各自的经营规模不同、经营模式不同、管理方法不同，但其后台管理系统具有一定的共同点。作为一个连锁商业企业的后台，其管理和连锁商业企业的业务经营管理是分不开的。连锁商业企业业务的经营过程可以简单地概括为进、销、存，因此，连锁商业企业后台管理的核心就是商品的进、销、存管理，即商品的进货、销售和库存管理及其他的相关管理，如图 8-3 所示。

1. 商品进货管理

商品进货是指连锁商业企业采购商品的商业活动。商品进货必须利用货币资金向商品生产者或其他连锁商业企业采购商品。没有支付货币资金而获得的商品，如接收馈赠品就不能算是商品进货。同时，采购所得的商品必须用于进一步销售，购进商品不再转卖，如采购内部饮食所需的蔬菜，也不属于商品进货行为。商品进货是整个企业经营过程的起点。

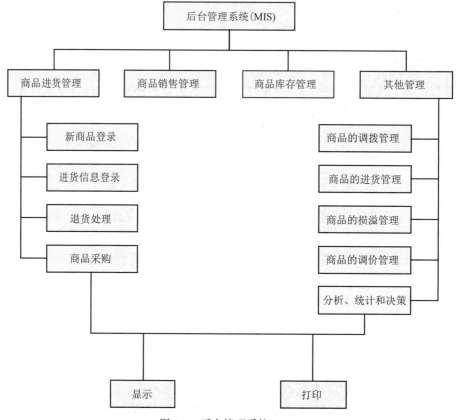

图 8-3　后台管理系统(MIS)

商品的进货管理主要涉及以下内容。

(1) 新商品登录。对于采购进店的商品如从未登录过，必须对其基本资料如编码、名称、规格、型号、单位、税率、供应商情况、分类码、进货价格、核定销售价等进行必要的登录，以便将有关信息传送给 POS 机，否则新购商品将因找不到相应编码资料而无法在收银机上销售。

在新商品的登录过程中，需要对商品的分类、商品的供应商等信息进行必要的设置。

(2) 进货信息登录。对采购商品按照有关规定经确认后正式作为进货信息录入电脑。基本的进货信息应包括进货单编号、进货日期、进货人、验收人、供应商编号以及所采购商品的代码、批次、单位、数量、进货单价、进货税额、折扣情况、生产日期、保质期等。在实际应用中，要特别注意商品在采购时进货计量单位和商品基本资料计量单位间的一致，如香烟在基本资料中以包为单位，而在进货时可能以条为单位。

商品的进货将影响到商品的库存数量、商品的库存金额、商品供应商的进货额和应付款项、进货人员的采购业绩等一系列的变化，因此，商品的进货必须慎重处理，以保证各种数据间的一致和完整。

(3) 退货处理。商品因质量或代销滞销等原因必须将商品退还给供货商，即商品退货。商品退货可以和商品的进货相同处理，以负的数量形式表示商品的退货，并增补备注栏目填写退货原因。也可以将商品退货和商品进货彻底分开，以独立的退货单形式进行处理。

商品退货和商品进货一样，也将涉及商品的库存数量、商品的库存金额以及商品供应商的进货额、退货额和应付款项、进货人员的采购业绩等一系列数据的变化。

2. 商品销售管理

商品销售管理是指后台有关商品销售方面的处理，主要包括接收前台的销售明细资料。收银员解款单处理或后台直接进行商品的批发性销售。

POS 机的销售信息将影响到商品库存数量、库存金额、销售总数、销售总额、退货数额、优惠金额、收银员销售业绩、营业员销售业绩等一系列数据，是商品后台管理的原始数据来源。收银员的解款单用于核查收银员扣除备用金外的实际销售收入，也可用于核对柜组的自备账目等。

对大宗客户进行批发性销售也宜在后台进行。批发销售和前台销售有一定的差别，为了对客户进行完整管理，必须对各客户进行注册登录，并建立账号，记录相应应收账款。在批发过程中，还允许像进货管理那样增列税额栏、开具增值税发票、允许有批发扣率和赠品等。

3. 商品库存管理

商品库存是指连锁商业企业的待销商品。商品的待销可能是因为生产和消费间存在着较大时差(如季节性商品)，也可能是因为生产和消费间存在着空间上的距离(如商品配送的在途运输)；可能是由于商品销售前必须做一些整理装配等准备工作；可能是出于特殊目的的储备等原因。商品库存是进一步满足消费者需要的物质基础，是商品进货的依据之一。商品库存受商品的生产周期、商品的保质期限、商品的进货周期、仓储条件、可用资金、商品的销售情况等一系列因素的影响，是商品供求关系的体现。

商品库存管理应能随时了解库存情况。可以以定性或定量的方法确定合理的商品结构、品种、数量及库存时间。ABC 分类法是商品库存管理中被广泛使用的一种定量分析方法。

【案例8-3】

ABC 分类法

4. 其他管理

商品进销存是连锁超市经营管理的主要内容，在连锁商业企业的实际经营管理过程中，还存在着一些相应的商品、票据、信息等管理。通常有以下几部分。

(1) 商品的调拨管理。商品的调拨是指因销售等需要，单个连锁超市内部不同柜组、部门间或连锁商业企业各销售单位间商品的相互调拨。拨出商品和调入商品的部门或单位，必须填写相应的调拨单据，对调拨商品的品种、规格、数量、单位、核算单价及金额等信息进行必要的记录。商品的调拨将直接影响到商品的库存，有时还会影响到商品的利润。随着市场经济的逐步繁荣，商品的调拨相对来说越来越少。

(2) 商品的进货管理。商品在进货时，供应商经常会略超量供货，称为物扣，以冲抵运输途中的可能损失。这样，连锁商业企业实收商品数量就可能和供应商发货单数量不同，有一定溢缺。不管是溢还是缺，这部分商品不影响供应商的应付款项，但会影响到商品的进货成本，因此应填写相应的进货调整单。有时也将进货调整单放在报溢单中处理。

(3) 商品的损溢管理。零星商品因质量、自身变值、偷盗、自然原因等引起的损或溢，应该填写相应的报损或报溢单或单一的损益单，以确保商品账物在数量和金额上的一致。

此外，零星商品盘点的盈亏也可以以商品溢缺的形式进行记录。

(4) 商品的调价管理。商品的供需情况会不断发生波动，商品价格也必然会做出相应变动。商品价格的调整一般针对某一商品进行，对不同进货批次的同一商品将进行全部调价。商品调价必将影响到商品的库存金额，因此必须对账面库存金额进行必要的增值或减值调整。

另外，对商品的核价工作，也可以通过商品的调价管理来完成。

(5) 分析、统计和决策。对商品的进销存进行完整全面的分析、统计和决策，既可以分散在各个相对独立的过程管理之中，也可以以专门的方式建立一个独立的、系统的分析、统计和决策体系。

由于计算机存储容量、运算速度、图形界面等的迅速发展，可以建立具有进销存各环节完整信息的数据库，通过图形、报表、图表等各种手段来分析、统计商品的营销情况，并为连锁商业企业的经营管理提供决策。

计算机管理系统的建立，经过一定时间的稳定运行，可以提供大量的经验数据。借助于一定的数据模型，结合大量经验数据，可以对经营状况、市场需求、收入效益等进行科学的预测和瞻望。

8.3.3 电子订货系统

电子订货系统(EOS)是指将批发商、零售商所发生的订货数据输入计算机，通过计算机通信网络将资料传送至总公司、批发商、商品供应商或制造商处。因此，EOS 能处理从新商品资料的说明直到会计结算等所有商品交易过程中的作业，可以说 EOS 涵盖了整个商流、物流、资金流。在寸土寸金的情况下，零售业已没有许多空间用于存放货物，在要求供应商及时补足售出商品的数量且不能有缺货的前提下，更必须采用 EOS 系统。EOS 包含了许多先进的管理手段，因此，在国际上使用非常广泛，并且越来越受到商业界的青睐。

1. 电子订货系统结构

电子订货系统结构，如图 8-4 所示。

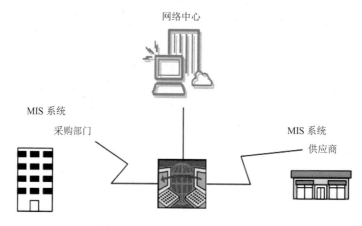

图 8-4　电子订货系统结构示意图

从物流的角度来看电子订货系统结构，不难得到零售商、供应商、网络中心和计算机系统在物流中的角色和作用。

(1) 零售商、批发商。采购人员根据 MIS 系统提供的功能，收集并汇总各机构要货的商品名称、要货数量，根据供应商的可供商品货源、供货价格、交货期限、供应商的信誉等资料，向指定的供应商下达采购指令。采购指令按照网络中心的标准格式进行填写，经网络中心提供的 EDI 格式转换系统而成为标准的 EDI 单证，经由通信界面(专用网或 Internet)将订货资料发送至网络中心，然后等待供应商发回有关信息。

(2) 网络中心。不参与交易双方的交易活动，只提供用户连接界面。每当接收到用户发来的 EDI 单证时，自动进行 EOS 交易伙伴关系的核查，只有互为伙伴关系的双方才能进行交易，否则视为无效交易。并对每一笔交易进行长期保存，供用户今后查询，或在交易双方发生贸易纠纷时，可以根据网络中心所储存的单证内容作为司法证据。

(3) 供应商。根据网络中心传来的 EDI 单证，经网络中心提供的通信界面和 EDI 格式转换系统而成为一张标准的商品订单，根据订单内容和供应商的 MIS 系统提供的相关信息，供应商可及时安排出货，并将出货信息通过 EDI 传递给相应的零售商，从而完成一次基本的订货作业。

当然，交易双方交换的信息不仅仅是订单和交货通知，还包括订单更改、订单回复、变价通知、对账通知、发票、退换货等许多信息。

(4) 计算机系统。用于产生和处理订货相关的信息。

2. 电子订货系统的组成与特点

(1) EOS 系统的组成。电子订货系统采用电子手段完成供应链上从零售商或批发商到供应商的产品交易过程。因此，一个 EOS 系统也必须有供应商、零售商、网络和计算机系统。它们之间的关系可以用图 8-5 表示。

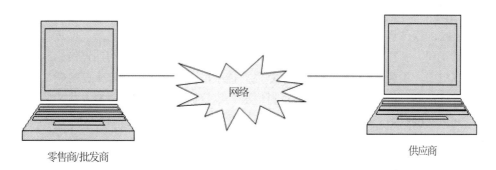

图 8-5　EOS 系统组成之间的关系

EOS 系统的硬件与软件如图 8-6 所示。

(2) EOS 的特点。

① 连锁商业企业内部计算机网络应用功能完善，能及时产生订货信息。

② POS 与 EOS 高度结合，能产生高质量的信息。

③ 在零售商或批发商和供应商之间进行信息传递。

④ 以计算机为工具，通过网络传输出货信息。

⑤ 信息传递及时、准确。

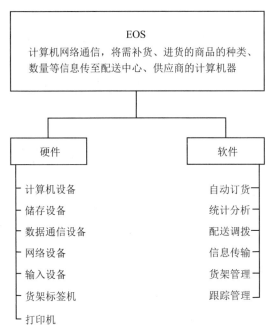

图 8-6　EOS 系统的硬件与软件

⑥ EOS是许多零售商和供应商之间的整体运作系统,而不是单个零售店和单个供应商之间的系统。

⑦ 电子订货系统在零售商和供应商之间建立起了一条高速通道,使双方的信息及时得到沟通,使订货周期大大缩短,既保证了商品的及时供应,又加速了资金的周转,实现了零库存战略。

EOS 系统并非单个的零售店与单个的供应商组成的系统,而是许多零售店和许多供应商组成的大系统的整体运作方式。EOS 系统基本上是在零售店的终端利用条码阅读器获取准备采购的商品条码,并在终端机上输入订货资料,利用电话线通过调制解调器经由网络传到供应商的计算机中,供应商开出提货传票,并根据传票,同时开出拣货单实施拣货,然后依据送货传票进行商品发货,送货传票上的资料便成为零售商的应付账款资料及供应商的应收账款资料,并接到应收账款的系统中去。零售商对送到的货物进行检验后,便可以上架陈列与销售。

3. 电子订货流程

(1) 传统电子订货方式与现代电子订货方式。

① 传统电子订货方式。EOS是由零售商和供应商组成的、采用整体运作方式的大系统。首先,零售商的计算机应用系统根据销售情况和库存情况生成订货信息,制作出一张订货单,利用计算机网络传到供应商的计算机系统中;供应商则根据订货单的要求准备货物,开出出库单(发货通知单);将发货通知单通过网络传递到零售商的计算机系统中。交货单的资料便成为零售商的应付账款资料及供应商的应收账款资料,如图8-7所示。

图 8-7 传统方式下的电子订货流程

② 现代电子订货方式。零售商或批发商将销售数据和库存信息通过网络传递给供应商,告知销售情况如何,供应商根据销售情况决定是否发货给零售商或批发商。供应商发货时,通过网络传给零售商或批发商装货通知,零售商或批发商根据装货通知告知的情况自行计算货款并付账,如图 8-8 所示。

图 8-8 持续补充业务

(2) 基于 EDI 的电子订货系统。EDI 方式的特点如下。

① 数据信息标准化。一般采用 EDIFACT 标准单证格式,便于计算机系统的自动识别。

② 数据交换、处理自动化。EDI 强调从应用到应用(Application to Application)的数据交换。也就是当企业收到一份 EDI 订单时,系统自动处理该订单,检查订单是否符合要求;然后通知企业内部管理系统安排生产;向零配件供销商订购零配件等;向有关部门申请进出口许可证;通知银行并给订货方开出 EDI 发票;向保险公司申请保险单等,从而使整个商贸活动过程在最短时间内准确地完成,无须用户干预。

EDI 方式下的订货过程如下。

① 销售企业通过 EDI 系统将订货手册和商品标签发送给采购企业。

② 采购企业下采购订单,并通过 EDI 系统发送给销售企业。

③ 销售企业发货配送,采购企业收货、验货,并通过 EDI 系统向销售企业发送收货确认。

④ 销售企业根据收货确认开出账单和发票,通过 EDI 将收款通知发送给采购企业。

⑤ 采购企业付款。

⑥ 采购企业通过 EDI 将退货要求或售后服务要求通过 EDI 发送给销售企业,销售企业作相应处理。至此,一个订货过程完成了。

(3) 基于 Internet 的电子订货系统。在 Internet 上完成订货业务是零售商或批发商和供货商之间的业务功能之一。基于 Internet 的订货系统的特点如下。

① Internet 分布广,用户数量大。

② 信息传输方式多,上网简单。

③ 信息发布采用 WWW 技术,直观效果好。

④ 保密安全性差。

⑤ Internet 不能直接访问对方数据库，需人工干预。

零售商或批发商在自己的计算机系统上制作出订单，然后以用户方便的方式(E-mail，FTP，TELNET)通过 Internet 发送到供货商的信箱中。供货商从自己的信箱中接受订单，准备供货，并把发货单通过 Internet 发送到零售商的信箱中，零售商按发货单上的信息结账、付款，如图 8-9 所示。

图 8-9　基于 Internet 的电子订货

本 章 小 结

本章主要介绍了连锁企业的信息管理，具体包括以下几个方面内容：
连锁企业信息管理系统的主要内容、基本功能与意义、应用系统等内容。

思 考 题

一、简答题

(1) 如何构建连锁企业信息管理系统，主要包括哪三个层次？
(2) 连锁企业信息管理系统的主要内容有哪些？
(3) 连锁企业信息管理系统的基本功能有哪些？
(4) 建立连锁企业信息管理系统的意义有哪些？
(5) 连锁企业信息管理的应用系统有哪些？
(6) 在建设和完善连锁企业管理信息系统过程中，企业应注意些什么？

二、案例分析

※ 沃尔玛的信息管理系统 ※

沃尔玛的全球采购战略、配送系统、商品管理、电子数据系统、天天平价战略在业界都是非常成功的。可以说，沃尔玛所有的成功都是建立在其利用信息技术整合优势资源，信息技术与零售业整合的基础之上。通过采用最新的信息技术，沃尔玛将最古老的销售技巧与最现代化的高科技联系起来，使其能够以最低的成本、最优质的服务、最快速的管理反应进行全球运作，达到提高生产效率和降低成本的目的。

1. 信息系统结构及职能范围

沃尔玛总部信息中心共有员工近3000名，其中约有300~400名从事项目管理工作；约800名从事应用软件开发；还有300~400名系统维护人员。员工人数通常根据任务变化进行合理调配，一般约1020人分为一组。例如，组建有国际财务组、会计组、跨部门业务Netmeeting组、E-mail组等。

公司所有业务和信息系统管理完全按照高度中央集权方式进行矩阵式的组织管理。信息中心各职能部门负责提供项目资源需求，信息应用分部负责开发软件。

例如，沃尔玛公司的客户关系管理系统开发项目由市场部与调查公司拟定4050项指标，制成调查表交给IT部门，通过E-mail等散发到各门店来完成客户调查。如果开发新项目时公司信息中心开发小组技术力量不够，通常会采取业务外包的形式，特殊情况下也会请咨询公司帮助改进业务并提出软件开发需求，然后外包给软件公司。

在一套庞大、复杂的系统下，沃尔玛的良性经营运转是需要完全契合的一套内部管理体制和操作流程相配套的。因此，从某种意义上说，沃尔玛的成功取决于其拥有一个优秀的CIO，取决于公司职员能完全按照一套操作简单、控制复杂、成本最低、赢利最大的系统管理模式工作。

2. 信息系统所采用的技术应用

(1) 企业资源管理(Enterprise Resource Planning，ERP)系统

沃尔玛制定了"企业核心竞争力，降低总体成本"的新经营策略和理念，把企业资源管理(ERP)提升到提高企业核心竞争力的战略高度。通过新型的信息应用，沃尔玛的经营效率得到了革命性的提升。

(2) 供应链管理(Supply Chain Management，SCM)系统

沃尔玛给人们留下印象最深刻的，是它的一整套先进、高效的物流和供应链管理系统。沃尔玛在全球各地的配送中心、连锁店、仓储库房和货物运输车辆，以及合作伙伴(如供应商等)，都被这一系统集中、有效地管理和优化，形成了一个灵活、高效的产品生产、配送和销售网络。

沃尔玛内部供应链管理主要由4部分组成：顾客需求管理，供应商和合作伙伴管理，企业内和企业间物流配送系统管理，基于Internet/Intranet的供应链交互信息管理。其主要特征是投入大、功能全、速度快、智能化和卫星中心通信全球联网；是典型的拉动式供应链管理，即以最终顾客的需求为驱动力。整个供应链的集成度较高，数据交换迅速，反应敏捷。

沃尔玛供应链信息系统对商品的退货、打折、赠送等实行严格的管理，具备完整的痕迹追踪功能。它主要分成前台POS和后台管理两大模块，是一个集查询、分析、报表为一体的企业级智能化供应链管理系统。前台POS系统不仅在Web环境中具有强大的查询和报表功能，而且可以通过可配置的业务流程和模块进行有效分析，如进货分析、供应商分析、销售分析、库存分析、促销效益分析、客户购买行为的关联分析等；可利用第三方的数据表达工具和在线分析工具，满足超市进货、销货、存货管理和财务管理的要求。其配置的中央账务结算和清算系统(内部银行)有效地解决了以往人工运作效率慢和手续繁多等问题，并且可脱网收银，因此在网络故障下仍可保证数据的完整性。

沃尔玛针对全面的现金流和资产管理开发出一系列结算、清算报表体系，并通过SCM

和内部网与配送中心、银行系统、财税系统建立了接口,实现统一对账、统一资金调度、统一存货补货管理等。沃尔玛还与银行建立了银企联盟系统,全面降低资金分散使用造成的占压,有效地防止供应商账期失控。

后台信息系统根据不同业务需求,可以解决一品多供应商、一品多条码、多规格、多品组装和一品拆分销售等问题,并进行严格的安全权限管理。

(3) 客户关系管理(Customer Relationship Management,CRM)系统

沃尔玛能够跨越多个渠道收集最详细的顾客信息,沃尔玛超市天天低价的广告表面上看与 CRM 中获得更多客户价值相矛盾。但事实上,沃尔玛的低价策略正是其 CRM 的核心,以"价格"取胜是沃尔玛所有 IT 投资和基础架构的最终目标。

(4) 数据库管理系统(Database Management System)

借助数据库管理系统,沃尔玛店的 6 万件单品、超市中心的 10 万件单品,以及全球 5300 多家连锁门店,实行全面数据管理与分析,每件单品记录保持时间 65 个星期。

(5) 联合预测补货(Collaborative Forecast And Replenishment,CFAR)系统

联合预测补货系统主要是零售企业的相关负责人与生产企业的相关负责人就某种产品进行各种数据的交换,将这些数据放置在电子揭示板上,双方共同对这些数据进行分析,最后形成一致的商品生产和销售预测的决策,并以此为基础进一步制订商品生产、销售、规划、库存和物流等计划。

(6) 射频技术(Radio Frequency,RF)

技术组成包括 1 个扫描器,1 个体积小、功能强并带有存储器的计算机,1 个显示器及 1 个供人工输入的键盘。射频技术接收传发装置通常安装在运输线的检查点、仓库、车站、码头、机场等处的关键点,货物无论到哪个环节,都能通过射频识别标签,并将相关数据传入系统,各级工作人员都能够完全掌握所有信息。

(7) RFID(Radio Frequency Identification)技术

RFID 存储的数据量是条形码的 1000 倍,最大读取距离条形码的 100 倍,读取速度更是比条形码快很多。RFID 没有污染、受方向性影响较小、自动化程度较高,方便消费者的同时,有效地提高了效率、降低了成本。

(8) 有效客户反馈(Efficient Customer Response,ECR)系统

有效客户反馈系统是零售市场导向的供应链策略,商品供应商/制造商、物流配送商、销售商、门店之间紧密配合,由客户引导补货,使高品质的商品和正确的信息经过无纸化的 EDI 系统,把生产商的生产线和零售商的结账平台连接起来。

(9) 快速反应(Quick Response,QR)系统

1986 年,沃尔玛建立了快速反应系统,主要功能是进行订货业务和付款通知业务,通过 EDI 系统发出订货明细单和受理付款通知,提高订货速度和准确性,节约相关成本。

(10) 电子自动订货(Electronic Ordering System,EOS)系统

电子自动订货系统是指企业间利用通信网络(如互联网)和终端设备,以在线联结方式,进行订货作业和订货信息交换的系统。

(11) 销售时点数据(Point of Sale,POS)系统

沃尔玛的 POS 系统即是销售时点数据(Point of Sale)系统,包含前台 POS 系统和后台 MIS

系统两大部分。

(12) 电子数据交换(Electronic Data Interchange，EDI)系统

电子数据交换系统是指按照同一规定的一套通用标准格式，将标准的经济信息，通过通信网络传输，在贸易伙伴的电子计算机系统之间进行数据交换和自动处理。使用 EDI 能有效地减少直到最终消除贸易过程中的纸面单证。EDI 是一种利用计算机进行商务处理的新方法。

电子数据交换系统是企业与企业、企业与管理机构之间，利用电子通信来传递数据信息，产生托运单、订单和发票，通过供应商、配送者和客户的信息系统，得知最新的订单、存货和配送状况，使得数据传输的准备性与速度大幅提高，减少了纸张在商业交易过程中所扮演的角色，进而实现"无纸化贸易"。

沃尔玛公司的 POS 与条码应用系统是相辅相成、缺一不可的，其功能包括客户管理、员工管理和商品流通管理。

① 客户管理。以沃尔玛山姆会员店为例，新加入会员必须先到会员服务中心填写入会表格并办理相关手续，服务中心立刻通过条码影像制卡系统为客户照相，并在8秒钟之内把条码影像会员卡发到客户手上。卡上有客户的彩色照片、会员编号及其条码、入会时间、类别、单位等资料。会员凭卡进入山姆店选购，在结账时必须出示此会员卡，收款员通过扫描卡上的条码确认会员身份，并可把会员的购货信息储存到会员资料库，方便以后使用。采用这种方式的主要优点是成本低、效率高、资料准确，而且会员丢失卡后不必担心会被其他人冒用。

② 员工管理。在员工管理方面，沃尔玛用条码影像制卡系统为每个员工制作员工卡，卡上有员工的彩色照片、员工号、姓名、部门、ID 条码。员工工作时必须佩戴员工卡，并使用员工卡上的条码记录考勤。所有员工的资料信息以及作业情况全部进入公司的信息系统，作为员工工作的基础考核数据。利用各种先进信息技术，沃尔玛在人力资源上的管理成本已经降到了很低的水平。

③ 商品流通管理。商品流通管理功能如图 8-10 所示。沃尔玛盘点系统主要分抽盘和整店盘点两部分。其中，抽盘每天分几次进行，由负责人根据需要了解的商品销售情况，通过公司统一的信息系统直接输入指示，营业员通过店铺内的电脑收到指令后，用无线手提终端扫描指定商品的条码，确认商品后对其进行清点。无线手提终端可直接将资料输入公司系统内。系统可以根据相关的分析快速得到商品的存货资料，并产生订货，再利用 EOS 系统向物流中心下订单。

整店盘点是门店按照总部统一的管理操作规定，定期对店铺内的所有商品进行盘点。由负责该区域的营业员通过无线手提终端得到主机上的指令，按指定的路线、顺序清点货品，然后把清点资料传输回主机。盘点期间不影响店铺内的正常运作。

系统的最大特点是舍弃了较多厂商使用的客户机/服务器结构，采用较为先进的浏览器/服务器结构，运用 COM+技术，实现了三层结构模式，其中间应用层的数据访问、处理能力和灵活的伸缩性等特点为超市大型应用提供了高性能和高扩展性的保证。

(13) 管理信息系统(Management Information System，MIS)

在商品销售过程中的任一时刻，商品的经营决策者都可以通过 MIS 了解和掌握 POS 系统的经营情况，实现了门店库存商品的动态管理，使商品的存储量保持在一个合理的水平，减少了不必要的库存。

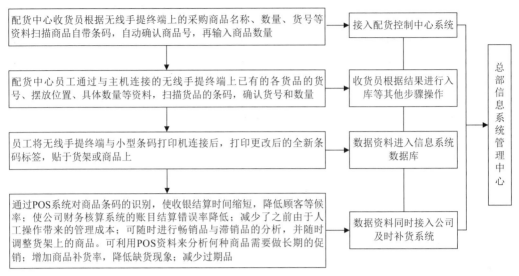

图 8-10　商品流通管理功能

(14) 自动补货(Automatic Replenishment，AR)系统

自动补货系统是连续补货(Continuous Replenishment，CR)系统的延伸，即供应商预测未来商品需求，负起零售商补货的责任。在供应链中，各成员互享信息，维持长久稳定的战略合作伙伴关系。

(15) 视频会议(V2 Conference)系统

目前，在信息化建设上走在了零售业前沿的沃尔玛，采用了视频会议系统，以解决传统的电话沟通方式的不便，也可减少各地相关员工赶往某地进行会议花费的高昂差旅费用，降低其对工作效率的影响。

(16) 沃尔玛公司卫星中心控制系统

通过卫星中心控制系统，沃尔玛进行共同的电脑系统联系，统一补货系统、统一EDI条形码系统、统一库存管理系统、统一会员管理系统、统一收银系统等，通过系统可以从一家商店了解全世界商店的资料。沃尔玛的各部门沟通、各业务流程都可以迅速而准确畅通地运行。将整个公司的物流信息渠道管理供应系统成功连接，总部可在1小时内对全球5000多家分店每种商品的库存量、上架量和销售量全部盘点一遍。

3. 沃尔玛信息系统的功能特点

(1) 做到了每天提供种类繁多且低价的商品，增强了竞争力。

(2) 确保供应商和沃尔玛之间的物流配送渠道畅通，使其货品储存量达到最优，从而最大可能地降低了进货成本。

(3) 维持信息流的畅通运行，提高了工作效率，为用户提供更满意的服务。

(4) 沃尔玛的信息网络连接着上万个供货商和合作伙伴，可以使其尽量避开一切不必要的中间环节，直接从工厂进货，为天天低价奠定了基础。

(5) 信息系统使沃尔玛建立全球采购配送中心成为可能。

(6) 通过其全球网络，沃尔玛可以在1小时内对全球5000多家分店进行盘点，实现实时监控。

(7) 沃尔玛利用数据仓库技术、大数据分析技术，对商品进行市场类组分析，分析顾客最希望一起购买的商品，从而扩大自己的销售，如著名的尿布与啤酒案例、手电筒与蛋挞(美式早餐)案例，就充分说明了这项技术对商品分组布局、降低库存成本、了解市场全局、提高商品销售的重要作用。

(8) 推出了公司自己的电子商务网站，开始进行网上零售业务，符合了信息化时代的要求，同时利用互联网提供的商机，加大网络宣传，进行业务重组，不断发展经营规模，迅速提高了企业的竞争力。

4. 最好的信息系统也隐藏危险

沃尔玛能够长期立于同业无法模仿的现代化科技管理模式，并保持绝对优势来源于两项具有战略意义的重要步骤：公司自行开发信息管理系统和卫星通信。

但是，再先进的技术和管理也有问题存在，因此对于沃尔玛来说，它的最大危机隐患就来自于这套成熟完整的信息系统。

入侵检测系统(IDS)技术是安全界富有争议的一个话题。IDS是一种集检测、记录、报警、响应在内的动态安全技术，不仅能检测来自外部的入侵行为，同时也监督内部用户的未授权活动，是近十多年发展起来的新一代安全防范技术。它通过对计算机网络或系统中的若干关键点收集信息并对其进行分析，从中发现是否有违反安全策略的行为和被攻击的迹象。

沃尔玛目前采用的安全防护系统是 IDS。面对新的黑客攻击手段、大规模程序化攻击以及智能程度较高的手工入侵，即使采用最昂贵和最领先的 IDS 产品，也可能无法完全防御。因此，未来威胁沃尔玛的最大潜在危机就是其完美成熟的管理信息系统。因为沃尔玛庞大的电子信息系统巨链，一环紧扣一环，这样的管理系统在正常状态下的运行效率极高，其成本相对于原始的管理系统要低，对人员的要求以及依赖不高，但是一旦任何一个环节遭遇网络安全侵袭出现故障，将会直接影响到整体系统的运行，甚至造成系统瘫痪。

2003年8月14日，北美地区曾发生震惊全球的大规模停电事故，后来调查发现是网络黑客的恶意攻击，导致电力信息系统中一个重要环节出现严重故障。由此不难看出，对于几乎完全依赖信息系统进行管理运作的公司来说，这种恶性事故一旦发生就如同推倒一个排列完好的多米诺骨牌。

沃尔玛的核心管理模式其实就是一个完整而成熟的零售连锁行业电子信息系统的模型。随着市场竞争及管理科学的发展，如何更进一步地安全使用电子信息技术将是沃尔玛面临的紧要战略性问题。这也是沃尔玛在未来行业竞争及永续发展中，以绝对控制渠道而控制市场战略的重要保证。

参考资料：蚂蚁文库 https://m.mayiwenku.com/p-6054320.html，作者有修改。

【案例思考题】

(1) 世界零售行业巨头美国沃尔玛百货连锁集团公司的整体信息系统管理及操作的成功模式有哪些？

(2) 其核心信息系统管理技术对于零售连锁行业渠道管理的重要性是什么？

第 9 章
现代连锁企业文化建设与管理

连锁企业日益认识到企业文化对连锁经营管理的重要性,现代连锁企业最高层次的竞争已经转化为企业文化的竞争。本章主要讲述连锁企业文化建设与管理,概述了连锁企业文化的基本理论,重点讲述连锁企业文化与核心竞争力,强调加强现代连锁企业的文化建设。

学习目标
- 掌握连锁企业文化的基本概念
- 熟悉连锁企业文化与企业核心竞争力的关系
- 了解现代连锁企业文化建设

9.1 连锁企业文化的基本理论

美国哈佛商学院著名教授、世界知名的管理行为和领导科学权威约翰·科特大胆预言:文化管理在未来十年内很可能成为决定企业兴衰的关键因素。现实当中,连锁企业在经历了最初的经验管理、科学管理和战略管理后,日益认识到企业最高层次的竞争已经不仅是资金、技术、人员、策略的竞争,而是文化的竞争。谁塑造了优秀的文化,谁拥有了最优秀的经营理念并且转化为企业行为,谁就会成为市场竞争的优胜者。

9.1.1 企业文化的定义

"文化"一词由来已久,拉丁文用 culture 表示,具有居住、耕作、精神等意思,后引申为个人修养、社会知识、艺术作品和一定时代的社会生活等。在中国古代,"文化"的含义为"人文化成"和"以文教化",即培养、教育、改变之意。《辞海》曾经给出较为全面的定义:"广义指人类在社会历史实践中所创造的物质财富和精神财富的总和。狭义指社会的意识形态以及与之相适应的制度和组织结构。"可见,人们对文化的定义有着不同的诠释和理解。企业文化作为社会大文化的一个子系统,客观地存在于每一个企业之中。学者们对于企业文化,同样有着各种各样的阐述和说明,比较有代表性的有:

- 威廉·大内在《Z理论——美国企业界怎样迎接日本的挑战》中指出，一个公司的文化由其传统和风气构成。这种文化包括一整套象征、仪式和神话，它们把公司的价值观和信念传输给雇员。这些仪式给那些原本就稀少而又抽象的概念添上血肉，赋予它们以生命。
- 美国的特雷斯·迪尔和阿伦·肯尼迪在《公司文化》一书中，认为企业文化是由企业环境、价值观念、英雄人物、礼节和仪式、文化网络五个要素组成的。
- 美国麻省理工学院教授爱德加·沙因1985年出版的专著《企业文化与领导》中对企业文化的定义："企业文化是指在一定的社会经济条件下通过社会实践所形成的并为全体成员遵循的共同意识、价值观念、职业道德、行为规范和准则的总和。"
- 当代管理学家托马斯·彼得斯和小罗伯特·沃特曼在《成功之路》一书中，尽管没有给企业文化下一个明确的定义，但却详细地阐明了卓越企业所具有的八种文化品质。在他们看来，"企业文化是由企业领导者积极倡导的，由企业领导者和职工恪守的共同信念或共同价值观。"

总的来说，西方学者对企业文化的理解有一定的差别，但在以下几方面具有共识：企业文化是一种重视人、以人为中心的企业管理方式；企业文化的主要内涵是企业价值观；企业文化是一个组织形成的独特的文化观念、价值观念、信念、历史传统、价值准则和行为规范等。

我国对于企业文化的研究起步较晚。很多研究者基于国外研究成果，结合我国实际情况，对企业文化的定义进行深入探讨，从更全面的角度分析了企业文化的要素组成。他们认为企业文化是企业在实现企业目标过程中形成和建立起来的，由企业内部全体成员共同认可和遵守的价值观、道德标准、企业哲学、行为规范、经营理念、管理方式、规章制度等的总和。这些定义大致可归纳为以下3类：

(1) 复合概念说。这种观点认为，企业文化是由企业的"外显文化"与"内隐文化"两个部分构成的。"外显文化"系企业的表层文化，是指企业外在性的、直接可感觉的、现象上的和形式性的文化，包括企业徽记、产品的商标、装潢包装、习俗礼仪、办公环境等；"内隐文化"则体现在企业内在的精神层面，是指在企业内部为达到总体目标而一贯倡导、逐步形成、不断充实、并为全体成员所自觉遵循的价值标准、道德规范、工作态度、行为取向以及由这些因素凝聚而成的整体精神风貌。也有人干脆把"外显文化"等同于企业物质文化，认为"外显文化"就是指企业的设施、原材料、产品等，因而企业文化就是企业物质和精神文化的总和。

(2) 观念形态说。持这种观点的学者认为，企业文化是一种观念形态的价值观，是一个企业长期以来所形成的稳定的文化观念、历史传统和特有的经营精神和风格。《企业管理新谋略》一书的作者许宏认为，企业文化乃是经济意义与文化意义的混合，即指在企业中形成的价值观念、行为准则在人群中和社会上发生了文化的影响，因此，它"不是指知识修养，而是指人们对知识的态度；不是利润，而是对利润的心理；不是人际关系，而是人际关系所体现的处世为人的哲学；不是俱乐部，而是参加俱乐部的动机；不是社交活动，而是社交方式；不是运动会的奖牌，而是奖牌折射出来的荣誉观；不是新闻，而是对新闻的评论；不是舒适优美的工作环境，而是对工作环境的感情；不是企业管理活动，而是造成那种管理方式的原因。总之,企业文化是一种渗透在企业一切活动之中的东西,是企业的灵魂所在。"

(3) 广义和狭义说。这类观点认为,企业文化有"广义的"和"狭义的"两种。广义的企业文化,指企业在经营过程中所创造的具有本企业特色的物质财富和精神财富的总和;狭义的企业文化,指企业在发展过程中形成的具有企业特色的思想意识、价值观念和行为习惯,其核心是企业的价值观。在此基础上,有学者进而提出"层次说",认为企业文化由企业的行为文化、企业心理文化和企业的物质文化三部分构成,其中,企业文化的中心内容是企业的心理文化,即在企业的经营管理中形成的、浸入整个企业员工灵魂的价值观念和行为准则。

国内外学者对企业文化的内涵和界定存在着很大差异,但无论企业文化的概念如何多变,其核心内容始终是企业的核心价值观和基本信念。剔除相互间的差异,仍能够找到人们对于企业文化的共同见解,如共有的价值观念、行为规范、起指导性作用等。

综合国内外学者的研究成果,本书认为是在一定的社会历史条件下,企业在长期的生产经营过程中形成的具有本企业特色的精神财富及其外在形态,包括企业价值观、企业精神、道德规范、行为准则、风俗传统以及企业行为、企业制度、文化环境、企业产品等。它是一个企业组织在自身的发展过程中形成的以价值观为核心的独具特色的文化管理模式。

连锁企业文化是指连锁企业在经营管理活动中所形成的经营目标、行为规范、企业精神、企业制度的总和,其核心是连锁企业价值观。连锁企业价值观是连锁企业在长期的经营实践中形成的稳定、积极向上的共同心理定式、共同价值取向和企业主导意识,它是连锁企业的企业文化核心,是连锁企业的灵魂和生命力所在。连锁企业价值观对连锁企业的发展具有导向、激励、团结、促进的作用,是连锁企业发展的指针和灯塔,其他各项都是它的具体形式或实际载体。

9.1.2 企业文化的结构体系

企业文化的层次结构是把企业文化作为一种独特的文化现象来探讨,企业文化一般分为四个层面,即精神文化层面、制度文化层面、行为文化层面和物质文化层面,这四个层面由里向外,构成企业文化的结构体系。企业文化这四个层面,物质文化最为具体实在,属于表层,构成企业文化的硬件外壳;行为文化是处在浅层的活动,构成企业文化的软件外壳;制度文化是观念形态的转化,成为企业文化硬、软外壳的支撑;而精神文化则是观念形态和文化心理,为企业文化的核心。企业精神文化是企业文化的精髓,它主导着企业文化的共性与特性,主导着本企业文化的发展范式。精神文化通过制度文化来表现,支撑着企业员工的行为,使之具有本企业核心文化的特点。企业文化层次结构,如图9-1所示。

1. 企业精神文化

企业的精神文化是用以指导企业开展生产经营活动的各种行为规范、群体意识和价值观念等意识形态的总和,是以企业精神为核心的价值体系,对整个企业文化起决定作用。

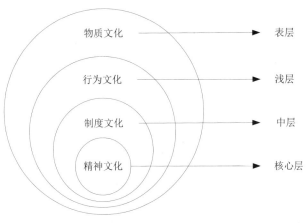

图 9-1 企业文化层次结构图

企业精神是企业广大员工在长期的生产经营活动中逐步形成的,并经过企业家有意识的概括、总结、提炼而得到确立的思想成果和精神力量,它是企业优良传统的结晶,是维系企业生存发展的精神支柱。本来只有人才具有精神,企业精神这一概念的自身就是把企业人格化了,它是由企业的传统、经历、文化和企业领导人的管理哲学共同孕育的,集中体现了一个企业独特的、鲜明的经营思想和个性风格,反映着企业的信念和追求,也是企业群体意识的集中体现。企业精神具有号召力、凝聚力和向心力,是一个企业最宝贵的经营优势和精神财富,它不是可有可无,而是必不可少。正如美国 IBM 的董事长小托马斯沃森所说:一个组织与其他组织相比较取得何等成就,主要决定于它的基本哲学、精神和内在动力,这些比技术水平、经济资源及组织机构、革新和选择时机等重要得多。

2. 企业制度文化

企业的制度文化是由企业的法律形态、组织形态和管理形态构成的外显化,它是企业文化的中坚和桥梁,把企业文化中的物质文化和精神文化有机结合成一个整体。企业的制度文化一般包括企业法规、企业的经营制度、企业的管理制度和经营观念。

在企业文化的建设过程中,必然涉及与企业有关的法律和法规、企业的经营体制和企业的管理制度等问题。企业的法律形态体现了社会大文化对企业的制约和影响,反映了企业制度文化的共性。企业的组织形态和管理形态则体现了企业各自的经营管理特色,反映了企业制度文化的个性。

(1) 企业法规。企业法规是调整国家与企业,以及企业在生产经营或服务性活动中所发生的经济关系的法律规范的总称。不同国家的企业法规,都是以国家的性质、社会制度和文化传统为基础制定的,对本国的企业文化建设有着巨大的影响和制约作用。企业法规作为制度文化的法律形态,为企业确定了明确的行为规范,是依法管理企业的重要依据和保障。

(2) 企业的经营制度。企业的经营制度是指通过划分生产权和经营权,在不改变所有权的情况下,强化企业的经营责任,促进竞争,提高企业经济效益的一种经营责任制度,是企业制度文化的组织形态。

(3) 企业的管理制度和经营观念。没有规矩,无以成方圆。一般来说,企业法规和企业经营制度影响和制约着企业文化发展的总趋势,同时也促使不同企业的企业文化朝着个性化的方向发展。但真正制约和影响企业文化独特性的因素,是企业内部的管理制度和经营观念。企业的制度与企业的经营观念有着相互影响、相互促进的作用。合理的制度必然会促进正确的企业经营观念和员工价值观念的形成;而正确的经营观念和价值观念又会促进制度的正确贯彻,使职工形成良好的行为习惯。

3. 企业行为文化

企业行为文化是指企业员工在生产经营、学习娱乐中产生的活动文化。它包括企业经营、教育宣传、人际关系活动、文娱体育活动中产生的文化现象。它是企业经营作风、精神面貌、人际关系的动态体现,也是企业精神、企业价值观的折射。

从人员结构上划分,企业行为中又包括企业家的行为、企业模范人物的行为、企业员工的行为等。企业的经营决策方式和决策行为主要来自企业家,"企业家是企业经营的主角"。在具有优秀企业文化的企业中,最受人敬重的是那些集中体现了企业价值观的企业模范人物。这些模范人物使企业的价值观"人格化",他们是企业员工学习的榜样,他们的行为常常被企业员工作为仿效的行为规范。企业员工是企业的主体,企业员工的群体行为决定企业整体的精神风貌和企业文明的程度。

4. 企业物质文化

企业文化作为社会文化的一个子系统,其显著的特点是以物质为载体,物质文化是它的外部表现形式。优秀的企业文化是通过重视产品的开发、服务的质量、产品的信誉和企业生产环境、生活环境、文化设施等物质现象来体现的。企业文化不仅体现在产品服务以及技术进步这些物质载体上,还通过企业建筑建设,包括生产环境的改造、文化生活设施建设等诸多方面来体现企业的物质文化。

(1) 生产环境的改造。生产环境的好坏直接影响员工的情绪与心理。企业如果绿化好、厂容美、环境清洁整齐,不仅可以激发员工的自豪感和凝聚力,而且可以直接影响员工的工作效率。因此,优秀的企业特别注重为员工创造优美的工作环境,并把它作为企业文化建设的重要内容,作为调动员工积极性的重要手段。

(2) 文化生活设施建设。人有多种需要,不仅仅是物质需要,更重要的是精神需要。在物质生活水平不断提高的今天,人们对精神需要的追求愈加强烈,求知、求美、求乐等心理迅速发展,构成企业文化建设中不可忽略的课题。建立和完善员工的文化设施,积极开展健康有益的文体活动,是许多优秀企业的重要物质文化内容。

应当说明的是,这里对企业文化作层次上的划分只是为了便于分析,由于文化具有整合性,企业文化的各个层次部分并不是单独存在的,它们相互渗透、互为因果,共同构成企业文化的整体。

9.1.3 连锁企业文化的功能

1. 企业文化是连锁企业的灵魂

任何企业都会倡导自己所信奉的价值理念,而且要求自己所倡导的价值理念成为员工的价值理念，从而使自己所信奉的价值理念成为指导企业及员工的灵魂，连锁企业也不例外。也就是说，企业文化实际上是指导连锁企业及其员工的一种价值理念，这种价值理念体现在每一个员工的意识上，当然最终就成为指导员工行为的一种思想，因而企业文化最终作为连锁企业的灵魂而存在。从现实状况来看，任何一个企业所倡导的企业文化，恰恰就是这个企业在制度安排及企业战略选择上对人的价值理念的一种要求，也就是要求人们在价值理念上能够认同企业制度安排及企业战略选择，并以符合企业制度安排及企业战略选择的价值理念指导自己的行为，因而企业文化实际上是作为企业的灵魂而存在。

2. 企业文化是连锁企业制度与企业经营战略得以实现的重要思想保障

企业实际上是人的组合体，而人又是有思想的，任何人的行为都会受到自身思想的指导和约束。因此，企业文化作为连锁企业员工的一种价值理念存在，会对连锁企业员工的行为发生应有的作用。也就是说，企业文化是连锁企业员工的行为准则，从而会对连锁企业发生重要的作用。正是因为企业文化作为员工的价值理念存在，而员工又会受到自身理念的作用，所以企业文化能够使员工自觉主动地执行企业制度与企业经营战略思想。

3. 企业文化是连锁企业制度创新与经营战略创新的理念基础

连锁企业员工的价值理念往往要受到企业制度和企业战略的约束，也就是员工的价值理念要体现连锁企业制度的要求和企业经营战略的要求，因而企业文化是连锁企业制度和企业经营战略在员工价值理念上的反映。同时，企业文化也会对连锁企业制度的安排以及企业经营战略的选择有反作用。所以企业文化的创新，必须会带来员工价值理念的创新，会推动企业制度的创新和经营战略的创新。由此可见，企业文化在连锁企业制度的创新和经营战略的创新上，是具有非常重要意义的。

4. 企业文化是连锁企业的黏合剂

企业文化是连锁企业的黏合剂，可以把员工紧紧地黏合、团结在一起，使他们目的明确，协调一致，即产生企业文化的凝聚力。当一个企业的文化价值观被本企业成员认同之后，它就成为一种基于某种共识的巨大的向心力，从各方面把企业成员团结起来。企业文化可以增强企业的凝聚力，这是因为企业文化有同化作用、规范作用和融合作用。企业文化像一根纽带，把职工和企业的追求紧紧联系在一起，使每个职工产生归属感和荣誉感，使企业不再是一个因相互利用而聚集起来的群体，而是一个由具有共同的价值观念、精神状态、理想追求的人聚集起来的组织。

5. 企业文化是连锁企业活力的内在源泉

企业活力最终来自于人，也就是来自于人的积极性，只有人的积极性被调动起来了，才能使企业最终充满活力，而人的积极性的调动，则往往又要受到人的价值理念的支配。也就是说，只有人在价值理念上愿意去做某件事的时候，那么人才有内在的积极性，如果人对某件事在理念上不认同，那么即使是强迫他去干，也不一定会干好，因为他虽然会被动地被迫执行命令去干这件事，但他并没有内在的积极性，没有发挥自己内在的活力。所以，要让企业中的每一个人能够积极地去从事某项活动，那么就要首先让他在理念上认同这件事。正是因为如此，所以企业文化作为连锁企业员工所信奉的价值理念，必然就会直接涉及连锁企业的活力。

6. 企业文化是连锁企业行为规范的内在约束

在企业运营过程中，所有员工的行为都应该规范，而规范的准则，就是要求员工能够很好地遵守和贯彻企业制度的安排及企业经营战略的内在要求。因此，所有员工的行为规范，都来自于企业制度的安排，以及企业经营战略的选择。但是人是有思想的，人的行为受思想支配，思想是人的内在约束。因而，对于人在企业运行过程中的规范，应该要有一种内在的约束。这种内在约束就是指，当一个人在思想上觉得自己应该如何去干的时候，他才能形成内在约束。也就是说，当人在价值理念上对企业制度安排和企业经营战略的选择认可的时候，那么企业制度安排和企业战略选择就作为一种价值理念而存在，从而人才能内在地约束自己的行为，也就是自己约束自己。只有在这种内在约束起作用的条件下，企业才能最终保证企业制度和企业经营战略的有效实行。总之，企业文化是企业制度和企业经营战略在人的价值理念上的反映，必然会从内在性上约束企业员工的行为，从而成为规范企业行为的内在约束力。

沃尔玛精神——勤恳、节俭、活跃、创新

9.1.4 连锁企业文化的特征

随着社会经济的发展，连锁经营在工业发达国家取得普遍成功，连锁店的范围不再局限于零售、餐饮与传统行业，几乎所有行业都可以用连锁经营，特别是在服务业被广泛采用。连锁经营还与新的销售方式相结合，从原来的中小企业联合，发展到大型百货店的连锁，当超级市场出现后，连锁经营与超级市场相结合，形成超级市场联合、超级商店连锁、专业商店连锁等形态。可以说连锁企业已经深入影响人们的日常生活，消费者也越来越关注连锁企业的整体形象，包括服务人员素质水平、店铺布局、消费环境以及后续服务等。基于消费者需求，连锁企业文化特征主要表现在经营、人文、品牌、服务等方面。

1. 有特色的经营文化使企业可持续发展

连锁企业在长期的经营管理过程中逐渐形成其自身独特的经营理念和管理风格。有些企业强调"突出时尚主流地位"的经营文化，有些企业营造"满足特殊群体需求"的经营文化，有些企业突出"为顾客节省每一分钱"的经营文化等。良好的经营文化使企业有持续的发展能力，也会产生较强的辐射力，对公众产生一定的影响，使该企业得到社会的认可和接受。

2. 服务文化能增强顾客对企业的忠诚度

服务是商业连锁企业的永恒主题。对连锁企业来说，无论是百货业、超级市场、仓储式商场，还是其他连锁业态，服务能力都是重要的竞争力，服务文化的营造是增强企业竞争力的重要环节。首先，树立现代服务理念是营造服务文化的关键。只有全员树立现代服务理念，深切体会到服务的内涵，才能真正地营造连锁企业的服务文化。其次，具体的经营过程反映连锁企业服务文化的内涵。连锁企业周到、细致的服务给顾客带来的是节约时间和心情舒畅，反映出企业优秀的服务文化。

3. 人本文化是企业生存和发展的支柱

人本文化即连锁企业在发展过程中要始终坚持"以人为本",从本质上来说,是指连锁企业在企业管理实践中一切从人出发,着重调动人的积极性、主动性、创造性的思想观念体系。人是连锁企业最大的资源和财富,尊重和关心每一位员工,并强化其自信和出人头地的心理是提高生产效率的关键因素之一。连锁企业的活力,本质就是发挥人的积极因素,就是发挥人参与企业生产活动和经营活动的活力。

4. 品牌文化增强企业的形象力

品牌是现代企业竞争的焦点,发达国家的连锁企业大都有自己的品牌,一般都有较好的公众形象。连锁企业的品牌代表了企业的信誉,反映了企业的形象力,企业的形象力正是企业竞争力的一个重要方面。不少企业开始提出"形象制胜"策略,用企业的品牌参与竞争。企业有了成熟的品牌文化以后,其富有个性的品牌文化魅力就会展示出来。

欧尚的企业文化特征

9.2 企业文化与现代连锁企业核心竞争力

企业文化是企业的灵魂,企业核心竞争力是企业竞争的主体,是现代连锁企业生存和发展的关键。企业文化是企业核心竞争力的源泉和核心要素。本节主要讲述企业文化与现代连锁企业核心竞争力。

9.2.1 连锁企业核心竞争力概述

竞争是市场经济的必然要求。所谓企业竞争,即在市场经济的客观环境中,作为独立的生产或经营主体的企业之间为了获得有利的产销条件,最终实现自身利益而发生争夺、较量乃至对抗的关系。企业竞争贯穿于市场经济发展的整个历史过程之中,但是,企业竞争力在市场经济发展的不同阶段有着不同的侧重点。当前,在科学技术飞速发展、科技经济竞争日趋激烈的背景下,企业竞争越来越由某一方面的竞争,发展为关系到企业综合实力的"企业核心竞争力"的竞争。"企业核心竞争力"已经成为现代企业生存和发展的关键,成为企业竞争的主体。

1. 连锁企业核心竞争力的内涵

"企业核心竞争力"的概念是 1990 年美国密歇根大学商学院著名管理专家普拉哈拉德教授和哈默尔教授发表在《哈佛商业评论》上的一篇文章《公司的核心竞争力》一文中正式提出的。普拉哈拉德和哈默尔认为,"企业核心竞争力"是指"组织中积累性的经过整合了的知识技能,特别是关于如何协调不同的生产技能和有机整合不同技术的知识和技能","是能使公司为顾客带来特别利益的一种技能"。

自 1990 年普拉哈拉德和哈默尔首次提出"企业核心竞争力"的概念后，西方管理学界掀起了关于核心竞争力研究的高潮，并主要围绕核心竞争力的概念及其内涵进行了不同的研究。实际上他们关于核心竞争力的概念之争，某种意义上代表了国外学者关于核心竞争力的研究流派的不同观点。归纳起来，国外学者关于核心竞争力的定义主要有以下 4 种观点。

(1) 以普拉哈拉德和哈默尔为代表的"整合观"认为，企业核心竞争力是"一个组织中的积累性学识，特别是关于协调不同的生产技能和有机结合多种技术流的学识"。这种观点强调企业核心竞争力是一种生产技能与多种技术的整合能力。

(2) 以巴顿为代表的"知识观"认为，企业核心竞争力是指具有特性的、不易交易的，并为企业带来竞争优势的企业专有知识和信息，是企业所拥有的能力提供竞争优势的知识体系。基于知识观的学者比较重视企业的管理系统和价值观在核心竞争力中的作用，认为价值观系统的继承性和独特性有着不可分割的联系，正因此，核心竞争力才不易被竞争对手所模仿。

(3) 拉法和佐罗认为，企业核心竞争力不仅仅存在于企业的业务运作系统中，而且存在于企业的文化系统中，根植于复杂的人与人以及人与环境的关系中。核心竞争力的积累蕴藏在企业的文化中，渗透到整个组织中。而恰恰是组织内达成共识并为组织成员深刻理解且指导行动的企业文化，为企业形成综合且不可模仿的核心竞争力提供了基础。这种观点可称之为"文化观"。

(4) "组合观"。康特在《战略管理行为》(1998) 一书中认为，核心竞争力是组织中主要创造价值并被多个产品或多种业务共享的技能和能力。梅约和厄特巴克认为，企业核心竞争力是指企业的研究开发能力、生产指导能力和市场营销能力。

我国理论界、企业界也掀起了一个研究"核心竞争力"的热潮。几年来，关于核心竞争力的研究虽然发表了一些著述，但总的来看，这一理论研究尚不够成熟，不仅尚未形成理论体系，而且其内涵的理解尚未统一。

综上所述，我们认为企业核心竞争力是在企业知识和技能的基础上并在其生产经营的价值链中形成的，适应于企业组织结构、外部环境变化以及竞争需要的，不易被竞争对手模仿的，能够支持企业持续成功的独特能力。连锁经营企业的核心竞争力是指连锁经营企业所独有的，能为顾客提供价值，不易被竞争对手模仿或替代，最终为企业带来长期竞争优势的能力。它是一个系统工程，是提供企业竞争能力和竞争优势基础的多方面技术、技能和知识的有机组合。

2. 连锁企业核心竞争力的特征

根据"连锁企业核心竞争力"的上述定义，连锁企业核心竞争力应当具备下面几方面的特征。

(1) 优势根源性。哈默尔和普拉哈拉德对企业多元化经营有过一个形象的比喻：多种经营的企业就好比是一棵大树，树干和树枝是核心产品，较小的树枝是经营单位，而树叶、花、果实则是最终产品。树的根系提供大树所需的营养，大树的稳定性就是核心能力。连锁经营企业的组织结构本身就像是一棵大树，配送中心可以比作大树的根系，源源不断地为大树提供营养与水分，树枝就像是一个个的门店，而树叶、花、果实就是提供给顾客的产品、服务与价值。配送中心是连锁经营企业的灵魂。统一采购、统一配送最大的优势就是实现了规模效益。

(2) 价值性。核心能力必须能够实现顾客所看重的价值,在一定的搜寻成本、有限的知识、灵活性和收入等因素的限定下,顾客是价值最大化追求者,他们形成一种价值期望,并根据它做出行动反应,因此,顾客是决定什么是核心能力的最终决策人。以麦当劳为例,人们不会仅仅因为喜欢汉堡包而拥向全世界的麦当劳快餐店。其他一些餐馆制作的汉堡包味道也许更好。但人们是冲着某个系统而来,并不仅仅是汉堡包,这是一个有效运转的系统。该系统向全世界传递一个高标准,即麦当劳公司所谓的 QSCV——质量(Quality)、服务(Service)、清洁(Cleanliness)和价值(Value)。麦当劳公司的有效性就在于它和它的供应商、特许经营店业主、雇员以及其他有关人员共同向顾客提供了他们所期望的高价值。麦当劳公司所有的部门和职工相互合作、共同设计和执行一个有竞争力的顾客价值传递系统,这就是它的核心竞争力所在。

(3) 独特性。企业核心竞争力具备独特性,难以被对手模仿和超越。核心竞争力是在长期的生产经营活动中培育、积累、沉淀而成,给企业特殊组织、特殊经历打下了深深的烙印。核心竞争力蕴含于企业文化,融合于企业内质,为该企业员工共同拥有。企业可以依靠其核心竞争力赢得顾客充分信赖,从而实现产品或服务市场份额的部分垄断。如果某项竞争能力被行业内企业普遍掌握或易于被竞争对手模仿,那它就难以维持企业的长期竞争优势,就算不上是企业的核心竞争力。强大的物流配送系统是沃尔玛的竞争驱动力,它通过自己的通信卫星传输数据,在全球实行统一采购与配送,商品价格之低令竞争对手望尘莫及。连锁业同行或许可以学到沃尔玛的"顾客至上"服务形式,却无法模仿其"天天低价"。

(4) 扩展性。核心竞争力具有相当程度的扩展性,是一种基础性的能力,是企业其他各种能力的统领,能为企业提供广泛的产品或市场支持。核心竞争力对企业一系列产品或服务的市场竞争力都有促进作用,同时有效地支持企业向更有生命力的新事业领域延伸。核心竞争力的扩展性可以保证企业多元化发展战略的成功。

(5) 动态性。企业核心竞争力是生长力而不是静态力。如同万事万物一样,核心竞争力不是一种静态不变的竞争力,而是处于动态的发展变化中的。因此,企业可以采取措施培育、构建核心竞争力,并在原有基础上提升和保持核心竞争力,从而使企业获得持续成功的源泉。反之,如果企业不从战略高度重视核心竞争力,就犹如"逆水行舟,不进则退",那么原有核心竞争力也会慢慢消失。

3. 连锁企业核心竞争力的构成要素

连锁企业核心竞争力是保持企业竞争优势的关键所在,通过以上核心竞争力的理解,可以认为企业核心竞争力的构成要素主要包括以下几个方面。

(1) 人力资源。人力资源包括员工的知识技能水平、员工的整体素质与知识技能结构,这是核心竞争力得以形成的基础。是由于有了人才,连锁企业才有可能形成优秀的企业文化,才能正确地执行企业战略,充分利用激励机制和企业资源进行技术创新和管理创新,充分发挥企业的创新能力,才有可能对企业资源进行整合并发挥各种资源的协同作用。

(2) 技术能力。1994 年,普拉哈拉德和哈默尔在二人合著的《竞争大未来》(Competing for the Future)一书中明确指出,核心竞争力是能使企业为用户提供某种特定好处的一组技能或技术的集合,而不是指单个技能或技术。技术能力从其重要程度上可分为核心技术和一般配套技术，其中核心技术对于企业的竞争力最为关键。但是，我们不能把核心技术等同于核心竞争力。因为，拥有自己的核心技术是企业获得核心竞争力的必要条件，但不是充分条件，关键是要具有持久获得和保持核心技术的能力。

(3) 管理能力。企业是一个由人、财、物、知识和技能等多种要素和行为组成的体系，而这些要素和行为得到有效的组织和管理，使企业的价值最大而成本最小，并创造出 1+1>2 的效应，这就是管理能力的作用。管理具有的这种作用是企业实现有效的内外部协调或组合的保证，不可能被其他资源所替代。从这种意义上说，企业如果没有优秀的管理能力，就不可能保持核心竞争力，也就没有了独特的竞争优势。

(4) 企业文化。企业文化是企业在长期的生产经营、管理实践活动中，通过企业领导者主动倡导和精心培育并为全体员工所认同和遵守，具有本企业特色的价值观念、企业精神、行为准则、传统习俗、员工文化素质，以及蕴含于企业形象、企业制度、企业产品之中的某些物化精神的总和。作为企业发展的凝聚力和竞争力，已经成为支撑企业经营的强大支柱，成为决定企业兴衰的关键性因素。

(5) 整合与协同能力。整合能力是竞争力的转换要素。整合能力的提高有利于企业更有效地利用其资产，扩大经营范围，提高在市场中的竞争力。协同能力，是指企业在内部分工基础上将各个部门进行有效协同，以及将各种资源(资源整合能力)进行充分利用并发挥其协同作用的能力。现代社会化大生产条件下，企业不能只重视分工，更应在分工基础上，将各个部门、各个环节进行有效组织、统一运营，强调资源的整合以及协同效应的发挥，以最大限度地发挥各业务单元各种资源的优势。

(6) 学习创新能力。企业核心竞争力的本质内涵是让消费者得到真正好于、高于竞争对手的不可替代的价值、产品、服务和文化。要做到这一点，必须不断创新和超越，才能保持企业的核心竞争力。因此，创新是核心竞争力的灵魂，主导产品及服务是核心竞争力的精髓。创新能力主要包括体制创新、技术创新和管理创新。

9.2.2 企业文化与现代连锁企业核心竞争力的关系

1. 企业文化是企业核心竞争力的核心要素

企业竞争力可分为三个层面：第一层面是企业生产产品及控制其质量的能力、企业的服务能力、成本控制的能力、营销的能力、技术发展能力，所有这些属于产品层；第二层面是各经营管理要素组成的结构平台，企业内外人、事、物、环境、资源关系，企业运行机制、企业规模、品牌、企业产权制度，所有这些属于制度层；第三层面是以企业理念、企业价值观为核心的企业文化，内外一致的企业形象，企业创新能力，差异化、个性化的企业特色，稳健的财务，拥有卓越的远见和长远的全球化发展目标，所有这些属于核心层。第一层面是表层的竞争力，第二层面是支撑平台的竞争力，第三层面是最基础、最核心的竞争力。企业要做到最优秀、最具竞争力，必须在企业核心价值观上下功夫。技术、高科技可以学，制度可以制定，但企业全体员工内在的追求这样一种企业文化、企业伦理层面上的东西却是很难移植、很难模仿的。在这个意义上说，以企业理念为核心的企业文化是核心竞争力的核心要素。

2. 企业文化是企业核心竞争力的源泉

企业文化是企业的灵魂。企业文化是一种个性文化，它是企业在市场经济条件下源自内在需求的一种选择。由于企业的情况千差万别，所处的环境、经历的过程各不相同。企业文化因其个性而很难被其他企业所模仿。因此，具有个性的企业文化不仅是一种独特的核心竞争力，而且是企业核心竞争力的基础和源泉，从根本上推动着企业核心竞争力的形成和发展。其原因可以从下面几方面进行阐述。

(1) 文化本身就是一种生产力。文化既是一定生产力、生产组织方式的反映，又与一定的生产力、生产组织方式相适应。它包含着价值判断，标志着社会赞赏什么和反对什么，核心在于对人的创造性潜能的解放和弘扬。

(2) 企业文化是企业经营战略的指南针。企业经营战略都是建立在一系列的假设、前提与信念的基础上的，而企业文化的核心引导着企业经营战略的定位，企业文化的氛围引导着经营战略的实施。

(3) 企业文化是企业组织力的灵魂。对于稳定的企业组织，企业文化的沟通功能可以促成企业从协调一致到创新张力的转变；对于松散的企业组织，企业文化的凝聚功能可以使企业快速形成一个有机的系统。

(4) 企业文化是企业竞争的最高境界。当代经济的竞争表面看来是产品和服务的竞争，深一层是经营管理的竞争，再深一层就是文化的竞争。一句话，企业必须建立在高度文化的基石之上，才能立于不败之地。

3. 核心竞争力是企业文化功能的体现

随着经济全球化进程的加快，越来越多的企业已认识到企业文化的重要作用。一个企业的动力及凝聚力都来自于企业的文化，技术只是一个平台，没有一套成功的企业文化，企业的生命力是有限的。企业文化存在的理由如下。

(1) 企业本身的需要。企业文化是企业概念中必不可少的要素之一，健康的企业文化将能削弱甚至取代个人影响力在企业中的过分存在，为企业的平稳发展创造条件。

(2) 管理制度的需要。如果没有合理的管理制度，制度中存在的各种漏洞导致后果的严重程度完全取决于员工对企业的忠诚度，具有较大的风险性和不稳定因素。

(3) 人才竞争的需要。对共同价值的认同会使员工产生稳定的归属感，从而吸引和留住人才。

(4) 市场竞争的需要。良好、健康的企业文化能够提高效率，减少成本支出，提升品牌含金量，增加产品的价值，从而增强企业的竞争力。

(5) 经营业绩的需要。自从约翰·科特和詹姆斯·赫斯克特在《企业文化与经营业绩》中提出企业文化对企业经营业绩有重大作用以来，企业文化对企业经营业绩的促进作用已得到大家的公认。21世纪企业文化将成为决定企业兴衰的关键因素。

(6) 管理创新的需要。企业文化作为现代企业管理理论和管理方式的重要内容，其丰富的内涵、科学的管理思想、开放的管理模式、柔性的管理的手段，为企业管理创新开辟了广阔的天地。

综上所述，没有企业文化，就没有核心竞争力。企业的发展源于核心竞争力，核心竞争力来自于技术，技术来自于管理、人才，而管理和人才靠的是企业文化。

4. 品牌是企业文化作用于企业核心竞争力的具体体现

品牌是连锁企业综合优势的集中表现，是连锁企业经济实力的重要标志，也是市场经济条件下连锁企业取得竞争成功的主要支撑点。

品牌根植于企业文化并成为企业文化的重要标志，同时，优秀的企业文化有助于增强企业创品牌的内在激励机制，可以保证品牌战略实施的成果。良好的企业文化是实施品牌战略的坚强后盾。倡导新的企业价值观，强化品牌意识是实施品牌战略的根本保证。企业文化、企业精神与企业价值观对企业实施品牌战略影响最大，两者之间是紧密联系、不可分割的。它们的联系主要表现在以下几个方面。

(1) 品牌战略是一种竞争战略。创立品牌效应，需要企业从产品或服务等方面能与竞争对手抗衡，获得消费者的信赖。在企业与同行的竞争中，竞争的残酷性、艰苦性表现得尤为突出。因此，企业领导人的竞争意识、拼搏精神以及企业职工的奋斗精神、团结精神，对实施品牌战略至关重要。品牌的背后是一种精神，是一种信念，是企业全体职工乃至整个地区、整个社会的力量汇合，而这些正是企业文化的关键所在。

(2) 品牌战略是一种形象战略。驰名商标、国际品牌，这些品牌商品的实体已不再重要，重要的是这些产品的外在形象与内在品质。如今，企业在公关设计、广告宣传、售后服务、营销策划、人才培训等诸多方面的行为，都向外界昭示了企业的内在品质与外在形象，这种形象塑造是否与品牌内涵一致也决定了品牌能否保持和发展，而形象设计的关键是由企业文化所显示、所倡导的经营理念和管理风格决定的。

(3) 品牌战略的支撑点是企业的全体员工。松下幸之助有句言："生产出合格商品之前，先培养出合格的人。"若企业员工对企业不忠诚、不热爱、缺乏职业道德、缺乏敬业精神、工作不负责任，那企业就不可能生产出合格产品，更不可能生产出品牌商品。因此，企业在创立品牌之前，先塑造出合格员工是实施品牌战略的关键。只有将品牌战略、品牌意识变成全体职工的自觉行动，才能使品牌战略真正落到实处。

(4) 品牌战略是一种文化战略。品牌创立既是物质的生产过程，也是精神的生产过程。品牌追求丰富的技术含量，它也包含深邃的文化含量。成功的品牌里面包含该民族的优秀文化传统，包括企业自身的文化特色，反映企业的文化地位和价值观念。品牌是文化和生产方式的有机结合，是物质文明与精神文明的有机统一。注重品牌就是注重文化，创造品牌就是发展文化。除此而外，品牌战略还包括科技观、市场观、发展观、改革观。但关键还是文化观、价值观。一个没有相应文化观念、精神和经营理念支持的企业，不可能有效地实施品牌战略，也不可能开创出品牌商品，更不能保持品牌和发展品牌。实践和理论从正反两面表明，企业文化建设与企业实施品牌战略两者密切联系、不可分割。从某种意义可以认为，没有与品牌战略相配套的企业文化网络，没有相应的企业精神与企业经营理念，企业就不可能开创出品牌商品。即便一时创立了一种品牌，也不可能长期保持和发展下去。企业文化是企业品牌战略的支撑和基础，品牌则是企业文化的集中表现与结晶。

5. 企业形象是企业竞争力的外在表现

企业形象是一个企业的外在表现，它在本质上可理解为大众对企业实态的能动反映。良好的形象除了知名度外还有美誉度和忠诚度，它是企业信誉、经营哲学、管理思想、价值取向的综合反映，更是企业整体实力的体现。企业形象是消费者、社会公众对企业、企业行为、企业的各种活动成果所给予的整体评价与一般认定。就整体来说，它还包含处于生产者地位的内部职工的某些评价与认可。

可以看出，企业文化与企业形象既密不可分又各具特色。其联系在于企业文化是企业形象的灵魂和支柱，企业形象是企业文化的外在表现，企业形象必须以企业文化为指导，可以说有什么样的企业文化，就有什么样的企业形象。

综上所述，企业形象是企业文化的一部分，是企业文化的展示和表现，是企业文化在社会或市场上的认知和评价，它必须受企业文化的指导。企业文化是企业形象的灵魂、精神支柱和先决条件。因此，塑造企业形象离不开企业文化建设。离开了企业文化，企业形象就成了一盘散沙，没有主题、没有目标、没有核心。所以，企业形象塑造必须在企业文化的指导下展开。企业形象是企业文化的重要组成部分，是企业文化的外部特征和综合表现，是社会对企业整体的印象和看法，这种印象和看法是指人们对企业的一种态度和心理活动，它是以满足人们的消费需要为基础的。由于企业与人们的需求之间的关系不同，因而对企业形象有着不同的好恶态度。树立企业形象的主要目的就是通过满足人们的不同需求，尽快使人们了解企业，对企业产生好感和信赖。

企业形象所包含的内容很广泛，基本内容主要包括企业外表形象、企业产品形象、企业职工形象、企业目标形象、企业经营服务形象、企业公共关系形象等几个方面。我们知道，企业形象是企业文化的综合外在体现，企业形象所包含的内容无一不在企业文化所涵盖的范围之内。我们要塑造良好的企业形象，就必然要建设良好的企业文化，没有企业文化建设，塑造企业形象就无从谈起。

9.3 现代连锁企业的文化建设

企业文化的构建是促进企业持续经营的重要原动力，没有自己核心价值观的企业注定生命力不会长久。采用连锁经营模式发展的企业，更多地关注企业的无限扩张，往往忽视了企业核心价值理念的打造，导致企业生命力短暂。因此，进行企业文化建设是连锁企业经营发展不可缺少的环节。

9.3.1 现代连锁企业文化建设的一般原则

1. 多元文化融合原则

知识经济时代的经济全球化打破了旧的时空限制，冲击着传统企业的相对封闭圈子，使不同文化交流、开放的进程日益加快。不同国家、民族的企业文化的撞击与融合，成为一种普遍现象。就文化自身的发展规律来看，任何一种文化体系都必须以开放性作为其创新的重要条件，封闭自守、盲目排外的做法必然会损伤乃至毁灭自身文化的发展。在当代，一个民族企业文化的生命力就在于既能保持其自身的优良传统，又能充分吸收各种适应时代要求的外来文化的积极成果。企业文化的建构，只能是也应当是"全球意识"与"民族意识"的有机结合，是世界化与民族化的辩证统一。随着全球化进程化的加剧和连锁企业的扩张，连锁企业从外来文化中摄取有益的成分来充实和提高本土的文化观念，为其输入新鲜的活力，才能使连锁经营企业文化体系发生创造性的转化，获得实质性的发展。

2. 适合性原则

连锁企业的文化应该是建立在企业精神的基础之上，以完整的连锁管理制度为依托，以鲜明的连锁形象为载体，符合目标消费群的精神和物质需要，适合连锁市场特点的一种先进文化，它是连锁企业的灵魂。它的核心价值在于为连锁企业、为消费者、为社会创造无限的价值。因此，在塑造连锁经营企业文化模式时，除了共性以外，还应坚持本企业的个性特征原则，即要抓住本企业的特点、本企业的具体情况，塑造具有本企业特色的企业文化模式。

3. "以人为本"原则

21世纪企业必须树立"以人为本"的人才观，企业员工是企业最为重要的资产。尊重员工、信赖员工，积极地创造条件让员工参加管理与决策，促进全体员工和企业共同发展不断成长，尊重员工个人发展的权利，从而实现发挥自己最大的潜力。这种巨大的潜力就会转化成企业巨大的竞争力。因此，坚持把尊重人、关心人、理解人、培养人、合理使用人、全方位地提高企业员工的整体素质，作为企业文化建设的主要内容。要采用教育、启发、诱导、吸引、熏陶和激励等多种方式，培养企业员工的命运共同感、工作责任感、道德规范和行为准则，提高他们的思想道德素质，促使每个员工都能把其内在潜力和创造力最大限度地发挥出来，成为企业活力的真正源泉。

4. 突出绩效原则

作为一种前沿、先进的管理理论，要突出向企业文化要效益的原则。企业文化的创建只有在市场的磨砺和消费者的检验下进行。这样，一个企业才能真正踏上一条人人关心产品、个个为企业发展操心出力的良性循环的创业大道，从而真正建立起企业共有价值观为核心的文化理念。同时，企业文化也只有具备了本企业的特点，充分发挥自身优势，才能被广大职工认同，才能由此创造出效益，也才真正具有强大的生命力。

9.3.2 现代连锁企业文化建设的基本策略

1. 努力培育和弘扬独具特色的企业文化价值观

塑造优秀的企业文化，重在培育企业价值观，而企业价值观的培育主要从两个方面进行：其一是培育适应市场要求的经营理念，其二是培育具有本企业特色的企业精神。一种好的经营理念是打开市场的金钥匙，是树立企业形象的推进器，也是企业创造好的经济效益的主要手段。企业精神就是企业职工在长期实践过程中形成的共有群体意识，这种意识能引起职工广泛共鸣，并贯彻到企业的各项工作中去，必将产生巨大的感召力和凝聚力。它是企业文化的灵魂，是企业员工的价值所求，也是企业发展的动力。它更像一面旗帜，在越来越强调协作和团队精神的今天，目标一致、号令统一是对企业精神建设的基本要求。在具体操作过程中，要特别突出特色，企业文化个性塑造要结合企业具体情况，突出企业价值观念、企业精神、经营理念上的差异。在进行企业文化建设时，要充分分析内外因素，提炼核心价值观，首先要考虑行业特点，不同行业的企业文化有自己的特点。其次，要考虑企业文化成员及其构成，不同类型的人及其组合方式都会影响企业文化的形成。每个人在进入企业成为企业一员以前，大都形成了自己的价值观念。个人的价值观与企业的核心价值观是相融、互补或是互斥，这些错综复杂的关系，直接影响到企业价值观能否为每一个成员所接受，成员的影响力大小在企业文化形成中的作用不同。因此，企业文化建设在选取核心价值观时，应该认真分析研究人的因素。最后，要考虑企业的外部环境，包括政治、经济、社会文化、法律等方面，这些因素都会影响企业成员的思想意识和行为。

总之，核心价值观的提炼并非主观有意决定，只有在认真分析研究各种相关因素的基础上，才能确定既体现企业特征，又为全体企业员工和社会所接受的价值观。

2. 充分发挥企业家在企业文化建设中的作用

企业家是企业文化延续、整合、发展的主体，肩负着重新构建企业文化的责任。企业家是企业文化的第一设计者、第一身体力行者、第一宣传者。企业家的经营理念和管理哲学是建立企业文化的基础。企业文化在企业成长与发展过程中起着巨大的凝聚和激励作用，它能凭借一股无形的引力让企业全体员工团结在企业家周围。而企业家的经营理念和管理哲学是企业文化的核心和基础。企业家靠他巨大的威望把这种理念和哲学潜移默化地灌输到全体员工心目中去，从而使得整个企业上下士气高昂、意气风发，使得企业的发展焕发出旺盛的生命力和活力。

3. 注重员工意识的培养，迎接经济全球化的挑战

在企业的文化建设中要注意培养员工的以下意识。

(1) 创新意识。知识经济条件下，企业文化要根据科技和市场的发展及时调整，树立以变求活，使变革成为挑战和机遇的理念，提高员工对知识的敏感性和创新适应能力，使企业学会用创新去适应变化，用创新去创造变化，在变化中成长，在变化中发展形成自己的优势和个性，使求变创新成为企业文化的一个重要理念。

(2) 效益意识。追求效益永远是企业经营的根本原则和主要目标，必须把追求效益作为经营企业的出发点和归宿点，不断推出提高效益的新举措，以便更好地发展自己。

(3) 竞争意识。随着经济网络化、全球化程度不断加深，企业面临的竞争对手越来越多，竞争将更趋激烈，竞争的领域不再局限于本行业，竞争越来越表现为时间的竞争。企业必须具有危机感和竞争意识，抓住机遇，加速发展，以适应网络时代对企业提出的新要求。

(4) 学习意识。崇尚知识将成为新时代的基本素质和要求。在经济全球化、信息爆炸、科技飞速发展的时代背景下，企业持续运行期限或生命周期受到严厉的挑战，只有通过培养整个企业组织的学习能力、速度和意愿，在学习中不断实现企业变革、开发新的企业资源和市场，才能应对这样的挑战。

(5) 融合意识。经济全球化，引起竞争的内涵发生变化。既竞争又合作的新型"竞合"关系，通过全球性合作实现最佳优势互补。企业文化应当是多元文化、合作文化和共享文化的集合。

4. 培养诚信精神，增强企业竞争力

经济学家诺贝尔奖得主诺思说过，自由市场经济制度本身并不能保证效率，一个有效的自由市场制度，除了需要一个有效的产权和法律制度相配合之外，还需要在诚实、正直、公正、正义等方面有良好道德的人去操作这个市场，否则企业或社会就存在着失败基因。在全球环境下，现代企业的核心竞争力必然是与诚信经营紧密相连的，诚信经营是根基和根本保证，是核心竞争力的提升。彻底解决企业诚信问题，全面提升企业核心竞争力，要以法治和道德环境建设为主。具体应从以下几方面着手。

(1) 在企业文化建设中，要狠抓企业信用体系建设，建立并强化全社会、特别是企业经营者的商誉意识和经济信用意识，注重权利与义务相统一的思想建设和制度建设。

(2) 每个企业要从自身做起，积极营造公平竞争的市场经济秩序。

(3) 要建立企业信用管理系统和企业的信用评价系统。国外的经验证明，实施上述系统对于强化社会信用意识，建立社会信用体系、防范金融风险发挥着重要的作用。

5. 塑造强势品牌文化，提升企业核心竞争力

人类步入了21世纪，企业的竞争从产品的竞争演变到文化的竞争，最突出的表现就是品牌文化的竞争。品牌文化是企业文化的一部分，是企业核心文化的一个具体的说明和表现实例。因此，妥善处理品牌文化和企业核心价值观的关系，可以使企业文化在一致性和适应性方面得到平衡，使企业产品能够适应不同的市场。随着消费者需求的多样化、个性化，市场细分对于产品的定位越来越重要。因此，一些企业常常发展不同的个性化品牌来针对不同的市场。但是，因为消费者是通过品牌个性去了解企业和认识企业的，所以各种品牌给消费者传播企业的形象，应该在文化的核心上是一致和协调的。

连锁企业在进行塑造强势品牌文化时，需要把握一些重要的环节。

(1) 以文化差异性创造品牌识别。品牌识别有两个基本的目标：一个是创造差异性；另一个是引起消费者的共鸣。实现这两个目标的关键在于，要使品牌识别能够体现品牌带给消费者的情感型与自我表现型利益。品牌的识别必须能够创造差异性，这是建立强势品牌的关键。一切成功的品牌尽管在关联度、推崇度和了解度方面相对较弱，可是在差异度上都占有绝对的优势。企业要通过考察目前和潜在的竞争者，把握竞争者实力、战略和市场定位，以保证企业的品牌策略能够实现彻底的差异化。

(2) 以文化协调品牌系统。品牌系统下的品牌可以面对不同的市场，有不同的认同。但是，不同角色的品牌有可能因为竞争削弱另一些品牌，或者产生的信息与其他的品牌传播目标不一致，从而在品牌认同上造成伤害，因此品牌系统下的各品牌应该有共同的特性，以强化相互的影响。因为各品牌的企业联想最终都指向各个企业。因此，必须在企业的价值观下实现一致性，以使各个品牌之间产生良好的影响，形成整合的力量，将它们成一个系统中的成员。相互扶持品牌系统的核心识别，反映的是企业文化的核心价值观，因此，核心识别也就是品牌识别系统的核心，是品牌战略的基本点。不同市场中的识别内容可以进行加工，但必须与核心识别协调一致。

(3) 以品牌文化为主要内容，整合营销传播。品牌资产主要通过传播过程建立，品牌的价值来源于品牌文化。因此，品牌资产建立过程的核心就是品牌文化的传播。同时，品牌文

化是所有与品牌有关的沟通信息的结晶。要建立品牌关系，关键在于对所有的渠道和所有品牌利益关系人接触点传达的信息加以控制，看他们是否与企业的整体营销战略一致。其中最重要的是确保核心与企业任务、企业哲学和品牌识别的一致，也就是在文化层面上的一致。各层次的一致性越高，品牌在顾客心中就越鲜明和清晰。如前所述，整合营销传播是实现此目标的创新模式。整合营销传播是一个战略过程，这一过程整合了品牌与消费者的接触点。它使消费者将他们的经验与企业联系起来，并因此形成他们的感知和喜好。此外，整合营销传播不仅对消费者传播，企业自己的职员更是一个关键的方面。它将品牌价值扩展到沿着内部供应链的每一笔交易行为的管理上，就是将每一个员工都融入营销进程中来，使每个员工的每个行动都为品牌增加价值。

【案例9-3】

星巴克企业文化："以人为本"的企业文化理念

9.3.3 学习型的现代连锁企业文化

21世纪最成功的企业将会是"学习型组织"，因为未来唯一持久的优势是有能力比你的竞争对手学习得更快。现代企业竞争的决定性因素是核心竞争力，而企业核心竞争力的形成与发展源于学习力的提高，企业核心竞争力的形成与发展就是学习力转化为竞争力的过程。因此，塑造新型的学习型企业文化在现代连锁企业的成长和发展中至关重要。

1. 学习型现代连锁企业文化的特点

(1) 它是一种促进建立共同愿景和团队学习的企业文化。共同愿景是企业中人们所共同持有的意象或景象，是学习型企业倡导的一项重要的文化理念。建立共同愿景对于企业价值观的形成，特别是对于企业凝聚力的形成和强化具有重大影响。企业文化中的共同愿景可以将来自不同地方的人组成一个共同体，使企业成员产生一体感，使他们的价值观、工作和学习的目标趋于一致，能激发出人的巨大驱动力和勇气。同时，建立共同愿景的过程会使员工之间产生相互信任感，能产生远高于个人愿景所能产生的创造能力，有助于团队学习精神的形成。因此，培育一种促进建立共同愿景和团队学习的企业文化，是学习型企业的使命，也是其重要特征。

(2) 它是一种鼓励个人学习和自我超越的企业文化。学习型企业的学习包括以下三个层次：个人学习、团队学习和企业学习。彼得·圣吉认为，个人学习是企业学习的基础，只有通过个人学习，企业学习才能成为可能。虽然个人学习并不能保证整个企业都在学习，但如果没有个人学习，企业学习就无从谈起。一个真正的学习型企业的经营理念和价值观应当引导员工认识个人学习的重要性，同时倡导员工必须有一种自我超越的精神追求，使每个员工在这种企业文化的影响下，建立个人愿景，敏锐地认识到自己知识力量的不足和学习的需要，使员工能全身心地投入，不断学习和超越，将学习作为真正的终身学习，持续扩展自己学习以及掌握知识的能力，成为自我超越的人。企业只有积极培育员工个人学习和自我超越的文化，才能在更新知识、技能以及系统理解的同时，不断提升企业的智力水平和创造力，才能在飞速发展变化的社会环境中生存下去并取得竞争优势。因此，倡导个人学习和鼓励自我超越是学习型企业文化的基础。

(3) 它是一种强调开放创新应变的企业文化。在学习型企业中，不管企业和员工的思想与知识来自何处，学习过程都必须在一个开放的环境中进行。这不仅有利于员工之间的相互学习，同时也有利于企业向外部组织，例如联盟企业、竞争对手、供应商、顾客、设计公司以及软件公司等学习。因此，学习型企业文化应是一种开放型的文化，鼓励企业内部以及企业之间的开放、交流和学习，应是学习型企业文化的一个重要理念。同时，在顾客需求和市场环境快速变化的时代，企业文化的发展必须跟上时代发展的步伐。因此，具有能够快速改变和更新知识的能力是学习型企业文化的又一个特点。它要求企业必须有一种创新应变的人文精神，使企业能够根据顾客需求和市场的变化，不断更新组织的知识基础，让员工不断地更新观念，开阔视野，积极参与组织变革和企业文化创新，增强组织的应变能力。

2. 学习型现代连锁企业文化的塑造

建立学习型企业文化是一项系统工程，必须有坚定的信念、得力的组织措施、恰当的切入点和强有力的企业文化。其中，企业文化的支持起了至关重要的作用。因为在现代企业组织中，是企业文化而不是组织结构成为现代高效企业管理原则的决定因素，而企业文化又涉及更为深层次的价值观和文化理念等问题。现代连锁企业在塑造学习型的企业文化时，可以从下面几个方面展开。

(1) 树立学习型价值观。树立学习型价值观是学习型企业文化建设的第一步，也是最重要的一步。这是因为，价值观是连接企业员工的纽带，对人们的行为具有重要的制约和支配作用。因此，价值观是建立学习型组织的灵魂。企业要树立学习型价值观，必须重视在员工中倡导以下价值观念和行为取向。

① 时刻保持强烈的竞争意识和学习能力，对学习有浓厚的兴趣和执着的追求，把学习看成是企业发展的保证和员工人生发展的基点和杠杆。

② 善于吸收信息和知识，掌握有效的学习方法，不断开阔视野。

③ 勇于适应变革，不断更新和积累知识，把学校学习、教育的观念转变为终生学习、教育的观念。

④ 善于交流合作，互助互学，互相尊重，提高学习能力。

⑤ 敢冒风险，具有挑战精神和进取心，勇于创新和尝试，使企业和员工在变动的环境中持续学习和成长。

因此，连锁企业内部应当鼓励学习、崇尚创新的价值观念和行为取向，这对于建立真正的学习型企业、促进企业持续健康发展、增强企业的核心竞争力都是非常重要的。

(2) 创建一系列鼓励学习的组织机制。创建学习型企业及其文化是一个复杂而漫长的过程，它离不开组织机制的配合和支持。为此，要推动连锁企业发展成为一个学习型企业，就必须建立一系列鼓励学习的组织机制。

① 要创建一种对外开放的组织机制。在企业外部，企业除了应通过互联网进行知识、信息的有效交流、合作和共享外，还应建立一种对外开放的组织机制，并形成对外开放型的组织文化，使企业能最广泛地从外部收集和积累知识。企业可以与外部专家、客户以及供应商联合起来，通过研讨会、集会、参观学习或建立项目小组等形式，进行交流与合作，使企业及其成员能向其他先进企业学习、向专家学习、向顾客学习，不断汲取各种知识和信息，以最快捷、最经济的方式获得自己所需要的各种知识。

② 打破部门间界限，促进形成企业内知识和信息的交流传播机制。学习不只是企业员工

和各个部门自身的事，信息、知识必须能在整个企业里迅速有效地广泛交流和传播才能产生强大的作用。在企业内部，组织应充分利用已建立起来的内部沟通网络，增强员工之间的相互交流和学习。由于企业的部门界限阻碍了信息、知识的流动，将个人和各部门彼此孤立起来，不利于学习型企业文化的形成。因此，企业还必须打破这些部门的界限，建立开放式的环境，消除企业内部的条条框框和冗长的程序，促进形成企业内部信息和知识的传播机制，使企业最大限度地扩散和交流知识，为企业实现外显知识和内隐知识的共享提供保证，使企业在此基础上能通过学习不断增强自身创造和积累知识的能力，以最终带来绩效的改善和学习型企业文化氛围的形成。

③ 建立学习型企业文化的促进和激励机制。学习型企业文化的促进和激励机制，主要包括物质激励和精神激励两个方面。物质激励的着眼点应是在企业内部拉开不同知识层次学习、工作能力层次的报酬档次，并将员工的报酬和他们与同事的合作关系挂钩，以鼓励有效的学习和团队沟通。学习型企业的物质激励除了传统的奖金、工作丰富化、职位晋升等内容外，还应包括激励作用更大的股权和知识产权等方面的内容。这样有利于把员工的利益和企业的利益紧密地联系起来，能有效地调动员工学习创新的积极性和主动性。企业的精神激励主要是要通过营造鼓励学习、崇尚创新的文化氛围，给予员工信任、理解、尊重、继续学习和发展机会等方面的激励。企业通过建立这些激励机制，为培养学习型企业文化提供有力的保障。

(3) 创建有利于组织和员工学习的人文环境。真正的学习型企业，应具有宽松、积极、进取和开放的人文环境。要创建这样一种文化环境，企业应重点抓好以下几项工作。

① 培育勇于挑战和创新的企业精神，企业必须营造一种宽松的创新环境，树立崇尚创新、鼓励挑战的风尚，让每个人都成为企业获得新知识的源泉。

首先，企业要鼓励员工挑战传统，摒弃现有的经验和做法，超越书本和实验室等范畴，并对那些陈旧的理论和经营管理方式提出质疑、挑战和创新。其次，企业必须非常重视员工的想象力、灵感、原创性与主动性的发挥，鼓励他们通过学习不断去涉猎更复杂的知识领域，接受更多的挑战，并鼓励他们提出更大胆的新观念、创造出工作新方式，为企业的发展注入更多创新的动力。最后，企业要鼓励员工通过创新进行学习，并通过这种创新和学习不断提高企业应变能力和竞争力。

② 营造有利于组织和员工终生学习和知识共享的文化氛围。首先，企业要树立终生学习的理念。企业要注意引导员工认识到学习对企业和个人成败的重要性，使学习成为人们的自觉行动和终生追求，使企业发展成为一个具有高度自觉性的学习型组织。其次，企业要充分发挥领导者的关键性作用，促进组织学习文化氛围的形成。领导者要做一个好的学习者，成为企业知识创新的倡导者和带头人；领导者要做一名好教师、好教练，引导员工有效地学习；领导者要善于鼓励、督促员工学习，不断提高组织和员工的学习创新能力；领导者要为员工创造良好的学习环境和机会，使学习成为企业的一种文化和机制。最后，企业要营造一种有利于知识共享的文化氛围。在企业中营造一种平等、民主、自由、和谐的气氛，形成一种高度信任、有利于知识传播和共享的人文环境，使每个员工的知识都能够为整个企业的其他员工所共享，在企业内部传播和扩散，形成知识分享和交流的网络，以促进员工的相互学习和共同学习，以及团队和企业的持续学习，提高整个企业的学习能力和竞争力。

③ 营造鼓励冒险和容忍失败的文化环境。企业创新，尤其是知识创新，是一种失败率高

而成功率低的活动。因此，学习型企业应将鼓励冒险、容忍失败作为构建自身具有活力的企业文化的重要内容之一，加以培育和完善。为此，企业应采取以下措施：鼓励员工冒险，允许他们失败，重要的是从失败中学到知识，并不断改进；成功与失败都要给予肯定，营造一种能使员工继续尝试、学习和成长的积极的人文环境；鼓励明智的失败而非愚蠢的失败，要鼓励他们放松自己，从冒险和失败中获得享受并学习到知识。

(4) 创办企业大学。激烈的市场竞争环境使企业越来越认识到建设学习型企业文化是培育企业核心竞争力的力量源泉。企业核心竞争力是企业内部知识、技术、资源不断积累、整合、完善的过程。尤其是在知识经济的背景下，企业必须培育全新的学习能力来适应市场，众多的企业大学也就应运而生。

随着知识经济时代的到来，学习已经成为终生的需要。企业为了确保自身的竞争优势并不断提升其核心竞争能力，借助于企业大学这一形式为员工提供各种形式的培训，一方面弥补了社会上职业教育的空档，另一方面，还可以根据企业自身的需要来设定学习项目，训练员工，借此来确保自身持续发展的能力。

企业大学在设计课程时的出发点是企业的核心发展战略和企业核心竞争力，其学习内容主要包括以下方面。

① 推广企业的经营理念和企业的核心价值观。这类课程对加强企业战略沟通、统一思想认识、强化企业文化建设以及改善企业领导的管理能力有很大的帮助。

② 介绍企业相关的经营环境，使员工对企业的业务运作流程、企业的主要产品、服务、客户、竞争对手、行业发展等情况有所了解并逐渐熟悉。

③ 培养员工能力，强化员工素质。日新月异的技术发展和激烈的市场竞争，使企业的经营环境比计划经济时代发生了根本性的变化，这些变化使得企业对员工不断有更新的能力要求。计算机的操作和应用能力、思维的创新和解决问题的能力、沟通与合作的能力，是现代企业发展对员工的一般的素质要求。而员工的职业生涯的自我管理能力与不断学习接受新知识的能力，则是一个员工适应现代企业需要的必备条件。企业大学的课程设计应该迎合这方面的需要。

9.3.4 现代连锁企业识别系统(CIS)

1. 现代连锁企业识别系统概念

企业识别系统简称 CIS，即 Corporate Identity System，起源于 20 世纪初的德国，其正式的重要诞生标志是 1956 年美国国际商用计算机公司以公司文化和企业形象为出发点，突出表现制造尖端科技产品的精神，将公司的全称 International Business Machines 设计为蓝色的富有品质感和时代感的造型 IBM。企业形象识别系统(CIS)的主要思想是将企业的经营理念、行为规范和视觉识别三位一体进行系统性分类，从战略的角度来研究企业内涵，丰富企业文化，塑造企业形象，使企业走上规范化、系统化、完善化的轨道。

关于企业形象识别系统(CIS)的定义，不同学者和企业家说法不一，至今仍未有简洁明了并被公认的解释。

(1) 日本学者中西元男认为：意图地、计划地、战略地展现企业所希望的形象；就本身而言，透过公司内外来产生最好的经营环境，这种观念和手法就叫做CIS。

(2) 日本SONY公司高级主管黑木靖夫则认为：企业形象识别系统(CIS)就是企业的"差别化战略"。

(3) 我国台湾的CIS专家林磐耸认为：企业形象识别系统(CIS)就是将企业经营理念和精神文化运用统一的整体传达系统(特别是视觉传达设计)，传达给企业周边的关系或团体(包括企业内部与社会大众)，并使其对企业产生一致的认同感和价值观。

(4) 《企业形象制胜》一书则解释为：运用视觉设计与行为的展现，将企业的理念与特质系统化、规范化、视觉化，以塑造具体的企业形象，并发挥它在体制上的管理作用。

企业形象识别系统(CIS)的基本结构涵盖了企业内部各成员、各环节、各方面的综合要素，也涵盖了企业与外界进行联络与沟通的各个方面。从其基本内涵角度来分析，可以认为企业形象识别系统(CIS)是指将企业、机构的经营理念、精神宗旨等文化系统和哲学思想，通过全员的行为表现和整体的识别系统传达给社会公众，促使社会公众对企业、机构产生一致的理解、认同和接纳，从而为企业、机构树立良好的形象，并支撑企业、机构更好地发展。

连锁企业识别系统就是指运用视觉设计，将特定连锁企业的理念与本质视觉化、规格化、系统化，并以其特定服务或产品的内涵与外延形成固定的标志、标识、造型与色彩的设计为表达核心，将连锁企业的经营理念、管理思想以及服务经营战略与策略等，通过视觉的艺术再现技术传播给本企业员工和社会公众。具体地说，将连锁企业的经营活动、经营理念、经营哲学、管理特色、服务标准、社会使命感、服务风格及服务营销策略等，运用多种传播手段与技术的组合系统，特别是运用视觉沟通技术传递给社会公众，从而塑造良好的连锁企业形象，使广大社会公众对其产生一致的认同与肯定，营造一种适合于连锁企业自身发展的外部环境，为进一步扩大和开拓服务或产品市场，增强连锁企业市场营销力、竞争力和形象感染力创造条件。

2. 现代连锁企业识别系统特性

(1) 多面性。企业识别系统不是挂在墙上的一幅单调的平面绘画，它是社会空间中的企业组织在公众心目中的立体的反映。由于公众的层次不同，需求的不同，观察的角度也不同，每个人都可能从个人的需要出发，站在特殊的角度上来观察同一企业的行为，从而在公众的心目中该企业的形象特征就明显地带着这一角度所看到的这个侧面的表现。不同的企业其社会存在的价值不同，目的也不同，所以对企业识别系统的要求也不同。如果再进一步探讨，又可以从不同角度的观察者出发，提出多种多样的企业识别系统要求，这说明每一个企业的形象都存在着多面性。

(2) 相对稳定性。企业识别系统的表征及行为一旦在公众的心目中形成了定势，便使公众形成一种态度取向，态度的相对稳定性便决定了公众对企业识别系统感受的相对稳定性。人们的认识过程不仅仅是观察，更重要的是感受，而感受容易使人们形成固定的经验，经验是不容易改变的。

(3) 战略性。由于企业识别系统是深入到企业"灵魂"(即企业文化)的革命，因而设计CIS、导入CIS均不应仓促行事，而应把它作为一项企业的长期战略来实施。一般企业CI战略的循环作业可1年至3年不等，在日本有的是甚至长达10年、20年的酝酿和计划。同时，企业的形象定位也有一定的周期，当一项CI作业陈旧落伍时应及时调整，要求企业应把企业识别系统提到战略性的高度。

(4) 传播性。传播性是指企业识别系统必须借助于各种媒体和渠道进行传播使企业得到社会的认同，如消费者的欣赏、政府的支持、关系企业和组织的协助等，从而达到企业实施CIS战略的目的。另外企业识别系统也涉及企业内部的传播，这是企业识别系统实施的标准化管理的前奏，而企业文化的塑造也需要企业员工通过相应的信息传播达成共识。

3. CIS在现代连锁企业中的作用

随着连锁经营在世界各地的飞速发展，连锁企业的规模也在不断地扩张和壮大，其组织管理早已超出了旧有的模式。建立和管理如此庞大的系统，需要一种全新、不同于传统模式的管理机制，而唯一有效的途径便是突出企业识别系统。

从一般发达国家的经济增长过程可以看出，经济高速发展时期的企业主要依赖人力、物力、财力，然而当经济发展到了相当成熟的阶段以后，任何一个行业的竞争都将加剧。各企业之间科技开发水平、产品品质、性能、外观的区别日趋减小，仅凭人、财、物三方面的占有来发展企业已经不能满足需要。特别是在信息化、系统化的社会中，企业的竞争力将主要表现在信息传达量和企业理念识别中所体现出的统一的人格力量和文化力量。

《美国周刊》的一篇文章写道："在一个富足的社会里，人们都已不太斤斤计较价格，产品的相似之处又多于不同之处，因此商标和公司的形象变得比产品和价格更为重要。"这句话，不仅可以说是西方发达社会的真实写照，而且也道出了在商品经济的社会里塑造企业识别系统的重要性。如果把企业识别系统进一步具体化，则可以将其功能划分为8项。

(1) 能提高企业知名度。具有良好形象的企业本身容易赢得广大消费者的信赖与好感。而且公众对于有计划地实施组织化、系统化、统一化的CIS战略的企业，更容易产生组织健全、制度完善的认同感和信任感。

(2) 能吸引人才，提高生产力。企业能否吸引优秀人才，以确保企业管理水平和生产能力的提高；能否减少人才流失，以避免人力资源的损失，这一切都有赖于良好的企业识别系统的建立。

(3) 能激励职工士气，形成良好的工作气氛。企业形象好，知名度高，企业的职工就有一种优越感和自豪感，容易调动职工的积极性。再加上企业有着完整的统一视觉识别系统(如工作服、办公用品、企业标志等)，能给人耳目一新的感觉，自然能够激励员工士气、提高工作效率。

(4) 能使营业额大幅度上升。一个企业知名度好，客户自然会慕名上门，而且潜在消费者也会转而选择知名度好的企业产品，有效推动消费者的购买意愿，营业额的提高自然是理所当然的。

(5) 容易筹集资金。企业形象好，一旦企业需要长、短期资金时，各种投资机构和金融机构都会愿意参与投资经营。

(6) 能增强投资者的好感和信心。企业一旦遭到突发危机，如果企业早已通过企业识别系统获得社会公众的信任，此时政府、银行、同行企业、员工等自然都会伸出援助之手共渡难关。

(7) 能使企业的基础得以长期稳固。由于企业具有优良的形象，社会上有创见、有前途的企业也会自动寻找合作，不但投资机会增多，失败的风险也会减少，其结果必然使企业的基础日趋稳固。

(8) 有利于内部管理。连锁企业在面对与日俱增的产品和激烈的市场竞争面前，需要制作一套良好的操作方便的管理系统。以塑造企业形象为目的的CIS战略，可以使这一切都走上规范化、系统化的轨道，简化了管理系统的作业流程，有利于内部管理。

4. 现代连锁企业识别系统的3大系统要素

CIS一般分为3个方面，即企业的理念识别(Mind Identity，MI)，行为识别(Behavior Identity，BI)和视觉识别(Visual Identity，VI)，如图9-2所示。企业理念，是指企业在长期生产经营过程中所形成的企业共同认可和遵守的价值准则和文化观念，以及由企业价值准则和文化观念决定的企业经营方向、经营思想和经营战略目标。企业行为识别是企业理念的行为表现，包括在理念指导下的企业员工对内和对外的各种行为，以及企业的各种生产经营行为。企业视觉识别是企业理念的视觉化，通过企业形象广告、标志、商标、品牌、产品包装、企业内部环境布局和厂容厂貌等媒体及方式向大众表现、传达企业理念。CIS的核心目的是通过企业行为识别和企业视觉识别传达企业理念，树立企业形象。

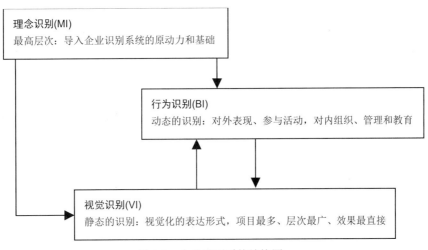

图9-2　企业识别系统结构图

(1) 连锁企业理念识别(MI)。连锁企业理念识别，意指连锁企业经营过程中的经营理念和经营战略，它包括企业在生产和市场中经营原则，方针、规划、制度和责任的统一化识别。理念的统一就是塑造被连锁企业全体员工所认同的价值观念，并以此作为规范企业行为和全体员工行为的唯一标准。在具体行为活动中，经过千锤百炼和高度概括形成具有强大鼓动性、层次性和有序性的连锁企业诸如宗旨、精神、口号、方针、风格、标语、格言、使命等要素的组合，进而发展成为连锁企业的文化、经营哲学和精神等完整的企业理念体系。这种理念体系是连锁企业生存与发展的"灵魂"驱动器，并形成一种固有的独具特色的企业理念风格，能经得起现代社会的考验与洗礼、选择与淘汰。

另外，MI的内容通常用简明确切的、能为企业内外乐意接受的、易懂易记的语句来表达。比如：麦当劳的理念就是Q、S、C、V，字面上的意思是质量(Quality)、服务(Service)、清洁(Cleanliness)、价值(Value)。这是它的创始人在创业初期就确定的，富有快餐业的特征。四个字母概括了企业对全社会的承诺：在任何情况下都必须向顾客提供高质量食物(Q)、自助式的良好服务(S)、洁净整齐的用餐环境(C)，以及物有所值的消费方式(V)。理念一经确定，它的经营管理模式，它的各项规章制度，它对食物的科学配方及制作规程，它特有的充分尊重顾客的服务方式，以及它的视觉识别系统，都是 Q、S、C、V 这一经营理念的具体体现。而这一理念也成了企业员工上下一致奉行的信条与信守的准则。

为了设计出有价值、有品位、有助于企业发展的经营理念，必须深入了解企业的精神内涵，在调查研究方面狠下功夫。企业理念定位要准确、富有个性、表达简洁独到，才具有识别性。同时，针对企业员工的实际情况及企业的文化水平、经营素质、传统优势等，提炼出振奋人心的、上下内外都能接受的、并且能在企业内部变成大家实际行动、企业外部博得社会认同的理念，才能达到企业形象对内激励、对外感召的效果。

(2) 连锁企业行为识别(BI)。连锁企业行为识别，意指围绕着连锁企业理念体系，展示给社会公众诸方面形象在企业活动中的行为准则，是企业理念行为规范的物化表现形式。它是在理念系统得以确立的基础上所形成的，用以规范企业内部行为，管理和教育企业员工的一切社会活动。企业行为识别系统通过所有工作者的行为活动得以表达，使其成为企业传播之手，视之可见，触之可感，把企业理念通过对内、对外的活动全面地表达与再现出来。企业理念系统是行为识别系统的内蕴动力，它在企业内部指导着企业的各项培训、教育、组织建设、管理实施与工作软环境的再创造等项活动；在企业外部指导着企业的市场调查、公共关系、广告宣传和各项促销活动等，从而使企业的行为识别系统从对内与对外两个方面得以表现与实施。

从企业行为识别系统的实施对象来看，它主要包括企业对内、对外行为活动的方式，针对特定连锁企业的服务项目、类型和范围，系统周密地规划企业的组织结构、传递系统，质量、能力、市场区域研究与开发、管理、员工教育与培训(敬业精神，服务水准、服务技巧、服务准则和行为规范等)，以及对社会赞助和公关活动。对内活动包括：员工教育，服务环境的优化、职工福利、服务资源开发、服务态度与风格等。对外活动包括：市场调查，促销活动，服务消费引导，社会公益性与文化性活动，信息沟通，公关活动等。

(3) 连锁企业视觉识别(VI)。连锁企业视觉识别，意指连锁企业通过多种视觉信息传输形式的统一，使企业形象具体化、生动化和视觉化。具体操作方法：将企业的标志标识或特定服务的象征性图案来装饰企业内外部服务环境或服务传递系统以及一切用品，使社会公众从视觉角度完整地认识企业独一无二的特定的企业形象。它的项目最多、层面最广、效果最直接、影响力最为显著，属于向社会传递信息的硬件部分。将抽象化的企业理念以具体化、生动化的标志形式传播于社会，引发人们的注意，它最容易被人们在无意识中认知、接受，进而达到记忆，且印象极为深刻。借助各种媒介载体，可跨时间与空间的限制，运用视觉系统传播于社会公众，形象化地再现了连锁企业的经营理念，从而达到快速而准确地识别企业，塑造出独特连锁企业形象的目的。

连锁企业的标志由象征性图案、标准字体和标准色等构成。其可分两大类：一类是基础要素，包括企业名称、标志、标准字体、标准色、象征性图案与吉祥物；另一类是应用要素，包括办公用品、服务营销内外部环境、服务设施、招牌、旗帜、服务传递系统、建筑外观、交通输送用车、衣着服饰、广告媒体等。运用视觉识别的要素组合系统，以企业标志所蕴含的特定服务为基点，全方位地展开传播，使服务企业形象的特质无时不在，无处不在。

连锁企业理念、行为和视觉识别三者是一个有机整体。它是以理念识别为基础，行为识别为主导，视觉识别为表现三合一的系统工程。由于不同的连锁企业在业态、提供服务或产品的方式存在差别，作为特定的连锁企业应针对自身的特点，纵观企业内外部发展条件，经过系统周密的市场调查，并结合企业面对的公众群体的类型、特点、价值观与审美观等因素，构建出富有个性的连锁企业识别系统，在对其进行策划、设计与运作的过程中，体现诸如良好的风气、安定性、清洁度、规模、服务质量、信赖感、服务营销网的实力、时代潮流和现代化等企业形象特点，并树立全新的观念，使连锁企业识别系统真正成为企业的经营战略和形象战略。

5. 现代连锁企业识别系统导入流程

导入企业形象识别系统(CIS)有许多工作要做，根据它们内在的逻辑联系，可以把诸多的工作内容概括为6大环节，按照先后顺序依次如下。

(1) 提出企业形象识别系统(CIS)计划。这是导入企业形象识别系统(CIS)的前提，无论是谁(企业领导者、企业顾问或其他人士)提出，最终都要使得企业领导者对企业形象识别系统(CIS)有所了解并对企业内外环境有正确的认识。导入企业形象识别系统(CIS)不是一个盲目的举动，而是为了解决企业目前或将来会遇到的问题。例如：企业名称陈旧、形象老化，企业形象与产品形象或业务领域不符，企业业务或市场环境有重大变化，与同行企业相比缺乏形象竞争力、公众知名度较差等。提出企业形象识别系统(CIS)计划一般要形成书面的"企业形象识别系统(CIS)导入企划案"，它主要包括目的、理由和背景、计划方针、施行细则、导入计划、实施的组织、费用预算。针对"企划案"，企业一般要组织管理人员、咨询人员、员工代表进行论证，论证通过以后，企业形象识别系统(CIS)计划的提出即结束，转入下一阶段。

(2) 调查与分析。通过调查研究找到企业问题的关键所在，是成功实施企业形象识别系统(CIS)的保证。调查内容主要是企业现状和企业形象两方面。除此之外，还会涉及对政府法律、法规、政策和竞争对手方面的调查，这是制订正确的、有针对性的企业形象识别系统(CIS)实施策略必不可少的。

(3) 确定企业理念。在分析调查结果以后，立足企业历史、现实和未来发展方向，确定企业的目标、宗旨、精神等。

(4) 行为与视觉设计。在企业理念指导下，设计相应的企业行为识别要素与视觉识别要素。

(5) 发表企业形象识别系统(CIS)。即将已制订成熟的企业形象识别系统(CIS)方案向内部员工、新闻界和社会公众公开。对内发表的目的是激发员工热情、强化员工决心和执行企业形象识别系统(CIS)各项计划的自觉性；发表内容包括：实施企业形象识别系统(CIS)的意义和原因，企业形象识别系统(CIS)实施过程和进度，新的理念识别、行为识别和视觉识别系统，统一的对外说明方式等。对外发表旨在表明企业改变旧形象的意图和决心，引起公众关注、争取公众认同。许多实践表明，发表企业形象识别系统(CIS)的时机非常重要，确定时机要充分考虑到企业内外环境因素。在以新闻发布会或广告形式对外发表之前，最好提前向供应商、经销商、政府等重要关系者通报，这会使他们感到企业对自己的重视，并对企业新的形象给予积极的认同。

(6) 企业形象识别系统(CIS)实施。如果不能坚决地贯彻实施，再好的企业形象识别系统(CIS)方案和计划也无济于事。在实施过程中，关键在于企业领导者是否有坚定的信念、是否自觉从我做起。企业形象识别系统(CIS)实施虽然离不开政策、措施、制度的推动，但主要应调动广大员工的内在积极性和主动性，因此努力营造一个积极的企业氛围是很有必要的。

欧尚的 CIS

9.4 现代连锁企业的跨文化管理

进入21世纪以来，随着全球经济一体化趋势的加强，跨国连锁经营企业的蓬勃发展，连锁企业的跨文化经营已经成为历史的必然。当连锁企业跨国经营时，各国企业的组织结构、技术方法、控制程序等已基本趋同，但员工的不同文化背景使文化差异成为影响管理者的管理效果的重要因素。管理者们越来越意识到规范的组织管理文化对企业发展的重要意义，国外许多管理学家的研究表明，跨国连锁经营中凡是大的失败几乎都是因为忽略了文化差异所招致的结果。

跨文化管理是一门全新的管理学科分支，从管理文化研究在美国形成热潮到发展成一门新学科的建立，不过20多年的时间。对于这样一个全新的课题，国内外众多的专家、学者都已经开始着手这方面的研究，并且提出了一些具有前瞻性的理论观念，达成了某些共识。

1. 现代连锁企业跨文化管理的定义

所谓跨文化就是我们通常所说的交叉文化，是指具有两种或两种以上不同的个人或群体之间的相互作用。连锁跨文化管理是指与连锁企业有关的不同文化个体或群体，在交互作用过程中出现文化矛盾和文化冲突，如何有效地解决这种矛盾，达到文化的理解、沟通、协调和融合，从而实现有效的管理。其目的在于如何在不同形态的文化氛围中，设计出切实可行的组织机构和管理机制，最合理地配置企业资源，特别是最大限度地挖掘和利用企业的潜力和价值，从而最大化地提高连锁企业的综合效益。

由以上概念可知，连锁跨文化管理有以下几个要素构成：跨文化管理的主体是连锁企业；跨文化管理的手段是连锁企业文化；跨文化管理是一种管理活动，是在交叉文化条件下通过文化手段的应用；实行管理的各项职能跨文化管理的对象，乃是具有不同文化背景的群体；跨文化管理的目的，就是不同文化群体在相互影响过程中出现矛盾和冲突时，从中找到并形成交叉文化条件下管理的有效模式。

2. 现代连锁企业跨文化管理的内容

连锁企业跨文化管理的内容相当丰富，从管理职能方面来说，可以分为跨文化沟通、跨文化激励、跨文化领导、跨文化决策等。从企业经营的内外方面来说，连锁企业跨文化管理可以分为企业内部的跨文化管理、企业外部的跨文化管理。企业内部的跨文化管理包括人力资源开发中的跨文化管理、研发中的跨文化管理、运营中的跨文化管理、全面质量中的跨文化管理、组织体制与结构的跨文化管理等。企业外部的跨文化管理包括市场营销中的跨文化管理、公共关系中的跨文化管理、广告中的跨文化管理、机会与危机中的跨文化管理等。

3. 现代连锁企业跨文化管理的特征

连锁企业跨文化管理具有如下特征。

(1) 连锁企业管理主体与客体异国化。指管理双方来自两个或两个以上的国家，连锁企业管理的主体与客体分别从属于不同的社会文化，有着不同的文化背景和行为模式。

(2) 主体文化的民族性。指其管理文化因国家和民族的不同而具有不同的民族特征。例如，中国文化崇尚"中庸之道"和集体主义精神，而美国文化推崇冒险精神和个人主义。

(3) 管理模式的多样性。由于是在不同的文化中进行管理，因此，连锁跨文化管理所形成的管理模式是多种多样的，这些管理模式具有各自的文化特色。

(4) 管理的先进性。跨文化管理的重要特征之一就是采用先进的管理方法和理念。这是由于文化的差异和观念的冲突，势必会增加成员的"脑力震荡"为新观念和新方法的产生提供了更大的可能。

【案例9-5】
肯德基的跨文化经营

(5) 持续的发展性。管理科学是在不断发展的，在当今国际经济一体化的发展趋势下，企业跨文化管理也必将随着管理科学及世界经济的发展而不断发展。但是，其发展势必会受到各自背景的主体文化的影响和制约。

本 章 小 结

本章主要介绍了现代连锁企业文化建设与管理，具体包括以下几方面内容：

首先介绍了现代连锁企业文化的基本理论，包括企业文化的内涵、结构体系、功能与特征等内容，然后阐述了企业文化与现代连锁企业核心竞争力的关系，接着介绍了现代连锁企业文化建设的相关理论，以及现代连锁企业的跨文化管理。

思 考 题

一、简答题

(1) 结合实际论述如何塑造现代连锁企业精神。
(2) 企业文化与现代连锁企业核心竞争力有何关系？
(3) 谈谈价值观在现代连锁企业文化中处于怎样的地位。
(4) 企业形象包含哪些要素，它有什么特征？
(5) 现代连锁企业跨文化管理实践中应注意哪些问题？

二、案例分析

※ 沃尔玛的企业文化 ※

沃尔玛是由美国零售业的传奇人物山姆·沃尔顿先生于1962年在阿肯色州成立。山姆·沃尔顿出身于普通的中西部的农民家庭，靠打工完成大学的学业。1952年10月，山姆在"二战"服兵役后回到故乡，和妻子白手起家建了第一家杂货店——"5分~1角商店"。山姆具有经营的天赋，善于创新，并尽量从顾客的角度出发，满足顾客的需求。他直接从制造商进货以降低商品的售价，同时注意流行的趋势，将热销品引入商店。山姆的成功使得房东借口收回店面，他无奈之下来到本顿威尔镇。1962年，他开了第一家连锁性质的零售店，取名沃尔玛(WAL-MART)。第一年的营业额就有100多万美元，这使得山姆颇感欣慰。经过50多年的发展，沃尔玛公司已经成为美国最大的私人雇主和世界上最大的连锁零售企业。沃尔玛在全球27个国家开设了超过10000家商场，下设69个品牌，全球员工总数220多万人，每周光临沃尔玛的顾客2亿人次。

沃尔玛提出"帮顾客节省每一分钱"的宗旨，实现了价格最便宜的承诺。公司一贯坚持"服务胜人一等、员工与众不同"的原则，向顾客提供超一流服务的新享受。沃尔玛公司一直非常重视企业文化的作用，用良好的企业机制改造传统商业，充分发挥企业文化对形成企业良好机制的促进和保障作用，增强企业的凝聚力和战斗力。公司创始人山姆·沃尔顿为公司制定了3条座右铭："顾客是上帝""尊重每一个员工""每天追求卓越"，成为沃尔玛企业文化的精髓。在沃尔玛的整体规划中，建立公司与员工的合伙关系被视为最重要的部分。尊重个人是沃尔玛的企业文化。沃尔玛注重与员工的沟通，推行开放式管理，任何员工都有权走进管理人员的办公室讲述任何话题，实现了真正的人性化管理。沃尔玛独特的企业文化主要有以下几点。

(1) 沃尔玛重视对员工的精神鼓励。沃尔玛公司总部和各个商店的橱窗中，都悬挂着先进员工的照片。各个商店都安排一些退休的老员工，身穿沃尔玛制服，佩戴沃尔玛标志，站在店门口迎接顾客。这不仅起到了保安员的作用，而且也是对老员工的一种精神慰藉。公司还对特别优秀的管理人员授予"山姆·沃尔顿企业家"的称号。

(2) 提出"员工是合伙人"的企业口号。山姆·沃尔顿一直致力于建立与员工的合伙关系，并使沃尔玛的万名员工团结起来，将整体利益置于个人利益之上，共同推动沃尔玛向前发展。

(3) 别开生面的"周六例会"。沃尔玛的"周六例会"最能体现其企业文化。每周六早上七点半钟，公司高级主管、分店经理和各级同仁近千人集合在一起，由公司总裁带领喊口号，然后大家就公司经营理念和管理策略畅所欲言、集思广益。做出优良成绩的员工也会被请到本顿威尔总部并当众表扬。这一周一次的晨间例会被视为沃尔玛企业文化的核心。参加会议的人个个喜笑颜开，在轻松的气氛中彼此之间的距离缩短了，沟通不再是一件难事，公司各级同仁也了解到了各分公司和各部门的最新进展。独特的企业文化使每一位员工有一种家的感觉。员工们为共同目标奋斗，使沃尔玛保持着强劲的竞争能力和旺盛的斗志。

(4) 经常的培训。沃尔玛的经营者在不断的探索中，领悟到人才对于企业成功的重要性。如果公司想要发展，就必须引进受过教育的人才并给予他们进一步培训的机会。沃尔玛公司把如何培养人才、引进人才以及对既有人才的培训和安置看成一项重要任务。公司为员工制订培训和发展计划，让员工们更好地理解他们的职责，并鼓励他们勇于迎接工作中的挑战。

通过培训，沃尔玛公司加强了企业与员工之间的沟通。培训不仅是员工提高的途径，也是他们了解公司的一种方法。沃尔玛公司设立培训图书馆，让员工有机会了解公司资料和其他部门的情况。所有员工进入沃尔玛公司后，经过岗位培训，对公司的背景、福利制度以及规章制度等都会有更多的了解和体会。

沃尔玛公司重视企业文化建设，不是体现在墙上挂标语、对外搞宣传，而是体现在企业上下实实在在的行动之中。公司有一套十分健全的企业文化制度，保证了"口号与行动的一致性"，这可以从以下几条原则中看出。

(1) 日落原则。这是沃尔玛公司的标准准则，它指的是今日的工作必须在今日日落前完成，对于顾客的服务要求要在当天予以满足，做到日清日结，绝不延迟。日落原则能够体现出沃尔玛公司时刻为顾客着想的经营宗旨。

(2) 比满意更满意原则。沃尔玛公司要求其员工向每一位顾客提供比满意更满意的服务，即一项服务做到让顾客满意还不够，还应努力想方设法加以改进，以期提供比满意更好的服务。沃尔玛公司的这项服务原则为其带来了大量的回头客，因为在这里，他们总感到十分亲切。

(3) 十步服务原则。所谓十步服务，就是沃尔玛公司要求其员工无论何时只要顾客出现在你十步距离范围内，员工必须看着顾客的眼睛，主动打招呼，并询问是否需要帮什么忙。

(4) 薄利多销原则。事实上，薄利多销原则在沃尔玛公司之前早已被广泛应用，但像沃尔玛公司这样实行力度之大、范围之广、持续时间之久、运用之成功，倒很难找出第二家。

沃尔玛的成功表明：企业文化是企业生存和发展的精神支柱。文化的运用在整个企业中都有着深刻的影响，企业文化建设的优劣决定着企业的成败。毋庸讳言，我国零售业与沃尔玛的差距十分明显。除了规模不大、竞争力不强、技术落后、员工整体素质不高等原因外，企业文化建设的落后甚至缺乏应该是一个不可忽视的原因。总结沃尔玛公司的成功经验，为进一步促进我国连锁企业的发展提供了有益的启示。

案例来源：豆丁网 http://www.docin.com/p-1591729305.html，作者有删减。

【案例思考题】
(1) 沃尔玛企业文化的独特性表现在哪些方面？
(2) 沃尔玛企业文化制度建设中遵循哪几条原则？
(3) 谈一谈沃尔玛企业文化给你的启示。

第 10 章

现代连锁企业培训管理

连锁经营者要充分意识到员工不只是企业经营中的可变资本,更应该是可以开发的有效资源。加强员工培训、提高人员素质是促进连锁企业成长的重要途径。本章主要讲述现代连锁企业培训管理,重点介绍了连锁企业培训的需求分析、连锁企业培训计划的编制和实施,以及连锁企业培训评估与反馈。

学习目标
- 掌握连锁企业培训的基本概念
- 熟悉连锁企业培训的基本过程
- 了解连锁企业培训的实施、评估与反馈

10.1 连锁企业培训的基本概念

员工培训不是连锁企业短期、临时的工作,而是企业经营、发展过程中一项长期工作。从国际、国内众多成功连锁企业的发展轨迹中不难发现,其员工培训已经融入企业的整个管理方式和企业文化之中,而且绝大多数企业都建立了科学、严谨、高效的培训体系。

10.1.1 企业培训的内涵

培训是指组织有计划地实施有助于组织成员学习与工作相关能力的活动。这些能力包括知识、技能或对于工作绩效起关键作用的行为。培训使员工不断更新知识、开拓技能、改进工作态度、提高工作绩效,确保员工能够按照预期的标准或水平完成本职工作或更高级别的工作,从而提升组织效率,实现组织目标。不同的学者基于不同的研究角度对企业培训提出了自己的见解,比较典型的有如下几类。

(1) 培训是指企业有计划地实施有助于雇员学习与工作相关的能力的活动(诺伊,2001)。

(2) 培训是一个系统的过程,被设计用来迎合与受训者的当前或未来工作相关的学习目标(布兰查德,2000)。

(3) 培训是用来给新员工或现有员工履行工作所需技能的方法或过程(德斯勒,2001)。

(4) 培训是组织用来开发员工的知识、技能、行为或态度，从而帮助实现组织目标的系统化的过程(泰勒，1998)。

(5) 培训是正式或非正式群体或个体学习那些经过设计的、用来传授或改进员工技能、知识和工作绩效的经验，其直接目的就是获得新工作技能或改善竞争能力(特雷西，1991)。

随着企业培训地位的日益提高，培训越来越具有人员开发的战略意义。即培训不再仅仅局限于基本技能的培养，还要关注员工解决和分析问题的能力，以满足现代企业对速度和灵活性的要求。另外，培训还要从单纯地向员工传授具体技能转变为创造一种知识共享的氛围，使员工能自发地分享知识，创造性地应用知识以满足客户需求。因此，现代企业培训应该是培训与开发的结合(Training & Developing，T&D)。

企业培训的内涵可以从以下几个方面来理解。

(1) 企业培训是企业人力资本投资的核心。人力资本是指凝结在劳动者身上的知识、技能及其所表现出来的能力，这种能力是生产增长的主要因素。它是具有经济价值、能带来巨大效益的一种资本。人力资本投资就是通过对人力资源一定的投入(如货币、资本或实物)使人力资源质量及数量指标均有所改善，并且这种改善最终反映在劳动产出的增加上。

企业培训能有效地增加人力资本存量，而人力资本存量对企业总产量的贡献显著，表明员工掌握的各种知识、技能水平提高，能有效地提高劳动生产率，提高资源利用率并降低产品成本。因此，企业培训是企业人力资本投资的核心。

(2) 企业培训以提高员工工作绩效为导向。企业培训的目的是要提高员工现在和未来的工作绩效和能力，从根本上就是要实现组织的发展目标。因此，组织要计划一项培训时，必须要明确培训给员工和组织带来什么样的收益或价值，准确分析付出的成本，从而决定培训的方式、参与人员、效果的评价方法等一系列问题。如果这些问题不明确，培训的效果和效率将大大削弱。

(3) 企业培训是企业开展的有计划、有步骤的系统管理行为。企业培训必须要确定培训目标，提高相应的资源和条件，遵循科学的培训方法和步骤，进行专门的组织和管理。培训通常包括培训需求分析、制订培训方案、实施培训项目、培训效果评价等环节。从管理的全过程来看，培训是一种管理手段，也是一个管理过程。

综上所述，企业培训是指企业根据组织目标，由企业计划并实施的旨在为提高员工工作技能、知识以及创造力的管理过程。

10.1.2 培训与现代企业的关系

1. 培训的作用模型

企业培训的作用模型可以用图 10-1 表示。从图 10-1 可以看出，培训提高了员工的工作技能和知识水平，改善了工作态度，从而触发了工作动机，有效激励了员工的工作行为，从而提升了员工的工作绩效。因此，培训的重点是要使员工在工作态度、工作技能和知识上获取改进或提升。

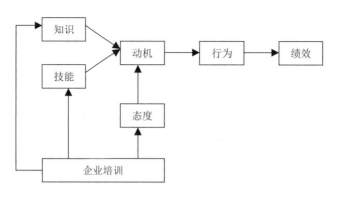

图 10-1　企业培训的作用模型

2. 培训对促进现代企业发展的意义

(1) 培训可以提高劳动生产率和人力资本利用率，从而提升企业竞争力。企业培训的直接目的是要提高员工的知识水平、工作技能，改进工作态度等，使之能够更好地为企业服务。这样，员工在知识和能力提升的同时，自身的劳动生产率也自然会提高。另外，经过培训的员工，随着其劳动熟练程度的提升，对新知识、新技能的吸收能力，以及与其他员工配合的默契程度也随之增强，这样有利于知识的进步，促进技术的进步以及生产要素组合的改善，从而进一步提高劳动生产率。

另外，现代企业在不同发展的阶段，根据企业发展的目标和需求，针对不同的需求对员工进行培训，这样充分提高了人力资本利用率，发挥了培训投资的最大作用。

(2) 培训是企业高回报的智力投资。人才竞争是当前激烈市场竞争的关键，而人才的价值在于其积极的态度、卓越的技能和渊博的知识。由于知识和科技高速更新与发展，每个人的知识和技能都在快速老化，而环境以及市场的快速变化，使企业中的员工素质提高也就显得尤为重要。因此，"培训是一种投资"已经成为大多数企业的共识，培训的实质就是一种系统化的智力投资。企业投入一定的人力、物力对员工进行系统培训，使员工素质提高，人力资本升值，企业业绩改善，从而获取投资收益。因此，培训是企业高回报率的智力投资。

(3) 培训增强企业的适应性。变化，是企业环境的永恒主题。应变，是企业发展的基本任务之一。培训，正成为企业适应不断变化和日趋复杂环境的日益重要的核心职能。培训工作的质量越来越直接地影响到企业的管理水平。

根据人力资源的观点，一个企业的长远发展不只依靠设备先进、产品优质、技术领先，更依赖于具有高素质的、有创造力的员工，这些员工对于企业的管理、运营和服务，是企业长期生存并得以发展的根本。因此，员工培训有利于企业人力资源素质的提高。培训可以使员工不断地更新观念，保持对外界环境的洞察力和敏锐的反应，进而使得企业在环境变化之前做好准备和应对措施，始终处于市场的领先地位。所以，员工培训有利于企业加强对外部环境的适应性。

(4) 培训能够减少企业人才流失。向员工进行企业发展理念、职业道德、团队精神等一系列有助于企业凝聚力形成的教育，使员工形成强大的"以企业为荣"的向心力，减少员工外流，避免企业损失。培训还能有效建立企业文化，用良好的企业文化影响员工，使其增强对企业的责任感和归属感。

3. 现代企业员工培训的意义

(1) 员工通过培训可以提升岗位适应能力和创新能力。现代科技的发展必然引发新技术、新设备、新工艺不断出现，这对企业员工的岗位适应能力提出了新的要求。培训则能赋予他们掌握新知识、新技术的能力。经过培训的员工才能适应岗位、技术工作的新要求，同时具备向新的岗位、新的职位转移的能力。另外，现代企业发展的方向是迈向"学习型企业"。学习型企业要求企业的员工要重视学习，学会学习，具有学习的能力，而培训通过有目的、有计划、有组织的培训活动，能够有效地转变员工的观念，培养企业个人的学习能力，从而提高员工的创新能力。

(2) 培训有利于员工自我价值的实现。马斯洛的需要层次理论告诉我们，生理、安全的需要是个人较低层次的需要，而自尊，特别是自我实现的需要是个人较高层次的需要。在现代企业中，员工工作所追求的目标已经不仅仅停留在低层次的需要，绝大多数员工工作的目的在于追求高层次的需要，即自我价值的实现。培训的作用在于不仅使员工在物质上得到满足，而且使他们的精神在较高层次上得到激励和价值的自我实现。

10.1.3 连锁企业培训的特征

人类社会已经进入到了一个崭新的、关键性的时期，即知识经济时代。经济发展、科技进步和信息革命推动了世界全球化、市场化的进程，连锁企业在迎接知识经济的过程中面临着种种机遇和挑战，其培训系统既具有一般企业的共性，也形成一些自身的特征。

1. 培训的系统性

根据现代企业理论，可以将连锁企业看成是一个投入产出的系统，即通过投入一定的资源转化为市场需要的产品和服务，相应地，其管理活动也是一个庞大的系统工程。作为连锁企业战略管理中关键一环的培训系统，其系统性主要体现在培训的全员、全方位与全程方面。员工培训不仅本身是一个完整的系统，而且还有若干独立的子系统，如培训内容的设计、培训流程的运作及培训效果的评估都具有完整系统功能。因此，员工培训应视为一个长期、经常性的系统工作过程。

2. 培训的针对性

处于连锁企业不同层次、不同岗位的员工，其培训的内容、方式则有所不同，例如，收银员主要针对收银机的操作、常见故障的排除、装袋服务等基本技能的培训即可；而店长不仅需要对门店进行全面的负责管理，又要与总部保持良好的配合，因而对店长培训更侧重于协调、沟通等管理能力方面的提升；而对连锁企业总部管理人员的培训要求更高。因此，连锁企业在对员工进行培训时，要针对不同层次的员工采取不同的培训方式，要使培训具有针对性。同时，培训的针对性反映在具体的培训工作中，就是培训方式的多元化和灵活性、培训内容的丰富性和实用性。

3. 培训的一致性

一致性是连锁企业培训的基本特征。由于在同一个连锁体系中，各成员店在经营理论、企业识别系统、商品和服务、经营管理上都具有统一性，因此对各分店的店长和其他工作人员的工作范围、工作任务、工作技能等要求都基本相同。这样，针对同一工作岗位的培训就具有鲜明的一致性，无论是培训内容还是培训方式都可以在各分店间共享。另外，当连锁企业在扩张发展时，培训人才的一条关键路径就是将新员工送到各家分店实习或派有经验的员工到新店担当要职。

4. 培训的应用性

企业对员工培训的目的就是在于使员工将所学的知识、技能应用到实际工作当中去，因此，培训系统的工作应该根据企业经营的实际状况、工作岗位要求和受训员工特点来开展，这与学校教育有很大的差异，既要提高员工的理论水平和认识能力，又要解决工作中存在的一些实际问题，而且落脚点就在实际问题的解决上。培训的知识与技能得以应用，转化培训成果的目的才可以说实现。

5. 培训的周期性

连锁企业在经营过程中，其店面人员的需求数量有很强的周期性和规律性。对于大型连锁超级市场，一天当中的客流量不尽相同，通常在中午 11 点左右和下午 5 点左右会形成客流高峰期。每一周的双休日和节假日的客流量通常也会比平时高出好几倍。另外，某些商品的销售在不同的季节也会呈现不同的规律。因此，对于连锁企业来说，如何在各时间段根据客流量和销售规律的不同来决定员工的培训时间和方式，是一个需要妥善解决的问题。通常，连锁企业可以在客流量少的时候组织人员进行培训，既可以充分利用空余时间，同时也可以合理安排工作人员人数。

6. 培训的战略性

培训工作是关系到企业今后发展和在市场竞争中能否取得胜利的重要因素。培训不仅是为了培养和训练目前岗位上空缺的员工或眼前扩张所需的新员工，更重要的是服从于企业的发展战略，并与企业各领导阶层的培训机制结合起来。因此，连锁企业的培训必须具有战略性，要使人才培训持续化和系统化，也就要求连锁企业在战略的高度制订合适的培训计划。

10.1.4 连锁企业培训管理的基本过程

与一般的企业培训相似，连锁企业的培训过程也包括培训需求调查、需求分析、培训计划的编制、培训的前期准备、培训实施、培训考核与评估、培训改进等几个部分。根据这个培训流程，可以将培训运作系统模块化，按照执行的时间先后顺序，将整个系统划分为培训需求分析、培训计划编制、培训课程设计、培训实施和培训评估与反馈 5 个模块。这 5 个模块之间有着严密的逻辑关系，同时各个模块又由几个相关工作构成，每一个工作环节都影响到其他环节，从而形成一个具有严密逻辑关系的整体系统，如图 10-2 所示。

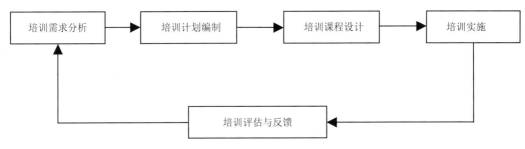

图 10-2　连锁企业培训系统的基本模型

1. 培训需求分析

培训的使命是帮助企业解决目前经营或管理上存在的问题，或使企业员工的"目前状态"与"理想状态"之间的差距缩小，这种期望就形成了企业的培训需求。科学的培训应该建立在客观需求的基础之上。需求分析主要包括三个方面：组织分析、任务分析和个人分析。另外，需求分析包括一些专业的分析方法，如观察法、问卷调查法、访谈法、必要性分析方法等。

2. 培训计划编制

在明确培训需求后，就要编制相应的培训计划。培训计划是从连锁企业的战略出发，在全面客观的培训需求分析基础上确定培训的目标，并且按照一定的逻辑顺序安排，对培训的时间、地点、培训师、培训对象、培训方式(自己设计或培训外包)和培训内容进行的预先系统设定。培训计划必须满足企业及员工两方面的需求，兼顾企业的资源条件及员工素质基础，并充分考虑培训的超前性和培训结果的不确定性。

3. 培训课程设计

在培训管理进入课程设计阶段，培训教师在接受培训任务后，要进行培训内容的分析，以便选择、购买、编辑教学大纲和教材，同时深入分析受训人员的学历背景、工作经验、素质状况等，以便选择合适的培训方式方法。通常，不同的培训内容会采用不同的培训形式，不同素质或不同层次的受训人员的培训方式也不尽相同。在该阶段，连锁企业内培训项目的组织部门要为培训教师做一些辅助准备工作。

4. 培训实施

培训实施是培训工作的执行环节，根据目标和计划对培训过程中出现的问题及时做出调整，控制整个培训过程的顺利进行。狭义的培训实施就是指按规划好的时间、地点，培训师对学员进行培训，并监督整个培训过程，做好培训记录。广义的企业培训实施还涉及这样一些工作内容，如培训信息的公布、登记、课程安排、学员培训的记录及培训评估结果的分析与管理等。

5. 培训评估与反馈

培训评估与反馈是企业培训管理中修正、完善和提高培训的必要手段。这一环节主要包括考查学员对所学课程的反应、考查学员对课程内容的掌握、考查培训学员将所学知识转换为相应能力的程度以及考查培训的回报率。通过上述手段,一方面验证了培训的结果是否达到了预期的培训期望,另一方面,也为培训需求分析、培训课程设计、培训实施与管理提供了有科学价值的反馈信息,为改进培训系统与效果提供可靠的依据。

以上五个环节之间存在一定的相互关系,培训需求分析是前提,培训计划编制是基准,培训课程设计是核心,培训实施是关键,培训评估与反馈是保证。整个培训系统从量上看,不等于这五个孤立环节的简单相加,而是使培训系统整体具备了新的特性,形成了一种良性的培训循环机制。处于系统整体之中的环节也同时获得了新的特性,即不同于它们处于孤立状态时的情形。

10.2 连锁企业培训的需求分析

连锁企业在进行培训前要进行培训需求分析。培训需求分析既是主动确定培训目标、设计培训规划的前提,也是进行培训评估的基础。准确的培训需求分析作为培训活动的首要环节,将为后面的课程开发、计划与组织、实施与评估工作建立明确的目标和准则。

10.2.1 连锁企业培训需求分析概述

1. 连锁企业培训需求分析的界定

需求产生于目前的状况与期望状况之间的差距,这一差距就是"状态缺口"。连锁企业对员工的能力水平提出的要求是"期望状态",而员工目前的实际水平则为"目前状态",两者之间的差距形成"状态缺口"。连锁企业要努力缩小这一"缺口",就形成了培训需求。

所谓培训需求分析是指在企业培训需求调查的基础上,采用多种分析方法与技术,对组织及其成员的目标、知识、技能等方面进行系统的鉴别与分析,以确定是否需要培训及培训内容的一种活动或过程。它的关键是找出产生培训需求的真正原因,并确定是否能够通过培训来解决。培训需求分析通常需要回答下面几个主要问题。

(1) 培训要达到什么目的?
(2) 通过培训要使哪些具体行为或表现得到改进?
(3) 可行性如何?
(4) 如何估算培训回报率?

连锁企业的发展目标、经营策略是受市场及客户需求引导的,那么培训需求也应以连锁企业经营战略为导向,同时应注重基础层面的组织因素影响,像工作分析、绩效评价等基础工作是保证培训需求得以正确分析的基础。培训工作不仅要满足连锁企业发展的要求和职务的需要,同时应注意员工自身发展的需求,应结合员工职业生涯规划进行合理的引导。关注员工的职业发展和职业安全,对员工是一种激励,让员工对企业产生归属感和提高员工忠诚度,一方面创造了团队学习的氛围,另一方面激发员工的学习和工作积极性,使得员工在发展的同时,企业也得到了整体的提升。

2. 连锁企业培训需求产生的原因

要进行培训需求分析，首先要明确培训需求产生的原因。一般来说，连锁企业的培训需求主要是由连锁企业的经营方向发生变化、员工工作岗位的变更、工作内容发生变化和工作绩效下降等原因引起的。

(1) 连锁企业的经营方向发生变化。随着连锁企业的发展，其经营方向也会发生变化。当企业经营战略发生变化后，经营方向也会做出相应的调整。经营方向一旦发生变化，企业面临的环境和条件也会发生变化，企业对每一个员工的要求也会发生变化，这时企业员工可能要面临适应新环境和新条件的挑战，就会产生培训的需求。

(2) 员工工作岗位的变更。连锁企业员工岗位的变动非常普遍，如正常的职位晋升。另外，为了满足企业发展的需求，企业会不断从外界引入人才。例如，对大型连锁超市来说，基础操作层员工的流动更是频繁发生。无论对于内部员工岗位的变更，还是新员工的上岗，都需要通过培训来提高其岗位胜任能力。

(3) 工作内容发生变化。即使是同一工作岗位，也会接触到新的工作内容，接触新的人和事。即使是小小的工作环境的变化，都会促发新的培训需求。这些变化的产生可能源于新设备、新方法、新流程、自动化、重组和管理风格的变化、重新定位和重新立法等。因此，员工要在新的环境面临新的工作内容，就必须通过培训对变化做出灵活反应。

(4) 工作绩效下降。提高员工和组织的绩效是培训需求产生的重要原因。员工的工作态度、技能和知识直接关系到企业的效率，而怠工、操作失误和事故对绩效产生负面影响，因此相关内容的培训不可缺失。

3. 连锁企业培训需求的影响因素

随着连锁网络的不断拓展和企业规模的不断扩张，连锁企业培训需求的影响因素(如表 10-1 所示)逐渐呈现多元化、复杂化趋势，但概括起来可以分为两大类：常规性影响因素和事件性影响因素。常规性影响因素主要是指在企业日常经营活动中经常涉及的一些问题，对于它们要在确定培训需求时作为一般因素来加以考虑；事件性影响因素则是指一些偶发的、非经常性的事件，对于它们要在确定培训需求时作为补充因素加以考虑。

表 10-1 连锁企业培训需求的影响因素

常规性影响因素	事件性影响因素
连锁企业发展目标	新员工的加入
连锁企业发展战略	员工职务的调整
员工个人职业生涯规划	消费者的投诉、抱怨
岗位胜任能力	销售量的下降
社会环境、法律法规	企业内部损耗上升
员工行为评估、考核	员工工作效率下降
竞争对手的发展变化	需要应变特殊事件的能力
客户消费偏好的改变	新技术的应用、新产品的销售
培训资源状况的变化	国内外重大事件的发生

4. 连锁企业培训需求分析的参与者

由于确定谁需要培训是培训需求分析所要回答的问题之一，因此培训需求分析的参与者必须要考虑全面，通常包括以下人员。

(1) 培训部门工作人员。培训需求分析的整个工作是由培训部门主持的，而且培训部门掌握了大量有关员工技能、水平的资料，同时他们对每个岗位的要求和变化也是最清楚的。

(2) 参加培训的员工本人。培训的对象是针对每位员工，本着促进员工职业发展的原则，了解他们的学习需要并制订相应的培训项目与计划，将有助于培训得到员工的支持和欢迎，并取得理想的效果。

(3) 员工的上级。作为员工的直接管理者，他们对员工的优缺点比较清楚，他们能帮助培训部门明确培训目标和培训内容，并亲自监督执行。

(4) 员工的同事。通常在一起共事的人相互比较了解，能向培训部门提供有参考性的意见，但一般来说这只有在人际关系和谐的连锁企业中才能做到。

(5) 有关专家。专家具有丰富的经验和深厚的知识，他们对问题的看法往往是颇有见地的，因此向专家请教，无疑会得到一些启示。

(6) 顾客。"当局者迷，旁观者清"，顾客对员工或企业存在的问题分析一般会更客观、科学，这对培训项目的设计是有很大帮助的。

10.2.2 连锁企业培训需求分析模型

培训需求分析(Training Needs Analysis)这一概念最早是在1961年由麦基和泰勒等人提出的，他们认为培训需求分析是一种通过系统分析确定培训目标、培训内容及其相互关系的方法。20世纪70年代后，企业培训逐渐成为国外组织心理学的热门研究领域之一，培训需求分析的内涵在这种背景下得到了进一步的发展与完善。下面介绍几种流行的培训需求分析模型。

1. Goldstein 三层次模型

20世纪80年代，I. L. 戈尔茨坦、布雷弗曼与 H. 戈尔茨坦三人经过长期的研究将培训需求分析系统化，构建了 Goldstein 模型。模型将培训需求分析分成组织分析、任务分析和人员分析三个部分，构建了最为广泛流行的培训需求分析模型，如图 10-3 所示。

Goldstein 模型认为培训需求分析应该从组织、任务、人员三个角度进行。在该模型中，组织分析是指在组织的经营战略条件下，判断组织中哪些员工和哪些部门需要培训，以保证培训计划符合组织的整体目标与战略要求；任务分析是指通过分析完成该项任务所需要的知识、技能和态度，由此确定与任务相关的各项培训内容，并定义各项培训内容的重要性和掌握的困难程度；人员分析是指从员工的实际状况的角度，分析员工现有情况与理想的任务要求之间的差距，即"目标差"，以形成培训目标和内容的依据。

Goldstein 模型认为通过这三方面评价结果的比较和综合，就能揭示出培训任职者最必要的知识、技能和态度。在这里，组织分析是任务分析和人员分析的前提，任务分析更侧重于职业活动的客观要求方面，即理想状况，而人员分析更侧重于员工个人的主观特征方面的分析。

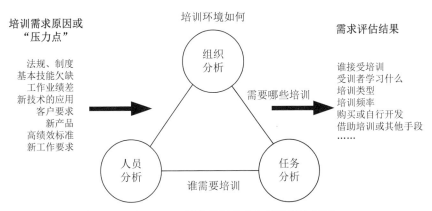

图 10-3　Goldstein 三层次培训需求分析模型流程图

该模型是培训需求分析的重要理论基础，它最大的特点就是将培训需求分析看成了一个系统，进行了层次上的分类，它使培训需求分析的分析对象不再局限于对员工或对组织，它通过将组织、任务、人员的需求进行整合，使得培训需求分析更加全面化，分析结果更加科学化。将培训需求分析分为组织分析、任务分析、人员分析三个部分，其分析重心、分析目的、分析方法各有侧重，将使企业的培训计划更具有针对性。该模型是一个较为全面的培训需求分析模型，也是目前学术界普遍认同的培训需求分析模型。

但是该模型仍然存在着一定的不足，表现在：第一，模型在对组织分析时虽然考虑了企业战略、组织资源对培训需求的影响，但是忽略了组织外部环境的影响。而外部环境特别是相关的政府宏观政策对企业培训的影响作用不可忽视，因此，在进行企业培训需求分析时，还应重视对如国家政策、行业规范等外部环境的分析。第二，模型对人员进行分析主要集中在员工绩效现状与理想水平的差距上，关注的是员工"必须学什么"以缩小"差距"，而员工自身"想学什么"却没有重视。第三，从该模型的论述中很难找到具体的可操作性的分析方法，这也是该模型存在的最大问题。缺乏简单而有效的识别工具，这对于人力资源管理尚未规范的我国企业而言，难以提供模型分析所需的数据，操作难度加大，不利于模型运用的普及。

2. 培训需求差距分析模型

美国学者汤姆·W.戈特将"现实状态"与"理想状态"之间的"差距"称为"缺口"，建立了培训需求差距分析模型，如图 10-4 所示。该模型是通过对"理想技能水平"和"现有技能水平"之间关系的分析来确认培训需求的。该模型主要包含了以下两个方面的思想：第一，只要"理想状态"形成，"现实状态"便会与之构成差距，包括：现有知识程度与希望达到的知识程度之间的差距，现有能力水平与希望达到的能力水平之间的差距，现有认识、态度水平与希望达到的认识、态度水平之间的差距，现有绩效与预期绩效之间的差距，已经达到的目标与要求达到的目标之间的差距，现实中的劳动者素质与理想中的劳动者素质之间的差距等。第二，培训需求是由差距的形成而产生的，即"培训需求=理想状态-现实状态"，任何培训活动都旨在消除或缩小这种差距。

培训需求差距分析模型将培训需求分析的重点"差距分析"进行提炼，提高了培训需求分析的可行性，较好地弥补了 Goldstein 模型在任务分析和人员分析方面操作性不强的缺陷。

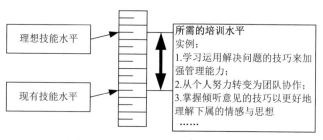

图 10-4 培训需求差距分析模型图示

然而,该模型同样存在着局限性,表现为:第一,未就企业战略对培训需求的影响给予足够的关注。第二,模型的有效性依赖于一个假设前提,即"培训活动=绩效提高"。进一步的分析表明,这一假设前提又至少包括两个命题,一是绩效问题100%是因为知识、技能与态度的不足而产生的,二是培训能100%学以致用转化为员工绩效。而事实上,乔·哈里斯研究发现"绩效问题产生的最常见的原因不是缺乏知识与技能"。拉姆勒更强调"仅靠培训几乎从未解决过问题"。尽管如此,该模型关于"培训旨在缩小差距"的思想还是极有见地的。

3. 前瞻性培训需求分析模型

前瞻性培训需求分析模型是由美国学者特里·利普和米歇尔·克里诺提出的,将"前瞻性"思想运用在培训需求分析中是该模型的精髓。他们认为随着技术的不断进步和员工在组织中个人成长的需要,即使员工目前的工作绩效是令人满意的,也可能会因为需要为工作调动作准备、为员工职位的晋升作准备或者适应工作内容要求的变化等原因提出培训的要求。前瞻性培训需求分析模型为这些情况提供了良好的分析框架,在确定员工任职能力、跟进个人职业发展方面极有实用价值。对"不充分的员工技能"区别考虑是否通过培训方案来解决,是培训需求在可行性分析方面研究的一大进步。前瞻性培训需求分析模型如图 10-5 所示。

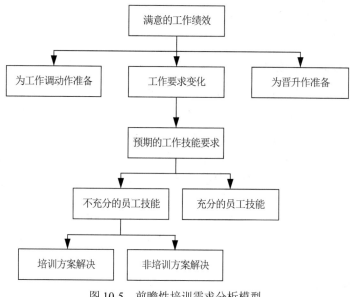

图 10-5 前瞻性培训需求分析模型

然而,该模型的"前瞻性"只关注了员工的未来发展,忽视了企业的发展需求。因此,根据模型得到的需求结果未必都能与组织战略和业务发展要求相适应,模型的设计存在着与企业战略目标相脱节的问题。如果企业因缺乏明确战略规划,直接依据企业战略规划书或经营管理报告等企业文献得出前瞻性的实质内容,这种风险将更大。

4. 胜任力模型

确定特定职务的胜任力(competency)是培训需求评价的新趋势之一。胜任力这一概念是由麦克里兰于1973年提出的,它指能将某一工作(或组织、文化)中表现优异者与表现平庸者区分开来的个人的表层特征与深层特征,它包括知识、技能、社会角色、自我概念、特质和动机等可以通过测量或计数来显著区分优秀绩效和一般绩效的个体特征。胜任力模型(Competency Model)则是组织当中特定的工作岗位所要求的与高绩效相关的一系列胜任力的总和。它强调需求分析和培训结果应能提高受培训者对未来职务的胜任力。

在培训需求分析中,胜任力模型(见图10-6)的导入是十分必要的。首先,胜任力的可测量性可以使分析过程更加标准化,而且使培训需求更加具体化。麦克里兰特别强调对胜任力的测量,他所在的明尼苏达大学的研究人员通过多年的研究和实践,提出了20多种胜任力,如获取信息的技能、分析思考的技能、概念思考的技能、策略思考的技能、人际理解和判断技能、帮助/服务定向的技能、对他人的影响技能、对组织的知觉技能、建立和管理人际关系的技能、发展下属的技能、指挥技能、小组工作和协作技能、小组领导技能等。这些胜任力的提出,对于改进培训需求评价的内容结构设计有重要的价值。其次,该模型较好地弥补了Goldstein模型在任务分析方面存在操作性不强的缺陷,它有助于描述工作所需的行为表现,以确定员工现有的素质特征,同时发现员工需要学习和发展哪些技能。模型中明确的能力标准也使组织的绩效评估更加方便。最后,胜任力模型也使员工能容易理解组织对他的要求,建立行动导向的学习。

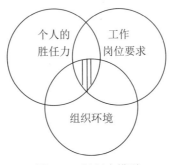

图10-6 胜任力模型

然而,与差距分析模型一样,该模型同样未能足够重视企业战略对培训需求的影响。企业经营战略的变化会产生新的胜任力需求或改变原有的胜任力要求,给企业员工培训需求带来变化。此外,由于胜任力是个复杂的概念,某项工作所需胜任力的确定需要长时间的资料积累以及丰富的专业经验来判断,因此,建立胜任力模型要求相当专业的访谈技术和后期分析处理技巧,且耗时、费力、成本高,从而导致该模型的运用对企业的人力资源管理水平提出了较高要求。

以上介绍了Goldstein 三层次模型、培训需求差距分析模型、前瞻性培训需求分析模型、胜任力模型等4种培训需求分析模型。在进行培训需求分析的过程中，熟悉这些模型，可以让培训需求分析的前提、过程和结果更科学，可信度更高。然而，每种模型都有其不足之处，因而连锁企业在运用这些模型的同时，应该对其不足有充分的考量，针对自身的特点、优势和劣势，需要适当对模型进行修正或扩展，使模型的运用更具科学性和可操作性。

10.2.3 连锁企业培训需求分析步骤

为了对连锁企业培训需求分析有更为深入的了解，我们以 Goldstein 三层次模型为理论基础，从组织分析、任务分析、人员分析三方面分析入手，大致的分析步骤如图 10-7 所示。

图 10-7 连锁企业培训需求分析步骤

1. 组织分析

组织是由人组成的，具有明确的目的和系统性结构的实体。如果组织的目标不明确，就容易产生个人行为与组织目标相背离的情况。如果这样，即便是员工在培训中获得了大量的知识、技术和能力，也会发现在工作中无用武之地。因此，在进行培训需求分析时应该首先进行组织层面的分析。

培训需求的组织分析，主要是指通过对组织的目标、资源、环境等因素的分析，准确找出组织存在的问题，即现有状况与应达到目标之间的差距，并确定培训是否对解决这类问题起到有效的作用。

培训需求的组织分析，涉及能够影响培训规划的组织的各个组成部分，它包括对组织目标的检查、组织资源的分析、培训的环境、培训的条件(气候)等方面。

(1) 组织目标。明确、清晰的组织目标既对组织的发展起决定性作用，也对培训规划的设计与执行起决定性作用，组织目标决定培训目标。

当组织目标不清晰时，设计与执行培训规划就很困难，详细说明在培训过程中应用的标准也不可能。

(2) 组织培训的环境。连锁企业是在一个开放的环境下的，它不可避免地要受来自组织以外的其他因素的影响。外在影响因素包括组织面对的法律、社会、政治、经济问题。同样，市场竞争的激烈程度也可能对培训产生影响。外部环境不但影响着组织培训目标的确立，也影响着组织的规模、结构及其过程和方法。一个良性发展的企业，必须在适应外部环境的要求和变化过程中，对培训需求具有足够的敏感性和适应性，充分利用现有条件，及时制订和调整培训计划。

(3) 培训气候。组织气候对培训有重要作用。正像描述组织目标所呈现出的复杂性一样，仅仅确定组织目标还不能产生任何作用。当培训规划和工作环境的价值不一致时，培训的效果很难保证。

某培训咨询公司进行了一项研究,即通过对20个超市连锁店的分析来确定其模型。该研究主要是分别考察每一个组织单位的转变经营内容和分配给各个组织单位的学习者的适应变化的行为。学习者都是一些助理经理人员,他们都完成了9个星期的培训规划,然后被随便分配到20个超市连锁店中的任意一个中去。被分配到正在转变经营内容的单位的学习者,在工作中往往表现出更多的适应变化的行为。而且正如期望的一样,在培训中感觉较好的学习者在工作中表现得更出色,但是转换气候与培训之间的相互作用并不明确。

(4) 培训资源。组织资源的研究包括对组织的人力、时间、资金等资源的分析。可利用的组织人力、物力和财力资源,是决定培训工作能否顺利开展的重要决定因素。可利用的资源数量影响着各种培训需求的优先次序。例如,组织内部没有相应的教室,就决定了培训场地可能需要外租,培训时间和方式等都需要做相应调整。因此,在进行组织分析时,了解组织的资源条件非常有必要。组织资源分析包括对组织的经费、时间、人力等资源的描述,因为组织所能提供的经费将影响培训的范围和深度。此外,培训是需要相当时间的,如果时间紧迫或安排不当,极有可能使培训效果达不到要求。再则,对组织人力状况的了解也非常重要,准确的人事预测是决定是否进行培训的关键因素。

2. 任务分析

当组织分析模块的研究中得出企业在培训的环境和条件上能够予以支持的结论后,才能进入任务分析模块进行任务层面的需求分析。任务分析主要是通过对工作任务和岗位责任的研究,发现从事某项工作的具体内容和完成该工作所需要的各项知识、技术和能力,以确定培训项目的具体内容。任务分析的结果也是将来设计和编制相关培训课程的重要资料来源。

在任务分析模块中,通过对某项工作任务进行工作分析,明确某项工作的职责和关键任务,确定该工作的绩效标准和任职资格要求,在此基础上分析员工胜任这一工作所需的知识、技术和能力等要素,并进行这些要素的培训可行性分析以及需求程度的排序,从而确定为了有效地完成工作任务,需要进行哪些方面的培训,为企业准确制订培训方案提供重要的参考标准。

任务分析的最终结果是对企业或组织工作活动的描述,按一定的分析程序进行分析,可以提高分析的效率以及结果的准确度和清晰度。任务分析模块的分析流程如图10-8所示。

(1) 工作分析。工作分析是现代组织实现管理科学化、制度化的最基础的工作。通过对一项工作进行系统的工作信息收集和分析,掌握其主要任务和职责,以编制工作说明书。工作说明书为各种管理活动提供有关工作方面的信息。工作分析的目的是更有效地进行培训需求分析,因此,在工作说明书中应重点关注任职资格和绩效标准的信息。在分析的过程中,除了工作说明书提供的信息以外,仍有必要对实际的工作操作进行观察,这样可以使分析人员对工作包含的任务和员工的实际工作条件有更清楚的认识。

(2) 确定绩效标准。绩效标准是对一项工作中什么任务是应该做的、如何去做以及任务完成时应达到什么样的结果的说明。绩效标准的确定来源于工作分析中任务的评价,通常运用关键事件法来收集信息。它是分析任务的任职资格的基础,是分析实际绩效与理想绩效差距的依据,对有效的培训需求分析有着至关重要的作用。

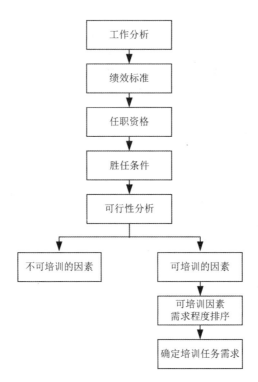

图 10-8　任务分析模块的分析流程图

(3) 明确任职资格和胜任条件。任职资格是由员工必须具有的知识、技术、能力、态度以及其他素质所组成。人力资源开发必须确定每项工作的任职资格条件，因为这些是员工在培训中必须发展和学习的。而胜任力则是员工要达到理想绩效应具备的素质组合，针对胜任条件进行培训有助于开发员工潜能、促进员工发展、满足组织要求。因此，有效获取该工作所必备的基本技能和认知能力的信息，明确胜任这项任务所需的知识、技术、能力及其他要素，对于培训需求分析具有重要的价值。通过表 10-2 对本书所指的知识、技术、能力等进行了定义，以便能够更好地进行任职资格和胜任条件的分析。

表 10-2　知识、技术、能力及其他素质的定义

任职资格要素	定义
知识	对成功完成某项任务所需要信息的掌握和了解，这些信息通常是陈述性的或者程序性的信息
技术	个人在某项作业上的熟练程度或胜任水平(通常以量化形式给出)
能力	个人在执行任务之初拥有的更一般化、更持久的特质或能力
其他素质	包括人格、兴趣爱好、态度等

(4) 可行性分析。任务分析模块的可行性分析的分析对象是与该工作的任职要求相对应的知识、技术、能力和其他要素。因为并不是所有的要素都适合用培训的方式去实现或改善，有时候要使任职者掌握或具备某些要素，采用其他的方式可能比培训更加有利于实现。可行性分析的重点就在于区分哪些是需要培训的要素，哪些是无须培训的要素，从而决定培训项

目中应该包括哪些知识、技术、能力要素的内容。为了使结果更具科学性、合理性，可行性分析需要从工作任务的多个维度进行全面的评估。

(5) 需求程度排序。需求程度排序是指对具有培训可行性的知识、技术、能力及其他要素进行需求的优先程度排序。方法是根据上一步骤的结果，对具有培训可行性的要素按照重要性进行排序，然后计算各要素的培训需求程度，由此得到培训需求的优先排序。在进行需求程度排序时，要充分考虑未来所发生的工作变化，因此应有一定的前瞻性，从而减少企业在不断发展过程中的衔接或过渡出现问题。

3. 人员分析

不同的组织以及组织内部的不同单位，培训需求分析的主体是不一样的。但是一般来说，任何组织和单位都要通过培训部门、主管人员、工作人员来进行。培训需求分析的个体层次主要是分析工作人员现状之间的差距，在此基础上确定谁需要和应该接受培训及培训的内容。

(1) 培训部门。培训部门通常是选择谁需要和谁会获得培训的参与者。培训部门经常要负责绩效考核。这种考核是引起新增培训的工作分配或技能提高过程的一部分。为了未来发展，需求分析中心可以选择一些有潜力的经理人员及行政人员参加培训。

培训部门经常负责检查和执行委托培训项目，虽然培训部门不是单独为此类活动负责，但他们一般起主要作用。

一些大型企业的培训部门都有针对每个工作人员的培训详细记录，其中记载了每一个工作人员曾经参加的培训，并且提出了未来培训和开发的可能性。

(2) 主管人员。主管人员也是确定谁会获得培训的关键参与者。主管人员能够使培训决策成为绩效评价系统的一部分。绩效评价本身是培训需求分析与缺失检查的一种类型，它为培训决策的制订提供了警告性参数。

作为培训需求分析和开发过程的一部分，主管人员应该鼓励工作人员提出员工开发计划，或者做出过去培训和开发的员工任务完成报告。员工开发计划需要工作人员详细指明应改进的知识、技能及能力和策略，而不管其现有水平。

主管人员应能够制订出包括单位内所有工作人员在内的部门培训计划表。主管人员应了解培训工作人员掌握相关知识、技能和能力的状况，交叉培训可以帮助主管人员了解不同的工作人员技能和工作的掌握情况。

(3) 工作人员。工作人员通过评估他们自己的需要，经常迫切要求提高与其工作有关的技能、知识、能力，并积极寻找培训机会。其主要内容是将员工目前的实际工作绩效与理想绩效进行比较，或将员工现有的水平与员工职业发展预期要求进行比较，发现两者之间是否存在差距，从而根据差距产生的原因来判定哪些员工有必要进行培训以及进行何种类型的培训。

10.2.4　连锁企业培训需求分析方法

无论是组织分析，还是任务分析或员工分析，都离不开一定的方法与技术。而这些方法与技术又是多种多样的，下面主要讨论问卷调查法、访问法、观察分析法、测评法、分组讨论法等几种常用的方法。

1. 问卷调查法

问卷调查是通过员工填写"培训需求调查问卷",并对问卷信息进行整理、汇总、分析,从而确定培训需求的方法,这是组织经常使用的一种方法。

(1) 内容。

① 其形式可能是对随机样本、分层样本或所有的"总体"进行调查或民意测验。

② 可采用各种问卷形式,如开放式的、投放性的、指令选择、等级排列等。

③ 可自由选择诸如分类法、失误分类或等级评定等形式,这些形式既可由调查者预先指定,也可由调查对象自己决定。

④ 在可控或不可控的条件下,都是被调查者自己进行测试(如通过邮件),有时需要对问题给予解释或一定的协助。

(2) 优点。

① 可以在短时间内调查许多人。

② 相对来说成本较低。

③ 给调查对象充分的表达机会,不会造成恐慌。

④ 得到的信息、资料容易汇报总结。

(3) 缺点。

① 针对性太强,不在调查范围内的对象缺少自由表达的机会。

② 在准备工作中需要大量的时间和特定的技术(如设计调查问卷)。

③ 弄清问题起因和找到可能解决办法方面的效果不大。

④ 容易造成低回收率,出现夸大性回答、无关性回答和不适当回答等问题。

2. 访问法

(1) 内容。可以是正式或非正式的,也可以是结构性的或非结构性的,或者两者兼而有之。

① 可以用于一个特定群体(如董事会、职工、委员会),或者每个相关人员。

② 可以采用面对面或打电话的方式,也可以在工作场合或远离工作场合进行。

(2) 优点。

① 易于揭示调查对象的感情,以及他们所面对的或者希望解决的问题的原因、解决办法。

② 为调查对象提供最大的自然阐述其观点和主张的机会(尤其是在无限制、非指令方式采访时)。

(3) 缺点。

① 通常花费较长时间。

② 很难对采访结果进行分析和量化(尤其是非结构性采访)。

③ 若采访者没有娴熟的技巧,当事人很容易感到不自然。

④ 若使调查对象自然地接受访问或不引起调查对象的怀疑,要依赖有技术的采访者。

3. 观察分析法

观察分析法是通常观看员工的工作状况,如操作是否熟练、待客销售是否周全等,从中分析员工需要培训的内容。

(1) 内容。

① 可以像观察一个新的董事会或职工大会在会议中的相互影响那样,有特定的功能与行为。

② 可以像敲门后走进职工的办公室,找出交流障碍的原因及证据一样,没有预先设定的形式。

③ 可以正式被被用作区分行为在组织机构或程序中的有效性。

(2) 优点。

① 最大限度地减少对日常工作或群体行为的干扰。

② 获得的资料与实际需要了解的培训需求和兴趣高度相关。

③ 当与反馈步骤相结合时,在观察者与被观察者之间提供了对照物。

(3) 缺点。

① 要求被观察者具有较高的程序与内容方面的知识(面谈者通常仅需要程序的技术)。

② 只能在工作时收集资料造成一定的局限性。

③ 观察对象有可能把观察活动误认为"间谍行为"。

4. 测评法

(1) 内容。

① 可以是问卷的混合形式。

② 可以功能导向,用于测试一个群体成员的技术知识熟练程度(像观察法一样)。

③ 可以对被访对象认识到的一些想法和掌握的事实进行抽样调查。

④ 有无助手均可进行。

(2) 优点。

① 在确定是否因为缺少知识或技能、态度而造成问题的原因方面十分有用。

② 测试结果容易量化和比较。

(3) 缺点。

① 数量相对较小的测验证明只对特定的情况有效。

② 不能证明测试的知识和技能能否在实际工作场所运用。

5. 分组讨论法

(1) 内容。

① 像面对面的采访一样,可以是正式的或非正式的,有组织的或随意组合的,或者两者兼而有之。

② 可以集中在工作(角色)培训分析、群体问题分析、群体培训目标确定,或者任何数量的任务或专题(例如,董事会领导艺术培训需要)的分析。

③ 使用一种或几种比较熟悉的有利于群体工作的艺术,如头脑风暴法、组织对照法、刺激法、塑造法等。

(2) 优点。

① 允许进行现场分析和发表不同见解。

② 对最终要决定的培训需求提供支持。

③ 因为资料分析是(或者可能是)由几个人共同进行的，所以减少了调查对象对调查者的依赖。

④ 有助于调查者成为好的问题分析人或者好的倾听人。

(3) 缺点。

① 耗时较多，因而费用也较高。

② 得到的资料很难进行合成与分析(特别是运用随意组合技术时，问题更突出)。

6. 记录、报告法

(1) 内容。

① 可以包括组织的图表、计划性文件、政策手册、审计和预算报告。

② 可以包括工作人员记录(争议、调动、事故等)。

③ 可以包括会议记录、周或月项目报告、备忘录、部门服务记录和项目考核研究报告。

(2) 优点。

① 为麻烦问题提供极好的分析线索。

② 为组织或团体内部问题所造成的结果提供客观证据。

③ 这些记录和报告已经是工作成果的一部分，因而可以将对工作的干扰和付出的精力降到最小。

(3) 缺点。

① 无法表明一些问题的起因，或可能的解决办法。

② 所反映的是过去的情况，而不是现在的情况或变化。

③ 要从技术性很强、纷杂的原始资料中整理出明晰、明确的模式和趋势，需要技术熟练的分析专家。

7. 自我评价法

(1) 内容。

① 一般运用问卷调查方式(如问卷调查表、自我诊断表等)。

② 由员工本人对自身做出评价，制订个人发展计划。

③ 整个工作在人力资源部门或者专家的指导下进行。

(2) 优点。

① 员工对自身状况最为了解，比较符合实际情况。

② 针对性强。

③ 节省大量人力。

(3) 缺点。

① 此方法对员工自身素质要求较高。

② 员工自我评价的客观性有时难以评判。

8. 关键人物访谈法

(1) 内容。

① 通过对关键人员的访谈，应保证了解到关键人员的培训需要，如董事会会长、相关业务承办人、职业协会成员及有关的服务人员。

② 一旦确定了培训，可以通过面谈、小组讨论、问卷等方式收集调查资料。

(2) 优点。

① 在操作方面相对简单，成本较低。

② 可以同时获得多人对培训需求的范围、措施、对象等不同的观点与看法。

③ 建立和加强了参与者之间的信息沟通。

(3) 缺点。

① 因为这些关键人物总是从他们个人或企业角度看待培训需求问题，所以这种技术存在一些固有的偏见。

② 如果这些关键人物不具有代表性，可能导致对培训的片面理解。

9. 绩效差距分析法

绩效差距分析法，也称问题分析方法，它主要集中在问题而不是组织系统方面，其推动力在于解决问题而不是系统分析。绩效差距分析法是一种采用广泛、非常有效的需求分析方法。

开展绩效差距分析方法主要包括以下阶段。

(1) 发现问题阶段。发现并确认问题是绩效差距分析方法的起点。问题是反映理想绩效与实际绩效间的差距的一种指标，其类型诸如销售量、客流量、士气问题等。

(2) 预先分析阶段。这是由培训者进行的直观判断阶段。在这一阶段，要做出两项决定：一项是如果发现了系统的、复杂的问题，就要运用全面性分析方法；另一项是处理应用何种工具收集资料问题。

(3) 资料收集阶段。收集资料的技术有多种，各种技术在使用时最好结合起来，经常采用的有扫描工具、分析工具等。

(4) 需求分析阶段。需求分析涉及寻找绩效差距。传统上，这种分析考查实际个体绩效同职务说明之间的差距。然而，需求分析也可以是为了组织需求和职务说明。至此，工作设计和培训就高度结合在一起。我们可以把需求分析分为职务需求、个人需求和组织需求三个方面。

(5) 需求分析结果。通过一个新的或修正的培训规划解决问题，是全部需求分析的目标所在。对结果进行分析，通常最终确定针对不同需求采取不同的培训方法及不同的培训内容。

10. 内网培训需求法

(1) 内容。

内网培训需求法是指在企业内网提出培训需求的方法。通过收集员工在网上提出培训需求的信息，企业可以更直观地了解员工对培训的需求，更有针对性地确定培训内容。

(2) 优点。

① 培训需求信息收集更全面，更好地倾听员工培训诉求。

② 在内网提出培训需求，成本较低，更经济。

③ 增强了员工与企业的信息沟通，使培训更有针对性。

(3) 缺点。

① 培训需求信息收集工作量大，难以协调众多员工的培训需求。

② 员工对自身的培训需求认知片面，不够专业。

10.3 连锁企业培训计划的编制

由于连锁经营在我国的发展时间不是很长，连锁经营模式还处于发展阶段，很多连锁企业对培训计划还缺乏系统的概念。培训计划性不够便会间接影响到培训的效果，而且缺乏计划性的培训不仅容易在培训目标上出现诸多偏差，而且还容易导致资源应用的不合理、分布不均匀等后果。最为重要的是，只有当培训计划是成长性、持续性的培训管理计划时，才能够使培训管理水平不断得到提高，并且不会出现"管理泡沫"现象。

10.3.1 培训目标的确定

通过对需求进行分析并确定培训的主题后，培训部门要为每个培训确立好培训的目标。确立培训目标是为了明确学习的方向，可以根据培训目标衡量学习的效果。培训师需要清楚培训必须得到的是什么，员工也需要了解通过培训将达到的标准。培训目标不明确，就找不到执行的方向和切入点，导致以下问题：①盲目进行培训，浪费时间和精力；②培训无效，员工对培训失去兴趣；③最终一事无成。

一个良好的目标必须具备三个特点：具体、可量度和可观察度。由于培训主要是与员工的学习有关，因此，一个良好的目标应该能够准确地描述员工接受培训后的一些行为表现。

1. 连锁企业培训目标的特征

从总体上来说，连锁经营企业人员培训的目标就是"培训为连锁店的发展服务，培训与连锁店的经营管理相结合"。确立目标是一种以结果为导向的思维方式，对培训部门和企业来说，都可以以此为努力的方向。

(1) 目标层次分析。明确目标是为了明确培训的方向，衡量培训的效果，所以目标要切合实际。明确的培训目标应该是具体可衡量的，能准确描述培训的结果。培训的目标可分解为三种不同层次的可以达到的目标：①培训能达到最佳效果应该达到的目标；②培训效果非常好的状态必须达到的目标；③培训要达到的基本要求。

(2) 目标的可行性。明确的培训目标必须是与组织目标相一致，与部门目标、个人目标相结合的目标。明确可行的目标必须符合几个基本条件：准确定位、具体明确、可量化、能够合理分解，并有相应的时间限制。

2. 培训目标确定的步骤

(1) 提出目标。在课程设计工作开始之前，就应为培训提出明确的目标。但要注意，这一工作并不是一次完成的，它是一个在整个培训过程中根据对目标人群的了解，不断增加和不断修改的过程。

(2) 分清目标主次。在培训需求调查中，参加培训的人员有很多需求，在确定目标时，对这些需求要分清主次区别对待。只有完成了"必须掌握的"的目标之后，才能考虑"应该达到的"的目标，最后考虑"可以达到的"的目标。

(3) 检查目标可行性。根据参训者的情况、时间等条件，检查是否能完成目标并做出调整。知识目标通常容易实现，而且不需要花很多时间，只要"告诉他们"就行了，或者是做一次测试。技能目标则需要较多的时间，因为要通过大量的实践才能使参训者掌握。态度目标需要更多的时间，这涉及改变人们的观念。因此，要根据不同的目标采取不同的课程设计方法。

(4) 设计目标层次。设计目标层次需考虑两个问题：第一，这次培训需要准备哪些知识？第二，哪些目标在其他目标之前完成？对第一个问题的回答可以帮助确定从哪里开始；对第二个问题的回答可以帮助建立目标层次。

通常，人们会把知识目标放在首位，参训者只有懂得了知识，然后才能去做。这样有一个弊端，就是会导致在开始时用大量的时间讲授，而用于实践的时间很少，结果是参训者知道了怎么做，但却做不好。这一阶段的最终结果是要列出工作目标。一天的培训不要超过3～4个目标。

3. 制定目标要注意的问题

很多人设定一大堆目标，然而却没有设定具体合理的期限，这些目标是不会达到的。一个没有期限的梦想或目标，效果是非常有限的。在订出目标之后，要考虑"是否有足够的时间让参训者实践，以达到这些目标？"如果有好几个目标，最好把它们分在不同的培训中。如果目标很大，应该把它分成几个小目标，然后在不同的培训课程中实现。

10.3.2 培训计划的定义及作用

1. 培训计划的定义

培训计划就是按照一定的逻辑顺序排列的记录，它是从企业战略出发，在全面、客观的培训需求分析基础上做出的对培训时间(When)、培训地点(Where)、培训者(Who)、培训对象(Whom)、培训方式(How)和培训内容(What)等的预先系统设定。

培训计划必须满足企业及员工两方面的需求，兼顾企业资源条件及员工素质基础，并充分考虑人才培养的超前性及培训结果的不确定性。

培训计划要考虑的问题如下。

(1) Why：培训的原因是什么？连锁企业培训的根本目的就是提高员工素质，为连锁企业的发展服务。培训的目的包括：发挥员工个人的潜力；为岗位提高合适的人才；促进连锁企业内部各层次人员之间相互关系的协调；提高全体员工的自我发展意识；为连锁企业经营的发展提供人才储备。

(2) What：培训的内容是什么？连锁企业人才培训的内容因人员所处不同的职能部门(如采购、销售、技术、管理等)和不同级别(如高层、中层、基层等)而会有较大的差异。

(3) Who：培训的负责人是谁？

(4) Whom：培训的对象有谁？如店长、理货员、收银员等。

(5) When：什么时间进行培训？培训多长时间？

(6) Where：培训的场所设定在哪里？

(7) How：如何实施培训？实施操作步骤和采用什么方式、技术？

(8) How much：培训的投入和预算是多少？培训的直接成本和间接成本是多少？

2. 培训计划的作用

培训计划设定了培训的起点、终点和培训的具体过程。具体来说，培训计划给管理和控制带来的好处主要有以下 5 点：

(1) 它保证不会遗忘主要任务。
(2) 它清楚地说明了谁负责、谁有责任、谁有职权。
(3) 它预先设定了某项任务与其他任务的依赖关系，这样也就规定了工作职能上的依赖关系。
(4) 它是一个尺度，可用于衡量对照各种状态，最后则用于判断项目、管理者及员工的成败。
(5) 它是用在监控、跟踪及控制的重要工具，也是一种交流和管理的工具。

10.3.3 培训计划的结构

1. 培训计划的横向结构

企业培训计划不是单一的，而是多层次、多方面的。从培训计划的横向结构看，有整体培训发展计划、培训支持计划和部门培训计划。培训计划的横向结构，如图 10-9 所示。

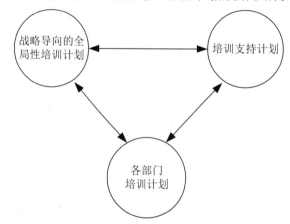

图 10-9　培训计划的横向结构

企业整体培训计划是企业培训目标和培训战略等问题的规划，对企业培训工作起全局性的指导、控制作用。主要涉及企业培训形式分析、培训总体目标、培训资源、培训策略等内容。目的是明确内外部环境条件，并提出解决方案，规定组织培训的大方向。

培训支持计划是培训管理者为实现整体培训计划而制订的相关计划，主要内容有企业培训目标的细化、部门培训规划、培训实施工作条例等，是联系整体培训计划和部门培训计划的关键。

部门培训计划是各部门具体培训工作实施规划，详细列出了培训需求分析、培训目标、培训对象、培训资源、培训内容及培训结果预测等。

2. 培训计划的纵向结构

如图 10-10 所示,培训计划按时间跨度可以分为长期培训计划、中期培训计划和短期培训计划(即培训实施计划)。它们之间是一种从属的包含关系,中期计划并不是长期计划之外的计划,而是长期计划的进一步细化或具体化,同样,短期计划是对中期计划的进一步细化或具体化。

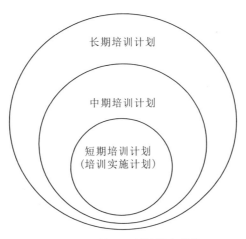

图 10-10 培训计划的纵向结构

长期培训计划的重要意义在于充分分析企业内外部环境的发展趋势,充分考虑组织以及员工个人的长远目标的基础上,明确培训所要达到的目标与现实之间的差距及培训资源的配置等方向性和目标性的问题。一般长期培训计划的期限为 1～3 年。中期培训计划是长期培训计划的进一步细化,同时又为培训实施计划提供指导和依据,实质上具有承上启下的作用。短期培训计划必须要考虑的两个要素是可操作性和培训效果,因此,短期培训计划实施的前期准备工作非常重要,这些准备工作必须要保证计划中的每一项都得到实施。

3. 培训计划的综合结构

长期计划在于充分分析企业内外部环境的发展趋势,充分考虑组织及员工个人的长远目标,明确培训目标及资源配置等方向性和目标性的问题。中期计划是长期计划的细化,并为培训的实施提供指导和依据。短期目标必须考虑可操作性和培训效果,其前期准备非常重要。3 个层次和 3 个时期计划的相互配合,共同构成了完整的企业培训计划系统(见表 10-3)。

表 10-3 培训计划综合结构

各时期培训计划	培训计划内容		
	战略全局性培训计划	培训支持计划	各部门培训计划
长期培训计划			
中期培训计划			
培训实施计划			

10.3.4　影响培训计划的因素

1. 培训范围

培训规划针对不同层次的培训对象,可以将其分为 5 个层级:个人、部门、组织、行业和跨行业。

岗位培训规划注重于个人,即偏重于个人能力和技能的提高。这种培训要求培训者对学习者进行单独的辅导,具体分析其所从事的工作并做出分析和指导。它有利于学习者的快速进步,但成本较高,培训规模有限。学徒式规划是其典型代表。

培训规划也可针对某组织内的一个部门来设计。该部门的人员可能只有几个人,也可能有几千人。通常,大多数技能培训是在这个层次上进行的。技能培训的主体涵盖从工作专业到部门规划的所有范围。

培训规划的对象还可以是整个组织。这时的培训可以是职业精神培训、企业文化教育、思想教育、安全教育等。在这个层次上设计规划时,必须重视规模经济的作用。

培训规划还可以为某一行业内的所有组织来设计。行业一般由政府来划分,行业培训一般也由政府或者行业协会来规划和组织。此类培训的主题主要有适用各行业的企业管理培训、法规培训和研究开发性培训。

有些培训规划能适用于所有行业。它包括技能培训(如计算机技能培训)、管理培训、普通基础教育和一般性培训等。

2. 培训对象的类型

根据学习者的工作类型,可以确定培训的类型属于技术性的还是非技术性的。技术性的培训基本上是处理那些工作所必需的过程、程序、一般知识和技能,而不涉及监督、管理和激励员工;非技术性的培训则相反,它对员工的激励以及有效管理提出了更高的要求。

3. 培训规模

培训规模受很多因素的影响。例如,它可能由接受培训企业的规模、经营方向决定,也可能由培训本身的性质、培训力量的强弱、培训场所的大小和培训费用的多少来决定。

如果只有少数员工接受培训就可以进行个人培训,可以不需要或者只有少量的专业教师。个别培训常采用轮岗培训、学徒式培训、在岗培训、程序教学、录像技术、自觉学习等形式。个别培训可以在比较灵活的地方和时间进行,甚至可以在工作时间,就在员工的工作岗位上进行。

对于集体培训,培训者必须考虑 3 个因素:受训生源、培训费用和培训策略。如果学生较多,那么对这么多学生的管理也就成了问题。而要想降低每个学生的培训费用,就需要一定的学生规模。培训策略是决定学生集体规模的一个重要因素。例如,使用计算机进行培训,学生人数通常较少;使用讲授、讨论、个案、角色扮演等方法进行培训,要求学生规模适中。

4. 培训场所

教室只是诸多培训场所的一种。在某些组织里,教室是最少使用的场所之一。对某些连锁企业来说，卖场也许天然就是在岗培训和自我锻炼的最佳场所。培训中心和语音教室也适于现场培训。

非现场培训场所包括教室和专门培训基地。使用这些场所时，需要准备好方位图、停车场标志和其他后勤方面的告示。体验生活的实际场地也是培训规划所应考虑的培训场所。将教室培训和实地体验结合起来，既可使员工获得第一手的经验，又能对实践活动进行分析和反思。

5. 培训时间

一期培训的时间从几十分钟到数周不等。培训内容、费用和员工生源都能影响培训时间。为期一个小时至半天的短期培训可以用来介绍主要议题和当今技术发展状况，也可以用来讨论简单的议题。在学习同一段内容时，如果时间超过三四个小时，那么即使教师采取一定的策略来激发员工的兴趣，员工的学习能力仍不可避免地会下降，这是短期培训的一个短处。

系列培训能为员工提供总结和再强化的机会，因而适用于传授较深和较难的内容。

封闭式培训要求员工在培训地吃住。因而，员工的花费更多，也更愿意接受一些更加复杂的培训，如夜间培训。决定此类培训时间的主要因素是费用，尤其是房租。此类培训常用于那些在地理上人员较为分散的组织。

影响培训时间的还有员工业余时间的分配。大部分职业培训都是在工作时间进行的，虽然可以考虑利用员工的业余时间，但这样做时首先要得到学习者个人的同意。

6. 培训方案的重复使用率

培训方案的重复使用率对设计成本有实质的影响。如果某种方案的实施有限，可采用一次或两次，其设计费用和人均实施费用相对来说就比较大。而如果一个方案多次重复使用，即使当初设计费用较大，那么将它们平均到每个参加培训的学生身上，这个费用也不算太大。

比如内网培训，其培训方案可以多次重复使用，使培训资源利用更充分，成本较低，更经济；针对不同培训对象，分别设置适合他们的培训方案，更有针对性，而且可以不断调整优化，丰富培训课程；内网培训相当便捷，其管理平台一般还具有远程互动处理和自动管理功能，培训的交互性较强；内网培训更利于被培训人员的在线自测和公司考核。

因而，在设计培训规划时，要尽量照顾到规划的可重复使用性。要做到这点，就必须做出科学的制度安排。常规化的培训制度(如轮训，每年一度的新员工培训)是提高培训方案重复使用率的重要条件和方法。

7. 培训费用

设计培训规划必须考虑的一个因素就是培训费用。培训费用直接影响着培训初期计划的进行以及培训的实际效果。培训费用与培训可能带来的收益相比较的结果，更是直接关系着培训工作是否值得展开。

企业选择培训方式时必须考虑一个问题，即企业是在内部设立培训部门，还是依靠外部的力量完成培训工作。实践证明，在企业内部设立培训部门并不一定都适用，可能这种方式的费用过高，而外部的专家在专业知识方面会更胜一筹。从有关培训调查结果来看，培训的主要费用是工资以及参加培训员工的相关费用，同时员工来参加培训而耽误工作所花费的机会成本必须考虑。如果使用外部培训人员，可能在费用上会有所增加，但是只要培训效果好，完全可以弥补费用的增加，毕竟培训效果是最主要的。

8. 培训教师

培训教师担负着企业员工培训的重任，培训教师素质的高低直接影响着企业人力资源的素质高低，进而影响着企业的生死成败。因此，对于企业来说，培训教师的选择和培养至关重要。培训教师的基本职能是培训，即为员工提供学习的内容、条件、相关信息、绩效评估和反馈以及其他方面的帮助。

罗杰·贝内特教授认为，培训教师具有15种职能，这些职能可以指导培训教师更好地完成培训工作。

(1) 培训政策的制订者。
(2) 培训需求分析的认定者。
(3) 培训创造性思维的缔造者。
(4) 研究人员和培训课程的设计者。
(5) 培训目标的制订者。
(6) 培训内容设计者和发展者。
(7) 培训管理者和组织者。
(8) 培训市场推广者。
(9) 培训负责人和组织发展的代理人、教练、导师。
(10) 培训顾问、建设者。
(11) 学以致用的代理人。
(12) 培训资源的管理者。
(13) 建立联系的负责人。
(14) 培训质量负责人。
(15) 培训结果评估人。

10.3.5 制订培训计划的步骤与方法

1. 制订培训计划的步骤

员工培训计划的制订就像一台冰箱的生产一样，要遵循科学的"生产"流程方可生产出高质量的产品，程序错误就会导致返工或生产出废品。

在制订培训计划时，可以先制订公司级培训计划，然后再制订部门级培训计划。公司级培训计划主要包括岗前管理培训、岗前技术培训、质量管理培训、企业管理培训等培训计划。部门级培训计划根据部门的培训需求来制订。

通过公司培训计划将具有共性的培训组织到一起来进行，可以有效地降低培训成本。在制订部门级培训计划时，要结合部门员工与岗位知识和技能要求的差距来进行。公司级培训计划制订完毕后，再根据公司级培训计划制订部门级计划就会更加有的放矢。

制订培训计划的步骤如下。

(1) 需求调查。根据培训的不同目的,展开培训需求调查。

(2) 数据分析。总结差距和根源,也就是明确组织能力、员工素质技能与业务目标的差距;明确差距的根源及解决方法;明确通过培训可以解决的差距,即培训解决问题的能力。

明确各培训项目信息。培训项目信息包括培训月份、培训类型、培训名称、培训方式、参加人员范围、重点参加人员、费用预算等。对于重点参加人员,在培训后要进行考核。

(3) 制订培训解决方案。明确方案涉及的培训项目;评估现有的培训资源,包括人员、资金、课目、师资等;确定培训重点项目和常规项目,确定培训工作的重点;确定培训需进行的课程开发、师资培养、建设系统,确定培训计划和培训预算。

(4) 培训计划的沟通和确认。要求做好培训报告,首先明确报告的目的,目的是要获得与培训相关的部门、管理者和员工的支持,以便落实培训计划。其次,要说明报告的内容,如培训的出发点、培训要解决的问题、培训的方案和行动计划、希望得到的支持等。

良好的计划是成功的一半。当培训计划是在为企业经营和业务发展提供帮助,是在为管理者提高整体绩效时,培训将发挥出最大的作用。

部门级的培训计划要与各部门经理进行讨论。在讨论中,各部门经理可能会提出增加培训内容和培训预算。要严格控制培训预算,但培训内容可以增加,主要通过内部培训的方式解决。另外,培训经理要向部门经理讲清楚部门经理级培训由培训经理协助部门进行,而不是由培训经理全权负责。否则,在培训实施过程中容易出现管理纠纷。

2. 制订培训计划的常用方法

(1) 培训计划会议。为整合组织内外的培训资源,应对培训计划的合理性、可行性等因素进行有效的控制,在制订培训计划时往往要召开培训计划会议,来对培训计划进行论证和评价,并确定最终培训计划方案。往往需要由涉及计划的部门经理和培训管理者,以及培训管理部门的课程开发人员共同参加培训计划会议,有时为了使培训计划不偏离培训对象的需要,也可以考虑选择几名员工代表参与培训计划会议,听取他们的意见,可使培训计划更为客观,更切合实际。

(2) 部门经理沟通。在制订供应性培训计划时,最为常用的方法当属部门经理的沟通。缺乏与部门经理之间的深入沟通,所提供的培训计划即使再好,也往往会在实施过程中要面对来自部门经理们的干扰或排斥。

(3) 领导决策。直接由领导部门针对企业具体情况加以决策。

10.3.6 制订培训计划应注意的事项

一些成功企业培训活动的经验表明,除了应具有系统性外,培训活动的成功也依赖于一些其他因素,归纳起来有以下几点。

(1) 注意投入与产出的效益分析。企业运营过程中所能运用的资源是有限的,培训部门获得培训所需资源的过程如同销售人员推销产品,必须充分展现培训的投入与产出的效益对比。在培训活动正式开始前,培训计划需要提交给公司管理层审批后才可执行。因此,能否充分展现培训的效益,对培训部门能否得到管理层对培训投入的承诺起着至关重要的作用。

(2) 寻求获得高级管理层对培训的支持至关重要。高级管理层控制着公司的资源，洞悉企业的长远发展目标与组织需求，如果培训活动与战略目标紧密联系，管理层就会全力支持计划的执行并提供所需的资源。

(3) 直接管理层对培训计划制订的参与。在制订培训计划过程中，也应该让直接管理层参与设计培训计划，这一点很重要。直接管理层对业务需求与人员更了解，能帮助培训部门更准确地定位培训的重点，同时基于直接管理层对培训计划与培训目标的理解，能有效保证今后开展培训活动可获得的支持。

(4) 建立具体的、可度量的培训目标，是通过确定培训需求应达到的最终目标。目标详细说明圆满完成培训计划后受训者能够做到的事情。因此，目标为接受培训和实施培训的人提供了共同努力的方向，也为评价计划是否成功提供了基准。

(5) 参加人员的特征。例如，转岗人员培训计划的制订，要了解以下内容：是他们所具备的知识和经验的程度，学习的动机、风格，他们接受培训的能力，他们工作环境的特点和状况等。

(6) 培训的内容。培训的内容，是以理论为主，还是以实践为主，间或以引进新思想、新技术为主。例如，转岗培训主要是使转岗人员能尽快适应新岗位的要求，因此，在制订培训计划时，要先考虑的是让他们尽快了解和掌握业务知识以及新岗位基本工作技能的要求，在这一阶段考虑的是以理论为主、技能为辅的培训内容。

(7) 培训时要使用的设备。培训时使用哪些设备，如电视机、投影仪、屏幕、摄影机、幻灯机、黑板、白板、纸、笔等。尤其是一些特殊的培训需要一些特殊的设备，事前一定要准备好。

(8) 培训地点的选择。培训地点一般有以下三种：企业内部的教育基地，企业外部的会议室，宾馆内的会议室。要根据培训内容来布置培训场所。若为参观实习或上岗实践，则要处理好培训与工作的关系。

除了上述几点以外，建立培训部门在组织中的地位与信用度，使培训活动被认同，也具有一定的意义。当企业内的各职能部门通过培训提高绩效后，必然会增强对培训部门的信任，并会给培训工作更多的支持。

10.3.7　连锁企业培训课程设计

培训课程设计的优劣关系到培训效果的好坏。不同岗位、不同人员的培训课程应有所侧重。要提升培训效果，必须首先解决培训课程的设计，包括不同岗位学习内容，涉及基本知识、基本技能、基本素质等方面，都应做出详尽而科学的设计。

1. 连锁企业培训课程设计的概念

要理解课程设计的含义，首先应理解"设计"一词的含义。"设计"是指建立在分析和综合的基础上的精心规划和预先制订。设计的主要特点如下。

(1) 以目标为导向，确定目标是设计中不可缺少的第一步，清楚地说明目标有助于保证设计的价值和参加者的理解。

(2) 提高成功的可能，设计使一些可能的问题得到预先的分析和解决。

(3) 节省时间和精力，使价值不大的计划、方案在实施前就被淘汰。

(4) 减少压力，精心的设计使实施者得心应手。

综上所述，连锁企业培训课程设计就是指连锁企业在培训课程的实质性结构、课程基本要素的性质，以及这些要素的组织形成等方面的安排，一般包括目标、内容、学习活动及评价程序。

2. 连锁企业培训课程设计的理论基础

培训的过程就是员工学习的过程，是相对永久且不属于自然成长过程结果的人的能力的变化。在学习的过程中，从不同的学习角度看，其具有不同的学习特性。了解不同的学习特性和相关理论，是培训成功的关键，也是课程设计与开发的前提。

(1) 成人学习理论。由于大多数正规教育机构是专门培训孩子和年轻人的，在学习过程中，学生通常被看作指令和学习内容的被动接受者，无法为学习环境提供足够的相关经验。教育心理学家认识到了正规教育的局限性，于是开发了成人教育法，即成人学习理论。关于成人学习特点的研究主要致力于揭开"成人怎样学习"的奥秘。著名美国成人教育理论家诺尔斯对这一问题进行过深入的研究，认为和青少年相比，成人具有下列学习特性。

① 成人的自我概念从儿童时代的"依赖的个体"转变为"能够自我指导的个体"。具体地说，成人能够对自己的学习承担责任，能够了解自己的学习需要，有明确的学习目的和目标，能够制订适合自己的学习计划，有实现计划的顽强毅力和恒心，而且非常厌恶那种把他们当作儿童处置的传统课堂学习环境。

② 成人在不断成长的过程中积累的丰富的工作经验和生活经验，是进一步学习的重要资源。这意味着成人自身的各种阅历和体验本身就是推进其进一步学习的良好基础。但也应该看到，成人所拥有的经验有时候也是一把"双刃剑"，亦即原有的经验中的思维定式往往也会成为他获得新的知识、技能或态度的阻力，对此要注意予以克服和化解。此外，成人所拥有的这些丰富经验，也是促进同伴学习乃至教学相长的宝贵资源。

③ 成人的学习目的明确，学习以及时、有用为取向，以解决问题为核心。这表明，作为社会成员身份的成人学习者，其学习的主要目的是解决所面临的职业与生活问题。因而，成人的学习过程实际上应该是一系列帮助成人学习者学会认识问题、分析问题和解决问题的实验过程。

④ 成人由于承担了社会、职业和家庭等多种角色，难免成为一个功利主义的学习者，而且常常伴随着程度不等的焦虑感。这说明，成人由于承认学习者的工作和生活压力较大，可供成人学习的时间十分有限，因而使得成人的学习往往带有很强的现实指向性。此外，成人在学习过程中产生的焦虑感会弱化学习的动机，对学习的有效性造成负面影响。

由于企业培训是面对成人学员，具有成人学习的一般特征。因此，在开发培训课程时，充分掌握成人特有的学习特性对开发工作是大有裨益的。对于成人的学习特性，一直是众多成人教育理论家和心理学家所关注和致力研究的问题。认识成人学员在学习能力、学习动机和学习效能等心理方面的基本特点，对成人教育课程的实践有着极为深刻的影响。它能有效地帮助我们在课程设计和实施过程中更多地考虑学员的心理特征，从而使之成为真正意义上的成人课程。

(2) 激励理论。激励理论以马斯洛的需求层次论和赫茨伯格的双因素论为代表。需要是一个人在一段时间内每一时刻感到的不足。"需要"激励人们以一定的行为方式来弥补这种不足。

① 马斯洛需求层次理论。人类的需要都有层次之分，当基本的需要得到满足后，人们会逐级而上追求更高的需要。由于此种需要是具有动机性的，只有未满足的需要，才会影响到行为，而已满足的需要，则不会成为激励因素。且只有一种需要被满足了，则另一个更高的需要才会出现并需要去满足。马斯洛将需要划分为五种需要层次，即生理需要、安全需要、社会需要、尊重需要、自我实现需要。由于在当今的管理理论中，人们在倡导把员工视为自我实现人，尤其是对于企业中工作时间已经较长的高级技工，低层次的需要他们大多已经满足了，所以，在高级技工的培训方案中，我们应激励他们的尊重及自我实现的需要。

② 赫茨伯格的双因素理论。与马斯洛的需求层次论有较大相似之处，赫茨伯格把需要分为维持因素和激励因素两大类，所谓维持因素是指某些因素在工作中未出现时，会造成员工的不满，但它们的出现也不会引发强烈的工作动机。而激励因素是指某些因素会引发高度的工作动机和满足感，但如果这些因素不存在，也不能证明会引发高度的不满。维持因素和激励因素之间的差异，类似于心理学家所谓的内在和外在激励。

内在激励来自工作本身与自己的成就感，且在执行工作时发生，而工作本身就具有报酬性。外在激励作为一种外在报酬，其发生于工作后或离开工作场所后，其很少提供满足感，如薪酬即为一种外在激励。事实上，在岗职工如果缺乏学习意愿，或者由于职业教育培训不能满足其继续学习的需要，结果必将成为其自身和企业发展的障碍。大多数人刚进企业时，都充满活力，对职业充满好奇。在工作中做出成绩，得到重视、重用，是他们内心深处最想实现的愿望，从某种程度上也是他们努力工作的动机。但随着时光流逝，往往只有少数人得到或实现自己的愿望，大多数人则由于缺乏新的刺激，失去了开始阶段的职业兴奋，原有的志向和使命感也随之淡薄，对于工作抱着应付、只求"过得去"的心态。组织中成员的这种状况势必导致组织进入"组织整体素质下降→令产品服务质量下降→令产品用户消费者不满意率提高→令企业声誉受损→令企业效益下降→令职工福利下降→令人员工作动力下降"的恶性循环之中。

恰当运用需求理论能够更好地激励员工学习，所以在设计与开发企业培训课程时，应了解员工的需要并使培训内容与员工的需要相一致，这样才能利用激励因素去激发员工的工作热情努力工作。

③ 终生学习理论。终生学习包括两个方面，一是员工自身的终生学习，它是企业获胜的重要保证。在产品日益多样化和供大于求的买方市场上，企业间竞争愈加激烈。竞争最终将聚焦于对外服务和内部管理的质量上，而这两项工作都是由高素质的人来实现的。二是企业本身的终生学习，通过挖掘企业内部的人力资源，充分利用各种培训机制，通过各种培训课程的学习，进一步提高人员素质，使人才不断涌现、成熟起来，从而提高企业整体素质，成为企业在激烈的市场竞争中获胜的重要保证。企业为提高其竞争力，必须抓好企业内部的员工培训，建立终生学习型的组织是企业员工培训的重要手段，创建学习型的组织是企业长远发展的重要途径，企业培训课程必须体现这一特性。

3. 连锁企业培训课程设计的基本原则

(1) 应用系统方法和思想进行培训课程开发。充分考虑培训需求，进而在课程设计、培训模式、培训组织方面要能够满足各层次的需求，并且需要设定课程目标，安排课程评价，以对课程适时调整。同时，应注重课程的体系性、灵活性及适应性。

(2) 培训教学活动应针对培训工作的性质、特点和各种培训对象的不同，设计出不同的培训课程，根据成员的学习特征、学习理论，可以总结出若干针对性的原则。

(3) 最优化原则。最优化原则是培训教学设计的中心指导思想，是培训教学设计活动所要解决的核心问题。系统方法的建立和发展，大大推动了最优化思想的研究，越来越多的教育学家致力于探讨教学最优的问题，即帮助教师找到完成复杂教学任务的捷径。培训教学最优化，其实质是探索在培训教学中如何花费最少的时间而获取最大的效果，可用下列公式表示"优化程度=培训效果/时间"。要达到培训教学的最优化，必须考虑在培训过程中抓住主要、本质的东西。要做到正确分析培训对象特点，科学设置培训课程，合理安排教学进度，选择教学方法与教学媒介等。成功的课程开发，取决于一个好的课程设计。以系统思想作为指导，这是培训课程设计的趋势所在。

4. 连锁企业培训课程设计的要素分析

(1) 目标。课程目标提供了学习方向和学习过程中各阶段要达到的标准。它们经常是通过联系课程内容，以行为术语表达出来，而这些术语经常属于认知范围。在我们所熟悉的一般课程的教学大纲中，最常用的有"记住""了解""熟悉""掌握"等认知指标。至于"分析""应用""评价"等较高级的认知行为目标，显然也是可以表述出来的。

(2) 内容。在课堂内容组织上，有两点尤其重要，即范围和顺序。顺序指内容在垂直方向上的组织。范围指对课程内容在水平方向上的安排。范围要精心地限定，使内容尽可能地对学习者有意义并具有综合性，而且还要在既定的时间内安排。

(3) 教材。教材要以精心选择或组织的有机方式，将学习的内容呈现给培训者。在学科课程中，教科书是最常用的教材，也是必备的。在教科书的选择上，要求内容丰富、针对性、实用性、操作性强。

(4) 模式。课程的执行模式主要指的是学习活动的安排和教学方法的选择，旨在促进培训者的认知发展和行为变化。

(5) 策略。一个被普通运用的教学策略是"判断—指令—评价"。在这一策略中，教师分析学生的学习进展情况，判断他们遇到了什么困难，对学习顺序的下一个步骤做出指令，当学员完成指令后，教师做出评价，确定他们是否掌握了课程设计的学习内容。

(6) 评价。学科课程的评价重点放在定量的测评上，并衡量可以观察到的行为。例如，在报告学习者的学习状况时，常常用诸如 A、B、C、D 等表明某种程度成就的字母等级表示。

(7) 组织。除了集体授课以外，分小组教学也经常被课程设计者运用，分组教学为"因材施教"的个性化教学提供了某种可能。

(8) 时间。课程设计者要巧妙地配置有限的课程时间，教师要使学习者于整个课程执行期间积极地参与学习活动，使他们把课堂时间看成是最有价值的。

(9) 空间。这里的空间主要是指培训教室，还有一些特殊的空间可以利用，如卖场、图书馆、研讨室、调研场所、运动场等。

5. 连锁企业培训课程设计的基本思路与方法

培训课程设计要集思广益，采用小组方式是最好的办法。小组可以通过运用每个人的经验和知识，设计出完善、有趣的课程。另外，在课程设计讨论时，也可采取头脑风暴法，但需要注意以下六点。

(1) 讨论者应自由表达自己的想法，暂时不要对此做出任何评价，以使发言者畅所欲言。

(2) 大量想法中必定包含有价值的内容，畅谈会后要进行全面综合评价，认真归纳总结，从中找出新颖而又具有价值的设想。

(3) 不许对他人的想法提出批评或表示吃惊。

(4) 鼓励畅所欲言。

(5) 鼓励多提设想和看法。

(6) 追求综合改进。

运用这一方法，可以在课程设计的开始阶段用尽可能少的时间收集到尽可能多而且全面有用的信息，特别是在课程开发初期，需要调动每个人的创造性时，这是一种很好的方法。

6. 连锁企业培训课程设计的流程

连锁企业培训课程设计的流程，如图 10-11 所示。

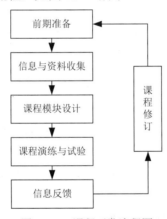

图 10-11　课程开发流程图

(1) 前期准备：由培训中心讲师、各职能部门培训管理人员以及部分员工组成课题小组，负责课程开发，为课程设计收集尽可能多的信息材料，制订课程设计工作计划，设定课程目标。

(2) 信息和资料的收集：充分挖掘与课程开发相关的各类信息资源，识别可利用的、有价值的信息，并有效加以利用。

(3) 课程模块设计：包括课程内容设计、课程教材设计、教学模式设计、培训活动设计、课程实施设计以及课程评估设计等。

(4) 课程演练与试验：针对培训课程作一次全程演练，应安排相关专家、学员代表等进行评价。

(5) 信息反馈与课程修订：应根据专家意见或学员反馈信息对课程适时调整，这样才能及时发现问题、解决问题，有利于保障培训效果。

7. 连锁企业培训课程主要内容设计

培训课程内容的编排主要根据接受培训的对象而定。对于连锁企业来讲，培训对象从总体上可以分为两类：一类是内部培训对象，主要是指企业内部员工；一类是企业外部人员，主要是指企业外部顾客以及经销商、代理商等。而内部培训对象一般又有两种分类的方法：一是按进入企业的时间长短分为新老员工；二是按工作性质不同分为管理人员、销售人员、客服人员以及其他业务人员等。

对新老员工的培训内容，大体上可以分为技术能力、人际关系能力和创新决策能力三类。对新员工的培训应主要体现在企业概况认识、企业文化、企业管理制度、工作岗位职能等方面，新员工更多地应参与到企业的相关部门进行实习，以便尽快对企业有全面深入的了解。而对老员工的培训，则应着重于引导他们的自我指导式学习，强化他们的学习能力。

【案例10-1】
海底捞的培训课程

10.4 连锁企业培训实施

培训的组织实施是指根据企业发展和员工个人发展的需要，将培训规划具体化并予以执行的过程。由于前面已有了良好的培训规划，具体的培训则贵在落实。真正在培训实施过程中要注意一些技术细节，主要目的让受训者始终对培训保持很高的积极性和配合精神，尽可能地使教与学双方互动，使培训取得良好的效果。

10.4.1 培训组织体系的建立

1. 培训组织部门

培训是一项组织化的工作，组织化的优点在于提供系统、协作以更有效地实现培训的目的。通常，连锁企业的培训部门需要成为培训人员的专职管理员，其人员的配置应视不同连锁企业的规模、连锁企业的经验以及企业内部职工素质等不同而有所不同。一般来说，培训的组织部门的基本职能包括以下几个方面。

(1) 收集信息。收集信息的重要性在于：它有助于确认培训与发展的整体目标，使培训工作的视角建立在"什么样的培训与发展更有利于组织的发展之上"。同时，培训部门获取资源支持，推销自己也必须依靠信息的收集。

收集信息应主要着眼于：①企业现在有关培训的信息。②企业的文化、战略、目标和发展。③确认和了解培训服务对象的信息。④确认和了解培训的消费者(事实上将要培训的人或参与教育项目的人)的信息。⑤了解人力资源开发与管理的其他相关部门，如录用、奖惩、工资等的信息。

(2) 确立目标。确立培训目标主要包括：①培训与发展的全面目标。②完成本培训的工作分析，将目标细化。③提出培训与发展建议。④选定培训对象。⑤确定培训的程度。⑥确定培训的评价标准。

(3) 制订战略。策略重点考虑的是实施培训的人员、预算、方法和技术等问题。它要回答以下几个问题：①由谁来进行培训，确定培训者。②投入多少及投入何种资源，进行预算。③选择何种方法和方式。④采用何种培训技术。⑤需要采用哪些设施。

(4) 培训实施。培训实施应注意考虑：①责任分配(专门化)。②控制体系(职权关系)。③资源如何配备。④如何实施(如正式条例、政策和程度、纪律)。

(5) 培训评估。培训评估就是依据特定的标准，对培训绩效或效果进行度量，这是发现问题、改进工作的依据。培训评估的主要工作包括：①确立评估的标准。②测定实际情况。③将实际情况与标准相比较。④反馈评估结果。

2. 培训制度

(1) 培训制度的建立。企业培训涉及企业和员工两方面，要想提高培训的效率，就必须建立一套完整的培训制度，明确双方的权利和义务，理顺双方的利益关系。企业制定制度的主要目的是调动员工参与、接受培训的积极性，使企业培训活动系统化、规范化、制度化，进而营造出全员进取的良好学习氛围。因此，培训制度是培训系统的重要一环，是日常培训工作开展的指导性文件，也是保护企业与员工双方利益的法规性文件。培训制度的建立，也主要是从宏观上对整个培训加以把握和调控，从制度上确定培训的方向与目的，以及把员工培训纳入企业的用人体制。

由于培训的目的和形式各不一样，所以存在多种培训制度，必要的培训制度包括培训计划制度、培训上岗制度、培训时间保证制度、培训质量跟踪制度、新员工培训制度、内部工作岗位调换培训制度、晋升和晋级培训制度、业务提升培训制度、知识更新培训制度、培训实施管理制度、培训考核和奖惩制度、培训资金管理制度等。这些制度对培训过程中的某一方面给出了明确的规定，使培训工作在具体的实施过程中可以照章办理。企业培训制度要落实领导层的具体人员专门负责员工培训工作，从长远角度制订企业人员培训的长期规划。同时，培训制度还要根据现实需要，不断调整员工培训结构和专业方向，以及培训的规模和力度。严格的培训政策和科学的管理制度是做好培训工作的保证，企业须根据其发展战略与实际的发展状况，不断地规范和完善培训制度，而不能照搬其他企业的现有制度。

(2) 培训的配套制度。培训的实施还须有相关的配套制度予以保障。制订与培训相关的配套制度的主要目的是激励各个利益主体参加培训的积极性。这包括以下几个方面：①对员工的激励。比如企业通过一系列培训→使用→考核→奖惩的相关培训制度的建立，形成以目标激励为先导、竞争激励为核心、利益激励为后盾的人才培养激励机制。同样，企业把培训纳入员工的职业生涯规划制度当中，这样也可使企业的发展目标与个人发展目标统一。②对部门与主管的激励。建立岗位培训责任制，把培训任务层层分解，与各级领导的责、权、利挂钩，使培训通过责任制度层层渗透在企业的目标管理中，从而使培训成为全员的事。③对企业的激励。激发企业培训的积极性，关键就在培训的实效性发挥上。只有制订合理的培训制度，做好各方面的协调工作，使员工通过培训真正能够提高工作效率，进而改善企业的经营业绩，使培训真正能够满足企业生存与发展的需要，才能使企业对培训产生极大的兴趣。

(3) 培训制度的风险防范目的。制订培训制度除了激励外，还有对培训进行风险管理的目的。培训是一项生产性投资，存在一定的风险，所以需要做好风险防范。所谓企业培训风险，主要指人才流失、培养竞争对手、专业技术保密难度增大等。正是由于存在种种培训风险，目前很多企业由于找不到合适的防范手段而对培训投资持不积极态度。针对培训风险，企业其实可以通过制订相应的管理制度来加以防范。如培训流失风险，企业可根据《劳动法》与员工建立相对稳定的劳动关系，并就具体的培训与员工签订培训合同，明确双方的权利、义务和违约责任。

企业的培训制度需企业领导的高度重视与参与。而目前，许多企业领导虽然逐渐认识到培训的重要性，但多数领导仍停留在口头上。从前面调查中收集到的数据可以看到，多数企业的培训计划都是由人事部门制订，企业领导仅是过目，他们更为关注的却是企业的培训经费是否超支。员工培训是辅助公司实现其经营战略目标的途径，企业领导应该高度重视。企业的培训制度也正是高层领导培训理念的体现，它决定了培训在企业的地位，因此需要企业领导的高度重视。

10.4.2　培训实施流程

培训实施流程如图 10-12 所示。

培训的实施首先要建立培训项目的工作小组，以确立负责人或责任人，整个培训项目由其指挥，这样整个培训工作的开展才能整齐划一地有序进行。而培训的组织成员没有严格的界定，既可以是培训部门的工作人员，也可以是其他部门人员，甚至可以是企业的高层领导。但在整个培训实施的过程中，都要接受项目负责人的指挥。工作小组成立后，还需进行明确分工，并界定责任，使培训的每一工作环节落实到人。

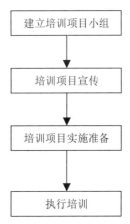

图 10-12　培训项目实施流程

其次，需做好培训的宣传工作。一个很好的培训项目被设计出来后，若企业其他部门对其不甚了解，就难以得到他们很好的配合，从而影响培训的效果。因为他们没有与培训部门进行很好的沟通，无法派送合适的受训对象去参加培训，而培训对象的正确选择对培训十分关键。而同样，受训员工不能真正理解这个培训项目的意义所在，其学习的动力也会不足，不能对培训产生学习兴趣，甚至产生抵触情绪。所以，在实施培训之前要与各部门主管及员工进行双向交流，取得建议，获得支持。

再次，就是做好培训前的准备工作。培训的实施，须投入人力、财力、物力、时间、信息等诸多方面的资源，这都需要在培训前做好充分的准备。在培训分析与规划阶段，已对培训的实施进行了可行性分析，因此，资源的准备一般都是可行的，只是是否准备周全而已。准备工作主要有以下几个方面。

（1）根据培训的项目目标，确立实施方案，包括项目的形式、学制、内容、程序、课程及教师。

（2）制订项目进度表，确定授课日程。授课日程或顺序的安排应按照各个学习单元之间的相互关系与难易程度来确定。

（3）确认培训教师，并与教师进行沟通，明确培训重点与讲授方式、风格。协助教师准备教科书和参考资料，编写教学大纲。

(4) 布置培训场地。不同培训项目对场地有不同的要求,应根据培训的内容要求来选择和布置培训场地。

(5) 准备培训设施。如投影仪、电视机、屏幕、放像机、摄像机、幻灯机、黑板、白板、纸、笔等。此外,一些特殊的培训可能还需一些特殊的设备。

(6) 准备培训经费。

(7) 发放培训时间通知,并追踪确认,使每个学员都确知时间、地点、基本内容与培训目的及要求。

最后,执行培训计划,进入培训的具体实施。对于培训课程的执行,主要依照计划进行即可,这里不加以赘述。但在培训过程中,需进行及时的反馈,即过程中反馈,以便培训工作者随时了解培训动态,掌握学员的反应,并根据受训者的要求适时进行调整,以保证培训效果。

10.4.3　连锁企业培训外包

1. 连锁企业培训外包及其特点

"业务外包"(Business Process Outsourcing)这个概念最初是由普拉哈拉德和哈默尔于1990年首先提出的,是指企业将一些非核心的、次要的或辅助性的功能或业务外包给企业外部的专业服务机构,利用它们的专长和优势来提高企业的整体效率和竞争力,而自身仅专注于企业具有核心竞争力的功能和业务。连锁培训外包是指连锁企业为了节省开支或者因缺乏优秀的培训或管理人员等原因,而将人力资源的部分职能或全部职能外包给外部供应者的行为。

连锁企业培训外包在外部供应商的参与下,与传统的企业内培训相比具有显著的特点。培训外包与传统组织内部培训最显著的区别体现在结构上。传统的培训组织趋向于由固定的、从事某一特定职能(如指导设计)的培训者和管理者来经营。而供应商的培训者的数量则根据对产品和服务的需求不同而变化。培训者不仅具有专业能力(如指导设计),而且能作为内部咨询专家,并能提供更完善的服务。

连锁企业在对企业内部资源进行分析,确定培训外包决策后,可以通过征询建议书来选拔能够提供培训服务的咨询机构和供应商。征询建议书是指这样一种文件:它向咨询专家概括说明了企业所寻求的服务种类、所需参考资料的类型和数量,接受培训的雇员数量、项目资金、评价满意度和服务水平的标准和流程,预期完成项目的时间及公司收受建议的截止时期。征询建议书之所以具有价值,是因为它提供了评价咨询专家一整套规范的标准,而且能使企业免去对那些不能提供满意服务的供应商进行评估的必要。

2. 影响外包供应商的选择决策的关键因素

因为培训外包的供应商对培训绩效的好坏直接起着决定性作用,因此供应商的选择也是培训外包决策中最为关键的一环。以下为影响这一决策的三个关键因素。

(1) 企业内部因素。不同的企业战略要求不同的企业培训战略,而培训战略对企业绩效的影响取决于与其相适应的企业战略。当培训战略与企业战略相适应时,才能充分发挥人力资本在企业战略管理中的独特作用,从而最终达到提高组织绩效的目的。不同的企业战略或组织需求,需要不同的企业培训战略与之相适应。另外,企业在不同的发展阶段对培训的要求或侧重点也不尽相同。因此,企业需要根据自身的企业战略、所处成长阶段,对供应商的专业能力和服务特点进行全面考察,使两者相适应,实现较高的培训绩效,提高企业竞争力。

(2) 供应商的业务素质。当企业进行培训外包时,毫无疑问是为了通过接受专业培训组织或咨询公司来提高组织的培训绩效,以适应激烈竞争的需要。这时要求供应商具有优秀的专业素质,包括:培训方面的经验,对培训过程科学而全面的了解,具有一定数量的专家团队或高素质的具有培训任职资格的员工队伍,关于专业领域或管理知识方面较深层面的知识,供应商内部良好的协调管理,还有一定水平的培训资料文件等。只有具备这些基本条件,才能使培训外包有意义,这也是培训外包供应商选择的根本条件,是培训外包的立足之本。

那么选择培训外包供应时,如前所述,在比较各供应商的征询建议书的基础上,企业还要更进一步就一些与供应商专业素质、行业地位有关的问题进行调查。如供应商在设计和传递培训方面有多少和哪些类型的经验?供应商员工的任职资格要求是什么?供应商有开发过的培训项目的例子吗?供应商能为企业提供参考资料吗?供应商有哪些证据可证明其提供的培训项目是卓有成效的?此类问题,都对确定供应商的专业素质非常重要。

当由外部供应商来提供培训服务时,很重要的一点就是要考虑培训项目是针对公司的特定需要的,还是咨询者只准备根据以往在其他组织中应用的培训的基本框架来提供服务。一些成功而有效率的外包供应商,往往在对其客户进行了深入细致的研究之后,才能提供符合需要的、因地制宜的培训项目。

(3) 供应商的企业文化。企业文化可以概括为不同观念、不同意识所形成的群体风格、构成的不同企业形象。也可指在企业中经领导者积极倡导和企业员工长期实践中所形成的、为绝大多数员工所遵守的基本信仰、基本价值观、基本行为规范、基本道德规范的总和,是一种观念上的行为准则。由于各个企业的历史传统和社会环境不同、行业特点不同、技术设备和生产经营状况不同、人员组织结构和员工素质不同,因而各个企业所形成的企业文化模式也不尽相同。

在培训外包中,企业与供应商之间由于企业制度不同、规模不同等因素,决定了它们之间是一个包含多重文化的系统整体,在经营思想、价值观念、工作风格、管理方式等方面都会形成一定的差异。如果企业与供应商之间的文化差异太大,或者这种差异处理不当,便会形成不同文化之间的冲突和抵触,不利于企业与供应商之间的沟通合作,影响培训方案的施行,妨碍培训传递过程。或者因为战略思想的差异,供应商不能很好地理解企业所处的地位与环境,对企业与之自身需要相匹配的培训要求估计错误,最终影响培训外包的绩效。因此,供应商的企业文化与企业本身的企业文化的较好匹配、系统整合,也是培训外包供应商选择决策的一个关键因素。

在进行决策时,企业应该在对自身企业文化特点充分理解的基础上,积极考察供应商的企业文化。如考察企业文化是不是有利于学习组织的建立,企业文化是不是使得员工之间包括上下级和平级之间知识共享的顺畅,隐性知识的转化与传递途径是不是有效,同时企业与供应商之间的知识共享和沟通渠道是不是顺畅,这些都是非常重要的。因为培训外包涉及企业与供应商之间较高战略层次上的资源整合,常常面临由于文化差异带来的摩擦和冲突,在企业与供应商进行接触做出决策之前,要重视以后培训外包过程中的跨文化管理问题。如双方的企业文化之间的关系是否有利于形成目标一致的团队文化,从而系统地考虑局部利益与整体利益的关系,并可能在实施过程中通过随时的协调、沟通,达到两种利益的一致,从而建立信任关系,消除习惯性的防卫行为,加强各方的协调和合作。

3. 连锁企业培训外包管理

在与每个培训外包关系建立的开始,企业和外包供应商之间订立最初的合同,以此来确定培训外包中的培训任务、对象、方式等,亦即衡量这些活动成功与否的标准。然而,这些标准的确定总是在培训企业充分了解培训外包中可能出现的新情况或费用之前,因此,最初订立的合同并不能作为一种长期的外包合作关系的唯一基础。根据服务水准协议的要求,一些关键的服务水准从一开始被合理的界定的话,将对企业与供应商之间的关系以及培训外包的绩效产生积极的影响。

为了给最初订立的合同提供补充,企业应该将培训外包关系中的所有活动纳入服务水准协议中。那么,在外包合同中,服务水准协议应该包括以下主题。

(1) 确定业务范围和目标。在这方面达成协议的目的是确定培训外包服务的关系。在这些协议中,应该包括以下几点:①明确培训外包的目的。②对培训外包服务范围的明确界定。③规定在培训过程中中心任务的转移程序。

(2) 服务水准。服务水准是一系列的绩效水平,为实现企业的培训目标从而进一步实现企业经营目标提供重要的指导标准。事实上,培训外包供应商时常为企业提供他们能够轻松交付的服务水平,而不考虑企业的实际需要。然而,企业在特定的内外部环境中,对培训外包服务水平的实际要求不仅仅是上述交付的服务水平。事先设定的绩效标准是否具有现实性,决定着企业能否获得培训效果上的提升,以及能否有效防止外包供应商的绩效水平低下。因此,服务水准主要对培训外包活动提供可靠、精确、高品质的管理,同时还包括数量和质量上的一系列测量方法。

事实上,经常应该评估和检验的内容包括5点:①必须完成的目标。②培训服务的及时提供。③培训服务结果与培训要求的一致性。④培训对象即雇员的满意度。⑤费用成本。

(3) 建立绩效期望。当企业和外包供应商之间有经常的开发式交流时,培训外包才能取得成功。经常性的对话能保证外包供应商提供服务的质量而不仅仅是数量。在订立合同时,列清处理变化的程序,比如说周期性或不可预见的变化应当列出,同时对于这些突发事件所引起的培训任务交付延误应给予一定时期的罚金免除。

(4) 绩效的评估和报告。在洽谈服务水准协议的这个阶段,企业一般已经设置了绩效期望。然而,实际绩效或供应商的贡献将如何被评估?绩效评估报告必须能够使企业了解到外包活动和管理控制的现状,以便能及时调整服务水平、处理相关问题。绩效评估报告在时间上要求能及时确定当时问题。在深度上,要求能准确表明问题的性质,并根据它来确定未来的培训需求、内容、形式。

(5) 付费程序。在服务水准协议中,应该说明常规服务费用的决定及其支付方法。同时,一些服务范围的变化或增加在培训外包活动中是经常可能出现的情况,因此对于在这种情况下的付费,其标准也应该在服务水准协议中说明。

(6) 惩罚与激励办法。企业在进行培训外包时,往往具有较高的绩效期望,如雇员对培训项目的满意程度、培训效果的实现、企业绩效的改善、提供及时有效的培训服务、完善科学的培训计划、组织学习氛围的实现。但是，如何保证培训外包的供应商能够按照企业的要求提供服务呢？比较有效的方法就是结合企业的文化对供应商进行经济激励或惩罚。对于经济的激励或惩罚，其质和量的标准必须明确、易懂，便于根据绩效水平采取对应的措施，尤其是对于非常重要的一些绩效指标。

(7) 问题管理。服务水准协议应该对培训外包过程中出现的问题的记录、报告和解决的程序进行详细的规定。这些程序可以保证对这些问题按照一定的等级进行分类，从而确定不同的解决方法和响应时间限制。

(8) 质量改进目标。一般从一开始，服务是从较低水平起步，因此外包活动往往是以持续的质量改进为目标。当外包供应商对外包活动的整个过程有全面的了解时，企业也将更加明了培训外包可能出现的结果。在这种情况下，企业和外包供应商能根据培训活动的客观规律和实际要求，建立不断提升改进的目标产出，并在培训外包的过程中，通过中期目标的完成来逐步实现。

10.4.4 培训方法与技术

1. 案例教学法

案例教学法是针对某个特定的问题，向参加者展示真实性背景，提供大量背景材料，由参加者依据背景材料来分析问题，提出解决问题的方法，从而培养参加者分析和解决实际问题的能力。此方法是针对某一具有典型性的事例进行分析和解答，始终要有个主题，即"你将怎么做"，参加者的答案必须是切实可行的。

在对特定案例的分析、辩论中，受训人员集思广益，共享集体的经验与意见，有助于他们将受训的收益在未来实际业务工作中思考与应用，建立一个有系统的思考模式。同时，受训人员在研讨中还可以学到有关管理方面的新知识与新原则。

培训师事先对案例的准备要充分，经过对受训群体情况的深入了解，确定培训目标，针对目标收集具有客观性与实用性的资料加以选用，根据预定的主题编写案例或选用现成的案例。在正式培训中，先安排受训人员有足够的时间去研读案例，引导他们产生"身临其境""感同身受"的感觉，使他们自己如同当事人一样去思考和解决问题。

适用的对象是中层以上管理人员，目的是训练他们具有良好的决策能力，帮助他们学习如何在紧急状况下处理各类事件。

2. 研讨会法

所谓研讨会法，是指由培训师有效地组织研习人员以团体的方式对工作中的课题或问题进行讨论，并得出共同的结论，由此让研习人员在讨论过程中互相交流、启发，以提高研习人员知识和能力的一种教育方法。

研讨会法作为一种企业培训员工的教育方法，以其显著的培训效果，在实际应用中占有非常重要的地位，它与授课法并称职业培训两大培训法。"集思广益"是讨论法的基础，只有收集众人之智慧，并相互激发，才可达到"1+1>2"的创造性效果。关键是要畅所欲言，通过大家脑子的自由思考，能出现各种各样的想法，有些甚至是极端的，然后把这些想法协调起来解决某一问题。

研讨会法培训适用于企业内所有成员，其培训目标就是要提高能力，培养意识，交流信息，产生新知。培训的方式主要有课题讨论法、对立式讨论法、民主讨论法、讲演讨论法、长期准备的讨论法。

3. 角色扮演法

采用这种方法时，参加者身处模拟的日常工作环境之中，按照其实际工作中应有的权责来担当与其实际工作类似的角色，模拟性地处理工作事务。通过这种方法，参加者能较快熟悉自己的工作环境，了解自己的工作业务，掌握必需的工作技能，尽快适应实际工作的要求。

角色扮演的关键问题是排除参加者的心理障碍，让参加者意识到角色扮演的重要意义，减轻其心理压力。此法相当于一种非正式的表演，不用彩排，它通过学员自发地参与各种和人们有关的问题，扮演各种角色，通过这种方式去体验其他人的感情，通过别人的眼睛去看问题，或者体验别人在特定的环境里会有什么样的反应和行为。

角色扮演法培训适用于新员工、岗位轮换和职位晋升的员工，主要目的是尽快适应新岗位和新环境。

4. 操作示范法

操作示范法是部门专业技能训练的通用方法，一般由部门经理或管理员主持，由技术能手担任培训员，现场向受训人员简单地讲授操作理论与技术规范，然后进行标准化的操作示范表演，利用演示方法把所要学的技术、程序、技巧、事实、概念或规则等呈现给学员。学员则反复模仿实习，经过一段时间的训练，使操作逐渐熟练直至符合规范的程序与要求，达到运用自如的程度。培训员在现场作指导，随时纠正操作中的错误表现。这种方法有时显得单调而枯燥，因此培训员可以结合其他培训方法与之交替进行，以增强培训效果。操作示范法是职前实务训练中被广泛采用的一种方法，适用于较机械性的工种。

5. 成就动机训练法

成就动机是一种较高级的社会动机，是指个体积极主动地从事某种自认为重要或有价值的工作。成就动机训练可分为六个阶段。

(1) 意识化。通过与员工谈话、讨论，使员工注意到与成就动机有关的行为。

(2) 体验化。让员工进行游戏或其他活动，并从中体验到成功与失败、选择目标与成败的关系、成败与情感上的联系，特别是体验为了取得成功所必须掌握的行为策略。

(3) 概念化。使员工在体验的基础上理解与成就动机有关的概念，如"成功""失败"和"目标"等。

(4) 练习。为前两个阶段的重复。多次重复能使员工不断加深体验和理解。

(5) 迁移。使员工把学到的行为策略应用到学习场合，不过这时往往只是一些特殊的学习场合，这一场合要具备自选目标、自己评价、能体验成败的条件。

(6) 内化。取得成就的要求成为员工自身的需要，员工可以自如地运用所学到的行为策略。

很多研究证明，对成就动机进行训练是很有效果的。它的直接效果表现为受过训练的员工对取得成就更为关心，并能够根据自己的实际情况去选择所追求的目标。它的间接效果是能够提高员工技术能力，并产生强烈探索问题的欲望。这些效果在原来成就动机水平低的员工身上表现得更为明显。

6. 模拟训练法

模拟训练法侧重于对操作技能和反应敏捷的培训，它把参加者置于模拟的现实工作环境中，让参加者反复操作装置，解决实际工作中可能出现的各种问题，为进入实际工作岗位打下基础。

7. 头脑风暴法

头脑风暴法又称智力激励法、BS(Brain Storming)法，是由美国创造学家 A. F. 奥斯本于1939年首次提出、1953年正式发表的一种激发性思维的方法。此法经各国创造学研究者的实践和发展，至今已经形成了一个发明技法群，如奥斯本智力激励法、默写式智力激励法、卡片式智力激励法等。

智力激励法是一种通过会议的形式，让所有参加者在自由愉快、畅所欲言的气氛中，自由交换想法或点子，并以此激励与会者的创意及灵感，以产生更多创意的方法。此方法重在集体参与，许多人一起努力，协作完成某项任务或解决某一问题。集体参与能够增加学员的团队协作精神；增强个人的自我表现能力以及口头表达能力，使学员在集体活动中变得更为积极活跃；在集体参与的过程中会有很多新的思想产生。

一般员工、管理者、监督人员、领导干部都可参与培训，并根据需要从各阶层人员中各抽几名。培训目标就是培训参加人员的创造性能力，激发他们的创造性思维，以得到创造性的构想。

8. 敏感性培训

最主要的敏感性培训就是文化敏感性培训。提高员工文化敏感性的培训，一方面能使员工对自己的文化属性和环境做到自觉和自知；另一方面，这种培训还能提高管理人员对异国文化在知识和情感上的反应能力。获得文化敏感性最有效的方法来自一个人在国外环境中的生活或工作经历。

文化敏感性培训有两个主要内容：一是系统培训有关母国文化背景、文化本质和有别于其他文化的主要特点；二是培训外派管理人员对东道国文化特征的理性和感性分析能力，掌握东道国文化的精髓。

目前许多大型跨国公司采用课堂教育、环境模拟、文化研讨会、外语培训等多种方式进行系统的文化敏感性培训，但并不能保证他们能够在东道国有效应付不同文化的各种冲击。因此，外派管理人员必须学会以新生和接受的态度对待异国文化，切忌用本国文化标准随便批评异国文化，更不能把本国的文化标准强加于东道国公民，即应努力做到克服自我参照习惯的干扰。

对于这种外派人员的培训通常在两个阶段上展开，上述所言及的是派出前的准备培训，第二阶段是现场指导，即外派管理人员在海外上任后，企业总部及当地的辅导者要对他们给予支持，前任者通常要给接任者进行几个月的指导。

此外，需引起注意的是，为了留住人才，让有能力的人安心工作，一些企业还对海外离任回国人员进行回国培训，以帮助他们减轻反向文化冲击，重新适应母国的企业文化，寻求进一步的发展。

9. 游戏法

游戏法是当前一种较先进的高级训练法，与案例研讨法相比较，管理游戏法具有更加生动、更加具体的特点。案例研讨法的结果是使受训人员在人为设计的理想化条件下，较轻松地完成决策。而管理游戏法则因游戏的设计使学员在决策过程中面临更多切合实际的管理矛盾，决策成功或失败的可能性都同时存在，需要受训人员积极地参与训练，运用有关的管理理论与原则、决策力与判断力，对游戏中所设置的种种遭遇进行分析研究，采取必要的有效办法去解决问题，以争取游戏的胜利。但是，管理游戏法培训对事先准备即游戏设计、胜负评判等都有相当的难度要求。

游戏法培训的对象是企业中较高层次的管理人员。

10. 参与式培训法

这类方法的主要特征是：每个培训对象积极、主动地参与培训活动，从亲身参与中获得知识、技能和正确的行为方式。其主要方法有以下几种。

(1) 会议。很少有人把参加会议视为一种培训方式。实际上，参加会议能使人们相互交流信息，启发思维，了解到某一领域的最新情况，开阔视野。

(2) 小组培训。小组培训的目的是树立参加者的集体观念和协作意识，教会他们自觉地与他人沟通和协作，同心协力，保证公司目标的实现。因此，小组培训的效果在短期内不明显，要在一段时期之后才能显现出来。

(3) 参观访问。有计划、有组织地安排职工到有关单位参观访问，也是一种培训方式。职工有针对性地参观访问，可以从其他单位得到启发，巩固自己的知识和技能。

10.4.5 培训师的选择

1. 培训师的基本素质和能力

培训结果的好坏直接取决于培训师的能力和素质，优秀培训师必须具备以下几种能力。

(1) 良好的个人专业工作经验。要做营销培训师，必须要有正规企业的营销主管乃至总监级的工作经验。培训师不同于大学老师，没有工作经验也可以进行科研和教学，而职业和管理培训却需要非常良好的工作经验。目前经常有纸上谈兵的培训师，当学员提出实际工作中的问题时，经常是答非所问。国外正规的企业或职业培训师大都是有十年甚至更长的工作经历的人。而目前缺乏工作经验只有一纸培训师证书的也大有人在。

(2) 表达和演绎的能力。许多人满腹经纶却苦于无法表达，因而不适合从事培训职业。表达和演绎的能力是指能够用合适的方式把培训的内容传授给学员，并让学员掌握。这其中有许多培训的专业技巧，也是许多教学活动的难题。目前的培训界却过于看重外在的表达形式,例如,对培训过程中气氛的调节等,而对培训师传授知识、技能的技巧重视不够。

(3) 解答问题和辅导的能力。培训从来是一个双向的过程,纯粹单方面的满堂灌不是职业培训的要求。因此,要求培训师要引导学员提出问题,并给予良好的回答,对有些需要专业技能的培训,还要注重辅导和能力、技能的转移。凡是只知道讲道理而无法进行辅导的培训,是不完整的培训。

对课程的把握和融会贯通,以及扎实的基本功和专业造诣是从事专业培训的前提。因此,在培训开始前与培训师的面谈沟通非常重要,可以看出其基本功和专业能力。

2. 培训师的选择

(1) 内部培训师的培养与选择。现如今很多连锁企业对本企业员工的培训很重视,从著名的高校、咨询公司花巨资请来专家为他们进行培训工作。培训工作会对员工的绩效、技能、态度产生一些积极作用,但也有些培训工作收效甚微,没有真正起到培训的作用。近些年很多连锁企业陆续加强了内部培训师的培养,从企业内部挖掘培养一批员工成为培训师,这些培训师往往能根据企业的具体情况,有针对性地进行课程设置制作,从而能吸引员工的听课热情,效果往往很好,且省去了高额的培训成本,这对企业以后的培训是一个很好的启示。

连锁企业对内部培训师的要求应该是既熟悉企业的业务又在专业方面有所专长,一般是企业内部表现比较好的员工。同时也要求内部培训师有良好的沟通能力、语言呈现能力等。内部培训师培养流程可以分解为以下几个步骤。

① 动员报名。这是整个内部培训师培养的首要环节,这个阶段的工作应由连锁企业人力资源部或独立的培训部发起,取得高层管理的同意,赢得部门领导及员工们的支持。

② 上报、筛选报名者。这个环节是整个内部培训师建设最重要的一环,直接关系到整个培训师队伍的质量。在企业自上而下的宣传后,根据报名情况和部门的推荐情况整理好所有报名者的资料。在对报名者的条件和资历要求进行对比后,将一些业务知识、技能、EQ较高的员工作为重点考察对象。通过第一轮筛选,人力资源部门或独立培训部有必要同相关的职能部门共同考核第一轮通过者,考核可以采取面谈、试讲的方法进行,将面谈试讲表现突出的个人作为拟录取的对象。

③ 技能培训。培训部门应对培训师队伍组成人员进行培训技能方面的培训。对所有培训师队伍的组成人员进行培训,直接关系着初步建立的培训师队伍能否有效地发挥应有的作用,直接关系着整个人力资源开发和培训的效果。由于这些组成人员以前很少或没有接触过企业培训,因此对于培训的专业技巧方面掌握得很少,即使具备一些,也需要加以规范和强化。所以,培训的重点就是关于培训活动的策划组织技巧方面,具体包括培训师的职责和角色、培训师的基本技能、课堂组织技巧、培训效果的评估方法等。

④ 资格认定。企业高层管理者对培训合格后的人员进行培训师的资格认定。培训测试后,要对这些组成人员进行正式的资格确认,这一环节标志着培训师队伍最终建立起来。进行资格确认可以仿照培训动员的方法,即由企业的高层管理者出面,以开会颁发证书的方式进行公开确认和表扬,宣布培训师队伍的最终建立。最后,人力资源部将其培训师资格归档并录入个人人事资料,从而成为绩效考核、晋升、薪酬评定等方面的依据。

(2) 外部培训师的选择。外部师资包括企业外部的专业培训机构人员,如培训机构、大专院校的教师、各行各业各条战线中的优秀骨干人员及国外专家学者，还有科研院所的研究人员等。外部培训师经常针对成人学习进行培训，富有成人教育经验，且多有各自擅长的培训领域，可为企业量体裁衣选择培训项目，并能很快开展培训，提供更新的观点、更开阔的视野。针对受训者不同层次、不同培训类型，选择合格的培训教师。比如，对理论型、补充系统知识型的培训，宜选择大学或研究机构的相应学科的教师兼职；对技术应用型、业务专题型的培训，适宜选择最熟悉本技术、本专题、本岗位的骨干技术员工、一流专家、学者、教授兼职；对研究型、高级研修型的培训，则适宜选择知识渊博、经验丰富、科研成果多、社会知名度高的专家、学者作为指导教师；而对企业的管理知识、安全知识等培训，可以选择主管领导兼任；对基础性技术、能力的培训，可以选择专职培训教师进行。

总之，只有正确地选择高素质的合格培训教师，才能真正保证教学的效果和培训质量。

10.5　连锁企业培训评估与反馈

连锁企业通过对培训前、培训中和培训后的全程培训评估，可以实现对培训过程的全程控制，从而使培训更加准确地符合实际需要，合理分配资源。本节主要讲述连锁企业培训评估模型与方法、内容和流程以及培训效果转化。

10.5.1　连锁企业培训评估概述

1. 培训评估的定义

培训评估，是指对培训项目、培训过程和培训效果进行评价，可分为培训前评估、培训中评估和培训后评估。培训前评估是在培训前对受训者的知识、能力和工作态度进行考察，作为培训者编排培训计划的根据。培训前评估能够保证培训项目组织合理、运行顺利，保证受训者对培训项目的满意度。培训中评估是指在培训实施过程中进行的评估，能够控制培训实施的有效程度。培训后评估是对培训的最终效果进行评价，是培训评估中最为重要的部分，目的在于使连锁企业管理者能够明确培训项目选择的优劣，了解培训预期目标的实现程度，为后期培训计划、培训项目的制订与实施等提供有益的帮助。

2. 培训评估的目的

培训的目的是解决、预防工作中的问题，或为即将到来的新任务做准备。培训评估的目的主要体现为以下几点。

(1) 评估培训是否起到了作用。无论对培训的组织部门、业务部门经理还是投资培训的决策层，培训是否有用都是一个应该明确回答的问题。否则，就会产生盲目投资的行为，不利于连锁企业的发展，也不利于培训负责人组织的下一个项目的立项和审批。

(2) 作为培训负责部门，应全面掌握并控制培训的质量，对不合格的培训能够及时找到欠缺之处并进行纠正，同时总结工作中成功的亮点，本着不断改进培训质量的原则，把培训工作越办越好。

(3) 对参加者的知识、技能、态度的接受更新能力及综合素质和潜在发展能力进行评估。

3. 培训评估的意义

培训评估是确定培训价值的过程，可以帮助连锁企业了解培训项目的效果，完善培训项目，或决定培训项目的前景。

(1) 培训评估可以为决策者提供有关培训项目的系统信息，从而做出正确的判断，在不同的培训项目之中选择最为科学的培训方案，或对时间跨度较长、投入资本较多的培训项目做出是否继续或终止的决定提供较有价值的参考信息。

(2) 培训评估可以帮助培训管理者对培训需求的确定、培训目标的选择、培训计划的拟订、培训资源的控制、培训形式的采纳、培训师的确定、培训时间的控制、培训环境的营造等所有影响培训效果的工作提供改进的信息，同时对培训管理政策、培训模式和采用的培训技术及培训组织主持人不断进行检验。

(3) 通过培训评估信息的交流与培训心得的交流，参加培训后运用培训所学取得的工作进步的展示，使培训资源得到更广泛的推广和共享。同时使培训对象更加清楚自己的培训需求与目前水平的差距，从而产生参与下一阶段培训的愿望。

(4) 通过对培训前、培训中和培训后的全程培训评估，可以实现对培训过程的全程控制，从而使培训需求确定更加准确、培训计划更加符合实际需要、培训资源分配更加合理。通过培训中培训评估的实现，对培训实施中出现的偏差进行及时的纠正，或及时调整培训计划。

10.5.2 连锁企业培训评估模型与方法

自从有了培训以后，就有了对培训效果的探讨，但直到1967年柯克帕特里克提出培训模型后，培训效果评估活动才更加系统化和结构化，并且促进了大量实证研究的产生。

当前对培训效果评估进行系统总结的模型占主导地位的仍然是柯克帕特里克的四层次模型，但是其他不少研究者也针对该模型的不足提出了自己的评估模型，主要有考夫曼的五层次评估、CIRO 评估方法、CIPP 模型、菲力普斯的五级投资回报率(ROI)模型。

1. 柯克帕特里克的四层次模型

柯克帕特里克的四层次模型认为评估必须回答四个方面的问题，从四个层次分别进行评估，即从学员的反应、学习、行为和结果进行评估，如表 10-4 所示。

表 10-4　柯克帕特里克四层次判别方法

层次	可以问的问题	衡量的方法
反应层	受训人员喜欢该项目吗？对培训人员和设施有什么意见？课程有用吗？他们有些什么建议？	笔试
学习层	受训人员在培训前后，知识及技能的掌握方面有多大程度的提高？	笔试、绩效考试
行为层	培训后，受训人员的行为有没有什么不同？他们在工作中是否使用了在培训中学到的知识？	由监工、同事、客户和下属进行绩效考核

(续表)

层次	可以问的问题	衡量的方法
结果层	组织是否因为培训经营得更好了？	事故率、生产率、流动率、质量、士气

柯克帕特里克的四层次模型是目前应用最广泛的评估模型，它简单、全面，且有很强的系统性和操作性。该模型从反应、学习、行为、结果四个层面上进行了论述，比较全面和具体。实际上，这个模型确实能解释有关培训计划的大多数资料，同时为以后评估模型的发展研究奠定了基础。但是，柯克帕特里克的四层次模型中的反应仅仅是从情感上进行评估的，而缺乏对培训效用大小的重视，而效用型反应与培训结果的转化相关性更大，因此出现了在此基础上的扩展模型。

2. 考夫曼的五层次评估

考夫曼扩展了柯克帕特里克的四层次模型，他认为培训能否成功，培训前的各种资源的获得是至关重要的，因而应该在模型中加上一层次的评估。他还认为，培训所产生的效果不应该仅仅对本组织有益，它最终会作用于组织所处的环境，从而给组织带来效益。因此，他加上了第五个层次，即评估社会和客户的反应，如表10-5所示。

表10-5 考夫曼的五层次评估模型

层次		问题
社会产出		社会和客户的反应、结果和回报
组织产出		对组织的贡献和回报
应用		组织内个人效用和小群体效用
掌握		个体和小群体技能和胜任力
培训可行性和反应	反应	方法、手段和过程的可接受度和熟练度
	培训可行性	人力、财力和物力资源投入的质量和可获取性

3. CIRO 评估方法

CIRO评估方法是由沃尔、伯德和雷克汉姆发明的一个4级评估方法。这种方法描述了4个基本的评估级别，是由情景(Contextual)、投入(Input)、反应(Reaction)和结果(Outcome)的首字母组成的。这种方法认为评估必须从情景、投入、反应和结果4个方面进行。

(1) 情景评估：是指获取和使用关于当前操作环境的信息，以便确定培训需求和培训目标。这种评估实际上是进行培训需求分析。在此过程中，需要评估以下3种目标：最终目标(组织可以通过培训克服或消除的特别薄弱的地方)、中间目标(最终目标所要求的员工工作行为的改变)和直接目标(为达到中间目标，员工必须获取的新知识、技能和态度)。

(2) 投入评估：是指获取和使用可能的培训资源来确定培训方法。这种评估涉及分析可用的内部资源和外部资源，确定如何开发这些资源，以便有最大的可能性来达到预定目标。

(3) 反应评估：是指获取和使用参与者的反应来提高培训过程。这个评估过程的典型特征是依赖于学员的主观信息。如果用系统和客观的方法对这样的信息进行收集和利用，他们的观点将会非常有用。

(4) 结果评估：是指收集和使用培训结果的信息。该评估被认为是评估最重要的一个部分。它包括4个阶段：界定趋势目标，选择或构建这些目标的测量方法，在合适的时间进行测量和评估，将评估结果用以改善以后的培训。

4. CIPP 模型

CIPP 模型与 CIRO 相似，是由情景(Contextual)、投入(Input)、过程(Process)和成果(Product)的首字母组成的。这种方法认为评估必须从情景、投入、过程和结果4个方面进行。

(1) 情景评估：旨在确定相关的环境，鉴别需求和机会，并且对特殊的问题进行诊断。需求分析是情景评估最常见的例子。

(2) 投入评估：可以获取如何最佳使用资源以成功实施培训的信息。投入评估的信息有助于制订培训项目计划和培训设计的一般策略，通常投入评估的结果包括制度、预算、时间安排、建议书和程序等方面的内容。

(3) 过程评估：可以向负责培训实施的人员提供反馈，它可以监控可能的失败来源或给预先的决策提供信息。

(4) 成果评估：对培训目标结果进行测量和解释，包括对预定目标和非预定目标进行衡量、解释，这个级别的评估既可以发生在培训之中，又可以发生在培训之后。

总之，情景评估有助于形成目标，投入评估帮助计划培训项目，过程评估引导培训实施，结果评估有助于回顾决策。

5. 菲利普斯的五级投资回报率(ROI)模型

通常在培训结束后，绝大多数的公司只是报告在培训上花的费用、培训时间和参加培训的人数，而没有提供培训给公司带来的价值、参与者所学习到的东西以及由于培训带来的投资回报。近年来，许多公司特别强调要对培训发展的投入进行评估，投资回报率成为评估的关键部分。

菲利普斯的五级投资回报率(ROI)模型在柯克帕特里克的四层次模型上加入了第 5 个层次：投资回报率(Return on Investment，ROI)。它是从反应和已经计划的行动、学习、工作应用、组织结果和投资回报率 5 个层次进行评估的。

图 10-13 是 ROI 模型实施培训效果评估的全过程，从数据收集开始，以 ROI 计算结束。

评估目的必须在评估之前考虑，因为评估目的常常决定了评估的范围、评估工具的类型和所收集的数据类型。如 ROI 分析中有一个评估目的是比较培训项目的成本和收益，这就要求收集的数据是硬数据(产出、质量、成本和时间)，数据收集的类型是绩效监控，分析的类型是全面分析，结果的报告方法是提交正式的评估报告。最常见的几种收集数据的工具是调查、问卷、访谈、测试、观察和绩效记录等。选用何种工具收集数据，取决于组织文化对它们的熟悉程度以及是否符合情景和评估要求。在某些情况下，数据收集的时间是在培训实施前后进行的。有时培训前的数据很难收集到，只能在培训后进行跟踪评估。这里的一个重要问题是跟踪评估的时间，通常跟踪评估的时间范围是 3～6 个月。

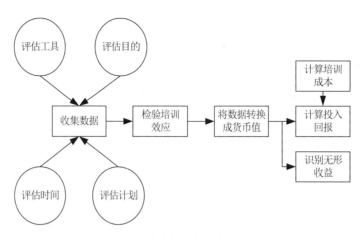

图 10-13 ROI 模型实施培训效果评估的过程

10.5.3 连锁企业培训评估内容

1. 人才效益的评估

培训的目的主要是使员工在知识、技术、能力、方法和业务工作水平上有较大的提高，以使他们获得工作的成就感，并为社会进步、企业经济发展做出一定的贡献。因此，培训评估的首要内容就是对人的效益的评估，可以设置知识指标、能力指标来进行评价。

(1) 知识指标。知识效益指标又包括岗位业务知识、相关知识、工作技能知识。其中，岗位业务知识是对每位受训者必须达到的基本要求。即通过培训，一定要掌握完成本岗位工作所需要的业务知识，以及掌握新的实用的业务知识。相关知识是指与本工作岗位相关联的知识。这是因为现代企业中的任何一个工作岗位的知识都不是孤立的，为高效地做好本职工作，必须对相互交叉、相互渗透的知识进行培训、学习、研究、了解。工作技能知识也是要求每位受训者必须达到的指标。它包括完成本岗位工作任务所必需的工作方法、技能、技巧、技术。同时，还包括岗位发展中的新知识、新技术、新方法、新技能、新技巧。

(2) 能力指标。能力通常指完成某种活动并直接影响其效率的本领，包括完成某种活动的方式和所必需的能力条件。培训评估中对能力效益的评估指标主要有以下几个方面。

① 智力。在企业培训中的智力指标主要指完成各类岗位工作所需要的智力基础，如工作中的观察力、记忆力、思维力、想象力等岗位认知能力。

② 主动能力。对受训者主动能力的评估，主要侧重能否主动、积极地进行探索，并善于分析、提炼、归纳解决问题和对事物做出正确的判断。

③ 协调能力。对受训者协调能力的评估，主要看受训者在学习和工作活动的过程中，能否随时解决调整好工作中的各类矛盾及冲突，能否妥善处理好人与人之间、人与团体之间的各种工作或人际关系。此外，个体的工作计划能力、支配与组织能力、及时调整与改进能力、与人合作协调及共事能力等也都属协调能力评估的范畴。

④ 技术能力。技术能力是指各类受训者能运用工作技巧熟练地解决岗位工作中具体问题的能力。不同岗位职务的人员，有着不同的标准，如管理人员的技术能力通常包括决策能力、综合分析能力、工作组织能力、业务技巧能力、演讲能力及表达能力。

2. 企业经济效益的评估

对企业经济效益的评估指标，主要表现在以下几个方面。

(1) 提高了生产绩效。可以通过培训前后员工生产绩效统计分析，来测定培训所带来的绩效。如培训提高了服务质量，从而使顾客满意；培训提高了管理者的经营、管理和决策能力；培训提高了员工对各项制度执行的自觉性，使企业更具有竞争实力等。

(2) 增加了生产的经济收入。可以通过具体的统计数据计算出经济增长的实际比率。如培训后的员工在工作中获得了更多成功的机会，又如劳动强度发生改变，人为事故减少等，从而促进企业经济的增长速度。

(3) 降低了成本开支。如通过培训，企业生产过程中次品、废品、作业差错率减少，出现了高效率、高质量的生产经营方式，可以降低生产及经营成本，提高经济效益；改变员工的工作表现，以及作业过程中的行为方式操作熟练，也能大大地降低生产成本；科学的管理手段与方法，也可以带动生产经营成本的下降，使企业获得可观的收益。

3. 社会效益的评估

社会效益的评估，旨在评估通过培训对社会产生了哪些有益的影响和取得哪些与培训有关的社会成果。由于社会效果的评估，必须调查了解许多培训项目以外的因素，因而有时难以进行量化的分析，所以只能通过对某些与培训相关的宏观社会现象进行衡量。如培训对社会经济基础和上层建筑产生了什么影响等，在具体评估中主要有以下两个方面的评估指标。

(1) 对社会经济的发展指标。对社会经济发展的指标评估，可以通过以下几个具体的指标和具体的事例或事实来进行评估和判断培训活动。

① 培训活动是否有益于社会主义市场经济的发展。
② 培训活动是否有利于社会科技进步的发展。
③ 培训活动是否有利于社会人力资源、信息资源和物质资源的开发。
④ 培训活动在哪些方面提高了生产力水平和推动了社会经济的进步。

(2) 对社会的影响指标。对社会的影响指标的评估，主要是从社会上层建筑等方面来考察培训所带来的哪些社会影响，可从以下几个方面进行评估。

① 培训活动是否提高了人们对社会制度正确的认识。
② 培训活动是否增强了人们的社会组织观念。
③ 培训活动是否改变了人们的生活方式和思想观念。
④ 培训活动是否有效地改善了社会文化和教育结构。
⑤ 培训活动是否改变了城乡建设的环境。
⑥ 培训活动是否提高了人们的环保意识。
⑦ 培训活动对人们政治思想与伦理道德标准的影响和作用。

10.5.4 连锁企业培训评估流程

评估本身是一项复杂的系统工程，培训评估的开展要遵循科学的程序(见图10-14)，否则得出的培训评估结果很可能失去客观性。当对培训项目的方法和成果进行评估时，有3项活动是必须完成的：一是找出事实根据，即收集信息，包括收集培训人员在评估过程中使用的、可以衡量的实际情况；二是对收集到的信息与预定的培训目标和效果进行比较；三是评估人员在比较基础上做出鉴定，并做好反馈。通常，培训评估主要分成4个步骤：培训评估的确定、制订评估方案、收集评估信息、整理和分析评估信息、撰写评估报告。

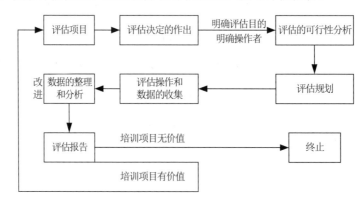

图 10-14　培训评估的流程

1. 培训评估的确定

确定培训评估是否开展主要从以下几个角度来进行考虑。

（1）培训评估的可行性。可以利用下面的几项要素来进行考虑：是否有明确的培训目标；是否有合适的培训评估人选；是否来得及进行培训评估的准备工作；是否有足够的时间来开展培训评估；是否有足够的资源来开展培训评估。

（2）评估价值是否值得。要确定培训评估是否有价值可以从以下几个方面来进行考虑：培训项目需要的经费；培训项目实施需要的时间；培训项目效果的好坏对于公司的影响；培训项目影响的范围；培训项目遭到的非议；培训项目得到的赞许；培训评估结果是否能够得到充分利用。

2. 培训评估方案的制订

培训评估方案需要明确的项目有：培训评估的目的；评估的培训项目；培训评估的可行性分析；培训评估的时间和地点；培训评估的人员；培训评估的方法；培训评估的标准；培训评估的推进步骤；培训评估的工作分工与配合；培训评估的频率培训；评估的报告形成与反馈。

在制订培训评估方案时，最好能够由培训项目的实施人员、培训管理人员、培训评估人员和培训评估应用人员来共同进行，这样可以确保培训评估方案的科学性和切实可行性。

3. 培训评估信息的收集

不同的培训评估信息，其收集的渠道和收集的方法有所不同。例如，培训计划评估与培训最终效果效益评估的信息收集和收集方法就有所不同，前者的信息收集渠道主要是培训计划制订的参与者，收集方法是与参与制订培训计划的相关人员进行沟通面谈，并争取得到与培训计划相关的所有资料和培训计划本身，而后者在信息渠道和信息收集方法上涉及得更加广泛。

4. 培训评估信息的整理和分析

培训评估需要的信息来自不同的渠道，信息形式有所不同，因此有必要对收集到的信息进行分类，并根据不同培训评估内容的需要进行信息归档。同时要制作一些表格对信息进行统计，并利用一些直方图、分布曲线等工具将信息所表现的趋势和分布状况予以形象的处理。

5. 撰写培训评估报告

培训评估报告是培训评估的最后一个环节，同时也是影响培训评估结果的重要环节。因此，在撰写评估报告时不可仅凭一两个人的观点，那样会大大影响评估结果的价值，也失去了培训评估报告的重要意义。

培训评估报告的组成因素如下：培训背景说明；培训概况说明；培训评估的实施说明；培训评估信息的陈述或以图表形式来表示；培训评估信息的分析；培训评估结果与培训目标的比较；培训项目计划调整或是否实施的建议提出。

撰写培训评估报告要注意的问题：要用辩证的眼光来分析问题；要在下结论之前确定真凭实据；要考虑到培训评估者本人存在的偏见；要考虑到培训的短期效果和长期影响。

培训评估报告在没有向上级呈报或没有定论之前，一定要召开由培训评估项目小组和所评估培训项目的管理者、实施者、项目顾问、培训学员的领导或下级等相关人员共同参加的评估会议，共同讨论培训评估报告的真实性及结论的合理性，以确保培训评估的客观性，并真正发挥培训评估对领导决策、培训工作者工作的改善等方面的重要作用。

10.5.5 连锁企业培训效果转化

1. 培训转化的过程

成功的培训能够让受训者持续有效地将所学的知识技能使用于工作之中，甚而转化为受训者自身的一种习惯行为，成为其自身素质的一部分，这一过程也就是所谓的培训效果转化。如果培训结束后，其所学到知识、技能、思维方法及态度不能有效地应用到实际工作中，而且也没有人来关注培训的效果转化，那这次培训肯定是一次失败的培训。即使培训组织得十分完美，其业绩也仅是这次培训实施工作的肯定，而非对整个企业的培训效果的肯定，这样更是让人感到挫败与惋惜。

然而，培训成果的转化并非是一蹴而就，它需要一个长期反复的过程。从受训者角度来看，培训效果转化一般经历四个层面的发展过程。

培训转化过程的第一个层面是"照样搬样"的转化运用，指受训者通过培训学习，对所学的知识技能还只是停留在框架性的概念认识上，其应用还只能依样画样，并受到诸多条件因素的限制或影响，如对工作环境有类似培训环境的要求，这种环境可启发受训者的瞬间回忆，同样也说明知识尚未在脑里消化。

第二个层面就是举一反三。这时，受训者已经部分或全部领悟了所学的内容原理，并能根据原理或机制灵活运用，这是培训转化关键的一步。也就是说受训者已能抛开条件因素的限制，即使在差条件下也能正应用。

第三个层面就是受训者达到融会贯通的地步，即受训者在实际工作中遇到与培训过程完全不同的情况时，也能建立起培训内容与现实应用的有效联系，使所学的知识能够得以正确的运用，并解决实际问题。

第四个层面的转化就是受训者的创新改进。受训者不仅能有效地对培训内容灵活运用，还能对所学的知识技能加以创新，在方法运用上加以改进。在日常工作中，受训者还常用自我激励的方式去思考培训内容在实际工作中可能的应用，并且扬长避短，进入创新发展的良性循环。

2. 影响培训效果转化的因素

成功的培训能够提高员工的知识技能，改善员工的工作态度，在实际工作中持续有效地进行培训效果转化，不断提高工作绩效以推动企业的向前发展。但培训效果的转化又存在哪些影响因素呢？

影响培训效果转化的因素主要有以下两个方面。

(1) 受训者特征对培训转化的影响。受训者特征包括受训者培训动机、文化水平及基本技能。这些不仅影响受训者在既有学习成果条件下的培训转化，而且还通过影响培训过程中受训者的学习效果间接影响培训的有效性。培训转化的过程本身就是受训者自我吸收提升的过程。受训者才是培训转化的真正主体。因此，在培训之前，就需对培训对象有所选择，并且要求受训者做好培训前的思想准备，端正学习的动机与态度，如有必要，还须明确培训考核结果对其工作的关联影响程度，如培训结果将作为其晋升奖惩的依据等。这些都是使受训者自身特征对培训转化向良性方向发展的方法，在实际工作中十分必要。

(2) 受训者工作环境对培训转化的影响。工作环境同样是影响培训转化的一个重要因素，也是目前许多企业员工培训存在的关键问题，往往成为提高培训有效性的瓶颈。这里所指的工作环境是指影响培训转化的所有工作上的因素，包括管理者的支持、企业的学习氛围等。有利于培训转化的工作环境，能够起到督促或提醒受训者将培训中所学到的知识应用到工作中去的作用。这样的工作环境离不开领导工作者的支持与重视。管理者可对刚接受完培训就能够将培训所学内容应用到工作中的受训员工进行表扬，起到培训转化的正面强化效果。一般来看，管理者对培训的支持越高，就越可能进行培训转化。为了使工作氛围有利于培训成果的转化，让受训者获得更多应用新知识技能的机会，企业应该努力向学习型组织转变。学习型组织具有促进企业全体不断学习的作用，是一种适应能力与变革能力极强的组织。培训实质上也是一种学习，在良好工作环境中，知识的学习与运用被视为企业培训系统的基本组成部分，它可实现培训被动应对企业发展到主动提供企业核心竞争力的转变，使整个培训系统融入新的内涵。

3. 积极促进培训效果转化

在做好培训评估工作之外，企业还必须注意从以下几个方面积极推动培训成果的转化，以克服阻碍培训效果转化的诸因素，从而更好地提高培训的效果，达到预期的培训目标。

(1) 提高管理者支持程度。事实上，人力资源管理中的许多关键性问题绝大部分都需要由各个部门的管理者来处理。所以要确保培训成果转换，管理者的支持必不可少。管理者支持程度越高,越有可能发生培训成果的转化。那么,管理者应从哪些环节入手呢?首先,管理者应该积极倡导和鼓励受训员工将培训中获得的新技能和行为方式应用到工作之中,尽可能帮助员工解决培训成果应用所需的各种设备和资源。当员工在应用培训内容出现失误时,不轻易惩罚和公开责难。其次,管理者应关注那些刚刚接受过培训的员工,与他们共同讨论如何将培训成果应用到工作当中,制订具体的行动计划,并商定员工汇报阶段性进展情况的时间。最后,采取激励和强化的手段,对那些刚受过培训就将培训内容应用于工作中的员工给予表扬和物质奖励。

(2) 对实践机会进行测量。员工将培训成果应用于工作的实践机会可以由管理者向他们提供,也可以由他们自己主动寻找。有实践机会的受训员工要比没有实践机会的受训员工更有可能保持住所获得的能力。对实践机会的测量主要针对已应用于工作当中的所培训内容的数量频率、难度和重要性。实践机会少说明工作环境对应用新技能有不利的影响。例如,管理者没有支持培训活动,或者不给学员提供能够应用培训所强调的技能的工作机会,这还可能说明培训内容对员工的工作并不重要,应在培训项目设计与开发环节上有待改进。

(3) 建立受训员工联系网络。企业可通过在受训员工之间建立联系网络来增强培训成果在工作中的应用。联系网络可以由两个或两个以上的受训员工组成,通过面对面的沟通交流或通过电子邮件进行沟通,使受训员工可以讨论所学技能在工作中应用的进展,并共享成功经验。他们还可举办讲座,交流如何获得应用培训内容所需的资源,以及如何克服阻碍培训成果应用的不利因素。

(4) 人力资源管理部门的督导。人力资源管理部门的主要职责如下:首先是让管理者了解下属所参加的培训项目的内容,以及它与企业经营目标和经营战略的关系,把管理者应该做到的有关促进培训效果转化的工作事项备忘录发给他们。其次,应鼓励受训员工将他们在工作中遇到的工作难题带到培训课程中,作为实践练习材料或将其列入行动改进计划,同时建议受训员工与管理者一道去发现和解决各种问题。再次,与管理者交流分享在培训班上收集到的学员的反馈信息,以引起管理者足够的重视,并对管理者进行培训,然后赋予他们培训自己下属的责任。最后,建议培训安排课后作业,让受训员工与他们的上司共同完成一份行动改进计划书。

总之,企业只有经常地、全面地对培训工作进行评估,积极营造培训效果转化的有利环境,不断地总结经验,克服薄弱环节,才能提升培训效果,实现人才开发的总体目标。

本 章 小 结

本章主要介绍了现代连锁企业培训管理,具体包括以下几方面内容:

首先介绍了连锁企业培训的基本概念,分析了培训与现代企业的关系,对连锁企业培训的特征进行了简述。然后详细介绍了连锁企业培训管理的基本过程,包括连锁企业培训的需求分析、连锁企业培训计划的编制、连锁企业培训的课程设计、连锁企业培训的实施以及连锁企业培训的评估与反馈等内容。

思 考 题

(1) 培训对于现代连锁企业发展有什么重要的意义?

(2) 连锁企业如何有效地实施员工培训与开发?

(3) 结合实际,你能想到的培训与开发方法有哪些?

(4) 连锁企业应该如何选择培训师?外聘培训师和内部培训师有什么区别?

(5) 连锁企业培训如何从受训者特点、培训项目的设计和工作环境三方面来改善和提高培训转化效果?

(6) 试讨论连锁企业如何提高新员工培训与开发的有效性?

第 11 章
现代连锁企业满意度管理

本章我们主要引入员工满意度、顾客满意度、社区满意度和股东满意度,来研究连锁经营的满意度管理。连锁企业在经营管理中充分利用满意度管理,有助于企业更好地促成顾客满意,增强员工凝聚力,提高连锁社区店的客户黏性,提升连锁企业软实力,提高企业经济绩效。

学习目标
- 掌握连锁企业满意度管理
- 熟悉员工满意度管理、顾客满意度管理、社区满意度管理和股东满意度管理
- 熟悉连锁企业满意度管理的应用

11.1 员工满意度管理

员工满意是员工的一种主观的价值判断,是员工的一种心理感知活动,是员工期望与员工实际感知相比较的结果。如果用数字来衡量这种心理状态,这个数字就叫做满意度。员工满意是员工忠诚企业的基本条件。本节主要讲述员工满意度管理的主要内容,以及员工满意度调查方法和步骤、提升方法。

11.1.1 员工满意度概述

在现代社会中,满意度管理被广泛应用在各行各业,满意度管理也是连锁企业经营与管理的重要环节之一。所谓满意是指一种心理状态,是指一个人对一段关系质量的主观评价。员工满意是指一个员工通过对企业所感知的效果与他的期望值相比较后所形成的感觉状态,是员工对其需要已被满足程度的感受。

学者们在研究员工行为与企业绩效关系过程中,基于不同的研究目标与分析角度,对员工满意的基本概念也有着不同理解和阐述,比较有代表性的研究如下。

- 1935 年,美国学者霍伯克出版了 *Job Satisfaction*(《工作满意》)一书, 首次提出了企业员工工作满意的概念,将企业员工的工作满意度视为工作者心理和生理两方面对

环境因素的一种综合满足感受,也就是工作者对工作情境的综合反应。员工满意度既是员工对工作总体上的态度,又包含了员工对工作各个方面的感受。

- 1961年,人力资源管理大师莱曼·波特在其 *Perceived Trait Requirements in Bottom and Middle Management Jobs* 一文中,将员工满意视为员工在其工作中感知所得与其期望所得之间的比较结果。
- 1969年,史密斯、肯得勒和胡林在其 *The Measurement of Satisfaction in Work and Retirement* 一书中阐述:工作满意度是员工在特定工作环境中实际获得报酬与预期应得价值的差距。两者间成反比关系,即差距大,满意程度低;差距小,满意程度高。
- 1976年,米尔本和邓恩在其 *The Job Satisfaction Audit: How to Measure,Interpret,and Use Employee Satisfaction Data* 一文中认为:员工满意度是指员工对其工作本身、薪酬水平、升职机会、领导以及同事的情感感知程度。
- 2002年,白芙蓉、张金锁、张茹亚在其《员工满意度与顾客满意度》一文中将员工满意度定义为:员工满意度是相对于个体的生活满意度和总体满意度而言,特指个体作为职业人的满意程度,是员工比较薪酬、工作环境等方面组合的期望与薪酬、工作环境等方面实际水平之后得出的评价。

综合国内外学者的研究成果,本书认为员工满意度是员工基于自身价值观和工作前对企业的期望,通过与工作后对企业整体环境感知的比较,所得到差异程度的感性与理性态度的主观反映。当工作后所得到的感知达到了工作前的期望且符合自身价值观时,则员工对组织满意;当工作后所得到的感知未达到工作前的期望且与自身的价值观产生矛盾时,则员工对组织不满意;当工作后所得到的感知达到了工作前的期望但是与自身价值观不符,或当工作后所得到的感知未达到工作前的期望但是与自身的价值观相符时,则员工对组织的满意感都会相应地降低。

对于企业管理而言,满意度管理已被作为管理的目标之一,管理者已认识到满意度对于企业管理的重要性。员工满意度是员工对企业的感知和实际比较的结果。在连锁企业管理中,使员工满意,可以有效提高员工工作效率,增强员工对企业的认同感和归属感,有效增强员工凝聚力,从而提升员工对企业的忠诚。企业做好员工满意度工作,了解员工心理和生理两方面对企业环境因素的满足感受并做适应性改变,有助于降低员工流失率,提高企业经济绩效。

11.1.2　员工满意度内容

1. 员工满意度的影响因素

员工满意度是员工对其工作中所包含的各项因素进行评估的一种态度的反映,它能直接影响顾客满意度,进而影响企业经济效益。据权威机构的研究表明,员工满意度每提高3个百分点,企业的顾客满意度将提高5个百分点;员工满意度达到80%的公司,平均利润率增长要高出同行业其他公司20%左右。

员工满意度的影响因素主要有以下几方面。

(1) 工作环境，主要包括以下几点。

① 工作空间质量：对工作场所的物理条件、企业所处地区环境的满意程度。

② 工作作息制度：合理的上下班时间、加班制度等。

③ 工作配备齐全度：工作必需的条件、设备及其他资源是否配备齐全、够用。

④ 福利待遇满意度：对薪资、福利、医疗和保险、假期的满意程度。

(2) 工作群体，主要包括以下几点。

① 合作和谐度：上级的信任、支持、指导，同事的相互了解和理解，下属领会意图和完成任务情况，能够得到尊重。

② 信息开放度：信息渠道畅通，信息的传播准确、高效等。

(3) 工作内容，主要包括以下几点。

① 兴趣相关度：工作内容与性格、兴趣相吻合，符合个人职业发展目标，能最大限度地发挥个人的能力，从自己的工作中获得快乐。

② 工作强度：对工作强度的要求和容忍度，因人而异。关于工作强度，应考虑两点：一方面是否能满足个人工作的需要，另一方面是否超出了个人能承受的负荷量。

(4) 企业背景，主要包括以下几点。

① 企业了解度：对企业的历史、企业文化、战略政策的理解和认同程度。

② 组织参与感：意见和建议得到重视，能够参加决策，企业发展与个人发展得到统一，有成就感和归属感等。

③ 企业前景：对企业发展前景看好，充满信心。

(5) 个人观念，主要是指容易引起员工不满意的个人观念，包括以下几种。

① 理想主义和完美主义：对企业各方面情况的理想化期望和完美主义要求，易走极端，一旦遇到困难就可能会不满意。

② 消极心态：将人际关系方面的问题和对工作中的困难挫折全部归因于客观原因或他人(外归因)，难以沟通，人际关系不和谐，产生不满意。

③ 狭隘主义：目光短浅，自以为是，过于重视个人利益，一旦与个人利益有冲突，易产生不满情绪。

2. 员工满意度管理的意义

不论一个公司怎么变革，企业战略目标的分解最终是要落实到每一位员工或者岗位上的。所以，员工的个人绩效目标是企业目标的基本组成单位，公司目标的实现也是以员工绩效目标为基础的。因此可以说，员工的工作积极性和创造性直接影响着绩效目标的实现，也决定了企业核心竞争力的强弱。每一位员工都是企业的代言人，其行为影响着企业绩效的有效达成。为此，员工满意度管理的最终目的就是有效促进企业目标的实现。

(1) 员工满意度管理可以及时诊断企业管理中存在的问题。许多著名企业都将员工满意度管理作为企业管理的重要环节之一，员工满意度管理有助于及时发现企业管理中存在的问题，进而改善企业管理现状。所以，开展员工满意度管理可以使公司管理层能够了解员工对企业各项管理的真实看法，也是公司检查目标达成状况和发现问题的一种有效管理方法。

(2) 员工满意度是促进公司业绩的动力源。在企业管理中，如果员工对企业不认可或者在认识上存在一定的偏差，他就不可能做出很好的业绩或者干脆选择离开公司。反之，如果员工对企业有较高的认知度，可以改善工作、提高效率，进而确保公司业绩目标的实现。

(3) 员工满意度的提高有助于增强团队凝聚力。满意度管理是搭建员工与企业之间沟通的桥梁，对了解员工需求、改善员工关系、测量企业管理效果等有很大的促进作用。如果缺少员工满意度这一管理环节，也就意味着缺乏基层员工的支持，会使企业高层的决策出现"摸着石头过河"的情况，这样很难有效达到预期的目标。从另一个方面来说，员工关系建设的关键在于直线经理和人力资源部经理。每个管理者由于受到管理跨度的局限，不可能全面了解所有员工的情况，这就需要用员工满意度这一测量工具，正确把握员工心理变化并做出有效决策。

(4) 员工满意度管理是企业管理中的一个重要组成部分。许多著名跨国公司都设有员工关系管理部门或员工满意度改善小组，这说明随着企业的不断发展与扩大，员工数量增多的同时，员工素质进一步提升，逐步形成知识型团队，"人管人"的管理方式或者"人与人"的直接沟通模式显然难以满足企业发展的需要。而将员工满意度管理纳入企业管理范畴内，将有效解决以上问题。同时，与员工相关的信息是企业经营管理决策的依据之一，全面真实地反映员工信息，管理政策才能更好地落实。

综上所述，员工满意度管理对促进企业管理具有非常重要的作用。

3. 员工满意度的主要内容

员工满意度是员工积极性状态的晴雨表，是一个综合性的指标，它不仅受员工个体因素和相关工作因素的影响，还受所在单位的总体经营状态和发展前景的影响。因此，关于员工满意度的具体指标成为该研究的重要内容。

- 早期的一些行为科学家如赫兹伯格在对人的满意度因素研究基础上提出了有名的双因素(激励因素、保健因素)理论，对组织行为学的发展起到了重要作用。但是，该研究也因为研究对象和研究方法的局限而受到许多质疑。其后，洛克指出员工满意度构成因素包括工作本身、报酬等十个因素；阿莫德和菲德曼提出其构成因素包括上司、经济报酬等六个因素。这些研究对员工满意度维度的科学划分有着十分重要的影响。

- 北京大学的陈畅于2002年在《认识员工满意度》文章，山东大学管理学院的谢永珍、赵京玲于2001年在《企业员工满意度指标体系的建立与评价模型》文章中，都提出了员工满意度的评价指标体系包括以下5方面16个因素：对工作本身的满意度(工作合适度，责任匹配度，工作挑战性，工作胜任度)；对工作回报的满意度(工作认可度，事业成就感，薪酬公平感，晋升机会)；对工作背景的满意度(工作空间质量，工作时间制度，工作配备齐全度，福利待遇满意度)；对工作人际关系的满意度(合作和谐度，信息开放度)；对企业整体的满意度(企业了解度，组织参与度)，这种划分涵盖了员工满意度的各个方面。

- 华中科技大学的袁声莉于2002年在《员工满意度实证研究》一文中采取单一整体评估法，对22家企业进行了问卷调查和个别访谈，对与员工满意度相关的个人因素、工作因素、企业因素进行了分类研究，该研究侧重于员工满意度的影响因素。研究认为，年龄、企龄是与员工满意度关系最密切的个体因素，工作岗位、工作压力程度、员工知识、技术与工作的匹配程度、员工对工作学习机会、自主性、挑战性、领导作风与同事关系、社会意义等的认知，是与员工满意度密切相关的工作因素，企业发展前景则是影响员工满意度的重要企业因素。该文章将理论与实证研究相结合，具有较好的研究信度和效度。

- 北京大学的陈曦和谢晓非于 2003 年在《关注员工的满意感》一文中分析了国内外学者对员工满意感的研究情况，将工作满意感与组织承诺、组织公民行为等更加人本的因素联系在一起，并且提出了生活满意感同样对工作绩效存在干预效应。该文章突破了以前人们研究员工满意度总是将焦点放在满意度的传统影响因素，如公平的报酬、支持性的工作环境、融洽的同事关系等方面，具有一定的理论创新性和时效性。

员工满意度关乎企业发展，是企业管理的"晴雨表"，更彰显企业文化优秀程度。企业成功的关键在于明白"以人为本"的真谛，明白"众人拾柴火焰高"的内涵。一般来讲，倡导一种尊重人性、以人为本、注重团队合作的组织文化，能有效地提高员工工作效率，并能提高员工满意度。企业的根本是员工，对员工进行系统培训，提高和发挥人的潜能，提升工作绩效，才可能在激烈的竞争中使企业不断成长发展。

4. 员工满意度指数和测评

员工满意是指一个员工通过对企业可感知的效果与他的期望值相比较后所形成的感觉状态。满意是一个相对的概念：超出期望值为满意；达到期望值为基本满意；低于期望值为不满意。用一个量化的指标把员工满意状况反映出来，这个量化的指标就是员工满意度指数。该指数是用来反映员工满意状况的量化指标，可以反映员工对企业各个领域的满意状况。

获得员工满意度指数的方法就是定期或不定期地对企业员工进行满意度调查，其主要方法是运用问卷调查法，采用科学、实用的明尼苏达满意度量表(MSQ)设计满意度模型和维度，并对员工满意度调查数据进行统计分析，取用目前国际上普遍使用的 SWOT 分析方法对企业做全面的评估。

关于员工满意度指数的测评模型，本书参照美国顾客满意度指数(American Customer Satisfaction Index，ACSI)模型，结合员工日常工作实际状况，构建员工满意度指数(Employee Satisfaction Index，ESI)理论模型。员工满意度指数 ESI 理论模型如图 11-1 所示。

该模型主要由 6 种变量组合而成，即员工期望、员工感知质量、员工自我价值感知、员工满意度、员工抱怨和员工忠诚。其中，前 3 个变量决定着员工满意的程度，是系统的输入变量，又称为前提变量。

员工满意度指数的第一个影响因素是员工期望。员工期望是员工自我评价的依据，因此对员工满意度指数有较大影响。员工期望主要来自员工需要、员工个人经历、他人经历、企业宣传等。员工期望水平高低还与个人收入、价值观、教育水平等有关。

员工感知质量即员工对工作质量的感知，是影响员工满意度指数的第二个重要因素。这种感知取决于工作满足员工要求的程度，以及满足这些要求的可靠性。一般而言，感知工作质量越好，其满意度就越高。

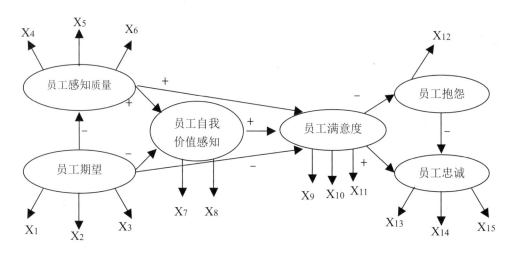

图 11-1 员工满意度指数(ESI)理论模型

员工满意度指数的第三个因素是员工自我价值感知,即员工对自我价值的感知,如:是否发挥了个人特长,能否参与企业决策,工作是否具有挑战性等。总体而言,员工对自我价值感知越好,其满意度就越高。

由于上述三个输入变量,产生了"员工满意度""员工抱怨"和"员工忠诚"三个结果变量或系统的产出变量。当员工在事后的实际感知低于事前期望时,员工满意度就低,就易产生抱怨情形;反之,当员工事后感知高于事前期望时,员工满意度就高。当员工的实际感知大大超过其事前期望时,就会促进员工忠诚。

图 11-1 中,"+"表示正相关,"-"表示负相关。其中,员工感知质量、员工自我价值感知与员工满意度成正相关,而员工期望不仅与员工感知质量、员工自我价值感知之间成负相关,而且与员工满意度之间也呈现负相关。

员工满意度与员工抱怨成负相关,而与员工忠诚成正相关。员工抱怨若能转化成员工忠诚,则与员工忠诚成正相关,反之,则与其成负相关。

实际上,这个理论模型是一个 CSI(Customer Satisfaction Index,顾客满意度指数)指标体系,它包括 15 项指标:$X_1 \sim X_{15}$。

X_1:员工对工作的总体期望。

X_2:员工对工作满足其多层次需求程度的期望。员工多层次需求程度是指企业能否提供适合各层次员工需求的工作及其满足程度。

X_3:对工作可接受性的期望。

X_4:对工作总体状况的评价。

X_5:企业在员工多层次需求满足方面的表现。

X_6:企业在提供的工作可接受性方面的表现。

X_7:在基本需求感知给定时,对自我价值实现与否的评价。

X_8:在自我价值实现给定时,对基本需求是否满足的评价。

X_9:对本企业所提供的工作的总体满意度。

X_{10}:与工作期望相比,对现在所从事的工作的评价。

X_{11}：与理想工作相比，对现在所从事的工作的评价。

X_{12}：员工的正式和非正式抱怨。

X_{13}：员工工作热情的程度。

X_{14}：员工对本企业努力贡献的表现，如敬业精神、创造精神等。

X_{15}：对其他企业诱惑的抵抗力或承受度，如员工流失率。

员工满意度指数(ESI)理论模型虽然很详细地表达了员工满意度各指标的关系，但各指标还不够细化明确，在实际应用中要对模型进行改造或细化，以便具体实施。

11.1.3 员工满意度调查目的与意义

在连锁企业管理中，为了更大程度地满足员工的需求，实现公司与员工的共同发展，企业会采取员工满意度调查，以此来了解员工对薪酬福利、工作环境、职业发展等各个方面的满意程度。员工满意度调查是指通过员工问卷或访谈的方式，接受管理者或第三方对企业相关问题的调查，以便企业领导者及时发现管理中存在的问题。然后由企业管理者或第三方根据调查结果所反映出的问题制订整改措施和计划，并向员工公开。

1. 员工满意度调查的评估内容

连锁企业进行员工满意度调查，可以对公司管理进行全面审核，保证企业工作效率和最佳经济效益，减少和纠正低生产率、高损耗率、高人员流失率等紧迫问题。员工满意度调查将分别对以下几个方面进行全面评估或针对某个专项进行详尽考察。

(1) 薪酬：薪酬是决定员工工作满意的重要因素，它不仅能满足员工生活和工作的基本需求，而且还是公司对员工所做贡献的尊重。

(2) 工作：工作本身的内容在决定员工的工作满意度中也起着很重要的作用，其中影响满意度的两个最重要的方面是工作的多样化和职业培训。

(3) 晋升：工作中的晋升机会对工作满意度有一定程度的影响，它会带来管理权力、工作内容和薪酬方面的变化。

(4) 管理：员工满意度调查在管理方面主要考察以下两方面：一是考察公司是否做到了以员工为中心，管理者与员工的关系是否和谐；二是考察公司的民主管理机制，也就是说员工参与和影响决策的程度如何。

(5) 环境：好的工作条件和工作环境，如温度、湿度、通风、光线、噪音、工作安排、清洁状况以及员工使用的工具和设施等，都影响着员工满意度。

2. 员工满意度调查的目的

(1) 诊断本公司潜在的问题：实践证明，员工满意度调查是员工对各种企业管理问题的满意度的晴雨表。如果公司通过员工满意度调查发现员工对薪酬满意度有下降趋势，就应及时检查其薪酬政策，找出员工不满的原因并采取措施予以纠正。

(2) 找出本阶段出现的主要问题的原因：例如，公司近来受到产品高损耗率、高丢失率的困扰，通过员工满意度调查找出导致问题发生的原因，确定是否因员工工资过低、管理不善、晋升渠道不畅等原因导致，否则只能靠主观猜测。

(3) 评估组织变化和企业政策对员工的影响：员工满意度调查能够有效地用来评价组织政策和规划中的各种变化，通过变化前后的对比，公司管理层可以了解到公司决策和变化对员工满意度的影响，促进公司与员工之间的沟通和交流。由于保证了员工自主权，那么员工会更真实地反映平时管理层听不到的声音，这样就起到了信息向上和向下沟通的作用，培养员工对企业的认同感、归属感，不断增强员工对企业的向心力、凝聚力。由于员工满意度调查活动使员工在民主管理的基础上树立以企业为中心的群体意识，从而潜意识地对组织集体产生强大的向心力。

3. 员工满意度调查的意义

(1) 在员工管理的环节中，了解员工的真实想法是一个重要的工作内容，其中包括：对公司各项规章制度的看法，对公司的期望，对公司软硬件环境的满意度等。如果对企业员工没有充分的了解，就无法进行有效的人力资源战略规划，无法有针对性地解决目前人力资源管理活动中存在问题。

(2) 不管任何原因，对工作不满意的员工都会在工作过程中产生消极影响，如较低的生产效率、较高的员工流失率、下属的不忠诚，对工作条件、同事、上级或设备状况不满都会使员工不安，从而无法专心工作。

(3) 员工满意度的调查是企业改善组织内部管理活动的第一步。企业可通过员工满意度调查来分析员工的士气(如对领导、同事、发展前景、工作量、客观工作条件等的态度)，也可通过调查发现组织中存在的突出问题，从而帮助组织找出更有效的解决方法。

(4) 员工满意度的高低反映了企业人力资源部门的工作力度。

员工满意度调查可以帮助企业诊断组织管理工作中的不足之处，向企业提出合理化建议，提供解决方案，促进企业领导者改善管理计划和控制，实现企业的宗旨。由此可见，员工满意度调查意义重大。

11.1.4 员工满意度调查方法与步骤

1. 员工满意度调查的方式与方法

员工工作满意度是人们对工作环境的主观反应，也是一种态度衡量的方法。调查研究的方法有结构式问卷法、非结构式问卷法、观察印象方法、指导式和非指导式的面谈法。从事实际的调查研究时，由于问卷法是最易于施测与衡量的量化工具，所以衡量工作满意度时大多数采用问卷方式进行。员工满意度调查的方式与方法具体如下。

(1) 访谈调查法：收集口头资料，记录访谈观察。该方法具有直接性、灵活性、适应性、应变性和受访者回答率高等优点，但事先需培训、费用大、耗时多、标准化程度低。该方法主要有结构性访谈和非结构性访谈两种类型。结构性访谈需事先设计问题提纲；非结构性访谈无问题提纲，可自由发问，多为部门较分散的公司或公共场所内的一次性或跟踪性访谈。

(2) 问卷调查法：设计出问卷后分发单个员工或集体，使用范围广，结合访谈效果更佳。有开放性问卷和封闭性问答两种类型，各自有优缺点，两者结合更好。问卷需包含题目、说明、指导语、内容、动态问题、编号等内容，可应用是非选择、多项选择、对比选择、排序选择、程度选择、自由提问等多种设计方式。

(3) 抽样调查法：包括随机抽样、等距抽样、分层抽样、整体抽样等多种形式。

目前企业普遍接受和采纳的员工满意度调查方法有以下几种。

(1) 工作满意度指数量表(Overall Job Satisfaction)。本量表是由布雷菲尔德和罗特(1951)编制而成，主要衡量工作者一般的工作满足，即综合满意度(Overall Job Satisfaction)。这是最有名的员工满意度调查，它对薪酬、晋升、管理、工作本身和公司群体都有各自的满意等级，可用在各种形式的组织中。

(2) 明尼苏达满意度调查量表(Minnesota Satisfaction Questionnaire，MSQ)。本量表是由韦斯、达维斯、英格兰德和罗夫奎斯特(1967)编制而成。量表分为短式及长式两种。短式包括 20 个题目，可测量工作者的内在满意度、外在满意度及一般满意度；长式问卷则有 120 个题目，可测量工作者对 20 个工作构面的满意度及一般满意度。20 个工作构面项中每个项下有 5 个小项。这 20 个工作构面项是报酬、个人能力的发挥、成就感、能动性、创造力、独立性、道德标准、本人责任、员工工作安全、公司培训和自我发展、权力、公司政策及实施、部门和同事的团队精神、公司对员工的奖惩、员工所享受的社会服务、员工社会地位、员工关系管理和沟通交流、公司技术发展、公司的多样化发展、公司工作条件和环境。明尼苏达工作满意度调查量表也有简单形式，即以上 20 个大项可以直接填写每项的满意等级，总的满意度可以通过加权 20 项全部得分而获得。MSQ 的特点在于工作满意度的整体性与构面皆予以完整的衡量，但是缺点在于其 120 道题目，受测者是否有耐心完成调查，在误差方面值得商榷。因此，企业一般采取此套衡量工具时，多半采用短式问卷。

(3) 彼得需求满意调查表。本量表适用于管理层人员。其提问集中在管理工作的具体问题，如"你在当前的管理位置上个人成长和发展的机会如何？理想的状况应如何？而现在的实际状况又如何？"等。

(4) 工作说明量表(Job Descriptive Index，JDI)。本量表由史密斯、肯得勒和胡林(1969)编制而成。可衡量工作者对工作本身、薪资、升迁、上司和同事五个构面的满意度，而这五个构面满足分数的总和，即代表整体工作满意度的分数。JDI 的特点是不需要受测者说出内心感受，只就不同构面(题数不一定相同)找出不同的描述词，由其选择即可，因此，对于教育程度较低的受测者也可以容易回答。由于本量表在美国做过反复研究与应用，发现施测效果良好，受到许多学者的一致推崇。国内学者采用 JDI 量表者甚多，约有 80%以上的研究者均采用此量表作为工作满意度的衡量工具。

(5) SRA 员工调查表(SRA Employee Inventory)，又称 SRA 态度量表(SRA Attitude Survey)。本量表是由芝加哥科学研究会(Chicago：Science Research Association，1973)编制而成。该表包括 44 个题目，可测量工作者对 14 个工作构面的满意度。

(6) 工作诊断调查表(Job Diagnostic Survey，JDS)。本量表是由哈克曼和奥德姆(1975)编制而成，可测量工作者一般满意度、内在工作动机和特殊满意度(包括工作安全感、待遇、社会关系、督导及成长等构面)；此外，并可同时测量工作者的特性及个人成长需求强度。

(7) 工作满足量表(Job Satisfaction Inventory)。本量表是由哈克曼和劳勒编制而成，可测量受测者对自尊自重、成长与发展、受重视程度、主管态度、独立思考与行动、工作保障、工作待遇、工作贡献、制定工作目标与方式、友谊关系、升迁机会、顾客态度及工作权力等十三项衡量满意度的因素。

(8) 洛克、阿莫德和菲德曼量表。洛克提出了员工满意度构成的 10 个因素：工作本身、报酬、提升、认可、工作条件、福利、自我、管理者、同事和组织外成员。阿莫德和菲德曼提出，工作满意度的结构因素包括工作本身、上司、经济报酬、升迁、工作环境和工作团体。

综上所述，连锁企业若要了解公司内部的工作满意度，建议采用工作说明量表(JDI)进行施测。受测者从不同构面找出不同的描述词，更能反映真实的工作满意度状况，而且无关受测者的教育程度，也可以降低其他因素的干扰程度。国内外学者对此量表的施测效果均有高度的评价。

2. 员工满意度调查的步骤

员工满意度调查一般使用满意度调查表，其步骤如下。

(1) 确定调查对象。调查对象可以为生产工人、办公室工作人员、管理人员等。

(2) 确定满意度调查方向。根据员工满意度调查目的确定调查内容，包括薪酬制度、考核制度、培训制度、组织结构及效率、管理行为方式、工作环境、人际关系、员工发展等。

(3) 确定调查方法。根据员工满意度调查目的和调查内容，确定调查方法。调查方法包括结构式问卷法、非结构式问卷法、观察印象方法、指导式和非指导式的面谈法等。

(4) 确定调查组织。调查组织可以由企业内部的有关管理人员组成，也可以聘请相关咨询公司的专家实施。组织内部自我进行调查，调查前必须进行培训，充分理解调查意义，科学设定调查问题，明确调查问题的含义，并对调查进行指导。

(5) 调查结果分析。汇总调查问卷，运用统计分析方法判断组织员工满意的总体水平，概括组织运行中的主要问题，写出调查报告并提出对策建议。

(6) 结果反馈。根据不同对象逐层地进行相关信息的反馈，以激发日后员工参与此类工作的热情，提升员工对企业的认同感。

(7) 制定解决措施，实施方案跟踪。企业决策者和部门等不同层面根据满意度调查反馈结果，制定相应的解决措施并加以落实。

11.1.5　员工满意度提升方法

员工是企业生存发展的基石，企业的发展与成功离不开员工全方位的参与，企业的决策与经营方略要想得到员工的支持，也离不开员工参与。员工满意度管理是企业管理的重要环节，员工满意度直接影响着企业绩效和员工忠诚度。提升员工满意度可以有效提高员工工作效率，提高企业经济绩效，增强员工对企业的认同感和归属感，有效增强员工凝聚力，降低员工流失率，从而提升员工对企业的忠诚。员工满意度的提升方法如下。

(1) 公司管理层在设计工资体系及相关福利制度和晋升制度时，一定要考虑不同员工的不同需求，只有兼顾各岗位、各职员的切实需要才能达到预期的激励效果。比如有的员工家庭经济状况堪忧，那么工资和福利待遇对于他们可能更加迫切；有的员工基本需求已经满足，那么晋升、承担责任、公司认同感等对于他们可能更加需要。所以，公司职能部门特别是公司人力资源管理部门，一定要协调、规划好各员工的薪资、福利等方案，体现公司人本化管理，把最合理的需求方案运用到最合适的员工身上，以提高员工满意度，提升公司整体运营效率。

(2) 保健因素、激励因素并重，营造企业良好氛围。从某种意义上说，保健就是稳定，激励就是发展。企业既要有相对稳定的环境，更要有持续发展的机遇，而两种因素亦可转化，将物质作为奖励起激励作用，但高薪或加薪并不是吸引人才的关键。按照马斯洛的需求层次理论，人有生理需求、安全需求、归属与爱的需求、尊重的需求和自我实现的需求五个需求层次。管理者想要持久而高效地激励员工，必须进行工作任务再设计，改进员工的工作内容，给予员工成长、发展、晋升的空间。薪酬只是一种认定，在领导能力、绩效管理、沟通、工作环境和工作满意度都良好的企业，员工的需求已进入尊重和自我表现实现的层次，简单的物质奖励和经济手段已经不能充分满足员工的需求，必须实施更能增加员工责任感的措施。加快公司体制改制，重新调整员工绩效考核制度和加强公司企业文化建设已势在必行。只有这样，才能够整合公司人力资源，制定切实可行的市场发展战略，真正把公司做大、做强。也只有这样，员工才可能与公司同命运共呼吸。

(3) 为了避免员工产生不公平感，企业可以采取公平激励手段，在企业中营造公平合理的氛围。

首先，报酬公平激励。这是公平理论第一次把激励和报酬的分配联系在一起。员工对自己的报酬进行横向比较是必然的，管理者必须始终将相对报酬作为有效激励的方式来加以运用。管理者如果不加以重视，很可能出现员工"增收"的同时也增"怨"的现象。企业坚持"各尽所能、按劳分配"原则，实行"多劳多得，少劳少得"正是体现了这种公平理论的要求。管理者用报酬或奖励来激励员工时，应当在工作任务分配、工资和奖金的评定方面力求公平合理。

其次，绩效考核公平激励。在绩效评价中要运用科学的考核标准和方法，针对员工职务差异，进行职务分析和岗位描述，明确员工职责范围和责任大小，对员工的绩效进行定期考评，保证考核工作公正和公开。

最后，选拔机会公平激励。选拔机会公平激励就是给每个成员创造一个公平竞争的机会。在员工的选拔使用上既要看文凭，又要看水平；既要考虑专业，又要考虑专长；既要看现有能力，又要看潜在能力。如海尔员工的竞争意识上升到了精神的竞争，每个员工的心中都有着神圣的海尔事业，认为只有不断进取，不断创业，才能始终立于不败之地。海尔的经验值得借鉴，企业要努力营造"人人是人才"的氛围，让员工人人都有公平感，人人都有成就感，为人才的脱颖而出，搭建出一个公平、公正、公开的展示舞台。

(4) 提供员工自我发展的机会，包括培训员工，使他们能胜任自己的工作岗位，并给员工提供职位晋升的机会，给他们更多的责任或更多的自主权。加强与员工的沟通，及时向员工反馈信息，使员工在最短的时间里了解自己的工作表现。及时表扬、奖励表现出色的员工，适当扩大薪水的差异，使能者多劳，更应该使能者多得。

(5) 建立畅通的沟通机制，防患于未然。企业里不可能没有矛盾，战略的调整、利益的冲突必然使公司管理层与员工之间产生隔阂，但是最重要的是，要去疏导而非漠视。治人如治水，不能采取围追堵截的方式，要因势利导。

(6) 注重对价值观的考察，塑造健康的企业文化。现在不少企业以业绩为核心，缺乏对价值观的考察，包括在员工招聘的时候，就没有刻意对员工进行深入调查，比如这个人跳槽的真实记录、跳槽的动机、对职业发展的看法、他的个性、对公司文化的认同度和理解等。在后期的培养和考核中，也没有把对价值观的考核与员工的个人发展结合起来。蒙牛的价值观里有"有才无德限制使用"的说法，其实也是强调了对价值观的重视。

（7）建立尊重人、发展人的人本文化，要关注员工的多样化需求。要进行动态的员工需求调查，建议半年或者一年全公司范围内开展一次员工满意度调查，获取员工需求的第一手资料。

（8）建立充满人情味的"感激"文化。公司要努力塑造一种"亲情"文化和"感激"文化，公司感激员工的付出，员工也要感谢公司给予的机会，双方要经常坦诚地沟通。作为领导，不要吝啬你的微笑和赞美，这样的感激文化可以有效减少关键员工的流失。

（9）为员工创造良好的工作条件。企业要给予员工良好的工作环境，使员工安心地在企业工作。企业可以通过改善企业绿化环境、改善办公室条件、升级办公设备、减少噪音、安排喝咖啡或喝茶时间等形式来改进工作环境条件，提升员工满意度。

星巴克的员工满意度

11.2　顾客满意度管理

近几年，国内连锁企业越来越意识到顾客满意度的重要性，纷纷加强顾客满意度管理，以便随时了解消费者动态和消费者购买行为变化，促使消费者满意，以提升企业经济效益。本节重点讲述顾客满意度指数与测评、顾客满意度调查方法与步骤，以及顾客满意度提升方式。

11.2.1　顾客满意度概述

顾客满意(Customer Satisfaction，CS)研究发端于 20 世纪 30 年代，最早是由霍普和勒温率先在社会学和实验心理学领域开始研究顾客满意理论。顾客满意是客户对产品或者服务性能，以及产品或者服务本身的评价，给出一个与消费的满足感有关的快乐水平，包括低于或者超过满足感的水平，是一种心理体验。

学者们在研究顾客满意度与企业绩效关系过程中，基于不同的研究目标与分析角度，对顾客满意的基本概念也有着不同理解和阐述，比较有代表性的研究如下。

- 1965 年，卡多佐在市场营销领域首次进行实验研究顾客满意问题，并重点对顾客满意产生的再购买行为进行研究。
- 1976 年，奥尔森和多弗提出顾客的满意程度是对顾客事前期望与实际接受服务时的感知之间所产生的差距的认知。
- 1981 年，奥利弗提出"预期差异理论"，指出满意是一种针对特定交易的情绪性反应。它取决于顾客所预期的产品或服务利益的实现程度，以及反应预期与实际结果的一致性程度。奥利弗还发表文章实证研究了顾客满意形成的认知过程，结果表明顾客满意是顾客预期和其预期差异的函数。

- 1997年，科特勒提出满意是一个人所感觉的程度，源自其对产品功能特性或结果的感知及其与产品期望的比较。
- 1997年，奥利弗提出"满意"来源于消费者对产品的满足反应，可以进一步判断消费者对产品、服务属性或者服务与产品本身带来的满足程度。
- 在2000年版的ISO/DIS9000标准中，对"满意"的定义是顾客在消费产品或者服务过程中，对需求被满足程度的感受。所谓顾客满意是指顾客的感觉状况水平，这种水平是顾客企业的产品和服务所预期的绩效和顾客的期望进行比较的结果。

对顾客满意内涵的理解与确定是进行顾客满意研究的基础，然而，学术界至今对顾客满意尚未有一个统一的定义。目前学术界普遍赞同的顾客满意概念是由奥利弗提出的，即顾客满意是当顾客需求得到满足时的心理反应，同时也是顾客对于产品和服务特征或其本身满足自己需求程度的判断。

顾客满意是指顾客的需求被满足后的愉悦感，是顾客对产品或服务的事前期望与实际使用产品或服务后所得到实际感受的相对关系。如果用数字来衡量这种心理状态，这个数字就叫做满意度，顾客满意是顾客忠诚的基本条件。顾客满意度是一个变动的目标，能够使一个顾客满意的产品或服务，未必会使另外一个顾客满意；能使得顾客在一种情况下满意，在另一种情况下未必能使其满意。只有充分了解不同顾客群体的满意度影响因素，才有可能进一步提高顾客满意。

11.2.2 顾客满意度内容

1. 顾客满意度的影响因素

随着世界经济的全球化以及信息化的不断发展，人们对产品及服务的需求也越来越高，而顾客对于产品及服务的满意程度对企业利润的增长有着不可估量的影响。顾客满意对企业来讲至关重要。对于企业来说，如果对企业的产品和服务感到满意，顾客会将他们的消费感受通过口碑传播给其他的顾客，扩大产品的知名度，提升企业的形象，进而为企业的长远发展注入新的动力。只有使顾客满意的产品，顾客才可能持续购买。那么，顾客满意度的影响因素有哪些呢？

(1) 产品质量。产品质量指的是产品适应社会生产以及生活消费需要从而具备的一定特性，同样它也是产品使用价值的具体表现，它不仅包括产品的内在质量，而且包括产品的外观质量。从顾客的观点来看，其对产品的感知质量是对产品的服务及质量的一个总体评价。产品质量一般指的是产品符合某一特定的标准，而感知质量是相对于消费者个体而言的，因此，感知质量不仅受产品质量的影响，而且在很大程度上也受一些参照物的影响。产品质量是影响顾客满意度的一个重要因素。因此，企业应该对销售的产品进行严格把关，应该时刻保有精品意识；同时还应该在产品原形的基础上进行不断创新，比如为了满足不同的客户对产品的不同需求，企业可以对产品做个性化的设计。

(2) 顾客对产品的期望值。顾客对产品的期望值一般指的是顾客在购买该产品前通过以往经验、广告以及宣传所掌握的信息，对所购买的产品的质量进行预估。顾客对产品的期望值不仅受实际消费经验的影响，而且还受通过广告或者其他媒介所得到信息的影响。顾客在购买产品并进行消费过程中所感知的质量与其预期值相比一般会不一致。一般情况下,当顾客的感知质量低于预期质量时,顾客对该产品的满意程度会大大降低,会对该产品产生不满情绪。

(3) 产品的价格。产品价格是进行产品营销的一个关键因素。通常情况下,对于消费者来说,产品的价格是其得到该产品或者服务所必须付出价值的一个重要组成成分。产品的价格与顾客的价值负相关,在产品质量相同的情况下,产品的价格越低,顾客能够得到的价值就越高,使得顾客对该产品的满意程度也就越高;相反,价格越高,顾客的满意程度也就越低。消费者往往会根据产品价格来对产品质量进行推断,产品价格相对较高,他们则认为质量较好;产品价格相对低,他们则认为质量较低。在这种情况下,顾客则完全摒弃了先前的价值观念。因此,企业适当提高高质量产品的价格,反而使得顾客的满意程度提高。对于处于不同质量等级的产品,当改变其价格时,对顾客的满意程度的影响也是有所不同的。

(4) 售后服务。随着时代的不断发展,顾客的满意观念也不断发展。因此,企业对客户提供的售后服务已不仅仅局限于以往的维修及对投诉的处理,现在已经发展到了设立免费的售后热线,积极提供售后回访、操作培训、维修零件供应等售后服务。这些售后服务不仅包括支持服务,而且包括反馈赔偿。其中,支持服务包括产品的保证书、使用者帮助及培训、零件的供应与服务等,而企业所能提供的服务范畴以及由此所形成的售后态度与政策对顾客的满意程度有重要的影响;反馈赔偿包括对顾客投诉的处理、对顾客争议的解决和退款相关的条款等,这些工作对企业在顾客心目中树立满意的形象有重要的作用。售后服务不仅对顾客对产品的满意程度有直接的影响,还可以对产品在销售过程中所产生的失误做出相应的补救措施,从而争取顾客满意最大化。

在满意度研究中,影响顾客满意度的因素,除了上述几点外,还包括感知质量、品牌形象、客户预期、价值感知等。不同行业影响顾客满意度的关键因素不同,商场客户满意度的关键核心影响因素有商品、购物环境、员工和服务等,其中商品因素包括商品质量、品种多样性和品牌多样性等,购物环境因素包括商场卫生环境、营业时间便利性、商场付款便利性等,员工因素包括员工态度、能力、提供服务主动性和及时性等,服务因素包括商场售后服务、处理投诉等。因此,顾客满意度的影响因素要具体问题具体分析。

2. 顾客满意度研究的意义

顾客满意是市场营销领域的一个重要概念。顾客满意是顾客对于购买行为的感受,是消费经历所产生的一种结果,是事后消费者行为的一种评价。对顾客满意的定义囊括了完整的消费经历,指明了产生顾客满意的重要过程,引导人们去关注产生顾客满意的知觉判断和心理过程。顾客对于企业的服务和产品是否满意,在很大的程度上是自己的期待与实际感知之间的差别,是顾客对某一事项已满足其需求和期望的程度,也是顾客在消费后感受到满足的一种心理体验。

从 20 世纪 70 年代起,一个新兴的研究领域——"顾客满意度",日益受到学术界和企业界的认可和重视。与此同时,随着市场竞争的日益激烈,市场的竞争主要表现在对顾客的全面争夺,能否拥有顾客取决于企业与顾客的关系,取决于顾客对企业产品和服务的满意程度。顾客满意程度越高,企业竞争力越强,市场占有率就越大,企业效益就越好。同时激烈的市场竞争也促进了顾客满意度理论的发展,对顾客满意度理论的发展也提出了更高的要求。

只有更先进的理论，更符合时代发展要求的理论，才能够为企业的发展起到指引的作用，才能提高企业的顾客满意度，这也是顾客满意度研究理论发展的最终目的。

(1) 顾客满意度是衡量产品质量和服务质量的一个重要标准，是检验企业满足客户需求、达到客户满意的重要尺度。利用顾客满意度来评价质量，微观上可以指导企业改进质量，宏观上通过行业之间的比对，能够为宏观决策提供依据。

(2) 顾客满意度测评对于企业来说，有利于企业经营战略的转变。经济与社会的不断发展，市场从"卖方"转向"买方"，顾客在同企业的关系中由从属地位走上了主导地位。市场由企业主导转变为客户主导，企业必须转变经营战略，即"你要什么就生产什么"。但是由于受传统的价值观念的"惯性"作用，许多企业在一段时间内很难转变经营视角。

(3) 持续地开展顾客满意度测评，有利于企业员工素质的提升，有利于企业产品质量的持续改进和创新，还有利于企业竞争力的不断提升。

综上所述，顾客满意度的指数是衡量国民经济运行质量的一个重要指标，同时，也是对宏观经济的增长进行监控的一个有效工具。对于企业来说，对顾客的满意程度进行一定的调研和评价，对确定顾客满意度的影响因素有重要的帮助。企业应该制定合理的产品价格，时刻对自身的产品质量进行创新，改进售后服务，从而促使顾客满意，进一步提高企业的盈利能力。

3. 顾客满意度的主要内容

顾客满意是指顾客对其要求已被满足的程度的感受。从企业角度讲，"顾客满意"是成功地理解某一顾客或某部分顾客的偏好，即多级化的需求，并着手为满足顾客需要而做出相应努力的结果。随着我国经济由卖方市场向买方市场的转变和市场的日益规范化，市场竞争已直接成为全面争夺顾客的竞争。一个企业能否赢得更多的顾客，在于企业所提供产品和服务的质量是否能让顾客满意。因此，顾客满意是产品和服务质量的最终标准，同时也是企业生存和发展的先决条件。概括来讲，其内容有下列几个方面。

(1) 理念满意。它是企业经营理念带给顾客的满意状态，具体包涵经营宗旨满意、经营方针满意、经营哲学满意、企业质量观满意、企业服务观满意等企业理念满意。理念满意必须体现以顾客为中心的思想，理念设置必须体现顾客第一的精神。

(2) 行为满意。它是企业全部的运行状态带给顾客的满意度，行为满意系统包括行为机制满意、行为规则满意、行为模式满意三个方面的内容。

(3) 视听满意。它是企业可视性和可听性的外在形象带给顾客的满足状态。视听满意系统强调了各个视听要素带给顾客的满意侧面，应包括企业名称满意、标志满意、标准色满意、标准字满意和应用系统满意等内容。

(4) 产品满意。它是企业产品带给顾客的满意状态，其内容有产品质量满意及功能、设计、包装满意和产品价格满意等。

(5) 服务满意。它是企业服务带给顾客的满足状态，服务满意系统包括保证系统满意、完整性满意、方便性满意、情绪与环境满意等。如今世界经济已进入服务经济时代，服务因素在全球经济竞争中已取代了产品质量和价格的竞争。这是因为受国际经济的影响，同行业之间生产水平、产品质量、营销定价等方面的差距越来越小，故而服务就成了竞争的新焦点。因此，为顾客提供满意的服务，是企业不断发展和掌握市场主动权的关键。

对于顾客满意的测量,本书用顾客满意度(Customer Satisfaction Degree,CSD)表示。其指标为顾客满意度指数CSI(Customer Satisfaction Index),既是顾客对购买产品(服务)全过程满足状况的综合评价指标,也是对CS指标的数量化,它对企业的经营和发展影响很大。调查统计资料显示,一个感到非常满意的顾客会影响8人,而一个不满意的顾客却会影响20人以上。不同的满意度会促使顾客做出不同的反映。因此,企业要发展就要使外部顾客满意的同时争取潜在顾客。

4. 顾客满意度指数和测评

顾客满意度指数(CSI)是对各种类型和各个层面具有代表性的顾客满意程度的综合评价指数,是以各类产品和服务的消费及其过程为基础,反映社会经济产出和实绩一般特征的一种全新的质量指标。

目前,国际上关于顾客满意度评价指标体系的研究主要经历了瑞典顾客满意度指数(福内尔,1992)、美国顾客满意度指数(福内尔等,1994)、挪威顾客满意度指数(安德森等,1999)和欧洲顾客满意度指数(埃克洛夫,1999)四个阶段。这四个阶段在对影响顾客满意度的原因变量和结果变量进行分析的基础上,分别构建了顾客满意度模型,并通过实际数据对顾客满意度模型进行了验证。我国也在学习国外模型的基础上构建了CCSI模型。

(1) SCSB 模型。

瑞典顾客满意指数(Swedish Customer Satisfaction Barometer,SCSB)模型,是对企业某个阶段的整体评价。SCSB 模型是福内尔(Fornell)在1992年提出的,具体包括5个结构变量,如图11-2所示。

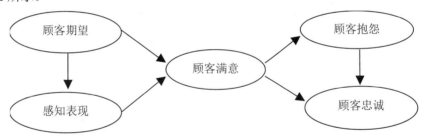

图 11-2 SCSB 模型

在SCSB模型中,顾客满意度包含顾客期望(Customer Expectations)和感知表现(Perceived Value,又译为感知价值)两个原因变量,以及顾客抱怨(Customer Complain)和顾客忠诚(Customer Faithfulness)两个结果变量。

- 顾客期望:顾客在购买某种服务或产品之前预期想达到的某种效果。
- 感知表现:顾客在购买某种服务或产品之后实际达到的某种效果。
- 顾客抱怨:当感知表现没达到顾客期望的效果时表现出来的具体行动。
- 顾客忠诚:当感知表现达到顾客期望的效果时表现出来的具体行动。

(2) ACSI 模型。

美国顾客满意度指数(American Customer Satisfaction Index,ACSI)模型,是由福内尔博士在SCSB模型研究的基础上,于1994年提出的(如图11-3所示)。ACSI模型与SCSB模型相比,主要创新之处在于增加了一个结构变量——感知质量(Perceived Quality)。感知质量是指顾客在购买某种服务或产品之后实际达到的某种效果相比较,是用来量化产品或服务满足顾客需求的程度和可靠性。

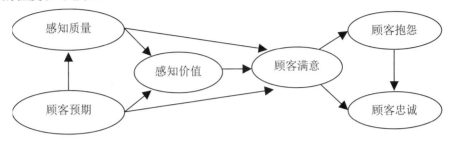

图 11-3　ACSI 模型

ACSI 模型是在 SCSB 模型的基础上构建的,模型主要包括 6 个隐变量(分别是顾客预期、感知质量、感知价值、顾客满意、顾客抱怨、顾客忠诚)以及 14 个对应的显变量,也是一个结构方程模型。

ACSI 模型与 SCSB 模型最主要的区别在于前者在后者的基础上增加了 1 个隐变量,即感知质量(顾客期望包含的可预测变量有所增加,主要是感知质量的预期)。感知质量主要包括顾客化质量、可靠性质量和总体质量三个可测变量。1995 年,ACSI 模型又对感知质量细化扩展,变成了服务感知质量及产品感知质量。感知价值的结构和 SCSB 模型一样,也包含两个可测变量:在已知价格情况下的质量以及在已知质量情况下的价格。顾客期望包括总体期望、顾客化期望和可靠性期望三个可测变量。顾客忠诚包括两个可测变量:顾客再购可能性和价格承受力;顾客抱怨和 SCSB 模型是一样的,只包括一个可测变量——顾客对于购买的产品和服务有正式或非正式的抱怨。

目前,ACSI 模型是在全世界范围内比较通用的测量顾客满意度的指数模型。在这种模型中,原因变量包括顾客期望、质量感知及价值感知,结果变量包括顾客忠诚及顾客抱怨。ACSI 模型的观点是:顾客满意度主要是由顾客在购买和使用产品的经历中所产生对产品质量和价值的实际感知,并将这种感知与之前的期望比较而得到的感受和体验所决定的。

(3) NCSB 模型。

挪威顾客满意度指数(Norwegian Customer Satisfaction Barometer,NCSB)模型,是由安德森(Andreasen)在 1999 年提出的。与美国顾客满意度模型不同的是,NCSB 模型引入了企业印象(Customer Image)这个结构变量,并在此基础上就其与顾客满意度之间的关系,同其与顾客忠诚度之间的关系分别进行分析和论证。同时,NCSB 模型还引入关系依存度(Relationship Commitment)的概念,用它来衡量企业与客户之间关系的紧密程度。

(4) ECSI 模型。

欧洲顾客满意度指数(European Customer Satisfaction Index,ECSI)模型,由埃克洛夫(Eklof)教授在 ACSI 模型研究的基础上改进而成。该模型主要在结构变量上做了调整,它由 7 个结构变量构成,如图 11-4 所示。

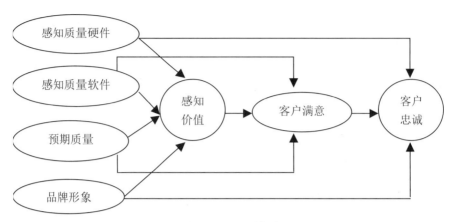

图 11-4 ECSI 模型

1999 年，欧洲质量组织、欧洲质量管理基金会等机构组织构建了 ECSI 模型，并于同年就应用于欧盟 12 个国家的顾客满意度指数测评。ECSI 模型对 SCSB 模型和 ACSI 模型进行了一定的改进，增加了品牌形象这个隐变量及其相应的测量变量，去掉了一个隐变量——顾客抱怨，将质量感知分为硬件和软件两个隐变量，而且这两种感知质量为结构模型中的一阶隐变量，这与 ACSI 模型不同，后者将产品感知质量和服务感知质量作为结构模型中感知质量派生的二阶隐变量；同时，这两个模型所包含的隐变量的内涵也大不相同。在 ACSI 与 ECSI 两个模型中，感知价值、顾客期望及顾客忠诚这些测量变量的含义也有一定区别。ECSI 也是一个结构方程模型，主要包含品牌形象、顾客期望、感知质量(硬件)、感知质量(软件)、感知价值、顾客满意以及顾客忠诚 7 个隐变量，由 20 个测量变量说明。顾客期望包括两个可测变量：一是顾客对产品或服务总的期望，二是顾客对组织与自己沟通的期望；感知价值与 SCSB 和 ACSI 一样，有 2 个可测变量，但内容有别；感知价值包含两个可测变量：一是用货币衡量的价值，二是和同行竞争者进行比较后衡量的价值；顾客满意包含三个可测变量：一是顾客对于产品以及服务的总满意度，二是实际价值(绩效)满足顾客期望程度，三是顾客同理想产品或服务比较之后的满意度，这与 SCSB 和 ACSI 模型完全相同；在 ECSI 模型中，顾客忠诚主要指的是顾客对该品牌产品或者服务是否情有独钟，主要包含三个可测变量：通过顾客再购意愿、顾客交叉再购意愿以及推荐他人的意愿。

在 ECSI 模型中，原因变量包括顾客期望、品牌形象、硬件感知质量、软件感知质量及感知价值，结果变量为顾客忠诚，其主要观点为：感知质量细化为硬件的感知质量以及软件的感知质量。感知质量(硬件)指的是顾客对产品、服务质量的感受，感知质量(软件)主要指顾客与企业沟通质量的感受。

(5) CCSI 模型。

CCSI 模型于 2000 年由国家科技部委托中国标准研究中心正式立项，清华大学中国企业研究中心进行构建，并于 2001 年在全国范围内进行了 2 次较大规模的试点调查。CCSI 具体模型如图 11-5 所示。

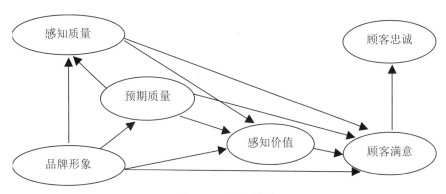

图 11-5 CCSI 模型

CCSI 模型在 ACSI 基础上，结合 SCSB 与 ECSI 模型进行了分析和综合，总结出对 ACSI 模型的四点调整：其一是删除了顾客抱怨；其二是在模型中加入了品牌形象，这主要是考虑中国消费者对品牌形象有较强的信任和依赖；其三是将质量感知分成感知质量和预期质量；其四是调整了预期质量、感知质量和顾客满意等变量的解释变量。总的来看，CCSI 模型中显变量变动较大，比如品牌形象的内容有别于 ECSI 模型，而隐变量顾客满意对应四个显变量。

CCSI 也是一个结构方程模型，共包括 6 个隐变量(品牌形象、预期质量、感知质量、感知价值、顾客满意以及顾客忠诚，其中原因变量为品牌形象、预期质量、感知质量及感知价值，结果变量为顾客忠诚)，由 18 个显变量说明。品牌形象包括品牌特征显著度和品牌总体形象两个可测变量；预期质量包括顾客化预期质量、服务质量预期、可靠性质量预期和总体预期质量四个可测变量；感知质量和预期质量的测量变量是相互对应的，主要是顾客化质量感知、服务质量感知、可靠性质量感知和总体感知质量。顾客价值所包含的两个测量变量和 ACSI 模型中的相同；顾客忠诚有两个测量指标：重复购买可能性与保留价格；顾客满意的测量指标比 ACSI 模型多了一个，即同其他品牌比较。

11.2.3 顾客满意度调查目标与意义

1. 顾客满意度调查的目标

顾客满意度调查的核心是确定产品和服务在多大程度上满足了顾客的欲望和需求，就其调研目标来说，应该达到以下 5 个目标。

(1) 确定引起顾客满意的关键绩效因素。
(2) 评估公司的顾客满意度指标及主要竞争者的顾客满意度指标。
(3) 判断轻重缓急，采取正确行动。
(4) 控制企业满意度管理全过程。
(5) 产品升级以及产品的更新换代。

2. 顾客满意度调查的意义

(1) 能具体体现"以顾客为中心"这个理念。企业依存于其顾客，因此应理解顾客当前和未来的需求，满足顾客要求并争取超越顾客期望。现在国际上普遍实施的质量管理体系能够帮助企业增进顾客满意,如顾客要求产品具有满足其需求和期望的特性,在任何情况下,产品的可接受性由顾客最终确定。但是,顾客的需求和期望是随时不断变化的,顾客当时满意不等于以后都满意,如顾客提出要求才去满足,企业就已经处于被动了。要获得主动,企业必须通过定期和不定期的顾客满意度调查来了解不断变化的顾客需求和期望,并持续不断地改进产品,真正做到以顾客为中心。

(2) 确定企业顾客满意策略。企业进行顾客满意度调查,不只是为了得到一个综合统计指数,而是要通过调查活动,发现影响顾客满意度的关键因素,在提高顾客满意度的过程中能对症下药,制定有效的顾客满意策略。顾客满意度的测量始终要考虑竞争对手的情况,并进行比较,确定企业与其主要竞争对手的优势和劣势,这样可以使企业做到知己知彼,制定合适的竞争策略。

(3) 节约企业成本,提高经济效益。顾客满意度调查贯穿企业生产经营全过程,从设计产品之初就考虑到顾客的需求和期望,使其提供的产品或服务得到顾客的认可,并获得顾客满意。之后,在企业定期的顾客满意度调查中,企业会越来越了解顾客,会准确地预测到顾客的需求和愿望的变化。这样,企业就不用花更多的时间和精力去做市场研究,新产品的研制和生产也会少走弯路。这在很大程度上减少了企业的浪费,压缩了成本,使企业利用有限的资源获得最大的经济效益。

11.2.4　顾客满意度调查方法与步骤

1. 顾客满意度调查的方法

(1) 设立投诉与建议系统。以顾客为中心的企业应当能方便顾客传递他们的建议和投诉,设立投诉与建议系统可以收集到顾客的意见和建议。例如,很多餐厅和酒店都为客人提供表格以反映他们的意见。医院可以在走道上设置建议箱,为住院病人提供意见卡,以及聘请一位病人专门搜集病人的意见。一些以顾客为中心的企业,像宝洁企业、松下企业、夏普企业等都建立了一种称为"顾客热线"的免费电话,从而最大限度地方便顾客咨询、建议或者投诉。这些信息流有助于企业更迅速地解决问题,并为企业提供很多开发新产品的创意,如3M企业声称它的产品改进主意有 2/3 是来自顾客的意见。

(2) 顾客满意度量表调查。企业仅仅通过建立投诉与建议系统,并不能全面了解顾客的满意程度。一项在新加坡商场中所作的调查表明,当顾客对劣质服务不满意时,会有如下反应:70%的购物者将到别处购买;39%的人认为去投诉太麻烦;24%的人会告诉其他人不要到提供劣质服务的商店购物;17%的人将对劣质服务写信投诉;9%的人会因为劣质服务责备销售人员。上述结果说明,并不是所有不满意的顾客都会去投诉。因此,企业不能用投诉程度来衡量顾客满意程度,应该通过开展周期性的调查,获得有关顾客满意的直接衡量指标。

企业可以通过电话回访、问卷调查等方式测量顾客满意程度。在顾客满意度的测试中,测试量表一般从以下两方面进行设计:一是列出所有可能影响顾客满意的因素,然后按照重要程度排列,最后选出企业最关心的几个因素,让受访者帮助判断这些因素的重要程度;二是就所选的重要因素的满意度让受访者做出评价,一般以五项量表等级的居多,如高度满意、一般满意、无意见、有些不满意、极不满意。这是发现顾客满意与不满意的主要方法,企业将利用这些信息来改进下一阶段的工作。

(3) 伴装购物法。另一种了解顾客满意度的有效方法：雇用一些人员装作潜在购买者，以报告他们在购买企业和竞争者产品的过程中所发现的优点和缺陷。这些伴装购物者甚至可以故意制造麻烦，以考察企业的销售人员能否将事情处理好。企业不仅应该雇用伴装购物者，而且管理者本人也可以离开办公室，到企业和竞争者那儿从事购物活动，亲自体验一下被当作顾客的经历。对于管理者来说，还有一种另辟蹊径的方法：以顾客的身份向自己的企业打电话，提出各种问题和抱怨，看看对企业职员是如何处理这些问题的。

(4) 顾客流失分析。企业应当同停止购买或转向其他供应商的顾客进行接触，了解为什么会发生这种情况。IBM企业每失去一个顾客，就会分析客户流失的原因：是价格太高，服务有缺陷，还是产品不可靠等。

上述顾客满意程度的调查方法说到底是搜集有关信息，企业必须为此投入成本、精心设计自己的信息系统。一般来讲，取得信息的渠道有正式和非正式两种：正式渠道主要是公开、程序化的渠道，如顾客投诉系统、顾客满意度调查即属此类；非正式信息渠道是非公开的、隐蔽的信息渠道，如伴装购物法、微服出访、在顾客中安排"眼线""卧底"等即属此类。正式信息渠道的优点是程序化，弱点是信息获取太慢，另外由于面子、情感等因素的作用，顾客有些不满不便表达。非正式渠道的优点是信息获取快速，能得到来自顾客的最隐秘的信息，弱点是非程序化，存在将个别顾客意见普遍化倾向。在实际应用中，调查人员要灵活驾驭这两条渠道，以非正式渠道弥补正式渠道的不足。

2. 顾客满意度调查的步骤

(1) 确定调查的内容。开展顾客满意度调查研究，必须首先识别顾客的需求结构，明确开展顾客满意度调查的内容。不同的企业、不同的产品拥有不同的顾客。不同群体的顾客，其需求结构的侧重点是不相同的，例如，有的侧重于价格，有的侧重于服务，有的侧重于性能和功能等。一般来说，调查的内容主要包括以下几个方面：①产品内在质量，包括产品技术性能、可靠性、可维护性、安全性等；②产品功能需求，包括使用功能、辅助功能(舒适性等)；③产品服务需求，包括售前和售后服务需求；④产品外延需求，包括零备件供应、产品介绍资料、培训支持等；⑤产品外观、包装、防护需求；⑥产品价格需求等。

(2) 量化和权重顾客满意度指标。顾客满意度调查的本质是一个定量分析的过程，即用数字去反映顾客对测量对象属性的态度，因此需要对调查项目指标进行量化。其了解的是顾客对产品、服务或企业的态度，即满足状态等级，一般采用七级态度等级：很满意、满意、较满意、一般、不太满意、不满意和很不满意，相应赋值为7、6、5、4、3、2、1。

一般而言，很满意表明产品或服务完全满足甚至超出顾客期望，顾客非常满足；满意表明产品或服务各方面均基本满足顾客期望，顾客感到愉快；较满意表明产品或服务许多方面满足顾客期望，顾客有好感、肯定；一般表明产品或服务符合顾客最低的期望，顾客无明显的不良情绪；不太满意表明产品或服务未满足顾客的主要期望，顾客抱怨、遗憾；不满意表明产品或服务的一些方面存在缺陷，顾客气愤、烦恼；很不满意表明产品或服务有重大的缺陷，顾客愤慨、恼怒。

对不同的产品与服务而言，相同的指标对顾客满意度的影响程度是不同的。例如，售后服务对耐用消费品行业而言是一个非常重要的因素，但是对于快速消费品行业则恰恰相反。

因此，相同的指标在不同指标体系中的权重是完全不同的，只有赋予不同的因素以适当的权重，才能客观真实地反映出顾客满意度。权重的确定建议采用德尔斐法，邀请一定数量的有关专家分别对调查的每一项内容进行权重赋值，并请他们将各自的权重结果发送给调查者，调查者将综合后的结果再返还给专家，他们利用这一信息进行新一轮的权重赋值。如此往返几次，一直到取得稳定的权重结果(1～3级)。最终，各项顾客满意度指标得分结果的计算公式为：得分=权重×评分值。

(3) 明确调查的方法。目前通常采用的方法主要包括三种。

① 问卷调查。这是一种最常用的顾客满意度数据收集方式。问卷中包含很多问题，需要被调查者根据预设的表格选择该问题的相应答案，同时也允许被调查者以开放的方式回答问题，从而能够更详细地掌握他们的想法。

② 二手资料收集。二手资料大都通过公开发行刊物、网络、调查公司获得，在资料的详细程度和资料的有用程度方面可能存在缺陷，但是它可以作为深度调查前的一种重要的参考。特别是进行问卷设计的时候，二手资料能为我们提供行业的大致轮廓，有助于设计人员对调查问题的把握。

③ 访谈研究。包括内部访谈、深度访谈和焦点访谈。内部访谈是对二手资料的确认和对二手资料的重要补充。通过内部访谈，可以了解企业经营者对所要进行的项目的大致想法，同时内部访谈也是发现企业问题的最佳途径。深度访谈是为了弥补问卷调查存在的不足，必要时实施的典型用户深度访谈。深度访谈是针对某一论点进行一对一的交谈，在交谈过程中提出一系列探究性问题，用以探知被访问者对某事的看法，或做出某种行为的原因。一般在实施访谈之前应设计好一个详细的讨论提纲，讨论的问题要具有普遍性。焦点访谈是为了更周全地设计问卷或者为了配合深度访谈，可以采用焦点访谈的方式获取信息。焦点访谈就是一名经过企业训练过的访谈员，引导8～12人对某一主题或观念进行深入的讨论。焦点访谈通常避免采用直截了当的问题，而是以间接的提问激发与会者自发的讨论，可以激发与会者的灵感，让其在一个"感觉安全"的环境下畅所欲言，从中发现重要的信息。

(4) 选择调查的对象。有些企业在确定调查对象时，往往只找那些自己熟悉的老顾客，排斥那些可能对自己不满意的顾客。有时候，一些企业只是在召开产品产销会、订货会时进行顾客满意度调查，来者往往有求于企业，也只好多说好话少说坏话。这样的座谈会通常局限于经销商，并不是产品的最终使用者，甚至没有直接接触到产品的购买者或最终使用者。

对于大多数企业来说，要进行顾客的全体调查是非常困难的，应该进行科学的随机抽样调查。在抽样方法的选择上，为保证样本具有一定的代表性，可以按照顾客的种类及各级经销商和最终使用者、顾客的区域范围(华东、华南、华北、华西)分类进行随机抽样。为获得完整有效的调查信息，应选择合适的样本数量和范围，同时兼顾到调查的费用和时间的限制。

(5) 顾客满意度数据的收集。顾客满意度数据的收集可以是书面或口头的问卷、电话或面对面的访谈，也可以进行网上顾客满意度调查。调查中通常包含很多问题或陈述，需要被调查者根据预设的表格选择问题后面的相应答案，调查时结合开放式回答，从而获取更详细的资料，掌握关于顾客满意水平的有价值信息。

(6) 科学分析。许多企业进行顾客满意度调查后，只简单地根据自己公司制定的测量和计算方法，计算一下均值比较。如果继续利用分析工具和科学方法，深入挖掘数据，顾客满意度测量结果可以给我们提供许多有用的信息。针对顾客满意度调查结果分析，常用的方法有方差分析法、休哈特控制图、双样本 T 检验、过程能力直方图和 Pareto 图等。为了客观地反映顾客满意度，企业必须确定、收集和分析适当的顾客满意度数据，并运用科学有效的统计分析方法，以证实企业管理体系的是否适宜有效。顾客满意度数据的分析将提供以下有关方面的信息：①顾客满意程度；②与服务要求的符合性；③过程和服务的特性及趋势，包括采取预防措施的机会；④持续改进和提高产品或服务的过程与结果；⑤不断识别顾客，分析顾客需求变化情况。

企业应建立健全顾客系统，将更多的顾客资料输入到数据库中，不断采集顾客的有关信息，并及时更新维护顾客信息。同时，还要运用科学的方法，分析顾客发生变化的状况和趋势，研究顾客消费行为有何变化，寻找其变化的规律，为提高顾客满意度和忠诚度打好基础。

(7) 改进计划和执行。在对收集的顾客满意度信息进行科学分析后，企业应立刻检查自身的工作流程，在"以顾客为关注焦点"的原则下开展自查和自纠，制定企业的改进方案，并动员、监督企业员工落实，以提高顾客满意度。

11.2.5 顾客满意度提升方式

以顾客满意为导向的顾客满意战略是长期性、根本性的战略，是企业获得持久性竞争优势的一个基点。连锁企业的经营要进入更高的层次，要想拥有超越他人的竞争优势和获取长期利润的能力，就必须在不断变化的竞争环境下树立客户满意的服务理念，将顾客满意战略付诸连锁企业经营策略的各个方面和经营管理的各个环节。连锁企业提升顾客满意度的方式有以下几方面。

(1) 以顾客为尊，革新观念，完整地体现客户满意理念。引导决策层、企业各部门共同为客户满意目标奋斗，实施客户满意的服务战略；要在客户满意的服务调查和客户消费心理分析的基础上，建立企业的服务理念满意系统、行为满意系统、视听满意系统、产品满意系统和服务满意系统；必须以客户导向意识从更深层次去理解服务，进而创新服务理念，拓宽服务思路；要认识到企业的服务是一种具体的实践，体现在企业员工工作的态度、语言、行为规范中。

(2) 提供令客户满意的服务，获取"客户满意的价值"。热情、真诚为客户着想的服务能带来客户的满意，所以企业要不断完善服务系统，以客户满意为导向，以一切为客户着想的体贴去感动客户。一是以客户为中心，全方位满足客户要求，清醒地认识到客户是企业赖以生存的基础，失去了客户就失去了企业存在的意义；二是尊重客户的权利，通过多种渠道了解客户的需求，拜访客户，召开顾客座谈会，设立服务监督委员会和服务监督员，在此基础上建立客户满意的标准，并依标准增加服务投入维护客户的利益。

(3) 认真倾听客户意见，建立分析反馈系统。企业实施客户满意战略，要重视提高服务质量，认真听取客户意见，提高对客户的反应敏感度和行动的迅速性，保证客户服务活动的高效运行；要保证服务承诺的可靠性，对确立的服务项目和内容要严格执行；同时还必须建立起一套客户满意分析处理系统，用科学的方法和手段检测客户对企业产品服务的满意程度，将有关信息及时反馈到管理层，并能切实有效地、迅速地采取相应的措施处理好客户的投诉和抱怨。此外，企业还应了解客户期望，并对客户期望实施控制，通过制定适当的价格策略、广告宣传、公众形象塑造等形式使客户产生适度期望，切忌过分拔高客户期望导致客户满意度下降。

(4) 重视员工招聘与培训，形成有效的员工激励机制。推行客户满意战略要重视企业的内部营销活动，将员工看作志同道合的事业伙伴，是乐于向客户传达经营理念和美好情谊的使者。因此，企业要锲而不舍地选择那些与人为善、适合企业文化的员工，在招聘员工时不仅要重视应聘者的工作能力和技术资格，更要重视应聘者的工作态度。

提升顾客满意度的方法是各式各样的，没有一种固定不变的模式。企业处于不同的发展阶段，由于经营模式的改变，提升顾客满意度要求也不一样，运用的方法也有所不同。连锁企业要根据自身外部环境和内部资源条件，因时因地而异，采取不同方法来提高顾客满意度。

11.3 社区满意度管理

中国的社区正面临着一种新的转型，即从"生活社区"向"文化社区"转变，从"规制性社区"向"参与型社区"转变。中国的社区工作已经不是简单的一元主导格局，也不是政府与社会主导的二元互动格局，而是典型的多元协同格局，居民作为重要的参与主体已经确立了其在社区治理格局中的地位。未来中国城市治理的基础要素是由社区提供的，这是从"单位中国"向"社区中国"转型的必然结果。

11.3.1 社区满意度概述

社区满意度是社区管理的重中之重，社区满意是指社区居民通过对社区整体环境和社区工作所感知的效果与其期望值相比较后所形成的感觉状态，是居民对其需要已被满足程度的感受。社区满意是社区居民的一种主观的价值判断，是居民的一种心理感知活动，是居民期望与居民实际感知相比较的结果。如果用数字来衡量这种心理状态，这个数字就叫做满意度，社区满意是居民对社区归属感的基本条件。

居民的社区满意度能够促进其对社区进步的认知，而对社区进步的认知又会增强其社区满意度，二者相互影响、相互关联、密不可分。实际上，无论是社区满意度还是对社区进步的认知度，都是基于居民对社区整体环境的主观认识。如果说，社区满意度反映的是城市居民对社区环境的现实满意度，那么对社区进步的认知度则在很大程度上代表了人们对社区未来的预期满意度，二者共同构成了居民对社区的综合满意度，其是构成居民社区归属感的重要因素。

现代连锁企业越来越社区化，社区分店遍地开花，使社区居民的生活越来越便利。在社区管理中，社区居民满意度是居民对社区整体环境和社区生活的感知，使社区生活便捷化可以提升居民社区满意度，增强社区归属感。所以做好社区居民满意度工作，对连锁企业的发展起到促进作用。例如连锁社区店苏宁小店，在提供社区居民日常所需用品的同时，还提供生活服务,包括快递存放、商品代送、保洁、装修、回收、空气治理和手机服务等,主打社区居民身边的超级生活管家。苏宁小店使其所在社区居民的生活越发便捷化,有效提高了居民社区满意度,同时也促进了苏宁小店的发展[1]。

11.3.2 社区满意度内容

1. 社区满意度的影响因素

社区满意度指居民对社区各个方面的总体感受及主观评价,是一个综合性、多层次的指标体系,是人们微观感受的累积结果。社区满意度反映了社区建设管理水平,在社区吸引和维系居民方面发挥着重要作用。其影响因素有以下几方面。

(1) 住宅满意度:住宅满意度取决于居住状况和住宅标准之间的一致性。住宅标准来源于社会规范和家庭需要,因此大部分住宅标准在某种文化下是一致的,但另外一部分标准因个体而异。我们认为社区标准是住宅标准的一个重要组成部分。如果居民感知的居住状况和住宅标准之间存在显著不对称,即所谓"住房缺陷"(housing deficit),住宅满意度会下降并可能产生迁移意向。那么与之对应,社区满意度也会下降。

(2) 周边商业土地利用程度和生活的便利程度。社区周边商业土地利用率越高,连锁社区店相对分布越广,居民生活则更便捷化,便可以提高社区居民满意度。但商业土地的混合利用也带来噪音、垃圾和交通等问题,给居民生活带来干扰,这时社区满意度会下降。可以通过提高社区植被覆盖和强化社区治理起到缓和调节作用。

(3) 社区环境和植被覆盖率。社区环境和植被覆盖率通过影响居民对自然性的感知与对开放空间植被覆盖的满意度,直接影响着社区满意度。

(4) 社区配套设施及居民参与度。改善社区物质基础设施,强化社区网络,提高居民对社区基础设施的利用率,倡导社区居民积极参与社区活动,可以有效提高社区满意度。

(5) 社区安全。社区安全包括居民对社区犯罪、门禁社区、社区困境的感知,居民对社区的负面感知会降低社区满意度。社区可以通过加强门禁管理、社区巡逻等方式,强化社区安全建设,从而提高社区满意度。

2. 社区满意度研究的意义

随着人居环境质量不断提升,社区满意度研究成为城市研究的关注主题之一。社区的概念理解从费迪南德·滕尼斯强调的社会关系共同体,到被赋予更多的地域性含义,再到引入中国后成为具备行政管理功能的单元,总体来说是指有着空间边界,以地缘关系或居住关系为纽带的社会生活共同体,形塑了居民的社区情感,其中就包括社区满意度。

随着我国经济体制改革的推进与深化,社区已成为实现社会整合功能的基础单元。社区居民对社区服务的需求越来越多,期望越来越高,社区服务日益成为公众关注的焦点。因此,研究社区满意度对社区建设至关重要。

(1) 研究社区满意度,进而提高社区满意度,对于提高社区居民生活质量、化解社会矛盾、促进和谐社会建设都具有重要意义。

---

[1] 林航,林迎星. 社区新零售的发展模式[J]. 中国流通经济,2018(9):3-10.

(2) 高社区满意度有利于形成社区治理良好格局。

(3) 社区满意度研究可指导社区规划，将有限资源最大化利用，提升社区品质。

社区满意度是评价社区建设与管理水平的重要标准之一，与居民的社区归属感、社区参与相关，其对研究居住流动、维系居民数量、增强社区认同具有重要作用。

3. 社区满意度的主要内容

居民对社区的总体满意度是一个综合性的指标，它是多方面、多层次的，它来自于社区日常生活中的点点滴滴，是人们长期以来各种微观感受的一种累积效应，反映了社区客观实在与居民主观需求的一种吻合程度。

社区满意度是居民对其社区环境的总体感受及主观评价。学者们对其比较有代表性的研究如下。

- 罗杰克、格勒曼特和萨满等人提出，可以从社区服务的质量方面检测居民的社区满意度，其中社区服务的质量指标由居民对社区各项环境的评价指标组成，如对社区学校、社区安全、社区医院、地方税务等的满意程度。
- 克里斯坦森和巴尔达萨认为，对社区满意程度的研究可以从研究居民在社区内的生活质量入手，而社区服务质量决定着社区居民的生活质量。
- 潘允康、关颖在社区研究中也提出，人的满意度、归属感离不开社区的物质建设与精神建设，而社区的物质建设和精神建设水平又需要人的满意度和归属感来鉴定与回答。

在社会转型的今天，社区作为中国城市社会中一种新的社会基本组织形态，已经逐渐被广大市民所普遍认同和接受，成为中国城市社会再组织和城市居民再社会化的工具与载体。在社区满意度研究中，居民的社区归属感是决定社区存在和发展的重要前提，它直接来自于居民从社区日常生活中所感受到的满意度，而社区质量又是促进人们对社区满意的根本原因。因此，目前我国城市社区建设的首要任务是努力提高居民的社区生活质量，不断提升人们在社区生活中的满足感，以此促进社区的整体进步。

4. 社区满意度的测评和社区归属感

在社区满意度研究中，针对社区满意度的测评，我们把影响社区满意度的因素和因子聚合成 5 个主因子。

(1) 社区环境：主要包括社区绿化、社区道路、环境卫生、社会治安、居委会工作 5 个因子。

(2) 日常生活：主要包括居民的住房条件、日常购物的便利程度、外出就餐的方便程度、早点及主食供应等因子。

(3) 文化卫生：主要包括文化娱乐活动、社区医疗卫生和活动中心或健身场所等因子。

(4) 基础设施：主要包括供电、供水、煤气供应、邮电通信及交通等因子。

(5) 教育因素：主要包括附近幼儿园、托儿所、中小学校等因子。

在实际社区满意度研究中，远不止上述影响因素和因子，要视具体问题分析。在研究社区归属感和社区满意度的关系时，社区环境、日常生活、文化卫生、基础设施和教育等因素，与社区满意度有较强的正相关关系。社区作为一个有机整体，其方方面面的情况都会对社区整体质量产生影响，进而影响到人们的社区满意度与社区归属感。其中社区环境和社区日常生活是当前影响社区满意度的关键性因素，其重要性是无可替代的。这也为我们城市社区建设指出了方向，即目前社区建设的首要问题和核心问题是围绕社区环境的建设和居民日常生活的建设。

从社会发展的角度看，我们今天的城市社区建设具有非常积极的意义。在社会转型、"单位制"日趋解体的今天，在持续十余年社区建设的努力下，社区日益成为人们和庞大、复杂的城市社会相联系的关系纽带，成为人们融入城市社会的一个切点，成为中国城市社会再组织和城市居民再社会化的工具与载体。

社区的主体是人，社区的精髓是人，社区的发展也是为了人。我国政府在关于社区建设的文件中，也把"以人为本、服务居民"作为社区建设的首要原则，强调要坚持以不断满足社区居民的社会需求，提高居民生活质量和文明程度为宗旨，把服务社区居民作为社区建设的根本出发点和归宿。社区的一切发展均是为了人的发展，我们应当给人以充分的尊重，更多地从居民角度、从居民的社区情感角度出发去建设社区。

我国城市居民的社区归属感直接来自于他们从社区日常生活中所感受到的满足感，这对他们社区归属感的形成起着决定性作用。而社区质量又是促进人们社区满意的根本原因，也是增强人们社区归属感的最终力量。因此，目前我国城市社区建设的核心问题是要通过对社区环境(包括物质环境和人文环境)的整体建设，促进社区的发展与进步，努力提高居民的社区生活质量，通过连锁社区店的便民服务提高居民生活便利性，不断提升人们在社区生活中的满足感，进而提高社区满意度。这才是我们今天社区建设与发展的首要目标和根本途径。

11.3.3 社区满意度调查方法与步骤

1. 社区满意度调查的方法

(1) 访谈调查法：收集口头资料，记录访谈观察。通过对社区居民访谈，收集相关信息。

(2) 问卷调查法：设计社区满意度调查表，分发给社区居民。此方法调查范围广，结合居民访谈效果更佳。

(3) 抽样调查法：主要有随机抽样、等距抽样、分层抽样、整体抽样几种方式。利用抽样调查样本，确保社区满意度调查的公平性和准确度。

2. 社区满意度调查的步骤

(1) 确定调查内容。社区满意度调查应涉及影响社区满意度主要因素的各个方面。

(2) 发布调查通知。为了使社区居民对调查工作提前做好准备，更好地配合社区满意度调查，在调查工作之前发布调查通知，可张贴在小区公告栏中。

(3) 确定调查方式。社区满意度的调查方式有很多，如上门访谈调查和问卷调查等。一般用得最多的是问卷调查，即由物业公司根据社区居民关心的各个方面设计出问卷调查表，由社区居民填写，以此来收集居民对社区和物业管理的意见和建议。

(4) 发放和收集问卷。

① 设计准备阶段：编制方案，设计调查问卷，开展人员培训，进行资料印刷。

② 报告执行阶段：调查走访，回收问卷。
③ 调查问卷复核：错误修正、数据分析，调查结果形成报告。

(5) 撰写调查报告。调查结束后，社区物业应对所有调查问卷进行统计分析，将居民对问卷中提到的各项目意见和建议明确列出，撰写相关报告，并着手在下阶段工作中予以改进。

(6) 公示和改进。对社区满意度调查情况进行公示，并在社区管理工作中进行改进。

社区建设作为一种社会运动，正在我国城市中蓬勃发展，得到了政府和市民的全力推动。可见，进行社区满意度调查，研究社区居民满意度不仅能促进满意度在城市社区领域的作为和理论的扩充，更能获知城市社区建设的整体评价结果，弥补单纯来自官方的测评报告，有力保障和谐社区健康的发展。

11.4 股东满意度管理

连锁企业的"三个满意"构成连锁企业经营与管理的主要利益链，三者利益统一，互为条件，不可分割。员工满意是基石，员工是企业价值链的起点，只有员工满意，企业才能提供使顾客满意的产品和服务。顾客满意是核心，只有顾客满意，企业才有市场，才能获利。股东满意是目标，只有企业有效益了，才能给股东提供回报；股东满意了，再投入更多的资金用来发展企业。如此循环往复，才能更好地造福社会和国家。

11.4.1 股东满意度概述

在公司发展的过程中，股东是公司发展的资金源泉，是公司发展的力量之基。股东投资，形成了企业法人组织；股东出资，从而对公司形成股权。因而，在公司的发展过程中，股东们依法享有参与重大决策和选择管理者的权利。股东是连锁企业极其重要的利益相关者，他们是连锁企业经营所需资本的提供者，是企业的主要出资人，为企业增量价值的创造提供了基础，对公司承担有限责任。股东满意度管理是连锁企业经营与管理的重要组成部分。

股东满意主要包括：股东投资回报和实现资本增值的满意，股东的社会责任感和社会声望的满意，股东的文化审美和价值传承的满意等。在连锁企业经营与管理中，股东对连锁企业的满意程度，本书用股东满意度(Shareholder Satisfaction)表示[1]。

11.4.2 股东满意度内容

连锁企业是由各个股东构成的，企业有好的发展，能够为股东带来利润，股东才会满意。所以，连锁企业需要制订明确的发展计划，积极地带领企业向前发展。但股东满意不仅仅局限于投资利润，还包括股东的社会责任感和社会声望的满意、股东的文化审美和价值传承的满意等。

---

[1] 丁小晏. 基于社会责任的利益相关者满意度研究[D]. 哈尔滨：哈尔滨理工大学，2014.

1. 股东投资回报和实现资本增值的满意

在所有利益相关者中，股东承担了其中很大的风险。股东作为连锁企业的出资人，他们期望获取高额的投资回报和实现资本增值。股东对投资回报和实现资本增值的满意，主要体现在连锁企业满足了股东的利润和分红要求，以及股东对反映自己利益要求及其实现方式信息的非财务指标披露的满意。

非财务指标信息披露的股东满意度包括股东利益相关者管理、股东权利保护、企业前景、竞争力、稳定性、敏感性、企业风险、影响力、吸引力、经营环境、企业管理、企业战略、企业信誉、企业道德水平、管理人员、员工忠诚度、企业优势、企业人力资源、公司治理、内部控制、企业能力、效率、水平、知名度、企业生产结构、销售结构、财务结构、企业形象、企业财务报告、信息披露、经营信息透明度、股东权利、股权集中度、企业社会责任感等[1]。

2. 股东社会责任感和社会声望的满意

连锁企业的发展带动了社会经济的发展，同时也不可避免地对自然环境和自然资源等产生了一定的危害。所以，连锁企业在追求经济利益的同时，也承担了一定的社会责任。企业其实就是一种将资本、劳动力和经营者有效融入一体的制度形式。连锁企业在不断创新中发展壮大，企业壮大的同时也带动了经济的发展，实现了投资者、经营者和员工的人生价值，从而促进整个社会的物质和精神文明建设。

在连锁企业的发展与创新中，股东为企业提供的资金支持给予了企业一定的贡献，股东只是企业众多贡献者中的一个，员工、政府和消费者等诸多群体也为企业的不断发展壮大贡献了自己的力量。所以，股东在追求利益和实现资本增值的同时，也积极承担相应的社会责任。因此，股东在追求利益满意的同时，也希望获得社会责任感和社会声望的满意。

3. 股东的文化审美和价值传承的满意

股东在实现资本增值和获得社会责任感满意的同时，也追求文化审美和价值传承的满意。股东的文化审美可以传承股东的人文理念和价值，以追求和谐美与人的全面和谐发展。同时，股东在传承审美价值和社会价值的基础上，构建具有人文价值和社会责任感的价值观，在理性与感性、情感与理智、集体与个体、个人与社会、现实与未来之间寻求平衡。

11.4.3　股东满意度提升方法

连锁企业在坚持诚信经营、规范治理、信息透明、业绩优良的经营理念外，应该高度重视股东利益，提升股东满意度，打造以股东利益保护为核心、努力为股东创造财富的关系管理模式，实现企业利益相关方共赢，以提升连锁企业发展软实力。在连锁企业在经营管理中，如何提升股东满意度呢？

1. 诚信运营，为股东创造财富

连锁企业应持续为股东创造价值。企业可以采取现金或股票方式分配股利，并优先采用

---

[1] 刘利. 股东非财务指标披露满意度研究[J]. 贵州农村金融，2011(9):3-7.

现金分红的方式进行分配。企业应始终重视保护股东权益，引领价值投资理念，实施积极的利润分配政策。在实现自身盈利水平跨越式发展的前提下，进一步提高现金分红比例，与股东共享价值成长，积极承担社会责任。

2. 科学管理，保护股东权益

(1) 加强合规管理。

① 企业应严格按照监管机构的要求，建立健全以股东大会、董事会、监事会和经营层"三会一层"为核心的公司法人治理结构，企业各项重大决策事宜依法依规严格履行决策流程；按照规范治理的要求，围绕"三会一层"的内部治理结构，以《公司章程》为核心，建立健全《股东大会议事规则》《董事会议事规则》《监事会议事规则》等基本管理制度，并持续补充完善。

② 企业应严格规范信息披露，按照监管要求，真实、准确、完整、及时地履行信息披露责任，切实保障全体股东的知情权；高度重视股东关系管理，通过各种方式推介公司投资亮点，解答股东疑问，为公司的经营发展营造良好的环境。

(2) 股东沟通。

① 在适合的情况下，企业应制定《股东关系管理制度》，以其为基础，持续完善股东管理体系，明确办事机构，构建股东联络机制，不定期安排股东到公司进行参观，建立网站等沟通渠道，认真听取股东诉求，充分保证股东的知情权和建议权。

② 按照《公司法》《公司章程》等规定，企业应定期召开股东大会和不定期召开临时股东大会，确保所有股东特别是中小股东的平等地位，保证各类股东均充分行使合法权利，开通网络投票，使广大股东更广泛地参与到公司决策中来。

③ 企业通过加强与股东日常沟通、及时召开业绩说明会等方式，积极履行披露业务，认真解答股东关心的问题。通过领导访谈、方案解读及媒体宣传等方式引导股东正确认识公司。

本 章 小 结

本章主要介绍了现代连锁企业满意度管理，具体包括以下几方面内容：
员工满意度管理、顾客满意度管理、社区满意度管理和股东满意度管理。

思 考 题

一、简答题

(1) 结合实际论述如何提高连锁企业满意度管理。

(2) 员工满意度管理对现代连锁企业有何影响？

(3) 谈谈顾客满意度在现代连锁企业满意度管理中处于怎样的地位。

(4) 社区满意度包含哪些影响因素?
(5) 股东满意度包含哪些主要内容?

二、案例分析

※ 海底捞的满意度管理应用 ※

"海底捞",广为人知的名字,是中国知名火锅连锁店。四川海底捞餐饮股份有限公司成立于 1994 年,是一家以经营川味火锅为主,融汇各地火锅特色于一体的大型跨省直营餐饮民营企业。截止到 2018 年 12 月 31 日,海底捞在全球已经拥有 466 家连锁店,全年总营收 169.69 亿元,其中净利润达到 16.4 亿元,海底捞有 69056 名员工,平均翻台率仍然是 5.0 次/天。海底捞创造了中国餐饮行业一个不大不小的奇迹,其客户回头率高达 90%以上,几乎每个去过的人都会再次带着不同的朋友前去,通过这样的口碑宣传,为海底捞带来了源源不断的客户。

在餐饮行业这个人才流动非常大的行业,并且中国有如此众多的餐饮连锁店,为什么只有海底捞能创造这个奇迹呢?是什么关键因素促成了海底捞的奇迹呢?——管理。海底捞的管理,尤其是满意度管理智慧让人震惊,发人深省。

其通过对员工满意度和客户满意度的双满意度考察体制,成功打造了火锅行业"五星级服务"典范。公司始终秉承"服务至上、顾客至上"的理念,以创新为核心,改变传统的标准化、单一化的服务,提倡个性化的特色服务,致力于为顾客提供愉悦的用餐服务;在管理上,倡导双手改变命运的价值观,为员工创建公平公正的工作环境,实施人性化和亲情化的管理模式,提升员工价值。多年来历经市场和顾客的检验,成功地打造出信誉度高、颇具四川火锅特色、融汇巴蜀餐饮文化"蜀地,蜀风"浓郁的优质火锅品牌。

1. 海底捞的员工满意度管理

在近几年里,海底捞餐厅已经成为餐饮界的一个热点现象,吸引了众多媒体的关注。中国的企业,有很大一部分属于劳动密集型的中小企业,员工工时长、工作累、报酬低,劳资矛盾突出,经常为人诟病。但是海底捞通过它的满意度管理智慧告诉我们,即使是在火锅这样技术含量不高的行业,一样可以创造出令人羡慕的高昂士气、充满激情的员工团队和出色的业绩。

海底捞究竟是如何做的呢?

(1) 在海底捞,大胆启用"亲友团",鼓励介绍身边的亲朋好友来海底捞工作。

(2) 在海底捞,权力的下放让人咋舌——200 万以下的开支,副总可以签字;100 万以下的开支,大区经理可以审批;而 30 万元以下的开支,各个分店的店长就可以做主。普普通通的一线员工,拥有免单权,并且他们可以根据需要给顾客赠送水果或加菜,而且很少有员工会滥用这些权力。

(3) 在海底捞,有一套严格而又公平的晋升制度。无论学历,海底捞的晋升一切凭能力、成绩来衡量。无论出生,海底捞的所有员工都可以凭借自己努力工作获得公平晋升的机会。

(4) 在海底捞,员工的生活待遇让人羡慕——为员工提供住宿,并且离店铺不超过 20 分钟路程;为员工提供免费网络,为员工集中洗衣等。

(5) 在海底捞,夜班的员工就一直上夜班,白班的员工就一直上白班。

(6) 在海底捞，不论分店开设多少，都会保证有30%的老员工压阵，人员按110%来配备。

(7) 在海底捞，为保证员工不用担心家里人的生活，海底捞在大多数员工的家乡四川建了寄宿学校，保证员工孩子的求学和教育；员工的家人每年可以得到海底捞寄出的补助金，且金额不菲。

海底捞的成功是管理上的成功，而管理上的成功很大程度上可以说是员工管理的成功，尤其是员工满意度管理。

海底捞员工的工作负荷是不是就没有其他餐饮那么高呢？是不是比其他的员工要轻松呢？不是的，海底捞的员工每天也要工作12小时，有时忙的饭都吃不了；工作强度也大，每天的走动距离也要达到10公里左右；海底捞的员工也要求反应快，对顾客的喜爱记忆要好；工作场合同样要求不能交头接耳；要求在顾客面前保持端正等。

但是海底捞的员工为什么还能保持如此高的工作热情和积极性呢？

因为海底捞注重员工的满意度管理，其员工管理制度注重从各个方面激励员工，在生活和工作上采取各种手段，激励员工，提升员工满意度，保持员工的工作热情和积极性。

海底捞的管理哲学体现了"以人文本"，通过培养员工，激励员工，从而积极调动员工的工作热情，让员工全心全意地对待自己的工作，热爱自己的工作，让员工在工作中感到满足，进而提升员工满意度。这种满足会让员工为了企业的发展壮大出谋划策，尽心尽力地为顾客服务，为企业创造更大的利润。

海底捞是如何在管理中"以人文本"，提升员工满意度的呢？

(1) 海底捞鼓励创新，因为员工是和顾客接触的第一人，员工才是最了解顾客需求的人。海底捞鼓励员工为了保证顾客的满意而积极献策，并采取一系列有效的举措，让员工感到成就感和满足感。

(2) 海底捞的用人，充分放权，让很多人觉得不可思议。而海底捞的这种行为是其管理机制完善、制度健全、企业文化文明先进的体现。大多数企业觉得做不来，是因为自己企业管理不完善，存在很多漏洞，让人有机可乘；又或者企业内的环境不太友善，员工之间相互排斥，勾心斗角。

(3) 海底捞的员工，大多数来自山区。而这些人的到来或者是企业老员工的介绍，又或者是因为被海底捞的文化所感染而来，首先就保证了员工的基本素质。海底捞的大部分管理者也都是在各个连锁店一步步干上去的，他们对这个企业充满热情，所以在日常工作中不愿意做出对企业不利的事情来。

(4) 海底捞的晋升制度严格而又公平，员工在海底捞的努力会换来应得的回报；员工无论出身，无论学识的高低，都可以通过努力工作换来同等晋升的机会。海底劳动额晋升制度又充满人性化，并不是每个人都是当领导的料，但即使是个普通员工通过努力工作，也可以享受和店长同样的待遇，这样使得每一位员工都有奋斗的目标和动力。

(5) 海底捞的绩效制度是建立在"顾客和员工满意"的基础上的，考核的标准只有顾客和员工的满意度，而考核对象就是员工平时的工作过程。

(6) 海底捞为员工提供住宿和洗衣服等服务，很多人觉得这些制度的成本太高，但认真分析我们会发现并非如此——为员工提供住宿，并且离海底捞的店铺不超过20分钟的路程，这样员工可以获得足够的休息，第二天的工作效率和热情将会更高，进而提升店铺的经营；

为员工提供网络，让员工在宿舍上网，可以避免在外上网过程中的一些安全问题，并且在宿舍上网，有很多人监督，为了保证别人的休息，不能上网时间过长，这也会保证员工的休息，以提高第二天的工作效率；为员工提供集中洗衣等服务，同样可以增加员工的休息时间，并且集中洗衣将会大量减少水资源的浪费，既保护了水资源，同时又降低了成本。同样，这些制度会有效提升员工满意，降低员工的流失率。而员工的稳定性既可以保证海底捞的运营，也可以大大减少因为培养新员工带来的开销，同样也是成本的降低。

(7) 海底捞为员工的留守儿童和老人尽心尽力服务，看似花销成本很大，但是家人的安定会使员工无后顾之忧，安心努力工作。同时，海底捞的这些制度和行动，在当地乃至全国引起轰动，各大电视台争相报道，让大家关注海底捞，认识海底捞，光顾海底捞；很多海底捞员工都是老乡、夫妻，他们会全心全意为海底捞工作，不会想着破坏海底捞的经营。

(8) 在海底捞，无论你出身，无论你学识，都能保证获得同等的尊重和待遇，在事务处理上都拥有同等的权力。

2. 海底捞的顾客满意度管理

海底捞一直以"满足顾客要求，让顾客保持愉悦的就餐心情，享受到无微不至的关怀"为宗旨。海底捞对顾客像家人一样招待，尽全力满足顾客的需求，让顾客在消费的同时感到满足和温馨，让顾客在海底捞享受到在家一样的温暖和惬意。海底捞的人员配备都是需要人数的110%，为的就是避免因为员工出现一些原因而怠慢顾客，降低顾客满意度。而顾客得到满足，提高了其满意度，顾客就会再次光顾，并且携带亲朋好友一起前来，既是销售的提高，又是无声而又有力的广告。

海底捞是如何在管理中提升顾客满意度的呢？

海底捞通过对顾客就餐前后的服务过程管理，把顾客服务做到了极致，从而提高了顾客满意度。海底捞遵循着满足顾客需求，激励员工，调动员工工作热情，让员工在服务中发现顾客更深层次的需求，进而想出方法去满足顾客的需求。而顾客的满足既保证了回头率，也会为海底捞带来一批新客户。

(1) 用餐前的顾客服务。每一家"海底捞"门店都有专门的泊车服务生，主动代客泊车，停放妥当后将钥匙交给客人，等到客人结账时立即提车到店门前，客人只需要在店前稍作等待。此外还有免费的擦车服务，在任何一家"海底捞"店里的等候区都可以看到如下的景象：大屏幕上不断打出最新的座位信息，几十位排号的顾客坐在那儿悠闲地吃着免费水果，喝着免费的饮料，享受店内提供的免费上网、擦皮鞋和美甲服务。

(2) 点餐时的顾客服务。"海底捞"不像有的火锅店为了多挣钱尽可能增加点菜量，如果客人点的量已经超过了可食用量，服务员会及时提醒客人，可想而知这样善意的提醒会在我们的内心形成一道暖流。此外，服务员还会主动提醒顾客，各式食材都可以点半份，这样同样的价钱就可以享受平常的两倍的菜色。

(3) 就餐时的顾客服务。大堂里，女服务员会为长发的女士扎起头发，并提供小发夹夹住前面的刘海，防止头发垂到食物里；戴眼镜的朋友可以得到擦镜布；放在桌上的手机会被小塑料袋装起以防油腻；每隔15分钟，就会有服务员主动更换你面前的热毛巾，如果你带了小孩子，服务员还会帮你喂孩子吃饭，陪他在儿童天地做游戏，使顾客能轻松快乐地享受美食。

(4) 就餐后的顾客服务。餐后，服务员马上送上口香糖，一路遇到的所有服务员都会向你微笑道别。

海底捞除了管理顾客就餐前后的服务过程，同时也进行客户关系管理，以提高顾客满意度，增强顾客黏性。海底捞的客户关系管理由以下几方面。

(1) 建立良好服务顾客档案。"海底捞"的员工会记录自己招待的顾客的生日、顾客家庭人口数、他们孩子的生日，以及他们的结婚纪念日等信息。根据以上建立的顾客档案与顾客保持不断联络，让他记住你，并成为朋友，这样做的目的只有一个：让客户永远记住我们，当他们想吃火锅的时候，第一个想到的就是我们！最高境界就是：让顾客习惯我们的服务！

(2) 呼叫中心成为焦点。"海底捞"区别于其他同类或者类似餐厅的是，它租用了自己的专属呼叫中心，并且很有特色。"火锅外卖"这种新鲜的服务被很多媒体关注，这种"特色服务"因极大地挑战了人们的想象力而迅速成为热点话题。海底捞是国内首家推出这种服务的，他们称之为"HI 捞送"。有别于普通外卖的"HI 捞送"，消费者只需要拨打一个电话到海底捞的呼叫中心，将需求告知接线员，呼叫中心系统会快速地记录、存储、生成订单统一派发，菜品、炊具、餐具就会全部送到家里。整个的订单派发过程还能够实时跟单，帮助海底捞轻松实现了传统餐饮向电子商务的转型。应用于海底捞的呼叫中心系统，完全采用租用模式，对于需要随时增减座席、增加业务功能、前期不想占用太多资金在呼叫中心上的企业来说，租用型呼叫中心系统无疑是最好的选择，免去了软硬件的资金投入和维护的人员精力投入，企业可以把更多的资金和精力放在经营自身的业务上，让呼叫中心成为企业经营的助推器而不是负担。

(3) 聚客效应。自古以来，人气就是商家发达的生意经。一般来说，人们的从众心理都是非常强的，常常追捧那些最热门的企业和品牌，因此，是否已经拥有大量的客户将成为人们聚焦的重要考虑因素之一。已经拥有较多客户的企业将容易吸引更多新客户的进入，从而使企业的客户规模形成良性循环。海底捞的这些顾客能够给企业带来聚客效应。逐渐被顾客熟知的海底捞，在众多顾客和媒体的追捧下使其成为更多消费者的选择。

海底捞的满意度管理智慧突出体现了"以人为本"——了解并充分满足顾客的需求；将员工像家人一样对待，充分调动员工的工作热情；提供合理、公平的晋升制度，让每位员工都有奋斗目标，保证每天的工作效率。

海底捞的满意度管理智慧科学而又人性化，让人叹服。

案例来源：HR 案例网 http://www.hrsee.com/?id=759，作者有删减。

【案例思考题】

(1) 海底捞的满意度管理应用表现在哪些方面？

(2) 谈一谈海底捞满意度管理给你的启示。

第 12 章 现代连锁企业发展趋势

随着连锁企业的快速发展，连锁经营几乎已遍布第三产业的所有行业，被广泛应用于服务领域，连锁经营正迅速成为最具获利能力的投资方式和创业途径。那么，新形势下现代连锁企业的现状与发展趋势有何变化？现代连锁企业有哪些新型管理手段应用？新零售时代的多方跨界融合如何体现？这是本章主要讲述的内容。

学习目标
- 掌握现代连锁企业发展趋势
- 了解现代连锁企业新形态发展
- 探索现代连锁企业管理手段
- 了解新零售时代的多方跨界融合

12.1 现代连锁企业现状与发展趋势

连锁零售业不仅是经济发展的热点行业，也是反映一个国家和地区经济运行状况的晴雨表。本节主要讲述新形势下现代连锁企业发展现状、变革与转型，以及连锁企业新形态发展研究。

12.1.1 连锁企业现状概述

连锁零售作为先进的零售经营模式，经过多年的高速发展，已成为国家经济的重要组成部分。新形势下，受零售业增速放缓的影响，连锁商业的经营压力也随之增大，连锁商业市场甚至出现了闭店热潮。因此，连锁企业为了获得更加长远的发展，开始跟随市场的发展趋势尝试升级转型。而持续向好的宏观经济也使得消费支出持续增长，给消费行业特别是商业零售业带来明显的拉动作用[1]。

现代连锁企业的现状与发展趋势体现在以下几方面。

---

[1] 中国互联网络信息中心(CNNIC). 第 38 次中国互联网络发展状况统计报告 [R/OL].(2016-08-03)[2019-10-15]. http://www.cac.gov.cn/ 2016-08/03/c_1119326372.htm.

1. 连锁零售渠道从位置和形态两方面进一步下沉

(1) 店铺位置：向二线城市及三、四线城市下沉。

随着一线及部分二线城市门店市场竞争的加剧，零售商的盈利水平受到限制。在地理位置上，随着城市化进程的加快、物流等基础设施建设的完善，竞争激烈程度相对较小、发展空间较大的三、四线城市的市场，未来将成为现代连锁企业的必争之地。主要是因为三、四线城市，特别是四线城市，发展空间大，也更容易盈利，能大幅缩短回报期。目前已经明确将重点放在四线城市的行业有超市、便利店、百货店、干洗、饰品专卖、快餐、汽车后市场等，这些都是民生结合度较高的行业。

(2) 店铺形态：向单个覆盖面小、密度更大的连锁店铺发展。

对于连锁超市行业而言，随着所在城市或区域的人均收入、消费水平的提升，以及消费习惯的变迁，尤其在零售渠道较为发达的一、二线城市，连锁超市业态也正在发生结构性变化：一方面，由于现代店铺布局的分散化，每个店铺的商圈范围逐渐缩小，单店客流不会随着店铺规模的扩大而无限制的增长，这样，未来零售业发展中规模效益的实现，需要通过众多分散的小店铺的集合，这种集合离不开更大密度连锁方式的运用。另一方面，随着互联网技术与电子商务行业的飞跃发展，网购的便利性、价格优势和商品丰富程度对实体零售行业造成了越来越大的冲击，在店铺形态上，相比数量较少的大中型卖场和超市，单个覆盖面小、密度更大的小型连锁店铺由于更加接近居民生活区，凭借其便利性、便捷性，形成对于网购的天生的抗冲击能力。

2. 超市商品销售利差空间缩小，自有品牌占比亟待提升

(1) 全球零售行业的自有品牌商品占比较高。

全球零售市场中，发展自有品牌已然成为重要潮流。近年来，以欧洲为代表的各国零售渠道商自有品牌业务继续保持较高水平，根据尼尔森(Nielsen)2016 年对 60 多个国家的超市调查数据显示，全球零售渠道商自有品牌业务发展水平不一，其中：欧盟自有品牌销售占比最高，约为 31.4%；北美为 17.7%；拉丁美洲自有品牌销售占为比 8.3%；亚太地区自有品牌销售占比尚处于较低水平，约为 4.2%。

(2) 我国连锁超市自有品牌尚在起步阶段，发展空间巨大。

中国连锁超市竞争日趋激烈，商品销售利差空间缩小，越来越多的超市企业选择通过开发自有品牌提升利润空间。对消费者来说，自有品牌产品性价比更高；对超市企业来讲，自有品牌商品除了吸引顾客，还可以省去品牌使用费和中间供应环节，保证较高利润。通常而言，销售自有品牌商品的毛利率高于供应商商品。

3. 零售技术升级，IT 建设将越来越被现代连锁企业重视

随着零售技术的日趋成熟，IT 技术在现代连锁企业的应用越来越被重视，应用水平已经有了较大提升。在未来，包括零售新科技、信息化建设、电子商务等在内的零售 IT 技术将成为零售商突破重围的利器。

新科技在仓储及门店运营技术方面的使用，将有力推动零售企业运营效率的提高。目前，对于大多数零售企业而言，条码技术在物流方面的应用尚存在短板，在无线射频识别(RFID)

技术方面处于初期阶段，基于网络功能的应用软件基础也有待进一步加强，未来越来越多的零售新科技应用将使零售企业的供应链管理更简易、商品动态追踪更自动化，为供应链系统效率带来革新性的变化[1]。

4. 综合服务：集零售、娱乐、餐饮、会展等功能于一体

现代连锁企业已经不仅仅局限于商品的销售，更注重为顾客提供综合性服务，集零售、娱乐、餐饮、会展等功能于一体，持续朝多业态、多领域聚合式、协同化方向转型。新零售时代，零售企业将围绕多样化、个性化的消费需求展开，各类商业综合体聚合教育、亲子、医疗、健身、旅游、美食、商务等更加多样的服务业态，从以往单纯的购物中心逐渐转型为生活体验中心，为消费者提供全方位的综合服务。

5. 产融结合：零售业与消费金融、产品保险等逐步融合

零售业向金融业务的自然延伸，是通过共用销售渠道、客户网络、物流渠道等形式的一种新的盈利模式。通过产融结合的方式，零售商一方面可以巩固其产业优势，通过金融业务稳定供应链体系、保持销售规模增长、提升用户体验，产生经营的协同效应；另一方面，随着零售业与消费金融、产品保险等金融业务的逐步融合，零售商们还拓展了企业的金融收益。无论国内还是国外，在零售业巨头中，金融业务收入均已占据相当比重，成为零售企业重要的业务构成。沃尔玛2016年全球净利润中45%是来自现金流再投资的收益，真正来自店面卖货的净利润是55%。通过零售业务渠道发展金融，由于产业经营的规模化和稳定性，为金融业务带来了低资金成本和低销售成本的优势；消费金融和产品保险业务还可以反向刺激零售业务，二者形成了强有力的协同效应，产融结合已经成为零售业发展的一大趋势[2]。

6. 线上线下一体化：线上做信息整合和产品推广，线下做产品体验和渠道拓展

网络销售的迅速发展曾对线下实体店的销售造成了一定的冲击，但随着业态的发展变化，国际上大型连锁企业普遍表现出线上和线下融合的趋势，线上线下的竞争正在不断转化为合作与融合，成为零售业的发展方向。线上线下销售模式各有优势：线上的优势主要在网络流、资金流和信息流。线上销售由于省去中间环节，成本降低，网购的信息流直接反映消费趋势，资金交易也较为便捷。线下实体店在物流、服务、用户体验上具有优势。通过线上线下的结合，线下零售商逐步在经营思维、运营方式、销售管理及服务体系等方面与线上实现协同，在价格系统、个性化互动、跨渠道推销、库存、物流、售后服务及创新体验等多个方面同步，使消费者能够从实体店、网络平台、移动终端，获得一致、优质的服务与购物体验，还通过网订店取、网订店送的方式满足消费者需求，更好地创造效益[3]。

7. 生鲜超市迎合未来消费升级趋势

食品需求的变化是拉动生鲜超市产生和发展最有力的因素。伴随消费升级趋势，人们食品消费习惯从原先的生存、温饱型向享受、体验型方向发展，对生鲜食品的需求也发生了一

---

[1] 赵建凤."新零售"时代我国连锁零售的创新与发展方向[J].商业经济研究，2018(18):14-15.
[2] 贾康，程瑜，张鹏. 中国大型零售业现状、趋势及行业发展战略设想[J]. 经济研究参考，2017(46):3-30,45.
[3] 商务部. 中国零售行业发展报告(2016/2017 年)[R/OL].(2017-07-03)[2019-10-13]. http://www.mofcom.gov.cn/article/ae/ai/201707/20170702602975.shtml.

些变化，主要体现在以下几个方面：对食品安全的考虑逐渐占据首要的位置；更讲究营养搭配，追求食品消费的便捷性。近年来，随着人们生活节奏的加快，加工食品、半加工食品或可以直接带回家就餐的熟食备受消费者的追捧；对食品鲜度和卫生程度要求也在不断提高。日常的蔬果、肉类、蛋类、水产等商品的新鲜度，是影响消费者购买欲望的一个非常重要的因素。另外随着人们对健康理念的追求，绿色食品、无公害食品越来越得到人们的青睐，绿色食品、健康食品被放到更为重要的位置。

12.1.2 连锁企业变革与转型

连锁企业变革与转型是重大的零售创新，连锁企业变革发生过百货商店、超级市场、连锁经营和电子商务四次零售革命：第一次零售革命可称为沃尔玛时代，通过全球私人卫星网络，沃尔玛将全球的实体店连接起来，完成了零售业连锁的革命；第二次零售革命以亚马逊崛起为标志，通过 PC 互联网，亚马逊将全球的商品连接起来，完成了零售业电商的革命；第三次零售革命是消费者的革命，消费者成为世界的中心，借助移动互联网、社交媒体、人工智能、云计算等新技术，全天候、全渠道和个性化顾客群诞生了，它们跨越时间和空间，可以瞬间、实时连接起来；第四次零售革命是一次全方位的变革，是由电子商务引起的革命，影响范围远远超过前三次革命，零售业态和经营模式发生了深刻变化，线上线下充分融合，互联网巨头大规模介入，科学技术为零售革命提供了持久动力[1]。

现代连锁企业变革与转型体现在以下几方面。

(1) 零售业形态发生深刻变化。零售业形态发生深刻变化，产生了网上商店、智能商店、线上与线下一体化经营、跨境电商等新形态，零售业呈现平台化、虚拟化、去中心化、智能化、无人化、数字化的特征。

(2) 全方位的变革。现代连锁企业变革形成一次全方位的变革，其范围要远远超出之前的连锁零售革命。之前的连锁零售变革要么是零售业态，要么是零售组织形式的革命，表现形态相对单一。而现代连锁企业变革不仅创造了许多新业态并改变了零售组织，还包括经营模式、经营理念、盈利模式、场景、营销方式、支付手段、物流等创新，是全方位的创新。

(3) 线上和线下的融合。线上和线下的融合，线上企业到线下开拓，线下企业到线上发展，形成了地下和空中、有形和无形结合的立体式零售业，零售企业的边界大大拓展。如果说互联网企业入股传统零售是组织结构上的变革，线上和线下融合则是连锁企业内容上的变革。O2O 是现代连锁企业变革的全新创造。值得注意的是，便利店成为线上与线下融合的重要载体，不断被赋予新的功能，成为传统业态中的佼佼者。

(4) 互联网巨头介入实体零售业。互联网巨头大规模介入实体零售业，零售业实现资源重新配置。互联网企业以其雄厚的资金实力，在短短几年内迅速收购优质的实体零售企业，控制优质的零售资源，零售行业进行了重新洗牌。传统零售业接受互联网企业的改编，有的甚至脱胎换骨，成为互联网企业的一个组成部分，这和之前的连锁企业变革具有显著的区别。过去的零售革命是一些具有新业态特征的企业自身成长完成的，新业态自我繁殖，不断被模仿，经历了较长发展过程才成为主导业态。

---

[1] 李骏阳. 改革开放以来我国的零售革命和零售业创新[J]. 中国流通经济，2018(7):3-11.

(5) 科学技术的重要作用。科学技术起到特别重要的作用，为现代连锁企业变革与转型提供了持久的动力，其中最重要的是互联网和人工智能技术，它们为零售业多样化创新提供了无限的可能。现代连锁企业变革与过去的零售革命最大的不同之处是：过去的零售革命都有一个清晰的业态或形态，零售革命的结果是可以展望的。而第四次零售革命却是一个持久的创新过程，互联网、人工智能和大数据的结合将碰撞出无限的创新可能性，而这些创新与传统商业的结合又将形成丰富多彩的商业新模式和新形态。

现代连锁企业变革的创新在深度和广度上远远超过以往，除了技术、业态、组织外，还出现模式创新、场景创新、支付创新等，这都是以往所没有的。目前零售业的创新尽管五花八门，有线上与线下的融合，有业态之间的融合，有智能技术的推动，有新型团购模式，有C2B等，但是万变不离其宗，所有的创新都需要在降低成本、提高效率、创造价值方面有所建树，否则创新是不能持久的。

12.1.3 连锁企业新形态发展研究

现代连锁企业经过多年来的发展与创新，其业态也发生相应的变化，涌现了一些连锁企业新形态。现代连锁企业已经从各种专业小店铺发展成业态齐全、形式多样、技术先进、日新月异的现代化连锁企业。近年来，连锁零售业加快了创新的步伐，各种新型业态、经营模式和经营理念不断涌现，学术界对未来零售业的创新发展提出了许多新的看法，认为第四次零售革命已经发生。在企业界，阿里巴巴集团主要创始人马云提出"新零售"概念，苏宁控股集团董事长张近东认为未来的零售是智慧零售，京东集团董事局主席兼首席执行官刘强东则主张未来的零售将成为"无界零售"。零售业的创新发展始终是企业界和学术界的热门话题。

新零售业态是在传统零售经营模式的基础上，改变经营方式和经营哲学，使传统零售业经营模式重心逐渐由企业效率转向用户体验。即在新零售业态下，零售企业以用户体验(主要是客户和员工体验)为优先，兼顾企业效率，通过提高用户体验吸引更多客户，增加用户规模，然后依靠大规模用户基数提高企业运营效率，增加销售利润。传统零售企业经营模式以企业效率为中心，因此制定经营战略时通常将股东利益放置在第一位，然后才是客户和企业内部员工。在当前竞争日益激烈的市场环境下，再加上消费者需求日益多样化，以股东权益为第一位的经营策略不再适用，在市场竞争中必将被逐渐淘汰。新零售业态企业经营模式以用户体验为中心，因此制定经营战略时通常将客户需求放在第一位，然后才是员工和股东，其关键在于经营人。这种经营模式满足了消费者的多样化需求，将经营战略瞄准企业长远利益。传统零售所采取的商业模式就是以企业效率为中心，而新零售所采取的商业模式则是以用户体验为中心，其经营思维上存在实质性差异。在信息透明化发展程度越来越高，消费者主权受到的重视程度不断加大的背景下，传统零售逐渐无法满足时代发展的要求，以用户体验为中心的新零售开始变成将来发展的主流。

1. 线上线下融合

线上线下融合是迈向新零售的必经之路，线上线下融合不是简单的传统零售企业发展电子商务或是电商企业建立线下门店。企业要适应新零售业态，就要遵循新零售业态的经营模式，以顾客为中心，通过商品来经营人。因此在新零售进化过程中，无论是传统零售企业还是电商企业，都要对企业内部经营管理进行重新优化，将线上和线下渠道有机融合，形成全渠道销售体系。

目前我国零售企业能够实现线上线下真正融合的企业不多，较为知名的企业主要有万达的飞凡(购物中心领域)、大商集团的天狗网、天虹的虹领巾(百货商场领域)、大润发的飞牛网(大卖场领域)、阿里的盒马鲜生(综合超市领域)、京东到家、淘宝到家(社区超市领域)、淘宝便利店和苏宁小店(便利店领域)等，这些零售企业的线上线下整合目前来看相对比较成功。但当前还有很多企业跟不上新零售业态发展趋势，没有顺应时势进行线上线下融合发展或者是线上线下融合发展还未成功，新零售业态下的线上线下融合之路任重而道远。

2. 零售+体验式消费

零售+体验式消费发展态势极为显著，可以说各个零售业态中均存在不同程度的表现：在购物中心业态，由于消费者生活方式改变，需要将消费与体验的融合度加深，因此购物中心中增加电影院、游乐场、餐饮店等是大势所趋；在百货业态，我国很多大中型城市百货商城已基本升级到百货购物中心阶段，这与过去以传统零售为主相比，完善了体验式消费的基础设施建设；在超市业态，如今零售+体验式消费的案例还相对较少，其中较有代表性的就是盒马鲜生，其所采取的生鲜超市+餐饮(生鲜+现做)的模式对该行业产生了较为显著的影响；在便利店业态，其商品也开始升级成快消品+餐饮(鲜食)类，进一步强调体验式消费；在实体零售业，新零售发展道路上大部分都采取了零售+体验式消费的模式。

由此可见，零售+体验式消费也正逐渐成为我国新零售业态的发展趋势之一，但很多企业在朝零售+体验式消费模式发展的过程中都不太成功，普遍陷入困境。原因在于绝大多数实体零售对人的重视程度不足，没有采取科学办法采集数据，并把消费者行为进行数据化；也没有面向员工合理的分配利益，经营管理中没有践行新零售核心方法，即以人为中心，通过商品经营人。

3. 零售+产业生态链

零售+产业生态链，即基于平台运营模式对上下游商业合作者加以重视。采取以用户体验为中心的新零售，必须要重视人与经营人，除了涵盖顾客与企业员工，还涵盖上下游商业合作者。阿里巴巴和京东是典型的零售+产业生态链，其在零售平台的基础上，还提供仓储物流服务、供应链金融服务、IT技术服务、整合营销服务等。在零售+产业生态链经营模式下，阿里巴巴和京东已成为国内数一数二的零售电商。事实证明，这种生态思维和发展模式能够将互联网和市场紧密衔接，和消费者随时灵活沟通，盘活整条产业链，因此成为新零售业态未来发展趋势[1]。

综上所述，连锁企业新形态发展就是以用户体验为中心的经营模式，其新形态发展主要有三个方面：一是实施线上线下融合的O2O(自建或第三方)，这种模式对绝大多数企业都适用；二是采用零售+体验式消费，这种模式对于一些较为大型的零售企业来说比较合适；三是采用零售+产业生态链模式，这种模式需要企业实力和资金雄厚，因此目前仅适用于极少

---

[1] 肖峰. 新零售背景下我国零售业态发展前瞻[J]. 商业经济研究, 2018(9):11-13.

数大型零售企业。

连锁企业新形态的发展离不开零售革命,零售革命是零售创新的集中爆发。由于科学技术的快速发展,现代连锁零售革命的创新多点爆发,内容精彩纷呈,创新高潮迭起,使得这次连锁零售革命在深度和广度上都有所创新。从消费者诉求来看,零售创新必须满足三个方面的要求:价格优势、良好的购物体验、降低消费者购物费用。一项创新至少必须满足其中的一个条件。从企业方面来看,零售创新必须能够降低成本、提高效率、创造价值,这三个方面通常是结合在一起的,降低成本、提高效率才能使新的业态具有竞争力,创造价值才能使创新真正为企业和消费者带来利益。

引流商品、经营社群以及增加服务内容属于新零售业态经营模式当前的三个主要方式。实体零售可以借用互联网和电商渠道,然后通过优质商品和服务(引流商品)建立与顾客之间的良好关系,服务好社区及周边,树立口碑,经营好社群;也可以通过适当扩大商品种类,提供更多服务,增加服务内容。可见,O2O 线上线下的融合,属于零售企业转向新零售业态发展的代表,新零售业态下的便利店为顾客提供到家服务和到店服务(增加服务内容),顾客体验会更好,辐射人群更广,到店服务辐射到方圆 500 米,到家服务辐射到方圆 2~5 公里,不断增加顾客规模,以提升门店经营效率。经营效率提高了,店家利润也随之提高,有更多资金来扩大商店规模和增加销售渠道,这就使得商品更多、员工人数更多、渠道更多。如此良性循环,辐射范围就更广,使得连锁零售业进入良性发展阶段。

12.2 现代连锁企业管理手段探索

针对新形势下现代连锁企业的技术创新,本节主要对连锁企业的管理手段进行了探索与论述,重点讲述了现代连锁企业的技术创新与数据运用、全渠道营销和重塑供应链。

12.2.1 连锁企业新型管理手段概述

1. 精准营销

在连锁企业更新迭代的过程中,消费者、产品或服务、营销场景也在不断被重构,从单一产品到消费者专一经营,精准商业时代悄然来临。精准营销的本质是,企业提供满足消费者个性化需求的商品和服务,引发消费者内心认同和共鸣,提升用户体验和客户黏度,从而完成购买行为的同时提高客户忠诚度和满意度。

2. 协同运营

无论传统商业还是新型商业,究其本质,最终目的都在于满足消费者不断变化的需求。在现代连锁企业中,市场信息瞬息万变,各个业务职能部门必须高效、协同完成企业目标与任务,在前端到终端的流程中,各职能部门各司其职,企业供应链逐渐被优化为"供应链+营销+大数据"。企业需要将合作协同思维贯穿始终,并在其运营过程中有所体现。

3. 技术驱动

在信息井喷的时代，数据有效收集与灵活运用是商业决策的基础，技术驱动下的消费变革往往发生在消费者身边。对连锁企业来说，适应信息时代商业环境最关键的一环，就是要提升自身的数据收集与处理能力。数据包括但不限于消费者、商品、销售、库存、订单、售后、竞争对手等信息。逻辑简单来说就是"获取数据—分析数据—建立模型—预测未来—支持决策"。

未来已来，在技术推动下，新零售可能有以下变化。

(1) 围绕消费者数据分析，以消费为导向进行生产，实现 C2B 的反向定制，从产品设计到销售交付，贯穿全产业链。

(2) 实现零售场景无界化。结合消费者行为，不断深化购物路径，制定精准的销售策略，和营销场景实现无缝对接。

(3) 由于在技术与资源上的差异，连锁企业巨头们极大可能继续占据主导地位，其他连锁企业只能主动(或被动)扮演追随者的角色。

12.2.2 技术创新与数据运用

1. 计算创新

(1) 物联网。1995 年，比尔·盖茨创作的《未来之路》一书问世，其中"物联网(Internet of Things，IoT)"首次出现在大众视野中。随后，美国高校及研究部门联合当地互联网、电信企业，逐渐推动其发展应用。物联网，就是通过信息传感设备，把物品与互联网连接起来，进行信息交换和通信，以实现对物品的智能化识别、定位、跟踪、监控和管理的应用型网络。简而言之，物联网就是物与物相连传递信息的互联网。

物联网构建了实物流与信息流之间的对应联系，将管理数据化、信息化和网络化，切实实现了现代连锁企业的动态管理。

(2) 人工智能。人工智能(Artificial Intelligence)早在 1952 年就开始进入了人们的视线。人工智能是研究如何应用计算机设备来模拟人类智能行为的理论、方法和技术。20 世纪 50 年代，IBM 的阿瑟·萨缪尔开发了国际象棋程序"深蓝"，这个程序具有自我学习能力，后来，这一程序击败了人类当时的世界国际象棋冠军，掀起了 AI 的第一次浪潮。

因为计算机技术的瓶颈与突破，人工智能的发展起起伏伏。直到 2016 年，谷歌 AlphaGo 挑战人类围棋大师，重新引爆了人工智能的新浪潮。如今，苹果公司的 Siri，亚马逊的 Echo，阿里巴巴的淘宝小蜜……人工智能不知不觉中已经融入我们生活的方方面面。例如，在营销方面，利用大数据和算法模型，可以对海量消费数据进行分析，为精准营销提供参考；在采购备货方面，根据历史峰值构建补货模型，提高采购的效率；在生产方面，可以用机器人替代传统人工，保证效率的同时，稳定性也实现攀升。

虽然人工智能技术的广泛应用还有漫漫长路要走，但随着技术的日益发展和成熟，它将在连锁企业管理的各个方面发挥越来越大的作用。

(3) 区块链。区块链(Block Chain)是将数据信息以密码保护，并按照一定顺序相连、组合的一种链式数据化结构。区块链技术的来临，打破传统中心化模式的破局。企业之间可以通过"区块链"技术快速建立信任。由于数据不可篡改和伪造，信息的不对称性大大降低，企业之间的沟通效率大幅提升，沟通成本却随之降低，"区块链"企业之间可以直接调取相关数据，为客户选择合适的产品和服务。企业之间会按照提前协商确定的流程进行运营，由于信息足够透明，运营流程可以满足企业之间的利益，甚至可以成为行业标准。此外，由于运营流程标准化与信息透明程度较高，企业进入与退出成本较低，大规模协同效应实现更加容易。

未来，伴随着区块链技术的发展，供应链将变得更加透明，组织中心的作用将逐步削弱，供应链将由"中心驱动"真正转变成"需求驱动"。

在这个快速发展的时代，技术的更新迭代往往让我们目不暇接。本节仅描述了物联网、人工智能和区块链三项技术，此外还有许多新技术，如4D打印技术、生物黑客技术、云计算等，文章篇幅有限，不多赘述。当然，无论技术怎么改变，连锁企业管理的核心功能和目的没有变化。真正发生变化的是在新技术的驱动下，商品流和信息流的革新。

2. 数据运用

大数据时代来临，信息技术引入企业管理是必然趋势，企业如何利用数据，调整企业规划和方向是关键。加速数据信息技术融入现代连锁企业管理中的意义，主要体现在以下两方面。

(1) 整体提升企业竞争力。经济全球化的推进和物流配送的深入发展，国内外激烈的竞争，给企业带来了市场压力和负担。企业通过对目标客群、竞争对手、市场环境等大量数据信息进行建模和分析，得到有效的决策信息，从而调整企业经营策略。

(2) 提升企业管理水平。随着供给侧改革的不断推进，产业结构不断优化，企业对经营管理的要求更高。企业的运营、财务、人力资源等相关管理工作变得更加标准化和精细化，信息技术的利用为企业决策提供有效信息。

现代连锁企业在管理过程中，面对烦琐冗杂的数据，如何甄选有效信息是后续决策的关键。本节主要从以下5个业务职能方面，探讨数据信息技术在企业管理中的运用。

(1) 运营管理上，连锁企业的日常运营工作一般有迹可循，企业构建或选择适用于本企业的信息技术，在一定程度上节省企业资源，避免重复工作，提高工作效率。

(2) 营销管理上，建立数据管理信息系统，对连锁企业内部的商品和服务进行归类与跟进，从中分析市场反应，扬长避短，对市场反应良好的产品扩大供应；反之，则及时转型，打造新的消费热点。

(3) 财务管理上，将先进技术运用于连锁企业的财务管理工作，对财务数据进行定性和定量分析，有利于企业的资源分配，降低财务风险，提高企业的资源配置效率，为企业带来更多财务价值。

(4) 人力资源管理上，人力资源是内部管理的核心，通过回归统计分析，预测企业发展的人力资源需求；通过动态分析，预测企业规划对人力资源的影响，做好人才储备工作，提升连锁企业人力资源效率。

(5) 风险管理上，采用实时监控手段，结合物联网与人工智能等技术，企业管理者加强跟进与处理。

12.2.3　全渠道营销

2012 年以来，消费场景逐渐扩大，消费者重视客户体验，国内学者开始研究现代连锁企业经营的渠道问题。据国家统计局数据显示，在社交网络和移动网络上工作和生活的群体数量已于 2018 年底超过 10 亿人，全渠道购物者崛起，一种有效的信息传递路径成为一种零售渠道。

全渠道具有三大特征：全程、全面、全线。

(1) 全程：在一个消费者接触、了解、偏好、购买商品或服务的过程中，企业必须在这些关键节点保持与消费者的全程接触；

(2) 全面：企业可以跟踪、分析消费者购物全过程的数据，解答消费者的问询，引导消费者在购买过程中的决策变化，给消费者个性化建议或售后指南，提升消费者购物体验；

(3) 全线：渠道的发展经历了从单一渠道到多种渠道的演变，目前发展到渠道全线覆盖即线上线下全渠道阶段。这个全渠道覆盖包括实体渠道、电子商务渠道、移动商务渠道的线上与线下的融合。

- 实体渠道：实体自营店、实体加盟店、异业联盟等。
- 电子商务渠道：B2C 网上商城、进驻平台。
- 移动商务渠道：手机商城、微商城等。

12.2.4　重塑供应链

传统的供应链存在诸多问题：管理跨度较大，信息不对称，追溯能力弱，全链条数据获取难度大。物联网解决了供应链"可视化"问题，通过物物相连，我们可以查询到真实的供应链信息；人工智能解决了供应链"可感知"问题，人工智能提供数据决策，让我们及时感知供应链上的变化；区块链则解决了供应链"可调节"的问题，去中心化的共识合约解决了供应链的刚性约束，让供应链具备了动态的调节能力。重塑后的供应链主要有以下特征。

(1) 信息实时更新，消除第三方。搭建一个包含制造商、供应商、渠道商、物流等主要业务环节的综合性平台，在这一平台上，所有企业达成约定共识，实时跟踪监管供应链物流、信息流、资金流等信息动态，并实现协同化工作。整个供应链透明可视，每一笔交易可以有一个或多个参与企业，无须第三方中介机构，便能够查看企业信息，达成信任、高效无障碍地完成交易。

(2) 便于溯源。所有参与者共享交易的整个生命周期的数据信息，信息的状态为公开透明，物品流依靠物联网，企业相关信息依靠区块链链接，整体由人工智能搭建和管理，数据信息不可随意修改和隐藏，更不能按自己的意愿来随意操控数据，所有参与者就可以对商品生产的全过程进行溯源，便于管理与风险防范。

(3) 融合新模式。由于区块链打破了各家企业的数据独立，提高了数据的存量和质量，使得大数据可以更好地发挥其可预测作用。同时，区块链数据的不可篡改性也提升了数据的可信性，使得企业以数据征信成为可能，由此推动交易市场的建立和繁荣。在供应链金融中，用区块链技术所搭建的票据平台可以与供应链金融业务结合，实现票据融资、签发、支付票据拆分、统计报表、清算结算等功能。实现数字票据在多方见证的情况下，公开透明地进行快速支付和快速拆分，让核心企业的信用向供应链的上下游传递，开创了供应链金融新模式。

12.3　新零售时代的多方跨界融合

在现代连锁企业的蓬勃发展和其表现的新业态下，为了实现现代连锁企业持续发展创新，应构筑新零售时代商业模式的多方跨界融合。2017年，阿里巴巴成立"五新执行委员会"，即"新零售、新金融、新制造、新技术和新能源"。"五新"的最终目标是实现新零售时代商业模式的多方跨界融合。

但是就现阶段而言，新金融还处在快速更迭过程中，一方面新金融产品的出现提供了更好的融资环境，形成了金融主体多元化，保障了中小企业的融资渠道畅通。而另一方面由于缺少监管和法律支撑，让投资者对新金融产品望而生畏。新制造企业正在化解严重的产能过剩，既要保障产品创新力度，又要提高产品质量。新技术和新能源更是需要进一步普及和发展，虽然智能、绿色、环保的产品不断涌现，但真正普及且物美价廉的产品依旧很少。因此，"新零售时代"商业模式只有同新金融、新制造、新技术和新能源彻底实现融合，才能使新零售真正满足消费者需求，实现现代连锁企业的蓬勃发展[1]。

"新零售时代"商业模式的发展与突破，必须从商业结构调整、发展方式创新、多方跨界融合、环境发展优化和政策执行强化等几个方面持续构筑，形成既源于线上线下联动和物流结合，又打破传统边界、突破固有全渠道的新零售，使"新零售时代"商业模式的外延更宽，内涵更丰富。

现代连锁企业如何推动新零售时代商业模式的多方跨界融合，实现实体零售创新转型的发展呢？

1. 以无边界、全渠道物流配送加速物流融合

"新零售时代"商业模式应该积极开拓线下渠道，吸引口碑好、效率高、成本低的第三方物流企业开展合作，以形成长期的战略合作伙伴关系，化解物流爆仓和配送延迟等状况，提升消费者的购物满意度，通过无边界和全渠道物流配送实现供应链多方共赢。同时，还应该充分进行"新零售时代"商业模式的无边界和全渠道考量，使现代连锁企业的发展不局限于一个行业、一个地区，用发散的、开放的、多维度的、多空间的思维进行考量，加入物流与零售业的融合，进而在服务体系、经营机制上形成创新，在多方协同和跨界融合上得以提升，在生活方式和质量效益上加以引导，形成"新零售时代"商业模式发展的基石。

2. 以新金融、新技术和新能源实现多方跨界

"新零售时代"商业模式要实现与新金融的全面融合，需要从政策层面加快新金融机构的入市，并加大监督力度，将信誉好、质量高、手续简、放款快、额度大的新金融机构作为与"新零售时代"商业模式融合的有效支撑。同时，还应扩展金融业态，创新金融模式，鼓

---

[1] 朱桂银，尹增华. "新零售时代"商业模式的发展与突破[J]. 商业经济研究，2018(9):31-33.

励服务创新,以满足"新零售时代"商业模式的发展所需。"新零售时代"商业模式还要实现与新技术和新能源的高质融合,以新技术作为"新零售时代"商业模式的支撑,创新产品驱动,引领消费需求,实现多方跨界的新生业态。此外,以新能源迎接"新零售时代"商业模式的新环境、新趋势和新未来,转型升级传统商品结构,加快促成"新零售时代"商业模式的多方跨界融合。

通过对现代连锁企业发展现状和趋势的分析,本章认为现代连锁企业在经营管理中,应注意以下几个方面:首先,现代连锁企业必须要引进新的观念和技术,顺应时代的发展;其次,现代连锁企业在引进新技术的同时,不能放弃连锁经营的核心原则,否则就是邯郸学步;再次,现代连锁企业在多方跨界融合的同时,更要注意审时度势,以全球化的视野,时刻关注宏观环境和微观环境的变化,去调整自身的战略和组织更新,强调文化引领在企业发展中的根源作用,加强员工凝聚力,将员工培训常规化、制度化;最后,除了传统意义上的纵向合作以外,现代连锁企业要强调跨界和横向的多元合作,其中包括自身的竞争对手、媒体和金融产业等,也包括许多非直接相关的产业,以此增加企业的市场触点和灵敏性。

本 章 小 结

本章主要介绍了现代连锁企业的发展趋势,具体包括以下几个方面内容:

首先描述了现代连锁企业的发展现状、趋势和新业态发展;然后针对技术创新,对连锁企业的管理手段进行了探索与论述;最后浅谈新零售时代的行业新形势。

思 考 题

一、简答题

(1) 现代连锁企业的发展趋势如何?
(2) 现代连锁企业的管理手段有何创新?
(3) 现代连锁企业如何实现新零售时代的多方跨界融合?

二、案例分析

※ 从"盒马鲜生"的发展探讨新零售发展问题 ※

盒马鲜生开始关店了。2019年5月11日,盒马鲜生宣布将于月底关闭昆山吾悦广场的门店。按理说,成立两年才关闭第一家店已经很不错了,但关店背后是以盒马为代表的新零售网红的集体遇冷。

2019年4月,美团旗下的小象生鲜宣布关闭常州、无锡的5家店面。小象生鲜一共就有7家店面,其中北京2家、无锡2家、常州3家。关闭5家店面等于是说一下子关闭了70%

的店面。

2019年4月，京东调整大潮中，王笑松从7FRESH事业部总裁的位置上被调离。7FRESH没有关店，但换帅本身就表明了高层对新业务的态度。

腾讯投资、对标盒马的生鲜超市"超级物种"，截至2018年一直处于亏损状态。

新零售是过去三年中国最大的一个风口。以往的风口基本都是创业公司赶趟，然后是巨头进场、带节奏。新零售则是从一开始就由巨头深度参与，从资金到流量给予无限度支持。

盒马鲜生全国已经超过150家门店，以单店成本6000万计算，前期投入就应该超过100亿人民币了，这还没有包含日常运维成本。

最近半年，在公开谈到盒马鲜生时，盒马CEO侯毅和阿里CEO张勇的措辞明显变了，比如"与其长期亏损，不如关掉""跑得久才是最关键的"。

"新零售"这个概念是雷军和马云在同一天提出来的。雷军上午演讲时提到这个概念，马云下午演讲时也提到了这个概念。后来雷军说"我比马云早几个小时"。

其实黄太吉煎饼果子是最早的新零售样板间，当然"死"得也早。谁早谁晚不重要，重要的是让概念落地的能力。阿里是通过盒马鲜生立Flag，小米则是通过小米之家。

有人说最近盒马们的关店潮跟宏观环境有关，大家都谨慎扩张，但以各大互联网巨头的实力，只要是真风口，从来不会畏首畏尾，说明还是新零售出了问题。

问题一：线上流量的天花板

新零售的一个核心要义，就是线上线下的融合，线下给线上导流，线上给线下反补订单和数据。盒马用了很短的时间就实现线上订单比例超过50%。在成为网红的同时，"盒区房"的概念也应运而生。

很多新零售业态都把线上订单比例看得很重要，但忽略了一个事实：盒区房再多，也是有限的，即某个区域的用户规模是稳定且有上限的。线上订单的增加，必然意味着线下客流的减少，这是个此消彼长的过程，绝不是说线上订单量可以无限增长。

盒马鲜生的主打品类是生鲜，特别是海鲜，客单价高、毛利高。此外，还有一个问题，一日三餐，谁还顿顿吃皮皮虾？当刚需、高频的品类遇上基数很小的用户群，规模效应的优势根本体现不出来。

问题二：本质还是地产生意

自从"互联网+"的概念诞生以来，互联网人就像找到了锤子，看哪里都是钉子，认为每一个传统行业都可以被互联网化，传统零售当然也不例外。

互联网经济的一大特征是规模效应。以社交网络为例，用户越多，活跃度越高，平台黏性也就越大。电商也是如此，由用户形成的网络效应最终会让赢家通吃，因为互联网是没有边界的。

但以盒马鲜生为代表的新零售超市，并不存在网络效应。十里堡的门店再火，也不会让清河、燕郊的门店利益均沾。盒马鲜生每开一家店，都相当于一次从0开始的创业，新店的业绩，与之前的总门店数是1家还是1000家没有必然关系。

是否能够吸引足够的用户，其根本原因都在于地段。无论新零售披着什么外衣、打着什么旗号，选址能力才是盒马们最重要的核心竞争力。澳洲龙虾再便宜，放到五环外的城乡接合部也没有城里的网红店卖得多。

目前中国一、二线城市的黄金商业地段，基本都被传统商业地产垄断了，大型Shopping Mall已经成了中国城市最大的零售流量入口。互联网可以颠覆传统模式、传统品牌，但颠覆不了地段。做惯了线上流量入口的互联网巨头，到了线下就变成了PC时代的个人站长。万达做电商再不靠谱，也有独一无二的地段护主。

而一旦地段选择成为新零售的最大变量，还与传统零售有什么区别？

问题三：又一个伪风口？

盒马模式之所以过度依赖地段、无法形成网络效应，就在于供给端和需求端之间是静态关系。

我们看过去十年两个超级O2O风口：网约车和外卖，它们的供给两端都是动态的。叫车和叫外卖都是随时随地，最后提供需求的车辆和商家也都是随机的，都是取决于用户在哪里。

但盒马模式不是。首先门店是固定的，其次用户的位置也基本是固定的。因为人们消费盒马的场景主要是在家里，而每个盒马用户只有一个家。不像外卖用户，在家里、在公司、出差中……随时随地可以叫外卖，一个用户的需求可以呈现指数级增长。

当供给两端没有动态关系时，交易变量其实很小，也就很难规模化。所以，盒马模式本质上与互联网经济关系不大，规模效应只能靠不停地开店、特别是在黄金地段开店来解决。这是王健林几十年来一直在干的事情，你能说他是新零售的先驱吗？

王健林曾对年轻人说，可以先把赚1个亿作为人生目标。这个小目标，其实也适合盒马们。

案例来源：方浩《接招》https://tech.sina.cn/csj/2019-05-15/doc-ihvhiqax8884311.d.html?from=wap，作者有删减。

【案例思考题】

(1) 请简述盒马鲜生的零售模式。

(2) 结合资料，请阐述盒马模式有哪些问题，如何改进？

(3) 请谈谈对"新零售"的看法。

参 考 文 献

[1] 韩肃，苗钟颖. 连锁经营管理[M]. 哈尔滨：哈尔滨工业大学出版社，2004.
[2] 刘星原. 连锁经营与管理[M]. 北京：中国商务出版社，2005.
[3] [英]克拉潘. 现代英国经济史(下卷)[M]. 上海：商务印书馆，1997.
[4] [英]马丁·所罗门. 培训战略与实务[M]. 孙乔，任雪梅，刘秀玉，译. 北京：商务印书馆，1998.
[5] 杨顺勇，魏拴成，郭伟. 连锁经营管理[M]. 上海：复旦大学出版社，2008.
[6] 邓汝春，卢丁宁，丘晓东. 连锁经营管理原理[M]. 北京：电子工业出版社，2007.
[7] 王吉方. 连锁经营管理——理论•实务•案例[M]. 北京：首都经济贸易大学出版社，2007.
[8] 蒋令，杨立佳. 连锁经营管理基础[M]. 北京：机械工业出版社，2008.
[9] 邱建国. 中石化成品油销售企业连锁经营模式的改革与完善[J]. 北京：中国石油大学，2007.
[10] 肖怡. 企业连锁经营与管理[M]. 大连：东北财经大学出版社，2007.
[11] 张晔清. 连锁经营管理原理[M]. 上海：立信会计出版社，2007.
[12] 杨谊青. 连锁经营原理与管理技术[M]. 北京：高等教育出版社，2004.
[13] 余文声. 商品采购管理[M]. 广州：广东经济出版社，2005.
[14] 王吉方. 连锁经营管理教程[M]. 北京：中国经济出版社，2004.
[15] 陆正飞. 财务管理[M]. 大连：东北财经大学出版社，2001.
[16] 杨谊青，胡学庆，朱庆章. 经营原理与管理技术[M]. 北京：高等教育出版社，2004.
[17] 丁元霖. 财务管理[M]. 上海：立信会计出版社，2004.
[18] 陈昌龙. 财务管理[M]. 北京：北京交通大学出版社，2007.
[19] 张海燕. 连锁企业的配送管理[M]. 北京：中国物资出版社，2002.
[20] 韩肃，苗钟颖. 连锁经营管理[M]. 哈尔滨：哈尔滨工业大学出版社，2004.
[21] 刘庆元. 商业连锁经营和配送中心发展问题研究[M]. 大连：东北财经大学出版社，1999.

更多参考文献

附　　录

附录 A　连锁经营术语

附录 B　采购业务表格

附录 C　连锁超级市场、便利店管理通用要求——总部管理规范

附录 D　连锁超级市场、便利店管理通用要求——门店管理规范

附录 E　企业连锁经营有关财务管理问题的暂行规定

附录 F　连锁店经营管理规范意见

附录 G　商业特许经营管理条例

附录 H　无人值守商店运营指引

附录 I　零售业品类管理指南

附录 J　零售业特许经营技术指南

附录 K　零售业自有品牌开发与经营管理规范